송응창의 《경략복국요편》 역주

# 명나라의 임진전쟁

1

출정 전야

송응창의 《경략복국요편》 역주

# 명나라의 임진전쟁

## 1

### 출정 전야

구범진·김슬기·김창수·박민수·서은혜·이재경·정동훈·薛戈 역주

　국립진주박물관은 임진왜란 당시 명군의 최고 지휘관이었던 송응창(宋應昌, 1536~1606)의 『경략복국요편(經略復國要編)』에 대한 역주서를 발간합니다. '임진왜란자료 국역사업'의 두 번째 결실로서, 『명나라의 임진전쟁: 출정 전야』(송응창의 『경략복국요편』 역주 1)와 『명나라의 임진전쟁: 평양 수복』(송응창의 『경략복국요편』 역주 2) 두 권입니다. 『명나라의 임진전쟁』이라는 제목으로 선보이는 『경략복국요편』 역주서는 우리말로 처음 번역·출간되는 것으로서, 임진왜란 당시 명군의 출병 동기 및 과정, 평양성과 한양(서울) 수복, 강화 논의와 철군의 진행 등을 명나라의 시각에서 살펴볼 수 있습니다.

　국립진주박물관은 지난 2017년부터 '임진왜란자료 국역사업'을 추진하였으며, 그 첫 번째 결과물로 오희문의 피란일기인 『쇄미록(瑣尾錄)』(전 8권, 사회평론아카데미)을 2018년 말에 출간한 바 있습니다. 이 『쇄미록』은 해주오씨 추탄공파 종중에서 1990년 국역하였던 자료를 약 30년 만에 새롭게 역주하여 선보인 것입니다. 이를 통해 유성룡의 『징비록』, 이순신의 『난중일기』와 함께 임진왜란 당시의 상황을 전하는 조선의 3대 기록물인 『쇄미록』의 가치를 재조명할 수 있었습니다.

　『쇄미록』 발간 직후 국립진주박물관은 임진왜란과 관련, 상대적으로 국역이 되어있지 않은 중국 명나라와 일본의 자료들을 검토하였습니다. 이 과정에서 임진왜란과 정유재란 당시 명군의 최고 지휘관이었던 송응창의『경략복국요편』과 형개(邢玠)의『경략어왜주의(經略禦倭奏議)』에 주목하였습니다. 16세기 말 동아시아의 세계대전이었던 임진왜란의 전모를 파악하기 위해서는 이들이 남긴 기록에 대한 이해가 필수적이라고 생각되었기 때문입니다.

이에 국립진주박물관은 2019년부터 올해 말까지 2년 계획으로 송응창의『경략복국요편』국역사업을 진행하면서, 올해 역주서 두 권을 먼저 선보이게 되었습니다. 이번에 출간하는 역주서 1, 2권에 이어 역주서 3, 4권인『명나라의 임진전쟁: 강화 논의』와『명나라의 임진전쟁: 전후 처리』, 그리고 원문의 교감·표점본은 2021년에 발간함으로써 전5권으로 구성된 송응창의『경략복국요편』국역사업을 마무리할 예정입니다. 이와 함께, 형개의『경략어왜주의』가 국역이 완료되면 그동안 접근이 쉽지 않았던 중국의 귀중한 자료들이 임진왜란사 연구에 본격적으로 활용될 수 있는 계기가 마련될 것이라고 생각합니다.

경략(經略)은 명나라 13대 황제인 신종(神宗) 만력제(萬曆帝, 재위 1572~1620)가 임진왜란 당시 명군의 최고 지휘관에게 내린 직책입니다. 1595년(만력 23) 전후에 간행된 것으로 추정되는『경략복국요편』은 제목에서 나타나듯이, '경략(송응창) 본인이 조선을 회복시켜 준 과정을 보여주는 주요 문서를 엮은 책'이란 의미입니다. 중국(명나라) 역사에서 처음으로 경략의 직책을 부여받은 송응창을 필두로 고양겸(顧養謙)과 손광(孫鑛), 형개 등 모두 4명의 경략이 임진왜란·정유재란 시기임명되었습니다. 일본군을 방어하는 데 필요한 제반 업무를 총괄하는 권한을 가졌던 경략에는 고위 문관(文官)이 발탁되었으며, 명대 지방의 최고 장관이었던 총독(總督)과는 동등하고 총병(總兵)·순무(巡撫) 이하에게는 명령을 내릴 수 있는 높은 지위였습니다.

『경략복국요편』에는 송응창이 만력 20년(1592) 8월부터 만력 21년

(1593) 12월까지 경략으로 재임한 기간과 이후의 상주문·공문·명령서·편지, 그리고 명 조정 각 부(部)의 제본(題本)·주본(奏本), 조선과 주고 받은 자문(咨文) 등이 실려 있습니다. 송응창은 평양과 한양(서울)을 수복한 공로에도 불구하고 벽제관 전투 패전 후 도요토미 히데요시(豊臣秀吉)를 일본 국왕으로 책봉하고 영파(寧波)를 통한 조공을 허락하는 봉공안(封貢案)을 추진하였습니다. 이 과정에서 선조를 비롯한 조선의 관료들과 명 조정의 주전파(主戰派) 및 감찰을 담당한 과도관(科道官)들로부터 많은 비판을 받았습니다.

이 책은 송응창이 당시 일본과의 주화론자(主和論者)라는 명 조정 일각의 비판으로부터 자신을 변호하기 위한 목적에서 엮은 것입니다. 이와 관련해, 역주서 1권인『명나라의 임진전쟁: 출정 전야』의 해제에서 무봉림(繆鳳林) 전 난징(南京)대학 교수도 송응창이 일본과의 강화를 주장하지 않았음을 강변하고 있지만,『조선왕조실록』과『명실록』을 보면 그가 주화론자라는 비판에서 자유로울 수 없음을 알 수 있습니다.

경략에 임명된 송응창은 자국의 울타리 격인 조선에서 일본과 전쟁을 치르기로 결심하였지만, 정작 조선 파병을 위한 장수와 군사를 확보하는 데 많은 어려움을 겪었습니다. 중국 각지에서 동원된 병력의 절반이 노약자였고 숫자도 총 4만 명이 못 되는 상황에서, 송응창이 군량과 사료, 화약무기, 각종 병장비 등을 모아 전투를 준비하고 계책을 세워 평양성 전투를 승리로 이끈 과정 등을 이 책을 통해 살펴볼 수 있습니다. 반면, 벽제관 전투 패전을 승리로 보고하거나 이후 강화협상을 추진하는 과정 등에서는 송응창의 또 다른 면모가 드러나기도 합니다.

송응창의『경략복국요편』은 무엇보다 명나라 조정이 임진왜란 당시 대군을 파병해 조선을 구원한 배경과 출병 과정, 평양성 전투 등 각종 전투와 강화교섭의 진행 등을 이해하는 데 더할 나위 없이 귀중한 사료입니다. 16세기 말 전근대 동아시아 3국의 화약무기가 총 출동된 임진 왜란의 실체를 파악하는 데도 많은 도움이 될 것입니다.

이러한 의미를 가지는『경략복국요편』의 국역사업은 중국 근세사 및 조선시대 전공자이자 명·청 및 조선의 외교문서 전문가들이 모인 한중관계 사료연구팀(책임연구원 구범진 서울대 동양사학과 교수)이 맡아서 진행하고 있습니다. 이 자리를 빌려 구조가 복잡한 명대의 각종 공문서를 매끄럽게 번역하는 데 노고를 아끼지 않은 구범진·김창수·박민수·정동훈·이재경 선생님과 이해를 돕는 주석을 꼼꼼히 달아준 김슬기·서은혜·薛戈 선생님 등 한중관계 사료연구팀 연구원 여러분께 다시 한 번 감사의 인사를 올립니다. 한중관계 사료연구팀 연구원들은 국내에서『경략복국요편』국역사업의 최고 적임자들이라고 할 수 있습니다.

모쪼록 이번 송응창의『경략복국요편』역주서인『명나라의 임진전쟁』의 발간을 통해 16세기 말 동아시아의 3국이 참전한 국제전쟁이었던 임진왜란을 총체적이고 객관적으로 조명할 수 있는 계기가 마련되었으면 합니다. 마지막으로, 국립진주박물관의 '임진왜란자료 국역사업'에 대한 연구자들과 독자 여러분들의 많은 관심과 성원도 부탁드립니다. 감사합니다.

2020년 10월
국립진주박물관장
최영창

## 일러두기 및 범례

『명나라의 임진전쟁』(송응창의 『경략복국요편』 역주)은 임진왜란 당시 명군의 최고 지휘관이었던 송응창(宋應昌)의 『경략복국요편』에 대한 번역과 주석이다. 역주의 저본으로는 1929년 남경(南京) 국학도서관(國學圖書館) 영인본의 1968년 대만 화문서국(華文書局) 재영인본[중화문사총서(中華文史叢書) 19]을 사용하였다. 그리고 같은 영인본을 1990년 북경(北京) 전국도서관문헌축미복제중심(全國圖書館文獻縮微復制中心)에서 재영인한 판본[『임진지역사료회집(壬辰之役史料匯輯)』 상(上)]과 대조하여 중화문사총서본의 빠진 부분을 보완하였다.

『경략복국요편』은 송응창이 만력 23년(1595) 전후에 간행하였으나 청대에 금서(禁書)가 된 이후 전해지는 실물이 극히 드물었다. 1929년 국학도서관장 유이징(柳詒徵: 1880-1956)은 『경략복국요편』의 가치를 알아보고 그 전본(傳本)이 드문 것을 애석하게 여겨 국학도서관에 소장되어 있던 팔천권루본(八千卷樓本) 『경략복국요편』을 영인하도록 하였다. 이때 무봉림(1898-1959)이 『경략복국요편』의 제요를 작성하고 『우림집(寓林集)』에 실린 송응창의 행장(行狀)과 그 부인 숙인(淑人) 고씨(顧氏)의 묘지명(墓誌銘)을 발굴하여 영인본의 부록으로 실었다.

○ 원문의 오류

- 원문의 오류는 원문 교감에서 각주를 통해 밝히고, 번역본에
  서는 오류를 정정하여 번역한다.

○ 문서 번호

- 문서 제목 위에 각 권(卷)과 문서 순서를 기준으로 문서 번호
  를 표기한다.
- 勅, 華夷沿海圖, 附는 통합하여 0권으로 간주하고 문서 번호를
  부여하였다.
- 後附, 行狀, 墓誌銘, 跋은 통합하여 15권으로 간주하고 문서 번
  호를 부여한다.
  예) 1-1 처음으로 경략 임명을 받고서 칙서를 청하는 상주
  初奉經略請勅疏 | 권1, 1a-3a

○ 문서 해설

- 문서 제목 다음에 해당 문서에 대한 해설을 삽입한다.
- 문서 해설은 날짜, 발신자, 수신자, 내용, 관련자료로 구성한다.
- 날짜는 왕력과 서력을 병기한다.
  예) 만력 20년 5월 10일(1592. 6. 19.)
- 수신자는 관직과 성명을 풀어쓴다.
  예) 石大司馬 → 병부상서(兵部尙書) 석성(石星)

○ 문서의 인용 표기

- 제1인용 = " ", 제2인용 = ' ', 제3인용 = 「 」으로 표기한다.
- 인용된 문서의 분량이 긴 경우에는 문단 좌측에 여백을 주어

구분한다.


○ 한자 표기

- 한자가 필요한 경우 한글과 한자를 병기한다.

　예) 송응창(宋應昌)

- 한자 병기는 각 권을 기준으로 첫 번째 등장할 때만 표기한다.

- 번역문과 원문이 다를 경우 [ ]로 표기한다.

　예) 순안어사[按院]


○ 일본 인명 표기

- 일본어 인명과 한자 표기가 일치하는 경우에는 ( ) 안에 한자를 병기한다.

　예) 고니시 유키나가(小西行長), 유키나가(行長)

- 일본어 인명과 한자 표기가 다른 경우에는 [ ] 안에 한자를 병기한다.

　예) 고니시 유키나가[平行長]


○ 숫자 표기

- 만 단위를 기준으로 나누되 우리말 "만"을 표시해주고, 나머지 숫자는 붙여 쓰도록 한다.

　예) 4만 5500석


○ 문장의 주어

- 주어가 축약되었거나 3인칭인 경우 정확한 대상으로 번역한다.

　예) 李提督→ 제독 이여송 / 該部 → 병부 또는 송응창

○ 문서의 투식

　- 문서의 행이(行移) 과정을 보여주는 어구(語句)는 인용부호로
　　대체하며 번역하지 않는다.

　　예) 等因, 等情, 欽此, 備咨到臣, 備咨前來, 送司, 到部, 案呈到部

○ 종결형의 번역

　- 동일한 수신자에게 보낸 문서라도, 그 서식에 따라 문장의 종
　　결형은 달리한다. 관문서는 관직의 상하관계에 따라 종결형을
　　달리하며, 사문서는 모두 경어체를 사용한다.

　　예1) 송응창이 이여송에게 보낸 관문서는 송응창이 상사이므
　　로 평어체로 번역한다.

　　예2) 송응창이 이여송에게 보낸 사문서는 경어체로 번역한다.

　　예3) 송응창이 석성에게 보낸 관문서는 석성이 상사이므로 경
　　어체로 번역한다.

　　예4) 송응창이 석성에게 보낸 사문서는 경어체로 번역한다.

○ 공식 문서의 종류와 번역

　- 상주문: 신료가 황제에게 올리는 문서로 제본(題本), 주본(奏本)
　　등이 있다. 종결어는 경어체로 처리하였다.

　- 상행문: 관부문서로 하급기관에서 상급기관에 보내는 문서이다.
　　정문(呈文), 품(稟) 등이 있다. 종결어는 경어체로 처리하였다.

　- 평행문: 관부문서로 발신자와 수신자가 통속관계가 없을 때
　　보내는 문서이다. 자문(咨文)이 있다. 종결어는 경어체로 처리
　　하였다.

　- 하행문: 관부문서로 상급기관에서 하급기관에 보내는 문서이

다. 표문(票文), 패문(牌文), 차문(箚文), 차부(箚付) 등이 있다. 종
결어는 평어체로 처리하였다.

○ 서간문의 번역

- 서간문은 관품과 관계없이 경어체로 처리하였다.
- 서간문에서 대하(臺下), 합하(閤下), 문하(門下), 존대(尊臺) 등은
  상대방을 가리키는 존칭이다.

○ 각주 형식

- 각주의 표제어가 문장인 경우 …… 말줄임표로 표기한다.
  예) 강한 쇠뇌가 …… 뚫지 못할까
- 명 실록은 '명+왕호+실록' 조선 실록은 '왕호+실록'으로 표기
  한다.
  예) 『명태조실록』, 『선조실록』

\* 본 책(3쇄)은 이전 번역문의 오류 및 문장구조를 수정하였다.

# 차례

## 經略復國要編
### 권1

經略復國要編
권2

經略復國要編
권3

經略復國要編
권4

# 『경략복국요편(經略復國要編)』해제(解題)

이 글은 1929년『경략복국요편』이 최초로 영인될 당시 무봉림(繆鳳林: 1898-1959)이 작성한 제요를 우리말로 옮긴 것이다. 무봉림은 제요에서 『경략복국요편』의 사료적 가치와 임진왜란 당시 송응창의 역할을 높이 평가하였으며,『사고전서총목제요(四庫全書總目提要)』의『경략복국요편』비판을 반박하면서 송응창이 일본과의 강화를 주장하지 않았음을 강변하였다. 이 때문에 최근 중국의 손위국(孫衛國)은 무봉림이 주로 송응창의 행장에 의거한 나머지 그의 주화론적 입장을 객관적으로 보지 못하였음을 지적하기도 하였다. 또한 무봉림이 제요를 작성할 당시에는『명실록』및『조선왕조실록』을 제대로 활용할 수 없었다는 자료적 한계도 있었다. 그럼에도 불구하고 무봉림의 제요는『경략복국요편』의 구성·성격·가치·평가·전승 등을 요령 있게 잘 정리하고 있으며, 근대에 들어서『경략복국요편』에 대해 본격적으로 작성한 최초의 학술적인 해제라는 점에 큰 의의가 있다. 그러므로 본 역주에서는 무봉림의 제요를 번역하고 각주와 해설을 보충함으로써 본격적인 해제에 갈음한다.

제요를 작성한 무봉림은 절강성(浙江省) 부양 사람으로 자는 찬우(贊虞)이다. 1923년 남경고등사범학교(南京高等師範學校) 역사계(歷史系)를 졸업하였으며, 1927년 남경의 국학도서관 인행부(印行部) 주임이 되었다. 1928년에는 남경대학(南京大學)의 전신인 국립중앙대학(國立中央大學) 문학원(文學院) 사학계(史學系) 교수가 되었고, 이후 주임이 되었다. 그는 중국사학회(中國史學會)의 발기인으로『사학잡지(史學雜志)』의 창간을 주도하였으며,『중국통사강요(中國通史綱要)』·『중국통사요략(中國通史要略)』·『중국사논총(中國史論叢)』·『중국민족사(中國民族史)』·『일본사논총(日本史論叢)』·『일본사조감(日本史鳥瞰)』등의 저서를 남기는 등 근대 중국사학의 성립 과정에서 활발히 활동하였다. 중화인민공화국 성립 이후에도 남경대학에 재직하다가 1959년 사망하였다.

그는 일본사에도 관심을 갖고 『사학잡지』에 「일사제요(日史提要)」라는 제목으로 일본사 관련 서적의 해제를 연재한 바 있는데, 「경략복국요편」은 그중 네 번째이다.[1] 본 역주에 실린 제요는 무봉림이 「일사제요」의 내용을 수정·증보하여 영인본에 수록한 것이지만, 수정 과정에서 오히려 빠진 부분도 있다. 따라서 본문을 번역할 때 「일사제요」도 참고하였다.

# 『경략복국요편』 제요(提要)

부양(富陽) 무봉림(繆鳳林)

『경략복국요편』은 14권, 부록 2권으로 명나라의 송응창이 편찬하였다. 송응창의 자는 사문(思文), 별호(別號)는 동강(桐崗)이다. 그의 선조는 회계군(會稽郡) 사람인데, 뒤에 인화(仁和)로 이주하였다. 가정(嘉靖) 15년(1536) 병신년 10월에 태어나 가정 44년(1565) 을축년에 제2갑 진사(進士)가 되었으며 만력(萬曆) 34년(1606) 병오년 2월에 죽었으니, 향년 71세이다. 경략(經略)이 되기 전에는 관직이 대리시경(大理寺卿)에 이르렀다.[2] 그의 사적(事蹟)은 황여형(黃汝亨)이

1 繆鳳林, 「經略復國要編(八千卷樓舊藏萬曆刊本)(日史提要乙類之四)」, 『史學雜志』 第1卷 第4期, 1929, 9-14쪽(이하 「日史提要」).

2 〈역주〉 『명신종실록(明神宗實錄)』(국사편찬위원회 데이터베이스) 권247, 만력 20년 4월 21일(경술). 다만 『명신종실록』에 따르면 송응창은 이후에도 같은 해 6월 24일에 공부우시랑(工部右侍郎), 8월 13일에 병부우시랑(兵部右侍郎)으로 옮겼으며, 5일 뒤인 8

지은 「행장」에 상세하다.[3]

만력 20년(1592) 5月,[4] 일본이 조선을 침공하여 서울을 함락시키니, 조선 왕 이연(李昖: 선조)이 의주(義州)로 달아나 구원을 요청하였다. 7월, 부총병(副總兵) 조승훈(祖承訓)이 군사를 이끌고 왜(倭)와 평양(平壤)에서 싸웠으나 패하자 중국[中朝]이 충격을 받았다. 8월, 명 조정에서는 송응창을 병부우시랑(兵部右侍郞)으로 삼아 왜를 방비하는 군무(軍務)를 경략하게 하였다. 만력 21년(1593) 12월, 송응창은 조정으로 돌아오고 조정에서는 그를 대신하여 고양겸(顧養謙)을 경략으로 삼았다. 이 책은 곧 송응창이 경략으로 재임한 기간 및 이후의 상주문·공문·명령서·서신을 엮은 것으로, 그 외에 각 부(部)의 제본(題本)·주본(奏本)과 조선의 감사 자문(咨文)도 차례대로 배열하여 실었다. '복국요편'이라는 제목을 단 것은 "1년 내내 힘을 다하여 조선이 이미 잃은 땅을 한 자 한 치까지 모두 옛 주인에게 돌려주고"[5] 이른바 "여러 대에 걸쳐 공순(恭順)하였던 속국(屬國: 조선)을 회복"하였기 때문이다.[6]

책의 처음에는 신종(神宗: 만력제)의 칙유(勅諭) 및 「화이연해도서(華夷沿海圖序)」·「연해사진도(沿海四鎭圖)」·「조선도(朝鮮圖)」와 「도

........

월 18일에 경략(經略)의 임무를 부여받았다.

3  黃汝亨, 『寓林集』(속수사고전서 1369) 卷17, 行狀, 「經略朝鮮薊遼保定山東等處兵部左侍郞都察院右都御史宋公行狀」, 1a-13b.
   〈역주〉 이외에도 무봉림은 「日史提要」 9쪽에서 광서(光緖) 연간 『항주부지(杭州府志)』 권128에 송응창 본전(本傳)이 있음을 지적하고 있다.
4  〈역주〉 실제 임진왜란은 4월에 발발하였으나, 무봉림은 『명사(明史)』의 서술에 따라 전쟁 발발을 5월로 기술하였다. 『明史』 卷320, 列傳, 外國1, 「朝鮮傳」, 8291-8292쪽.
5  「12-6 與李臨淮侯書 권12, 9b-10a」.
6  「7-7 敍恢復平壤開城戰功疏 권7, 7a-21b」.

설(圖說)」이 실려 있다. 지도와 도설은 만력 22년(1594) 3월에 올린 것이고,[7] 서(序)는 임무를 맡게 된 과정과 지도를 제작하고 도설을 지은 본말을 기술한 것이다. 다음으로 「조선걸원소(朝鮮乞援疏)」 및 「부원대간조의소략(部垣臺諫條議疏略)」이 붙어 있어 조선의 위급함 과 정신(廷臣)들이 논의하였던 모습을 대략 살펴볼 수 있다. 다음으 로 정문(正文) 14권에 실려 있는 상주문·공문·명령문 등은 제목 아 래에 월일(月日)을 부기하였다. 권1에서 권7까지는 만력 20년(1592) 9월에서 만력 21년(1593) 3월까지로, 매 권이 1개월 분량이다. 권8 에서 권12까지는 만력 21년 4월에서 윤11월까지로, 권10이 1개월 분량인 것을 제외하고 나머지는 모두 2개월 분량이다. 권13은 만력 21년 12월에서 만력 22년(1594) 3월까지이며 권14는 만력 22년 4 월에서 10월까지이니, 즉 사직하고 교대할 때 및 사직 전후의 상주 문이다.

끝으로 병부·예부 등의 상주문 및 일본 사신 나이토 조안[小西飛] 의 품첩(稟帖)이 부록으로 실려 있다.[8] 이 책에 실린 예부의 마지막

.......

7 「13-10 恭進海圖倭物疏 권13, 36b-38a」.
8 일본 사신의 이름은 후지와라 조안(藤原如安)으로 고니시 유키나가(小西行長)의 부하 인데 고니시씨를 모칭하여 히다노카미(飛彈守)가 되었다. 여기서 "소서비(小西飛)"라고 한 것은 그 스스로 "고니시 히다노카미(小西飛彈守)"라고 쓴 것의 잘못이다. 「9-25 報石 司馬書 권9, 24a-25a」에 "고니시 히다노카미"라고 칭하고 있다. "탄(彈)"은 "탄(驒)"이 라고 쓰기도 한다.
   〈역주〉 "소서비"는 조선 및 명의 기록에서 나이토 조안(內藤如安: 1550?-1626)을 지칭 하는 말이다. 무봉림의 지적대로 "소서비"는 "고니시 히다노카미"가 와전된 것이다. 나 이토 조안은 일본 전국시대의 무장이자 가톨릭 신자로 원래 이름은 나이토 다다토시(內 藤忠俊)이며 "조안(如安)"은 그의 세례명을 음역한 것이다. 1585년 무렵 고니시 유키나 가를 섬기게 되면서 중용받아 고니시씨를 칭하게 되었고, 고니시 유키나가가 명과의 화 의를 추진하자 그의 사신으로 도요토미 히데요시(豊臣秀吉)의 일본국왕 책봉을 요청하 는 표문(表文)을 가지고 북경까지 다녀왔다. 임진왜란 이후 세키가하라 전투(1600)에서

제본은 도요토미 히데요시(豊臣秀吉)에게 줄 봉작(封爵)을 논의하여
도요토미 히데요시를 일본국왕(日本國王)에 봉하는 것을 허락한다는
성지(聖旨)를 받드는 내용이다.[9] 담천(談遷)의 『국각(國権)』[10] 및 『명
사(明史)』[11]에 따르면 이는 만력 23년(1595) 정월의 일이다.[12] 『국각』

.......

고니시 유키나가가 패하여 처형되자 마에다씨(前田氏)를 섬기게 되었으나, 도쿠가와 이
에야스(德川家康)가 가톨릭 신자 추방령을 내리자 1614년 필리핀 마닐라로 추방되었고
1626년 그곳에서 사망하였다.

무봉림이 "고니시 유키나가의 부하로 고니시씨를 모칭하여 히다노카미가 되었다."라고
설명한 부분은 라이 산요(頼山陽)의 『일본외사(日本外史)』의 문장을 거의 그대로 가져
온 것이다. 頼山陽, 『日本外史』[국립중앙도서관 古古6-10-18, 메이지(明治) 11년(1878)
간행본] 卷16, 德川氏前記, 豊臣氏 中, 13b. 또한 무봉림이 그를 후지와라 조안으로 지칭
한 것은 나이토씨(內藤氏)가 원래 일본 전국시대 단바(丹波) 지역의 유력자로 본성(本
姓)으로 후지와라씨(藤原氏)를 칭하고 있었고 나이토 조안이 스스로 "일본국에서 파견
되어 온 고니시 히다노카미 후지와라 조안[日本國差來小西飛彈守滕原如安]"이라고 칭
하였기 때문으로 보인다. 「小西飛彲帖禀兵部尙書石 後附, 47b-50a」, 47b. 여기서 "彲"은
"驒"의 잘못이며(「日史提要」, 9쪽), "滕"은 "藤"의 오기이다.

9   〈역주〉「15-1-17 禮部一本 後附, 46b-47b」.

10  〈역주〉『국각(國権)』: 담천(談遷: 1594-1658)이 저술한 편년체 사서이다. 저자 담천은
    자신의 일생을 바쳐 역대의 『명실록』을 기본으로 저보(邸報) 등의 각종 사료를 폭넓게
    수집하여 명 태조 주원장(朱元璋)이 태어난 천력(天曆) 원년(1328)부터 청군에 의해 남
    경이 함락된 홍광(弘光) 원년(1645)까지 317년간의 역사를 총 104권, 428만여 자에 달
    하는 대작으로 완성하였다. 청대에 간행되지 않아 문자옥(文字獄)의 피해를 입지 않았
    으며, 현재까지도 역사서·사료로서 높은 가치를 인정받고 있다.

11  〈역주〉『명사(明史)』: 중국 역대 기전체 정사(正史)인 25사(史)의 하나이다. 총 332권으
    로, 본기(本紀) 24권, 지(志) 75권, 표(表) 13권, 열전(列傳) 220권으로 구성되어 있다.
    청은 초기부터 『명사』의 편찬에 많은 관심을 기울였으며, 정치적 문제로 여러 차례 편찬
    이 중지되는 등 우여곡절을 겪은 끝에 최종적으로는 건륭(乾隆) 4년(1739)에 간행되었
    다. 찬수에 90여 년이 걸린 만큼 체례(體例)가 비교적 잘 정비되어 있고 내용이 풍부하
    다는 평을 받지만 관찬 사료로서 청의 시각을 반영한다는 한계가 있다.

12  〈역주〉담천의 『국각』에서는 도요토미 히데요시를 일본국왕으로 봉한다는 만력제의 성
    지를 직접 인용하고 있으며, 같은 날짜의 『명신종실록』 역시 비슷한 내용을 싣고 있다.
    談遷, 『國権』(北京: 中華書局, 1958) 卷77, 만력 23년 정월 7일(경진), 4744쪽; 『명신종실
    록』 권281, 같은 날. 반면 『명사』 「신종본기(神宗本紀)」에서는 이종성(李宗城)과 양방형
    (楊方亨)을 파견하여 도요토미 히데요시를 일본국왕으로 봉하게 되었다는 사실만 기록

에는 또 같은 해 2월 신해(辛亥: 8일) 기사에 도요토미 히데요시를
일본국왕에 봉하는 조서(詔書)가 실려 있는데 이 책에는 없으니,[13]
이 책이 완성된 때에 송응창이 아직 이 조서를 보지 못한 것이므로
책이 완성된 시점도 대략 이해 봄의 일이다.[14]

　도요토미 히데요시는 불세출의 효웅(梟雄)으로 남의 노비 신세
에서 일어나 대국의 주인이 되었어도 그 바라는 바를 다 채우지 못
하였다. 만력 18년(1590)에[15] 이미 전국을 평정하고서 조선 사신을
통해 조선 왕에게 글을 보내어 말하기를, "장차 한 번 뛰어서 곧바
로 대명국(大明國)으로 들어가, 400여 주(州)를 우리나라[吾朝: 일본]
의 풍속으로 바꿔놓고, 제도(帝都)의 정치와 교화를 억만 년 동안 펼
것입니다."라고 하였다.[16] 이듬해 구키 요시타카(九鬼嘉隆)에게 명하

．．．．．．．
　　하고 있다. 『明史』(대만 중앙연구원 한적전자문헌자료고 데이터베이스) 卷20, 本紀, 「神
　　宗本紀」1, 만력 23년 정월 30일(계묘), 277쪽.
13　〈역주〉談遷, 『國権』卷77, 만력 23년 2월 8일(신해), 4745-4746쪽. 『만력기거주(萬曆起
　　居注)』등을 활용한 오노 코지(大野晃嗣)의 최근 연구에 따르면, 명 조정은 만력 23년 정
　　월 30일에 도요토미 히데요시의 책봉과 칙사 이종성·양방형 등의 임명을 결정하였고,
　　같은 해 2월 9일에 도요토미 히데요시를 책봉하는 조서·칙서(勅書)·고명(誥命)을 발급
　　하였다. 관련 논증은 大野晃嗣, 「明朝と豊臣政権交渉の一齣: 明朝兵部發給「箚付」が語る
　　もの」, 『東洋史研究』78(2), 2019, 142-146쪽을 참고. 당시 발급된 칙서는 현재 일본 궁
　　내청 서릉부에, 고명은 오사카 역사박물관에 소장되어 있으나, 조서의 소재는 확인되지
　　않는다.
14　〈역주〉최근 중국의 쑨웨이궈(孫衛國)는 심일관(沈一貫)의 『훼명문집(喙鳴文集)』을 인
　　용, 송응창이 책을 완성한 직후 심일관을 비롯한 각신(閣臣)들에게 책을 배포하여 자신
　　의 입장과 공적을 변호하려 하였음을 지적하였다. 또한 『선조실록』의 기록을 통해 당시
　　이덕형(李德馨)이 송응창의 책 내용을 보았고 이에 조선 군신(君臣)이 비판적 견해를
　　보였음을 소개하였다. 孫衛國, 「萬曆援朝戰爭初期明經略宋應昌之東征及其對東征歷史的
　　書寫」, 『史學月刊』2016-2, 49쪽. 참고로 위의 논문에 소개된 『선조실록』권101, 선조 31
　　년 6월 23일(병자) 기사에는 송응창의 책 제목이 『복고요편(復古要編)』으로 되어 있다.
15　일본 고요제이 천황[後陽成帝] 덴쇼(天正) 18년.
16　安邦俊, 『隱峯野史別錄』[현종 4년(1663) 흥양현(興陽縣) 향교 간행본]. 『한국학보』16-

여 큰 배 수천 척을 건조하게 하고 조선 지도를 나눠주면서 8군(八軍)을 나누어 8도(八道)로 향하게 하였다. 가토 기요마사(加藤淸正)·고니시 유키나가(小西行長)로 하여금 각각 제1군·제2군을 이끌게 하여 번갈아 선봉이 되게 하였으며 별도로 수군을 두었으니, 수륙(水陸) 총 15만 명이었다.[17] "당시 조선은 평화로운 시기가 오래되어 병사들이 싸우는 법을 익히지 않았고 이연[선조] 역시 술에 빠져서 방비를 게을리하여, 졸지에 섬 오랑캐가 병란을 일으키자 소문만 듣고도 모두 무너졌다." 만력 20년(1592) 5월에 출병한 이후 7월에 이르기까지 "8도는 거의 모두 함몰되었고, 조선 왕이 조만간 압록강을 건널 형세였다."[18]

명은 조선을 자국의 울타리로서 반드시 다투어야만 할 곳이라고 생각하였다. 조정에서는 송응창이 산동순무(山東巡撫)로 있을 때 이미 "왜노(倭奴)의 정황이 이미 드러났으니, 봄에 물이 불어날 때가 우려스럽습니다."라고 언급하였기 때문에[19] 선견지명이 있다고 여

........

1, 일지사 [1990 영인본] 「壬辰錄」, 3a-3b.
〈역주〉「日史提要」 10쪽에서는 해당 국서를 『일본외사』로부터 인용하고 『은봉야사별록(隱峯野史別錄)』 「임진록(壬辰錄)」과 문장의 차이가 약간 있음을 지적하였다. 『강운수필(江雲隨筆)』에 기록된 도요토미 히데요시의 실제 국서 원문은 北島万次 편, 『豊臣秀吉朝鮮侵略關係史料集成』 1, 東京: 平凡社, 2017, 67쪽에 전재되어 있다.
17 〈역주〉 여기서 제시된 일본군의 편제는 『일본외사』의 서술을 따른 것이다. 賴山陽, 『日本外史』 卷16, 德川氏前記, 豊臣氏 中, 3a-3b. 실제로는 고니시 유키나가가 제1군을, 가토 기요마사가 제2군을 이끌었다.
18 『明史』 卷320, 列傳, 外國 1, 「朝鮮傳」, 8291-8292쪽.
〈역주〉 조선이 전쟁 준비를 게을리 해서 일본군의 침입에 무력하였다는 『명사』의 인식은 당시 명군 지휘부 및 명 수뇌부가 전쟁 과정에서 조선에 대해 갖게 된 불만이 기록에 투영된 것으로 보인다. 임진왜란 당시 명의 조선에 대한 불만에 대해서는 한명기, 「임진왜란 시기 명군지휘부의 조선에 대한 요구와 간섭」, 『한국학연구』 36, 2015를 참고.
19 〈역주〉 『명신종실록』 권244, 만력 20년 정월 30일(신묘); 黃汝亨, 『寓林集』 卷17, 行狀,

겨 명령을 내려 경략으로 삼았다. 이후 송응창이 중국과 일본의 전쟁에 대해 모의한 내용 및 당시 내외의 정황을 모두 이 책을 통해 고찰하여 알 수 있으며, 또한 중국과 일본의 역사서의 미비한 점을 보충할 수 있는 내용이 많다.

예를 들어 송응창이 군사를 진격시킨 날짜는 『명기(明紀)』[20]·『명사기사본말(明史紀事本末)』[21] 및 『명사』 등에서는 전혀 고증해낼 수 없다. 송응창의 「행장」 및 전세정(錢世禎)의 『정동실기(征東實記)』[22] 역시 기재된 바가 상세하지 않다. 이 책에 따르면 송응창은 9월 26일에 칙유를 받고 길을 떠나 한편으로는 각지의 방어 사무를 안배하면서 다른 한편으로 장수와 병사를 동원하고 사료와 군량·군화(軍火)·장비를 모았다. 10월 말에는 산해관(山海關)에 이르렀다. 11월에는 요양(遼陽)으로 나아가 주둔하면서 일본군이 추위를 두려워하므로 11월 중순에 군사를 일으키고자 하였으나, 대장 이여송(李如

.......

「經略朝鮮薊遼保定山東等處兵部左侍郎都察院右都御史宋公行狀」, 5b.

20 〈역주〉 『명기(明紀)』: 진학(陳鶴: ?-1810?)이 편찬한 편년체 사서로 60권이다. 마지막 일부는 진학의 손자인 진극가(陳克家)에 의해 편찬되었다. 주로 『명사』 및 『명사고(明史稿)』를 저거로 삼았으며, 자료의 취사 선택이 엄격하지만 내용이 비교적 간략하다는 단점이 있다.

21 〈역주〉 『명사기사본말(明史紀事本末)』: 곡응태(谷應泰: 1620-1690)가 저술한 기사본말체(紀事本末體) 사서이다. 순치 15년(1658) 겨울에 완성되었다. 원추(袁樞)의 『통감기사본말(通鑑紀事本末)』의 체례(體例)를 따라 명대의 역사를 80권으로 서술하고 1권마다 하나의 주제를 다루고 논평을 달았다. 각종 야사(野史)를 수집하였으므로 잘못된 정보를 실은 경우도 있으나, 사안별로 잘 정리되어 있다는 장점이 있다. 임진왜란 관련 서술은 권62, 「원조선(援朝鮮)」에 정리되어 있다.

22 〈역주〉 『정동실기(征東實記)』: 전세정(錢世禎: 1561-1642)이 도요토미 히데요시의 조선 침공으로부터 시작하여 평양성 전투를 비롯한 자신의 임진왜란 활약상을 간략하게 기록한 글이다. 관자득재총서(觀自得齋叢書)에 수록되어 있다. 전세정은 임진왜란 당시 유격장군(遊擊將軍)으로서 1000명의 병력을 이끌고 조선에 들어왔으며, 만력 21년(1593) 9월에 명으로 돌아갔다.

松)이 여전히 영하(寧夏)에 묶여 있어 여러 차례 사기(事機)를 잃었다. 어쩔 수 없이 12월 3일에 먼저 오유충(吳惟忠)이 이끄는 병력을, 4일에는 다시 전세정·왕문(王問)이 이끄는 병력을 출발시켜 강을 건너게 하였다. 12월 8일에 이여송이 군영에 도착하자 대군은 마침내 16일에 동쪽으로 진격, 25일에 군사들 앞에 맹세하고 강을 건넜으며, 29일에 조선에 도착하였다. 만력 21년(1593) 정월 4일에 평안도 순안(順安)의 안정관(安定館)에 이르렀으며, 6일에는 평양에 도착하였다.

정월 8일의 평양성 전투 승리에 대하여 명과 일본의 역사서에서는 대부분 이여송에게 공을 돌리고 있다. 그러나 이 책의 권3·권4·권5를 보면 전투 이전의 준비와 전투에 임할 때의 방략은 모두 송응창의 계획에서 나온 것이다. 당시 석성(石星)[23]은 쓸 만한 계책이 없어 심유경(沈惟敬)에게 의지해 화의를 성사시키려 하였고 송응창의 주전론을 좋아하지 않았다. 조정 신료들도 대부분 함부로 말하며 견제하기를 일삼았다. 각 지역에서 동원해야 할 병력은 절반을 노약자로 숫자만 채워서 총 4만 명이 못 되었고 이여송은 의기가 매우 성하였기에 송응창은 더욱 은인자중하면서 이를 눌러야 하였다. 또한 왜인(倭人)이 빈틈을 타고 산동(山東) 연해로 침범해 들어올 것을 걱정해야 하였으니, 송응창의 처지는 지극히 곤란하였다.

만력 21년 정월 27일 벽제관(碧蹄館) 전투에서 이여송은 적을 가벼이 여기다가 패배를 초래하였다. 같은 해 정월 21일의 「여여송서(與如松書)」를 보면 송응창이 말하기를 "전에 평양의 왜노는 비록 많

.......

23  병부상서(兵部尚書).

앉으나 오히려 한 부대에 속해 있었으니, 급히 공격하는 것이 마땅
하였습니다. 지금 각 지역의 부대가 모두 서울로 돌아가서 그 형세
가 크게 합쳐졌고 또 서울은 의주[愛州]로부터[24] 길이 천 리나 떨어
져 있으니, 마땅히 전보다 더욱 조심해야 합니다. 반드시 우리의 사
료와 군량·군화(軍火)·장비가 모두 충분히 모이기를 기다린 연후
에 나아가 토벌해야만 만전의 방책이 될 것입니다.”라고 하였다.[25]
또 같은 해 정월 25일의 「여여송서」·27일의 「격여송(檄如松)」,[26] 같
은 해 2월 3일의 「격여송」 및 「여여송서」에서[27] 모두 이여송에게 천
천히 진격할 것을 권하였다. 2월 3일의 「여석성서(與石星書)」에 이르
기를 “제독(提督) 이여송은 매번 남이 왜의 기세가 강성하다고 말하
는 것을 꾸짖으니, 다만 왜를 대적하기 쉽다고만 보는 것입니다.”라
고 하였으니,[28] 이여송의 패배는 진실로 송응창의 헤아림을 벗어나
지 않았다.

일본 역사서에서는 이 전투에서 명군을 대파하고 1만 명을 참수
하였으며 북쪽으로 추격해 임진강에 이르러 명군을 강으로 밀어붙
이니 강물이 이 때문에 흐르지 못하였다고 하였다.[29] 이과급사중(吏

24  〈역주〉의주[愛州]: “愛州”는 “의주(義州)”의 별칭이다. 특히 중국인들은 음의 유사성
   때문에 “愛州”라는 호칭을 빈번히 사용하였다. 崔世珍,『吏文輯覽』(구범진 역주,『이문
   역주』중(中), 세창출판사, 2012) 卷3, 62쪽, “艾州, 卽義州也. 艾義音相似, 故漢人或稱艾
   州, 又稱愛州.”; 鄭太和,『陽坡遺稿』(한국고전종합DB) 卷14, 「飮氷錄」, 壬寅 9월 21일,
   “漢人多以義州爲愛州.”

25  〈역주〉「5-64 與平倭李提督書 二十一日 권5, 42b-43b」.

26  〈역주〉「5-71 與李提督書 권5, 46b-47a」; 「5-82 檄李提督 권5, 57b-58a」.

27  당시 이여송의 패전 소식은 아직 도착하지 않았다.

28  〈역주〉「6-11 檄李提督 권6, 10b-11a」; 「6-12 與李提督書 권6, 11b」; 「6-13 報石司馬書
   권6, 12a-12b」.

29  賴山陽,『日本外史』卷16, 德川氏前記, 豊臣氏 中, 15b.

科給事中) 양정란(楊廷蘭)의 상주에서도 말하기를, "벽제관 전투에서 죽은 병사와 군마가 절반을 넘습니다."라고 하였으니,[30] 이 책에서 "전사한 관병(官兵)이 264명이고, 부상당한 관병이 49명입니다."라고 한 것은[31] 거짓임을 증명할 수 있다. 하지만 권5, 같은 해 정월 25일 「보석성서(報石星書)」를 보면 이르기를, "우리 군사로서 조선에 건너온 자가 겨우 3만 6000명 남짓인데 평양에서 부상을 입거나 죽은 자가 또한 거의 1000여 명입니다."라고 하였고,[32] 권7, 「변양급사논소(辨楊給事論疏)」에 말하기를, "이동시킨 병마는 … 일이 끝나는 날에 제가 하나하나 원래 지역으로 돌려보내야 합니다. … 원래 장부도 조사해볼 수 있고 현재 남아 있는 병마도 확인해볼 수 있습니다."라고 하였다.[33] 후에 비록 유정(劉綎)의 사천(四川) 병력 5000명

........

〈역주〉『일본외사』는 에도 시대의 유학자이자 역사가 라이 산요(賴山陽: 1781-1832)의 저작으로, 다이라(平)·미나모토(源)에서 다케다(武田)·우에스기(上杉)·오다(織田)·도요토미(豊臣)·도쿠가와(德川)에 이르는 12개 무사 가문의 흥망을 한문으로 서술하고 자신의 사론을 덧붙인 책이다. 22권 12책이다. 서술은 통속 역사서를 이용하였기 때문에 역사적 사실에 오류가 많지만 생동감 있는 문장으로 저자의 의도와는 관계없이 막말(幕末)의 무사들의 정치적 사상에 큰 영향을 주었으며, 1860년대에 중국에 수입된 뒤 중국 지식인들의 일본사 이해에도 적지 않은 영향을 미쳤다. 임진왜란에 대해서는 백성을 피폐하게 하고 도요토미 가문의 멸망을 초래하였다는 비판적 시각을 보이고 있다. 최관·김시덕, 『임진왜란 관련 일본 문헌 해제』, 도서출판 문, 2010, 405-407쪽; 蔡毅, 「賴山陽『日本外史』の中国への流布」, 『日本漢文学研究』 12, 2017. 무봉림은 본 해제를 작성하면서 일본 측 시각의 파악을 위하여 『일본외사』의 서술에 크게 의존하였다.

30 〈역주〉「7-24 辨楊給事論疏 권7, 35b-42b」.

31 「7-7 敍恢復平壤開城戰功疏 권7, 7a-21b」.

32 〈역주〉「5-73 報石司馬書 권5, 47b-48a」. 한편 「6-30 議乞增兵益餉進取王京疏 권6, 22b-26a」에서는 평양성 전투의 명군 전사자를 796명, 부상자를 1492명으로 기록하고 있다.

33 〈역주〉「7-24 辨楊給事論疏 권7, 35b-42b」. 해당 부분의 원문에서 송응창은 자신이 벽제관 전투의 전사자를 축소하였다는 의혹을 부인하면서, 자신이 거느린 병력은 직할이 아니라 파견된 부대이므로 추후 모두 돌려보내야 하기에 자기 마음대로 숫자를 조작할

을 더하였다 해도 철병할 때 이여송 등이 이끄는 병력을 철수시키는 외에 송응창이 그대로 2만 명을 남길 것을 논의하였으니,[34] 이 전투에서 손실을 입은 수는 요컨대 지나치게 크지 않았을 것이다.

또한 예컨대 고니시 유키나가가 화의를 맺고자 한 일에 대해 일본 역사서에서는 심유경의 미봉책에서 나왔다고 하였다. 일본 역사서에서는 또 고니시 유키나가가 도요토미 히데요시를 왕으로 책봉하는 것[封王]을 도요토미 히데요시가 명에서 왕노릇하는 것[王于明]이라고 여겼다고도 하였다.[35] 이 책에 부록으로 실려 있는 병부 등의 아문(衙門)과 나이토 조안(內藤如安) 사이의 문답 내용[36] 및 나이토 조안의 품첩에 "본국(本國: 일본) 모든 인원의 성명을 적어서 보고합니다."라고 한 것을 보면,[37] 고니시 유키나가가 화의를 주도하면서

.......

수 없음을 강조하고 있다.

34 〈역주〉「11-10 報王相公幷石司馬書 권11, 7a-7b」.

35 〈역주〉해당 부분의 원문은 "日使言出惟敬彌縫, 且言行長以封王爲王于明."인데, 이는 그대로 해석하기 어렵다. 『日史提要』의 문장을 참조하면 "日史謂出惟敬彌縫, 且謂行長以封王爲王于明."이므로, 원문의 "일본 사신[日使]"은 "일본 역사서[日史]"의 잘못으로 판단하고 번역하였다. 여기서 언급된 일본 역사서의 서술은 『일본외사』에 나오는 다음의 일화를 지칭하는 것으로 보인다. 賴山陽, 『日本外史』 卷16, 德川氏前記, 豐臣氏 中, 16b, "時如松使沈惟敬計和, 惟敬赴北京, 報曰, '秀吉欲封日本國王, 如足利氏故事耳.' 因與石星定議, 來韓都城, 厚賂行長曰, '太閤歸韓俘, 則割慶尙, 全羅, 忠淸三道, 封爲王.' 行長等素不學, 不諳封王故事, 以爲王於明之謂也, 欲許之. 已而知其非, 惟敬巧彌縫之. 淸正不可其議. 行長及三奉行皆懷歸, 乃報秀吉曰, '明人欲尊殿下爲皇帝.' 秀吉卽許和. 惟敬請解都城兵, 諸將乃焚城, 更殿而東." 즉, 심유경이 도요토미 히데요시를 일본국왕으로 봉하고 경상도·전라도·충청도를 할양하여 왕으로 삼는다는 말을 먼저 꺼내어 고니시 유키나가를 설득하였고, 고니시 유키나가는 왕으로 봉한다는 의미를 이해하지 못하여 도요토미 히데요시에게 명에서 왕노릇하도록 허락하는 것으로 여겼다는 것이다.

36 〈역주〉「15-1-15 兵部等衙門一本 後附, 38a-43a」.

37 〈역주〉「15-1-18 小西飛稟帖稟兵部尙書石 後附, 47b-50a」, 47a. 나이토 조안은 도요토미 히데요시에 대한 일본국왕 책봉뿐만 아니라 그 처와 아들에 대한 봉작도 함께 요구하였으며, 고니시 유키나가·이시다 미쓰나리(石田三成) 등 일본의 유력자 수십 명을 열

도요토미 히데요시를 위해 책봉을 요구한 것은 실제로 결심한 바가 있었기 때문이다. 대개 고니시 유키나가는 가토 기요마사와 사이가 나빠서 도요토미 히데요시가 필시 책봉을 받는 것을 영예로 여기리라 생각하고 자신이 책봉을 얻어내어 도요토미 히데요시의 총애를 굳히고자 하였기 때문에 심유경과 결탁한 것이다. 뒷날에 이르러 도요토미 히데요시가 관과 면복(冕服)을 찢어버린 것은 고니시 유키나가가 예측할 수 있는 바가 아니었다.

생각건대 서울에서 퇴각한 것은 실제로 당시 일본군에 역병이 크게 돌고 식량이 부족하여 삼봉행(三奉行)[38]과 고니시 유키나가 등이 돌아가고자 하는 마음을 품었기 때문이다.[39] 부산(釜山)에서 철수한 것은 탄정소필(彈正小弼: 아사노 나가마사)이 도요토미 히데요시에게 강하게 간언한 것과 히고(肥後)의 내란이 그렇게 만든 것이다.[40]

.......

거하며 그들에게도 도독(都督) 등의 관직을 내려줄 것을 요청하였다. 실제로 이들 중 일부에게는 명 병부에서 도독첨사(都督僉事) 등에 임명하는 차부(箚付)가 발급되었고, 그중 몇 점은 지금도 현존한다. 이에 대해서는 大野晃嗣, 앞의 글을 참고.

38 〈역주〉 삼봉행(三奉行): 임진왜란 당시 서울에 머물면서 제장(諸將)을 감독하는 역할을 맡았던 이시다 미쓰나리·마시타 나가모리(增田長盛)·오타니 요시쓰구(大谷吉繼)를 지칭한다.

39 〈역주〉 頼山陽, 『日本外史』卷16, 德川氏前記, 豊臣氏 中, 16a-16b.

40 〈역주〉 頼山陽, 『日本外史』卷16, 德川氏前記, 豊臣氏 中, 17b-19a. 여기서 탄정소필(彈正小弼)은 당시 그 직위를 칭하였던 아사노 나가마사(淺野長政)를 지칭하며, 히고(肥後)의 내란이란 우메키타 잇키(梅北一揆)를 지칭한다. 1592년 6월 시마즈씨의 가신 우메키타 구니카네(梅北國兼)는 조선을 향하여 출병하던 도중 가토 기요마사의 영지인 히고에서 반란을 일으켰다. 이 반란은 조선에 대한 출병을 계기로 규슈 각지의 재지영주층을 규합해 도요토미 정권에 저항하려던 시도로, 단기간에 진압되기는 하였으나 규슈 전역에 큰 영향을 미쳤다. 우메키타 잇키에 대해서는 紙屋敦之, 「梅北一揆の歷史的意義: 朝鮮出兵時における一反亂」, 福島金治 編, 『島津氏の研究』, 東京: 吉川弘文館, 1983을 참고. 우메키타 잇키에 대한 소문은 조선을 통해 송응창 등 명군 지휘부에도 전해진 것으로 보인다. 「4-6 報石司馬書 권4, 4b-5a」. 이 에피소드에 대해서는 김시덕, 『그들이 본 임

송응창이 앞의 일은 화의를 허락한 효과라고 생각하고 뒤의 일은 방어하여 지킨 성과라고 여긴 것은 당시의 사정과는 부합하지 않는 다. 또한 도쿠가와 이에야스(德川家康) 등의 지혜와 용기, 꾀와 사려 는 결코 고니시 유키나가 등이 미칠 바가 아닌데, 송응창은 오직 고 니시 유키나가·가토 기요마사가 있는 것만 알았을 뿐이다. 권11, 만 력 21년(1593) 10월 8일「보석성등서(報石星等書)」에서는[41] "일본의 옛 주인에 대해서 저는 원래 들은 바가 없습니다."라고 하였으니, 일 본에 관백(關白) 말고도 따로 국왕이 있다는 것을 알지 못한 듯하므 로, 송응창은 일본의 일에 대해 진실로 잘 알지 못하였을 뿐이다.

송응창이 경략이 되었을 때의 나이는 이미 57세였다. 만력 21년 에 소환된 뒤 이듬해 3월에 고산(孤山)으로 돌아가 은거하면서 입 을 닫고 조선의 일에 대해 말하지 않았다.[42] 이 책 권14, 만력 22년 (1594) 10월 21일「사면은음소(辭免恩蔭疏)」에서는 "산봉우리 아래 냉천정(冷泉亭) 옆에 머무르면서 … 처자를 데리고 직접 논밭을 갈 며 어린 손자를 안고 북쪽 담장을 서성거립니다."라고 하였다.[43]「행 장」및 처 숙인 고씨[顧淑人]의 묘지(墓誌)를[44] 참고하면 송응창의 만년 생활을 또렷이 상고할 수 있다.『국각』에는 만력 22년 9월 이 후 송응창에 대해서 기록된 바가 없다.[45] 만력 25년(1597)의 전역(戰

.......

진왜란』, 학고재, 2012, 146-148쪽을 참고.
41  〈역주〉「11-23 報三相公幷石司馬書 권11, 22a-23a」.
42  〈역주〉「日史提要」11쪽에는 고산(孤山)에 은거하여 조선의 일에 대해 말하지 않았다는 문장을『항주부지(杭州府志)』에서 가져왔음을 밝혔다.
43  〈역주〉「14-5 辭免恩廕幷陳一得疏 권14, 11a-16b」.
44  黃汝亨,『寓林集』卷15, 誌銘,「明兵部左侍郞經略桐岡宋公配顧淑人墓誌銘」, 40b-46b.
45  〈역주〉 실제『국각』에서는 만력 27년 퇴임 관원들의 처우 결정 기사에서 송응창의 이름 이 한 차례 더 언급된다. 談遷,『國權』卷78, 만력 27년 2월 8일(무오), 4827-4828쪽.

役)[46] 당시 조정의 논의에서도 역시 아무도 송응창을 언급하지 않는
다.[47] 송응창은 이때 이미 세상 밖에 있는 사람과 같았던 것이다.

송응창의 사후 조정에서는 휼전(恤典)을 베풀지 않았다. 숙인 고
씨의 묘지에는 아들 송수일(宋守一)이 어머니를 위해 묘지명을 써달
라고 요청한 시점을 송응창 사후 17년이라고 하였다. 당시 송응창
의 장례는 아직 거행되지 않았는데, 이는 송수일이 그 아버지의 공
이 흔적도 없이 묻혀서는 안 된다고 생각하여 장례를 치르지 않고
기다리고 있었기 때문이다.[48] 그러나 송응창의 공은 끝내 밝혀지지
못하였다.[49] 지금『우림집』에는 송응창의 비전(碑傳)이나 묘지명이
없고,『명사』에도 송응창의 전기가 없다.[50]『국각』에는 퇴직한 공경

.......

46 〈역주〉정유재란을 지칭한다.

47 〈역주〉『명신종실록』에는 만력 22년 9월 이후에도 송응창에 대한 언급이 여러 차례 나
온다. 주로 만력 24년 도요토미 히데요시에 대한 일본국왕 책봉이 실패로 돌아간 뒤에
그 책임을 추궁하는 맥락에서 등장하며, 만력 25년 정유재란 당시에는 경략 형개(邢玠)
가 군대 동원을 논의하는 과정에서 송응창의 전례를 원용하기도 하였다. 만력 27년 2월
이과(吏科)에서는 송응창 등 여러 퇴임 관원들의 처우를 어떻게 할 것인지 만력제의 처
분을 구하였는데, 만력제는 이에 대해 관대(冠帶)를 띠고 한가롭게 있도록 하라는 처우
를 내려 관인 신분을 유지하도록 하였다. 이것이『명신종실록』에 나온 송응창 생존 시의
마지막 언급이다.『명신종실록』권331, 만력 27년 2월 8일(무오), 27일(정축).

48 〈역주〉이는 송응창의 처 숙인 고씨의 뜻이기도 하였다. 黃汝亨,『寓林集』卷15, 誌銘,「明
兵部左侍郞經略桐岡宋公配顧淑人墓誌銘」, 40b.

49 〈역주〉『명신종실록』에 따르면 송응창의 아들 송수일(宋守一)은 송응창이 사망한 이듬
해인 만력 35년(1607) 조선 사신이 북경에 들어온 것을 기회로 삼아 송응창의 공이 밝
혀지지 않고 휼전이 거행되지 않았으며 자신에 대한 은음(恩蔭)이 적용되지 않았음을
호소하였으나 회답을 받지 못하였다. 11년 뒤인 만력 46년(1618) 송응창의 손자 송초망
(宋楚望)이 은음의 혜택을 입었음이 기록되어 있다. 그럼에도 불구하고 사후 17년인 천
계(天啓) 3년(1623)까지 송응창에 대한 명예회복은 이루어지지 않은 것이다. 孫衛國, 앞
의 글, 48쪽.

50 〈역주〉최종본『명사』에는 송응창의 열전이 없지만,『명사』편찬 과정에서 만들어진 만
사동(萬斯同: 1638-1702)의『명사』에는 송응창의 열전이 석성(石星)·고양겸(顧養謙)·
손광(孫鑛)·형개의 열전과 함께 실려 있다. 萬斯同,『明史』(속수사고전서 330) 卷332,

(公卿)이 사망하였을 때 으레 졸년(卒年)과 간략한 전기를 써놓는데, 송응창에 대해서는 역시 싣지 않았다. 오직 항주(杭州) 해아항(孩兒巷) 서쪽에 있는 경략화이석방(經略華夷石坊)은 송응창의 향리(鄕里)임을 표시하는 것이라고 전해지는데, 지금 그 흔적이 아직 남아 있을 뿐이다.[51]

그의 책이 후세에 전해진 양상을 보면, 만력 말년 왕재진(王在晉)의 『해방찬요(海防纂要)』에는[52] 송응창의 「화이연해도서(華夷沿海圖序)」[53] 및 상주문 몇 편이 실려 있고 그 출처로 『평왜복국편(平倭復國編)』이라는 제목이 달려 있으며 권수(卷數)는 기록하지 않았다.[54] 황

列傳,「宋應昌傳」. 또한 명대 인물의 전기를 모은 『국조헌징록(國朝獻徵錄)』에는 왕석작(王錫爵)이 송응창의 둘째 아들 송수경(宋守敬)의 요청을 받고 작성한 신도비명(神道碑銘)이 남아 있다. 焦竑, 『國朝獻徵錄』 卷57, 都察院 4, 總鎭尙書, 「經略朝鮮薊遼保定山東等處軍務兵部左侍郎都察院右都御史桐岡宋公應昌神道碑銘」.

51 〈역주〉 항주(杭州) 해아항(孩兒巷) 서쪽에 있는 경략화이석방(經略華夷石坊)에 대한 언급은 청말 『경략복국요편』을 소장하고 있던 팔천권루(八千卷樓)의 정병(丁丙)이 지은 『선본서실장서지(善本書室藏書志)』에서 인용한 것으로 보인다. 丁丙, 『善本書室藏書志』 (북경대학 도서관 소장본) 卷7, 史部 2, 18b, "今孩兒巷西有經略華夷石坊, 卽因此以表里也."

52 〈역주〉 『해방찬요(海防纂要)』: 왕재진(王在晉: ?-1643)이 다양한 문헌을 인용하여 동남 해안의 방어에 관련한 내용을 정리한 책이다. 만력 계축년(만력 41, 1613)의 서문이 있으며 13권으로 구성되어 있다. 연해 지역의 지리적 형편과 외국에 대한 정보, 왜적을 방어하는 방략, 배와 무기의 제조법, 행군법, 택일 등의 정보를 담고 있다. 『경략복국요편』과 마찬가지로 청 건륭 연간부터는 금서가 되었다.

53 『해방찬요』 권3에는 「화이연해경략서(華夷沿海經略序)」라고 하였다.
〈역주〉 王在晉, 『海防纂要』 (속수사고전서 739) 卷3, 「華夷沿海經略序」, 1b-4a.

54 권4, 모두 절록(節錄)한 것.
〈역주〉 王在晉, 『海防纂要』 卷4, 「朝鮮復國日本封貢議」, 1b-19b(731-740쪽)에 수록된 문서들은 모두 송응창의 『평왜복국편(平倭復國編)』, 즉 『경략복국요편』에서 인용하였다고 기록되어 있다. 다음의 문서들이 발췌 인용되었다. 「1-2 辭經略疏 권1, 3a-5a」; 「1-5 移本部咨 권1, 7a-8a」; 「1-11 移薊遼總督軍門咨 권1, 15a-16a」; 「2-7 經略海防事宜疏 권2, 4b-7b」; 「3-10 議題水戰陸戰疏 권3, 8a-14a」; 「8-45 檄李提督劉贊畫劉綎三

우직(黃虞稷)의 『천경당서목(千頃堂書目)』[55] 사부(史部) 별사류(別史類)에는 "송응창의 『조선복국경략요편(朝鮮復國經略要編)』6권"이라고 기록되어 있는데,[56] 책수(冊數)를 권수로 오인한 것이다.[57] 『명사』 「예문지(藝文志)」 잡사류(雜史類)도 이를 따랐으나 "요편(要編)" 두 글자를 빼버렸다.[58] 이는 모두 지금의 책 이름과 조금 다르다.

건륭(乾隆) 연간에는 금서(禁書)가 되었는데, 『군기처주준전훼서목(軍機處奏准全燬書目)』에[59] 보인다.[60] 사고관(四庫館)의 신하들도 끝내 감히 싣지 못하고, 오직 후계국(侯繼國)의 『양절병제(兩浙兵制)』[61]

........

協將 권8, 34a-35b」;「8-46 報三相公幷石司馬書 권8, 35b-38a」;「10-20 議朝鮮防守要害幷善後事宜疏 권10, 17b-24b」;「13-2 愼留撤酌經權疏 권13, 1b-11b」.

55  〈역주〉『천경당서목(千頃堂書目)』: 명말 청초의 장서가였던 황우직(黃虞稷: 1629-1691)이 편찬한 『명사』 「예문지(藝文志)」 초고를 항세준(杭世駿: 1696-1773)이 건륭 초년에 증보한 명 일대의 도서목록으로 32권이다. 『사고전서총목제요(四庫全書總目提要)』에서 "명 일대의 저작을 상고하려면 끝내 이 책에 의거해야 한다."라고 칭할 정도로 명대 서적을 종합한 목록으로서의 위상을 갖고 있다. 『천경당서목』의 성립 과정에 대한 고증은 井上進,「『千頃堂書目』と『明史藝文志』稿」,『東洋史硏究』 57-2, 1998을 참고.

56  〈역주〉黃虞稷,『千頃堂書目』[적원총서본(適園叢書本)] 卷5, 別史類, 13a, "宋應昌『朝鮮復國經略要編』六卷."

57  〈역주〉심일관(沈一貫)의 증언에 따르면 최초에 간행되어 배포될 당시 『경략복국요편』은 8책으로 되어 있었다고 한다. 沈一貫,『喙鳴文集』(북경대학 도서관 소장본) 卷21, 書啓,「復宋桐岡書(附來書幷後跋)」, 47b, "宋裒其朝鮮書疏, 爲經略復國要編, 計八冊."

58  〈역주〉『明史』卷97, 志, 藝文 2, 史類 10, 雜史類, 2386쪽, "宋應昌『朝鮮復國經略』六卷."

59  〈역주〉『군기처주준전훼서목(軍機處奏准全燬書目)』: 건륭 53년(1788) 절강성(浙江省)에서 간행한 『금서총목(禁書總目)』에 수록된 금지 대상 서목 8종 중 하나로, 군기처(軍機處)에서 건륭제의 재가를 받아 전면 금서로 지정한 749종의 목록이다. 청 후기 요근원(姚覲元: 1823-1890)이 청대에 만들어진 각종 금서목록을 간행하여 지진재총서(咫進齋叢書)에 수록하여 현재까지 전해졌다. 『銷燬抽燬書目·禁書總目·違礙書目』, 臺北: 廣文書局, 1972, 1-8쪽의 해설 참고.

60  대개 책 이름의 "복국"이 만주인들의 꺼리는 말이 된 것인데, 그 내용은 실제 건주여진 [建夷]과 무관하다.
    〈역주〉『軍機處奏准全燬書目』, 2a, "『經略復國要編』(明宋應昌撰)."

61  〈역주〉『양절병제(兩浙兵制)』: 후계고(侯繼高: 1533-1602)가 지은 『전절병제고(全浙兵

를 논할 때 송응창의 죄와 이 책의 잘못을 힘써 배척하여 다음과 같이 말하였다. "이 책[62] 중 「왜경시말(倭警始末)」에 실린 조선국왕의 주본(奏本)에 따르면 만력 21년(1593) 9월·10월·11월에 왜적이 여전히 경주(慶州)·기장현(機張縣)·울산군(蔚山郡)·여양현(麗陽縣)·양산군(梁山郡) 등지에서 마음대로 공격하고 약탈하고 있었는데,[63] 경략 송응창이 왜를 위하여 봉공(封貢)[64]을 청한 시점이 바로 이 몇 개월 내이니, 왜가 조공(朝貢)하기를 청한 것이 실제가 아님을 알 수

..........

制考)』의 다른 이름이다. 『전절병제고』는 절강(浙江) 지역의 지도 및 병제(兵制), 해당 지역의 왜란(倭亂), 당시 진행되고 있던 임진왜란에 대한 정보를 담은 「근보왜경(近報倭警)」, 병선(兵船) 제조에 관련한 사항 등을 수록한 책으로, 만력 21년(1593)에 저술된 것으로 추정된다. 『전절병제고』는 두 가지 판본, 즉 원래의 만력 간본과 여기에 일부 내용을 추가한 별도의 판본이 있었던 것으로 보인다. 『사고전서총목제요』에서는 후자를 후계국(侯繼國)의 『양절병제』라는 제목으로 저록하면서 그 내용과 편제를 설명하고 있다. 다만 전자의 만력 연간 판본이 일본 국립공문서관 내각문고(內閣文庫) 등에 현존하는 반면, 후자의 판본은 현존하지 않는다. 時培磊, 「侯繼高《全浙兵制考》及其與《日本風土記》的關係」, 『廊坊師範學院學報(社會科學版)』 2019-6을 참고.

62 『양절병제』.

63 〈역주〉 시간적인 순서를 따져볼 때 해당 주본은 만력 21년(1593) 12월에 파견된 사은사 김수(金睟)·최립(崔岦) 일행에 의해 명 조정에 전달된 것으로 추정된다. 주본의 원문은 남아 있지 않지만, 『사대문궤(事大文軌)』(국립진주박물관, 『임진왜란 사료총서: 대명외교』 1, 2002) 권8, 「요동도사가 조선국왕에게 보낸 자문(都司恭報倭情咨)」, "爲恭報倭情, 以慰聖懷事", 만력 22년 3월 17일, 86b-92b에 주요 부분이 요약된 형태로 실려 있다. 이에 대한 병부의 제본 내용에 따르면 해당 주본은 만력 21년 4월 이후, 윤11월 이전의 일본군 상황을 전하는 것이었다고 한다. 다만 『사고전서총목제요』에서 지적한 9월·10월·11월 일본군 활동의 자세한 내용은 생략되어 있다. 사은사 김수 일행의 파견 배경과 활동 내용에 대해서는 김경태, 「임진전쟁 강화교섭 전반기(1593.6~1594.12), 조선과 명의 갈등에 관한 연구」, 『韓國史硏究』 166, 2014, 87-94쪽을 참고.

64 〈역주〉 봉공(封貢): 도요토미 히데요시를 일본국왕으로 책봉하고 그에게 조공을 허락할 것인가에 관한 논의를 지칭한다. 전쟁을 평화적으로 끝내기 위한 수단으로 명과 일본 양국에 의해 추진되어 명에서 도요토미 히데요시를 일본국왕으로 책봉하는 사신이 파견되기까지 하였으나, 강화 조건에 대한 심각한 의견 불일치로 인해 도요토미 히데요시에 의해 최종적으로 교섭이 결렬됨으로써 평화적인 전쟁의 종결은 실패로 돌아갔다.

있다. 또한 함께 실려 있는 충용항(充龍港) 선상(船商) 허예(許豫)가 정탐하여 알아낸 내용에 따르면[65] 왜적이 처음 평양에서 패하자 곧 식량과 화살이 떨어져 도망치고자 하였으나 방법이 없었기에 봉공을 통해 화의를 논의하였다고 하였으니,[66] 이는 왜적의 계책에 빠진 것이다. 또한 왜적이 평소 속이기를 잘하여 화의를 논의한 뒤에 새로 큰 배 10여 척을 만들어 장차 난을 일으키려 한다고 하였으니,[67] 아마도 화의하려는 것이 실제 의도가 아니었다는 것은 이연[선조]이 주본으로 아뢴 사정과 서로 부합한다. 그러나 송응창은 힘써 화의를 주장하고 도리어 이연[선조]이 터무니없는 주본을 올렸다고 배척하였다. 이에 만력 24년(1596)에 일본이 반란을 일으키니, 송응창의 죄는 피할 수 없게 되었다. 이 책은 실로 역사적 사실을 곡진하게

.......

65  〈역주〉『사고전서총목제요』에서 언급하고 있는『전절병제고』판본은 현존하지 않으나, 그중 「왜경시말(倭警始末)」에 수록되어 있었다고 하는 허예(許豫)의 정탐 내용은 당시 복건순무 허부원(許孚遠)의 문집인『경화당집(敬和堂集)』[許孚遠,『敬和堂集』(일본 국립공문서관 내각문고 317-0100) 5책, 疏, 「請計處倭酋疏」, 70a-76a]에도 인용되어 있어 그 개요를 알 수 있다. 米谷均, 「『全浙兵制考』『近報倭警』에서 본 日本情報」,『한일관계사연구』20, 2004, 162-163쪽의 각주3 참고. 「請計處倭酋疏」는 복건순무 허부원이 복건순안 유방예(劉芳譽)와 함께 만력 22년(1594) 5월에 일본 정탐 결과 및 일본과의 화의 추진에 대한 의견을 보고한 상주문이다. 이에 대한 연구로는 三木聰, 「福建巡撫許孚遠の謀略: 豊臣秀吉の征明をめぐって」,『人文科學研究』4, 1996(三木聰,『伝統中國と福建社會』, 東京: 汲古書院, 2015 所收); 차혜원, 「중국 복건지역의 임진전쟁(1592~1598) 대응」,『東方學志』174, 2016 등을 참고.

66  〈역주〉許孚遠,『敬和堂集』5책, 疏, 「請計處倭酋疏」, 72b, "一. 前歲侵入高麗, 被本朝官兵殺死, 不計其數, 病死與病回而死者, 亦不計其數. 彼時弓盡箭窮, 人損糧絶, 思逃無地, 詭計講和, 方得脫歸."

67  〈역주〉허예의 정탐 보고에서는 도요토미 히데요시가 배 1000여 척을 만들도록 하고 화의 교섭에 실패하면 명을 침공할 의도를 갖고 있었다고 하였다. 許孚遠,『敬和堂集』5책, 疏, 「請計處倭酋疏」, 72b, "一. 關白令各處新造船隻千餘. 大船長玖丈, 闊參丈, 用櫓捌拾枝. 中船長柒丈, 闊貳丈伍尺, 用櫓陸拾枝. 豫訪諸倭皆云, 候遊擊將軍和婚不成, 欲亂入大明等處."

증명할 수 있는 것이며, 반면 송응창이 지은『경략복국요편』은 이연 [선조]의 주본·허예의 정탐·요동순안(遼東巡按)의 고발을[68] 모두 기 록해 넣지 않았으니 스스로 자신의 공을 과장하고 단점을 숨긴 것 이다. 이 책은 또한『경략복국요편』의 오류를 바로잡을 수 있다."[69]

살피건대 송응창이 처음부터 주전론을 폈으며 봉공의 일과는 시 종 무관하였음은「행장」에서 매우 자세히 변론하고 있다. 이 책을 통해 고찰하자면, 만력 21년 정월 5일의「보삼상공[70]·석본병[71]·허병 과[72]서(報三相公石本兵許兵科書)」에서 일찍이 말하기를 "심유경의 계 책은 결코 따를 수 없습니다."라고 하였다.[73] 벽제관의 패전 이후에 도 병력을 늘리고 군량을 더하여 서울로 진격할 것을 의논하였으나, 다만 이여송이 병을 칭탁하고 장사(將士)들이 돌아갈 것을 생각하며 석성이 화의에만 뜻을 두었기에 비로소 중론을 따른 것이다. 그러나 철병은 반드시 세 가지 일을 준행한 뒤에 해야 한다고 여전히 힘써 주장하였으며, 왜가 부산으로 물러나자 여러 장수들로 하여금 추격 하도록 엄히 명령하였다.

왜가 왕자·배신(陪臣)을 송환하고 서생포(西生浦)로 옮긴 뒤에도

.......

68  〈역주〉 요동순안 주유한(周維翰)은 만력 21년(1593) 9월에 일본과의 화의 추진에 대 해 비판적인 보고를 올렸고, 윤11월에는 일본군이 11월에 명군을 습격한 안강(安康) 전 투에서 명군의 피해가 컸음을 탄핵하였다. 요동순안의 고발이란 이를 의미하는 것으로 보인다.『명신종실록』권264, 만력 21년 9월 11일(임술);「12-26 參失事將官疏 권12, 26a-28b」;『선조실록』권46, 선조 26년 12월 11일(경신).

69 『四庫全書總目提要』卷100, 子部 10, 兵家類存目.

70  왕석작(王錫爵)·조지고(趙志皋)·장위(張位).

71  석성(石星).

72  허홍강(許弘綱).

73  〈역주〉「5-10 報三相公石本兵許兵科書 권5, 9a-9b」.

병력을 남겨 방어할 것을 힘을 다해 계획하였다. 만력 21년(1593) 8월 29일의 「강명봉공소(講明封貢疏)」에서는 봉공을 강구하는 설의 시말(始末)을 설명하고 왜정(倭情)을 헤아려 대처할 기틀을 진술하면서[74] 또한 봉공을 일시의 임시방책으로 여겼다. 같은 해 9월의 「격송대빈(檄宋大斌)」・「격유황상(檄劉黃裳)」・「격분수도(檄分守道)」 등에서는 모두 남아서 수비하는 일을 계획하고 있으며, 「보왕석작·석성서(報王錫爵石星書)」에서는 방어하는 병력이 적어서는 안 됨을 논하였고, 조선국왕과 신하들에게 유시(諭示)하면서는 요해지에 방어시설을 정비하여 나라를 지키고 외적을 물리치며 내정을 안정시키는 정치에 대해 재삼 이를 반복하여 말하였다.[75] 같은 해 10월 29일 「보석성서(報石星書)」에서는 "허의후(許儀後)가 이미 밀서를 보내 말하기를, '관백(關白)은 비록 명목상 조공하기를 원하지만 그 실상은 내년에 중국을 침범하기를 엿보고자 하는 것이니 각 해안에서는 급히 방어하기를 바랍니다.'라고 하였으니, 어찌 믿을 수 없겠습니까. … 지금 일단 봉호(封號)를 주는 것은 다만 일시적으로 기미(羈縻)하는 계책일 뿐입니다. 중국 연해의 방비는 어찌 하루라도 소홀히 할 수

........

74 〈역주〉「10-41 講明封貢疏 권10, 42b-49a」.
75 모두 권11에 보인다.
　〈역주〉 각각 「11-6 檄宋大斌 권11, 5a-5b」; 「11-7 檄劉贊畫 권11, 5b」; 「11-8 檄分守道 권11, 6a-6b」; 「11-10 報王相公幷石司馬書 권11, 7a-7b」. 조선국왕 및 신하들에게 유시한 문서 중 요해처에 방어시설을 설치하기를 직접적으로 요구하는 내용은 「11-17 移朝鮮國王咨 권11, 12a-18b」; 「11-18 檄朝鮮三相臣 권11, 18b-19a」; 「11-19 檄朝鮮戶兵工三曹 권11, 19a-19b」. 그 이외의 다양한 분야에 대한 권유는 「11-4 檄朝鮮陪臣黃愼李廷龜 권11, 2a-4a」; 「11-14 移朝鮮國王咨幷檄尹根壽 권11, 9b-11a」; 「11-21 移朝鮮國王咨 권11, 20b-21b」; 「11-26 移朝鮮國王咨 권11, 24a-24b」; 「11-27 檄朝鮮陪臣權慄 권11, 24b-25a」.

있겠습니까."라고 하였다.[76] 이를 허예의 정탐 내용과 비교하면 더욱 명백하고 확실하다. 왜가 조공하기를 청한 것이 실상이 아님은 송응창이 진실로 이미 알고 있었던 것이다. 『사고전서총목제요(四庫全書總目提要)』[77]에서 "봉공하기를 주청하였다." "화의를 힘써 주장하였다." "이연[선조]의 망령된 주본이라며 배척하였다."라고 한 것은 모두 사실이 아니다.[78]

만력 21년(1593) 12월 8일의 「신류철작경권(愼留撤酌經權)」 상주에서는 남아서 지키는 것을 경(經: 불변하는 원칙), 봉공을 권(權: 임시방편)이라고 하였으며, 말하기를 "조선은 계주(薊州)·요동(遼東)·보정(保定)·산동의 긴요한 울타리이며, 전라(全羅)·경상(慶尙)은 조선의 중요한 문호(門戶)입니다." "지금 왜를 방어하는 계책으로는 오직 조선을 지키는 것이 지극히 중요합니다. 조선의 전라·경상을 지키는 것은 더욱 긴요합니다." "지금 남기는 병력은 … 결코 남은 왜가 떠나기 전, … 조선이 미처 대비하지 못한 시점에 철수시켜서는 안 됩니다."[79] "갑자기 병력을 철수시켰다가 만일 왜의 무리들이 맹

.......

76  〈역주〉「11-36 報石司馬書 권11, 31b-32a」.
77  〈역주〉『사고전서총목제요(四庫全書總目提要)』: 청에서 『사고전서』를 편찬하면서 『사고전서』에 포함된 3461종 7만 9307권 및 포함되지 않은 6793종 9만 3551권을 경(經)·사(史)·자(子)·집(集)의 4부(部) 및 그 아래의 44류(類)·67목(目)으로 나누고 해제를 단 서목(書目)이다. 기윤(紀昀) 등이 편찬하였으며 총 200권이다. 당시 현존하던 책의 상당수를 망라하는 문화적 대사업으로 청대 고증학의 중요한 업적으로 꼽힌다.
78  〈역주〉무봉림의 견해와 달리 실제로 송응창은 화의 이후에 조선에 병력을 남기는 등 선후책을 강구하면서도 다른 한편으로는 일본과의 강화를 밀어붙이기 위해 조선을 압박하였고, 일본군이 실제 제대로 철수하지 않고 있다는 실상을 명 조정에 알리려는 조선의 보고를 적극적으로 차단하고 방해, 반박하였다. 당시 송응창의 태도와 조선의 대응에 대한 최근의 연구로는 김경태, 앞의 글, 64-76쪽 및 88-93쪽 및 孫衛國, 앞의 글, 44-46쪽을 참고.
79  〈역주〉송응창의 상주 원문에는 각각 "황상의 분명한 명령으로 일본국왕으로 봉해준 뒤

세를 깨고서 빈틈을 타고 쳐들어오면 조선은 결코 지키기 어렵습니다. 저들이 다시 조선을 점거하게 되면 중국도 무사히 면하기는 어려우니, 그렇게 되면 사진(四鎭: 계주·요동·보정·산동) 연해에서 징발해야 할 군대의 급여가 1만 6000명 수준에 그치지 않을 것입니다."[80]라고 하였다. 다음날 곧바로 상주를 올려 파면해주기를 요청하고 삼가 후임과 교대하였음을 보고하였다.[81] 이후 고양겸이 한뜻으로 주화론을 펼치며 철병하기를 힘써 주장하였다가 끝내 만력 25년의 전역이 있게 되었다. 이는 일본의 반란이 바로 송응창의 말을 쓰지 않았기 때문임을 보여주며, "죄를 피할 수 없다."라고 한 것은 『사고전서총목제요』를 지은 자가 이 책을 자세히 읽지 않았기 때문이다.[82]

송응창이 동쪽을 정벌하려 하였을 때 원황(袁黃)·유황상(劉黃裳) 두 찬획(贊畫)이 기밀에 참여하였으나 뒤에 원황은 왜를 정벌하는 일의 불리함을 조목별로 진달하여 송응창과 갈라섰고, 유황상은 왜를 정벌하는 일을 송응창과 끝까지 함께하였다. 『천경당서목』에는 유황상의 『동정잡기(東征雜記)』가 실려 있으나 아쉽게도 지금 그 책

........

에 철수해야 하고" "조선의 군대가 훈련되고 요해처가 정비된 다음에 철수해야 하며"라는 부분이 들어 있었으나, 무봉림은 이를 생략하였다.

80 〈역주〉「13-2 愼留撤酌經權疏 권13, 1b-11b」.

81 〈역주〉 12월 8일 날짜로 되어 있는 「13-2 愼留撤酌經權疏 권13, 1b-11b」의 바로 다음에 실린 「13-3 夙疾擧發乞賜罷免疏 권13, 11b-12b」 및 「13-4 恭報交代疏 권13, 12b-14a」을 가리키는 것으로 보인다. 다만 후자에는 이듬해 "정월 9일"에 고양겸과 만나 이미 교대하였다는 문장이 있으므로, 무봉림의 서술대로 12월 9일에 교대하였음을 보고하였다고 볼 수는 없다. 실제로 『명신종실록』에는 송응창의 파면 요청이 12월 24일 기사에 실려 있다. 『명신종실록』 권268, 만력 21년 12월 24일(계유).

82 허예의 정탐과 요동순안의 고발 등을 싣지 않은 것은 대개 송응창의 책의 체제상 그렇게 된 것이다.

을 볼 수 없다.『천경당서목』에는 또한 제갈원성(諸葛元聲)의『양조평양록(兩朝平攘錄)』5권,[83] 모서징(毛瑞徵)의『만력삼대정고(萬曆三大征考)』5권,[84] 소응궁(蕭應宮)의『조선정왜기략(朝鮮征倭紀略)』1권, 심사현(沈思賢)의『경략복국정절(經略復國情節)』2권, 왕사기(王士綺)의『봉공기략(封貢紀略)』1권, 그리고 양백가(楊伯珂)의『동정객문(東征客問)』, 웅상문(熊尙文)의『왜공시말(倭功始末)』및 저자를 알 수 없는『동사기실(東事紀實)』·『동봉시말(東封始末)』·『관백거왜시말(關白據倭始末)』등의 책이 있다. 이 중 오직『양조평양록』만『사고전서(四庫全書)』잡사류(雜史類) 존목(存目)에 저록되어 있으며 북평도서관(北平圖書館)에 아직 그 책이 있다.『만력삼대정고』는 일본에도 전본(傳本)이 있다. 나머지는 모두 남아 있는지 알 수 없다.

이 책은 여러 대가들도 저록한 것을 보기 어렵고[85] 오직 본관(本

.......

83  제4권에서 왜의 조선 침범을 기록하였다.
〈역주〉『양조평양록(兩朝平攘錄)』: 제갈원성(諸葛元聲)이 융경(隆慶)·만력 연간 명의 주요 대내외 전쟁에 관해 5권으로 서술한 책이다. 만력 34년(1606)의 서문이 있다. 융경 연간 몽골의 알탄(俺答, Altan) 칸과의 전쟁, 사천(四川) 토사(土司)의 진압, 만력 20년 보바이(哱拜) 등이 일으킨 영하(寧夏)의 난, 임신왜란·정유재란, 파주(播州) 토사 양응룡(楊應龍)의 난에 대하여 기록하고 있다. 일본에도 전해져 일본의 임진왜란 관련 기록의 형성 과정에 적지 않은 영향을 미쳤다. 김시덕,『일본의 대외 전쟁: 16~19세기 일본 문헌에 나타난 전쟁 정당화 논리』, 열린책들, 2016, 82-110쪽.
84  3·4권에서 관백의 일을 기록하였다.
〈역주〉『만력삼대정고(萬曆三大征考)』: 모서징(毛瑞徵)의 저서로 만력 20년(1592) 보바이 등이 일으킨 영하의 난, 만력 20년부터 만력 26년까지 벌어진 임진왜란·정유재란, 만력 26년(1598)에 평정된 파주 토사 양응룡의 난에 대한 기록이다. 천계(天啓) 원년(1621)의 서문이 있다. 다만『천경당서목』에 5권으로 되어 있는 것과 달리 현존하는 북경대학 소장본 천계 연간 간본에는 권수가 매겨져 있지 않다.
85  〈역주〉『경략복국요편』은 건륭 연간 이후 금서로 지목되었지만 그 이전에 생존하였던 서건학(徐乾學: 1631-1694)의 장서목록인『전시루서목(傳是樓書目)』에 수록되어 있다. 徐乾學,『傳是樓書目』(속수사고전서 920) 卷3, 子部 爲字二格(兵家), 兵書, 21a(787쪽),

館)과[86] 북해도서관(北海圖書館) 소장본 중에 만력 간본(刊本)이 있다. 임술년(1922)·계해년(1923) 사이에[87] 영파(寧波) 주재 일본 영사(領事)가 남에게 부탁하여 본관에 와서 베껴갔다. 지금 특별히 영인하고 황여형이 지은 「행장」과 숙인 고씨의 묘지명을 뒤에 부록하여 이 책을 널리 전하고자 한다.[88]

"『經略復國要編』十二卷, 明宋應昌, 五本." 조선에는 『경략복국요편』 실물이 전해진 흔적이 보이지 않으나, 한치윤(韓致奫: 1765-1814)의 『해동역사(海東繹史)』에서는 조선에 관한 중국의 서적들을 열거하면서 『경략복국요편』을 기재하고 『명사』에는 6권, 『절강서목(浙江書目)』에는 14권으로 다르게 나온 것을 지적하였다. 韓致奫, 『海東繹史』(한국고전종합DB) 卷45, 藝文志 4, 經籍 4, 「中國書目 二 東國記事」.

86 〈역주〉 「日史提要」 13쪽에서는 본관이 강남도서관(江南圖書館)이며 소장된 『경략복국요편』이 원래 팔천권루 소장본임을 밝히고 있다. 팔천권루는 청말 4대 장서가로 손꼽히는 정병(丁丙)·정신(丁申) 형제의 장서이다. 이들은 함풍(咸豊) 11년(1861) 태평천국군의 항주(杭州) 침입 때 장서루가 훼손되는 불행을 맞았으나 각고의 노력 끝에 다시 많은 장서를 모아 팔천권루의 장서를 완성하였다. 이들의 장서는 후손들의 사업 실패로 20세기 초에 흩어졌는데, 그중 대부분을 남경도서관에서 구입하였다. 박현규, 「중국 南京圖書館 소장 한국관련 고문헌에 대한 분석」, 『열상고전연구』 65, 2018, 244쪽 및 249쪽. 실제로 정병의 『선본서실장서지』 및 정병의 아들 정립중(丁立中)이 정리한 『팔천권루서목(八千卷樓書目)』에도 해당 『경략복국요편』이 저록되어 있다. 丁丙, 『善本書室藏書志』 卷7, 史部 2, 18a, "『經略復國要編』十四卷, 附一卷, 明刊本."; 丁立中, 『八千卷樓書目』(북경대학 도서관 소장본) 권4, 史部 紀事本末類, 12a, "『經略復國要編』十四卷. 明宋應昌撰. 明刊本."

87 〈역주〉 『경략복국요편』은 기사년(1929) 중동(中冬)에 처음 영인되었으며, 그해 12월 유이징(柳詒徵)이 지은 발문(跋文)이 붙어 있다. 따라서 원문의 "壬癸之際"는 가장 가까운 임술년(1922)·계해년(1923)을 의미한다.

88 〈역주〉 황여형이 지은 송응창의 「행장」은 영인본의 1231-1252쪽에, 숙인 고씨의 묘지명은 영인본의 1253-1263쪽에 부록으로 실려 있다.

# 經略復國要編

勅

華夷沿海圖

## 0-1

# 칙

**勅 | 勅 1a-2b**

> **날짜** 만력(萬曆) 20년 9월 26일(1592. 10. 30.)
>
> **발신** 만력제(萬曆帝)
>
> **수신** 송응창(宋應昌)
>
> **내용** 만력제가 송응창을 경략(經略)으로 임명하면서 송응창의 임무와 권한을 규정한 칙서(勅書)이다. 송응창은 일본군을 방어하는 데 필요한 제반 업무를 총괄하는 권한을 가졌으며, 총독(總督)과는 동등하고 총병(總兵)·순무(巡撫) 이하에게는 명령을 내릴 수 있는 높은 지위를 부여받았다.
>
> **관련자료**「0-5-10 兵部一本 附, 9a-9b」에는 병부(兵部)에서 경략을 임명하고 칙서를 내릴 것을 주청(奏請)하면서 칙서의 내용은 병부에서 따로 의논하겠다고 밝힌 바 있다.

병부우시랑(兵部右侍郞) 송응창(宋應昌)[1]에게 칙서를 내린다. 근래

........

1    송응창(宋應昌): 1536~1606. 명나라 사람으로 항주(杭州) 인화현(仁和縣) 출신이다. 호는 동강(桐岡)이다. 가정 44년(1565)에 진사가 되었다. 임진왜란 때 1차로 파병된 조승훈이 평양성 전투에서 패배하고 요동으로 돌아가자, 명나라 조정은 병부시랑(兵部侍郞) 송응창을 경략군문(經略軍門)으로, 도독동지(都督同知) 이여송을 제독군무(提督軍務)로 삼아 4만 3000명의 명군을 인솔하게 하여 조선으로 출병시켰다. 그는 조선에 군사를 파견하거나 부상병을 돌려보내거나 군수 물자를 수송하는 등의 지원을 했다. 송응창은

왜노(倭奴)가 조선을 함락시키고 중국을 침범하려고 꾀하는 일 때문에 이연(李昖: 선조)이 여러 번 주본(奏本)을 올려 보고한 것과 우리 변경 관리가 아뢴 보고를 받았다. 이 일은 불손하고, 그 죄는 용서하지 못할 것이다. 비록 일찍이 총독(總督)[2]·순무(巡撫)[3]·총병(總兵)[4]·도원(道員)[5]을 단단히 경계시키고 병사를 훈련하고 검열하는

벽제관 전투 후 도요토미 히데요시를 일본 국왕으로 책봉하고 영파(寧波)를 통해 조공하도록 하는 봉공안(封貢案)을 주도했다. 명나라는 일본군의 조선 주둔 상황 등을 명백히 보고하지 않았다는 이유로 송응창을 대신하여 시랑(侍郞) 고양겸(顧養謙)을 경략으로 삼았다.

2  총독(總督): 명·청대의 관명(官名)이다. 명 초에는 성(省)의 행정, 감찰, 군사 업무를 포정사(布政司)·안찰사(按察司)·도지휘사사(都指揮使司)가 나누어 관장하였다. 하지만 점차 그 위에 다시 중앙에서 군무를 감찰하는 총독·순무(巡撫) 등 대관을 파견하게 되었고, 나중에는 이들로 하여금 군사·재정 문제를 총괄하도록 하였다. 총독과 순무는 원칙적으로 통속관계가 없는 대등한 벼슬이었으나, 실질적으로는 총독의 위상이 순무보다 높았다.

3  순무(巡撫): 명·청대의 관명이다. 명초의 순무는 원래 임시로 경관(京官)을 주요 지방에 파견하였던 것이지만, 선덕(宣德: 1426-1435) 연간 이후 강남 등지의 중요한 지역에 상주하는 것이 점차 제도화되었고, 가정(嘉靖: 1522-1566) 연간에는 실질적으로 상설화되었다. 이후 순무는 총독과 함께 지방의 최고장관의 위상을 갖게 되었다.

4  총병(總兵): 총병관(總兵官)을 지칭한다. 중앙에서 파견한 관원으로 전시에만 동원되는 비상설 관직이었으나, 명 초기부터 군무를 총괄하는 고정된 관직으로 변하였으며 진수(鎭守)라고도 칭하였다. 총병관은 처음에는 도지휘사사(都指揮使司)와 그 위치가 유사하였으나, 점차 그 지위와 권력이 확대되면서 도지휘사사가 총병관에게 예속되었다. 그러나 총독·순무의 파견이 점차 제도화되면서 그들보다 상대적으로 낮은 지위에 놓이게 되었다.

5  도원(道員): 명대 성 단위의 특별 행정업무를 전담하게 하거나 포정사(布政使)·안찰사(按察使)의 업무를 보좌하기 위해 설치한 관원이다. 도대(道臺)라고도 칭하였다. 독량도(督糧道)·병비도(兵備道)·해관도(海關道)·순경도(巡警道)·권업도(勸業道)·분수도(分守道)·분순도(分巡道) 등이 그 일례이다. 이 중 분순도는 안찰사를 보좌하여 소속 주·부·현의 행정과 사법 등의 사안을 감독, 순찰하였다. 분수도는 포정사를 보좌하며 담당 지역의 세금 징수, 작황 확인, 인사 고과, 군량 징발 등의 업무를 수행하였으며, 성의 크기에 따라 분수도의 숫자도 달랐다. 분수도·분순도는 관할하는 지역의 이름을 따서 "분수요해도(分守遼海道)"와 같이 불렀다. 『경략복국요편』에서는 전쟁 물자를 준비하는 과정에서 분수도와 분순도가 상당한 역할을 수행하였다.

여러 신하를 더 두기는 하였지만, 여전히 오랑캐를 막고 왜를 방비하는 일을 겸하여 처리하기 어렵다. 또한 지역을 구획하여 나누어 지키는 일에 서로가 마음을 같이하는지 알 수 없음을 염려하였다.

지금 특별히 그대에게 명하노니 계주(薊州)·요동(遼東)·보정(保定)·산동(山東) 등지로 가서 연해(沿海)를 방어하고 왜를 막는 군무(軍務)를 경략하라. 그대는 마땅히 병부에서 제본(題本)을 올려 윤허를 받은 내용에 따라 요해처(要害處)를 지키는 것, 돈대(墩臺)를 쌓는 것,[6] 전선(戰船) 제조를 감독하는 것, 화포(火砲)를 많이 쌓아두는 것, 사기를 고무하는 것, 왜정(倭情)을 살펴보는 것 등 싸우고 지키며 위로해주고 토벌하는 일체의 일을 모두 편의대로 처리하라. 병마(兵馬)·경비[錢糧]를 편의대로 조치하고, 사(司)·도(道)[7]·장령(將領)[8]에게 편의대로 임무를 맡겨서 파견하라. 총독과 더불어 계획하고 의논해야 할 일은 충분히 상의하여 행하되 선입견을 고집하지 말고 나랏일에 이롭기를 기약하라. 총병·순무 이하는 모두 너의 지휘를 받는다. 문직(文職)으로 지부(知府) 이하, 무직(武職)으로 참장(參將) 이

6   돈대(墩臺)를 쌓는 것: 원문에 세 글자가 마멸되어 있으나, 글자 모양 및 내용으로 볼 때 "修築墩臺"로 판단된다.

7   사(司)·도(道): 포정사(布政司)·안찰사(按察司)·도지휘사사(都指揮使司)와 도원(道員)을 총칭하는 말이다.

8   장령(將領): 장관(將官)이라고도 하며, 명대 각 지역을 진수(鎭戍)하는 병력을 지휘하는 무관을 총칭한다. 총병·부총병(副總兵)·참장(參將)·유격(遊擊)·수비(守備) 등이 있다. 『명사(明史)』 「직관지(職官志)」에 따르면 이들에게는 정해진 품급(品級)이나 정원(定員)이 없었으며, 이들 중 한 방면을 총괄하는 자를 진수(鎭守=總兵), 일로(一路)만을 담당하는 자를 분수(分守), 한 성이나 보(堡)를 각각 지키는 자를 수비, 주장(主將)과 함께 한 성을 지키는 자를 협수(協守)라고 칭하였다. 숭정(崇禎) 10년(1637)에 이르러 병부상서(兵部尙書) 양사창(楊嗣昌)이 이들의 관계(官階)를 정리하였고, 이는 청대 녹영(綠營)의 품급(品級)으로 계승되었다. 曹循, 「明代鎭戍將官的官階與待遇」, 『歷史檔案』 2016-3 참고.

하로 게으름을 피우거나 두려워하여 피하는 자가 있을 경우, 잡아서 심문해야 할 자는 곧바로 직접 잡아서 심문하고 탄핵하여 다스려야 할 자는 무겁게 탄핵하여 다스려라. 반드시 장수는 용감하고 병사는 강력하며 싸울 때는 승리하고 수비할 때는 견고히 하도록 하라. 왜 노가 감히 서쪽으로 침범해오면 대군(大軍)으로 먼저 그 칼끝을 꺾 도록 하라. 만약 우리의 위세를 두려워하여 도망쳐 돌아가면 또한 마땅히 군대를 엄히 단속하고 신중히 지켜서 1명의 왜도 들어오지 못하도록 하는 것을 공으로 삼아야 한다. 종전의 방어 관련 사안 중 처치가 타당하지 못한 것이 있으면 모두 네가 방략을 계획하여 선 후책을 강구하는 것을 허락한다. 칙서 안에 다 쓰지 못한 사안도 모 두 편의대로 처리하는 것을 허락한다. 응당 주청해야 할 것은 주청 해서 결정을 받으라. 일이 안정되는 날 주본을 갖추어 병부로 돌아 와서 각 진(鎭)의 문무 관리와 군량을 담당하는 관원을 나누어 탄핵 하라.

그대는 중신(重臣)으로서 이렇게 특별한 간택을 받았으니, 마땅 히 충성과 사려를 다해서 무위(武威)를 밝게 펴서 꿈틀거리는 벌레 같이 보잘것없는 추악한 무리가 중국[天朝]의 처벌을 받도록 하고, 자그마한 조선이 상국(上國)의 비호를 받도록 하라. 큰 공을 능히 세 워서 승전보를 일찍 듣는 것이 짐이 위임한 뜻에 부합한다. 그대는 이를 삼가 받들어라. 그러므로 칙서를 내린다.

0-2

# 중국과 조선 연해 지도 서문

華夷沿海圖序 | 圖序, 1a-3a

날짜 만력 22년(1594)

발신 송응창

수신 독자

내용 자신이 지도를 그리게 된 연유를 설명하는 서문이다. 송응창은 이전에 산동순무(山東巡撫)로 부임하였을 때부터 해안 방어에 관심을 가졌다. 그리고 경략으로 부임한 이후에는 지도의 중요성을 더욱 깨달았기에 경략에서 물러나 돌아온 뒤에 만력제에게 지도와 설명을 올렸다고 설명하고 있다. 송응창은 서문에서 일본군이 명에 가장 큰 위협이 되는 것은 조선의 전라도와 경상도를 점령하고 그곳에서부터 명의 연해를 침범하는 경우임을 특히 강조하였다.

기축년[赤奮: 만력 17년(1589)]에 나는 황상(皇上)의 명령을 받아 산동 땅에 부임하였다.[9] 나의 지나친 생각에 산동은 기봉(畿封: 북경 일대)에 가깝고 강회(江淮: 장강과 회수) 지방을 밖으로 통제하며 요

.......

9 　기축년 …… 부임하였다: 송응창은 만력 17년(1589) 6월 10일에 복건좌포정사(福建左布政使)에서 승진하여 산동순무(山東巡撫)로 임명되었고, 만력 20년(1592) 4월 21일에 대리시경(大理寺卿)이 되면서 산동순무에서 물러났다. 『명신종실록』 권212, 만력 17년 6월 10일(을유); 같은 자료, 권247, 만력 20년 4월 21일(경술).

해(遼海)를 안으로 감싸고 있으니, 만약 외침이 있으면 징발과 수송이 어렵겠다고 생각하였다. 이에 관리들을 신칙하고 이전의 신하 탕화(湯和)[10]의 옛 지혜와 내가 만든 해도(海圖)를 살펴 현지에 나가서 헤아려 조치하였다. 해변에서 무예를 강습하여 군대의 위용이 신기루와 서로 비추어 보이게 되었으며, 깃발도 거의 색깔을 바꾸게 되었다.[11] 얼마 되지 않아 근거 없는 말이 북경(北京)에 이르고 조선 또한 위급함을 고하였다. 두세 명의 대신들은 뜬소문으로 나에게 죄를 주지 않고 나의 식견이 조금 앞섰던 것을 칭찬하며 힘써 조정에 청하여, 황상께서 특별히 나에게 칙서를 내려 사진(四鎭)[12]을 경략하도록 하셨다고 한다.

내가 명을 받고 다시 물러나서 생각하기를, "관자(管子)는 지도를 살펴서 아는 것을 군대를 통솔하는 사람의 긴요한 임무로 여겼다.[13] 바둑에 비유하자면 포석을 깔면서 바둑돌을 널찍널찍하게 늘어놓지 않고 삼가 조심하여 가장자리만 지킨다는 것인데, 나는 그렇게 해서는 상대를 이길 수 없음을 안다. 이번에 저 왜노가 오초(吳楚)[14]

.......

10 탕화(湯和): 홍무제(洪武帝) 주원장(朱元璋)과 같은 고향 사람으로 일찍이 주원장을 따라 농민 반란군에 참여하였으며, 명의 건국 과정에서 무장으로서 많은 공을 세워 신국공(信國公)에 봉해졌다. 만년에는 왜구를 막기 위해 절강(浙江)·복건(福建) 해안의 수비를 강화하고 성을 쌓아 방어태세의 확립에 크게 기여하였다.

11 깃발도 …… 되었다[亦庶乎旌旗改色也]: 면목을 일신하게 되었다는 의미이다. 송(宋) 조사협(趙師俠)의 시 「서강월(西江月)」에 있는 "旆鼓旌旗改色, 弓刀鎧甲增明"을 원용한 구절이다.

12 사진(四鎭): 송응창이 관할하게 된 계주·요동·산동·보정을 지칭한다.

13 관자는……여겼다: 전쟁에서 지도의 중요성을 강조하는 표현이다. 『관자(管子)』 지도편(地圖篇)에 다음과 같은 말이 있다. "무릇 군대를 통솔하는 사람은 반드시 먼저 지도를 살펴서 알아야 한다[凡兵主者, 必先審知地圖]."

14 오초(吳楚): 장강 중하류 지역을 지칭한다.

圖 • 55

의 비옥한 땅을 버리고 조선에 흉포한 위세를 부린 것이 어떻게 진정 계책을 그르치고 마땅함을 잃어서 그랬겠는가. 왜노의 교활한 계산으로는 우리 명의 북경(北京) 부근 유연(幽燕) 지역은 북쪽 오랑캐가 오른쪽 어깨를 감아서 그 등을 치고 있는 격이니 내가 장차 왼쪽 배를 돌려서 그 목구멍을 틀어쥘 것이라고 생각하지 않았을까. 그렇지 않다면 세종(世宗: 가정제) 때에 강남을 침범하여 노획한 사람과 재물이 끝이 없는데 왜 지금 자질구레하게 우리의 속국(屬國: 조선)을 침범하겠는가. 최상의 용병은 적의 모략을 격파하는 것이고[15] 적의 심리를 공략하는 것이 시급하지만,[16] 존망의 시기에 군사를 떨쳐 일으키는 것은 만세 동안 의롭다고 칭해질 것이다. 지금의 계책으로는, 저들의 장졸들이 바야흐로 교만하고 나태하며 소굴이 아직 견고하지 않으니 우리가 군사와 군마를 모아서 바람처럼 쓸어버리고 천둥처럼 울리는 것이 왜 어렵겠는가. 저놈들의 장수가 논의를 그르쳤으니 우리의 계획에 딱 부합한다."라고 여겼다.

이에 군사들과 맹세하고 강을 건너서 지도를 살펴 험지를 점거하고 기습 부대를 매복시키는 한편 군량을 운반하며 저들의 곡식

---

15  최상의 …… 것이고[伐謀]: 『손자병법(孫子兵法)』 모공편(謀攻篇)에 나오는 말로, 싸우기 전에 적의 모략을 깨뜨려 싸우지 않고 이기는 것을 의미한다. 원문은 다음과 같다. "최상의 용병은 모략을 격파하는 것이고, 그다음은 외교를 격파하는 것이며, 그다음은 병력을 격파하는 것이고, 최하는 성을 공격하는 것이다[故上兵伐謀, 其次伐交, 其次伐兵, 其下攻城]."

16  적의 …… 시급하며: 심리적으로 적의 전의를 빼앗는 것이 제일이라는 뜻이다. 『삼국지(三國志)』 촉서(蜀書) 마량전(馬良傳)에 대한 배송지(裴松之)의 주석에 인용된 「양양기(襄陽記)」에 나오는 "무릇 용병의 도는 마음을 공략하는 것이 상책이고 성을 공략하는 것이 하책이며, 마음으로 싸우는 것이 상책이고 병사로 싸우는 것이 하책이다[夫用兵之道, 攻心爲上, 攻城爲下, 心戰爲上, 兵戰爲下]."라는 말을 살짝 바꾸었다.

창고를 불태우고 군사를 나누어 깊이 들어갔으니, 지리(地利)를 살펴서 안 것의 분명한 효험이 아니겠는가. 내가 불민하게도 산해관(山海關)으로 다시 들어온 뒤[17] 지도를 그려서 설명을 붙여 주상(主上)께 올렸으니, 혹 정무를 보시는 여가에 살펴보고 아실 수 있으리라.[18] 지도는 요동에서 복건(福建)·광동(廣東)에 이르기까지 1만 4000리에 걸쳐 있다. 탕화의 계획이 진실로 바둑을 두는 것과 같으니, 개 이빨처럼 들쑥날쑥한 해안을 따라 섬들이 문호(門戶)처럼 늘어서 있으므로 대저 외양(外洋)에서 막는 것을 귀하게 여기고 단지 내지(內地)를 고수하는 것에 그치지 않는다. 안동위(安東衛)[19] 이남은 나의 관할 지역 내에 있지 않았던 반면 안동위 이북은 조목별로 여러 상주문에 실어둔 것이 산견되니, 이 도설(圖說)[20]에서는 일단 그 대개만 진술한다.

왜의 선박이 사쓰마주(薩摩州)에서 바다로 나가 오도(五島: 고토 열도)를 지나서 유구(琉球: 오키나와)를 넘어 남쪽으로 침범하여 남사(南沙)를 통과해 대강(大江: 장강)으로 들어가면 과주(瓜洲)·의진(儀眞)·상주(常州)·진강(鎭江)이다. 양산(洋山)에서 북쪽으로 가면 태창(太倉)이 나오고, 양산에서 남쪽으로 가면 임관(臨觀)·전당(錢塘)이

· · · · · ·

17  산해관으로 …… 들어온 뒤: 송응창은 대부분의 명군이 일단 철수한 만력 21년(1593) 12월에 후임 고양겸(顧養謙)으로 교체되어 북경으로 돌아올 것을 명령받았고, 이듬해 3월에는 본적지로 돌아갈 것을 허락받았다.『명신종실록』권268, 만력 21년 12월 7일(병진); 권271, 만력 22년 3월 17일(을미).

18  지도를 …… 있으리라: 송응창이 만력제에게 지도를 올린 경위는「13-10 恭進海圖倭物疏 권13, 36b-38a」에 기록되어 있다. 이에 따르면 지도를 올린 날짜는 만력 22년(1594) 3월 20일이다.

19  안동위(安東衛): 명대 산동성 최남단 해안에 왜구 방어를 목적으로 설치된 위소이다.

20  도설(圖說): 설명이 첨부된 지도를 가리킨다.

圖 • 57

다. 구산(韭山) 해갑문(海閘門)을 지나면 온주(溫州)를 침범할 수 있고, 주산(舟山)의 남쪽을 돌면 정해(定海)·상산(象山)·창국(昌國)·태주(台州)를 침범할 수 있다. 정남쪽으로 가면 광동이고, 조금 서쪽으로 가면 복건이다. 대양(大洋)에서 서북쪽으로 침범해 들어오면 회안(淮安)·양주(揚州)·등주(登州)·내주(萊州)이다. 정북쪽으로 침범해 들어오면 천진(天津)·요양(遼陽)이다. 왜는 바람의 방향에 따라 돛의 힘으로 나아갈 뿐이고 스스로 방향을 결정할 수 없다.

예전 사람들은 저들이 강남을 침범하는 것을 편하게 여기고 강북을 침범하는 것을 불편하게 여긴다고 생각하였는데, 이는 바로 오도의 한 길만 갖고 생각하였기 때문이다. 지금은 그렇지 않으니, 지도를 살펴서 바다의 형세를 알아야 한다. 바다는 클수록 파도가 심하고 섬의 넓고 좁음이 같지 않아 혹 배를 많이 댈 수가 없으므로, 대거 강남을 침범하는 것은 왜의 이득이 아니다. 대마도(對馬島)에서 부산(釜山)으로 들어가서 조선을 침범한다면 새벽에 출발해서 저녁이면 도착하고, 발돋움하면 바라볼 수 있다. 조선은 바다 가운데 끼어 있고 요해의 여순(旅順)으로부터 산세가 동남쪽으로 똑바로 달리니, 사람이 혀를 내민 모양과 같다. 남북으로 길이가 4000리이고 변방의 섬 중 둘레가 1000리나 되는 것이 5개 정도인데, 그중 제주도는 우리의 낭산(狼山) 해문(海門)과 마주하고 있다. 그러니 일본을 차단하여 곧바로 산동·보정·계주·요동으로 건너오지 못하게 하는 것은 조선의 힘이다. 동서로 너비가 2000여 리로, 전라·경상은 저 나라의 문호이다. 일본이 우리의 사진을 침범하려 하면 반드시 전라도의 곳을 돌았다가 바람이 반대로 불기를 기다려서 출발하여 배를 대양으로 풀어놓아야 하지, 바람을 빌려서 거꾸로 들어올 수는 없다. 장하구나, 천험(天險)이 신경(神京: 북경)을 밖에서 보호하니, 금성탕지[21]의 견고함도 이에 미치지 못한다.

만약 전라·경상을 지키지 못하면 이는 조선을 잃는 것이다. 이미 조선을 잃었다면 왜적들이 육로로 요동을 침범할 수 있겠지만, 이것은 염려하기에 부족하다. 요동의 땅은 평탄하여 기병이 깨끗한 들을 달릴 수 있으니, 저들을 유린하여 장차 즉시 없애버릴 것이다. 하물며 우러러 산해관을 공격하는 것은 더욱 쉽지 않다. 하지만 수로라면 낙동강(洛東江)·한강(漢江)·임진강(臨津江)·청천강(淸川江)·대정강(大定江)·대동강(大同江)·압록강(鴨綠江)에서 배를 나누어 사방으로 나와 우리 사진 연해의 섬과 성채를 흔들어댈 터인데, 병력을 어떻게 나눌 것인가. 이는 내가 급히 청하고 여러 번 상주를 올린 까닭이니, 잠시 전라·경상을 지키며 조선군이 강해지기를 기다리고자 한 것은 바로 이 때문이다.[22] 지도를 펴고 완상하면 바다 안쪽과 바깥쪽이 손바닥 위에 올려둔 나뭇잎을 보는 것과 같아질 것이니, 깊이 생각하고 힘써 찾지 않아도 요령을 미리 볼 수 있을 것이다. 굳이 내가 조잘조잘거리는 것을 기다릴 필요가 있겠는가.

........

21  금성탕지(金城湯池): 쇠로 만든 성과 끓는 물을 채운 못이라는 뜻으로, 매우 견고한 성과 해자를 가리킨다.
22  송응창이 조선군이 강해질 때까지 명군을 주둔시켜 전라도·경상도를 방어하기를 주장한 것에 대해서는 「12-1 直陳東征艱苦幷請罷官疏 권12, 1a-6a」을 참고.

圖 • 59

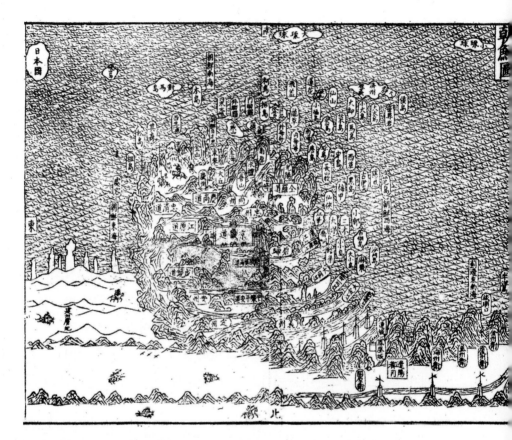

위 지도는 『경략복국요편』華夷沿海圖 중 四鎭圖와 朝鮮圖를 옮긴 것이다. 산동에서 요동을 거쳐 조선까지 군사 요충지를 표시하였다. 현대 지도와 반대로 북쪽에서 남쪽을 바라보는 시선으로 그려져 있다.

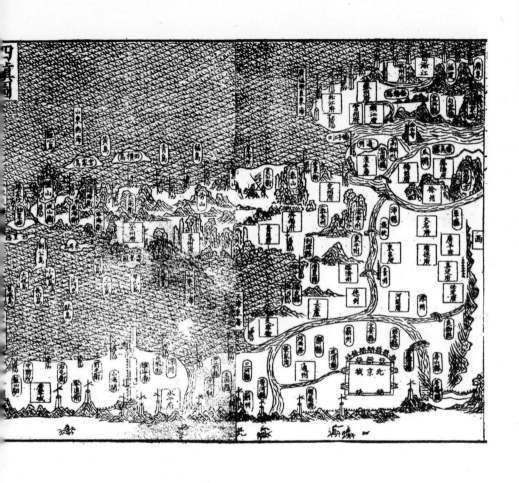

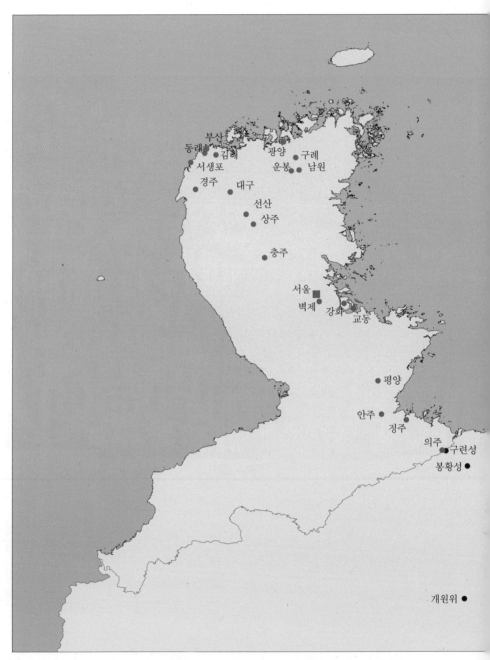

위 지도는 『경략복국요편』 華夷沿海圖 중 四鎭圖와 朝鮮圖의 주요 지명을 현대 지도 위에 표기한
것이다. 시선은 원 지도처럼 북쪽에서 남쪽을 바라보는 것으로 처리했다.

S

N

정해위

성산위 내주부

위해위 영해위

등주부

여순구

금주위

복주위 창려현

산해관 영평부 풍윤현 보저현

개주위 무녕현 옥전현 북경

해주위 계주진

영원위

요동진

광녕위

# 중국과 조선 연해 지도 설명

華夷沿海圖說 | 圖說, 6b-9b

---

**날짜** 만력 22년(1594) 초

**발신** 송응창

**수신** 만력제

**내용** 여순구(旅順口)를 제외하면 모두 조선 각지의 지리적 정보 및 임진왜란 당시의 상황에 대한 설명이다. 송응창 자신의 공적을 강조하는 서술이 군데군데 보이며, 전라도와 경상도의 방어를 중시하고 있다.

---

## 여순구

요좌(遼左) 하동(河東: 요하 동쪽)의 여러 산은 금주위(錦州衛) 여순구에서 맥이 시작되지만, 실제로는 산동 등주부(登州府) 봉래산(蓬萊山) 등에서 시작됩니다. 동해에서 태산까지의 맥은 또 태항산(太行山)·왕옥산(王屋山)으로부터 서남쪽에서 동북쪽을 향해 등주에 닿고, 바닷속에서 넘어지고 끊기며 일어나고 엎어지면서 타기도(鼉磯島)·사문도(沙門島)·장산도(長山島)·반양도(半洋島) 등으로 서로 이어져 여순에 이르러 다시 시작됩니다. 그러므로 이곳은 해상 운송이 쉽게 통하고 심한 풍파의 험악함이 없으니, 이는 여러 섬에 힘입고 있기 때문입니다.

### 의주(義州)

조선국왕 이연·배신(陪臣: 조선의 신하) 윤근수(尹根壽)[23] 등이 난을 피하여 이곳으로 도망쳐 왔습니다.

### 평양(平壤)

왜의 선봉 고니시 유키나가(小西行長)[24]가 이곳에 웅거하여 왜의 무리들을 모았습니다. 제독(提督) 이여송(李如松)[25]이 군사를 통솔하여 성을 격파하고 회복하였으며, 목을 벤 것이 1000여 급이고, 불타거나 연기로 죽은 자가 수만 명입니다. 고니시 유키나가는 밤에 서울으로 도망쳤습니다.

### 함경도

왜장(倭將) 가토 기요마사(加藤淸正)[26] 등이 왕자·배신을 사로잡

---

23  윤근수(尹根壽): 1537~1616. 조선 사람으로 본관은 해평(海平)이고 서울에 거주하였다. 자는 자고(子固), 호는 월정(月汀)이다. 임진왜란 때 명나라에 구원병 5만 명을 청하고 전쟁 물자를 얻는 데 결정적 역할을 한 외교관이다.

24  고니시 유키나가(小西行長): 1555~1600. 일본 사람으로 상인 출신이다. 도요토미 히데요시(豊臣秀吉)의 수하로 들어간 후 신임을 얻어 히고(肥後) 우토(宇土) 성의 성주가 되었다. 임진왜란 때에 선봉장이 되어 소 요시토시(宗議智)와 함께 부산진성을 공격하고 곧바로 진격하여 평양성을 함락하였다.

25  이여송(李如松): 1549~1598. 명나라 사람으로 요동 철령위(鐵嶺衛) 출신이다. 자는 자무(子茂), 호는 앙성(仰城)이다. 철령위 지휘동지(指揮同知)를 세습하였다. 만력 20년(1592) 감숙(甘肅) 영하(寧夏)에서 보바이(哱拜)의 난이 일어나자 반란 진압에 큰 공을 세워 도독(都督)으로 승진하였다. 임진왜란이 발발하자 흠차제독(欽差提督)으로 조선에 파병되었다. 평양성을 함락하였으나 벽제관(碧蹄館)에서 패배하여 퇴각하고 일본과의 화의 교섭에 주력하다가 명으로 철군하였다.

26  가토 기요마사(加藤淸正): 1562~1611. 일본 사람으로 어려서부터 도요토미 히데요시를 섬기다 히고국의 영주가 되었다. 임진왜란 때 1만 명의 병사를 이끌고 함경도로 진격하여 조선의 두 왕자를 사로잡았으나 일본과 명의 강화 교섭이 벌어지자 강화를 방해한다

圖 • 65

아 이곳에 주둔하였습니다. 신(臣: 송응창)이 책사(策士)를 보내 유세하게 하고 병력을 설치하여 의심하게 하니, 왜가 두려워 서울로 물러났습니다.

### 개성(開城)

왜장 이시다 미쓰나리(石田三成) 등이 이곳에 주둔하였습니다. 평양이 격파된 뒤 이여송이 승기를 타고 추격하여 토벌하니, 벤 목이 수백 급입니다.[27] 왜의 무리들은 성을 버리고 서울로 도망쳤습니다.

### 경기도. 국왕이 도읍한 곳

왜의 총병 우키타 히데이에(宇喜多秀家)[28] 등이 이곳에 주둔하였습니다. 평양이 격파된 뒤 여러 곳의 왜 무리를 합쳐 약 30여만 명이 웅거하여 지키다가 우리의 위세를 두려워하여 도요토미 히데요시(豊臣秀吉)[29]를 일본국왕으로 책봉해주기를 애걸하고 은혜로이 윤

........

고 하여 문책을 받아 일본으로 돌아갔다.

27 벤 …… 급입니다: 실제 명 조정의 공적 평가 과정에서 개성에서 참수한 수급의 숫자는 178급이었다. 「15-1-5 禮部一本 後附, 12b-13b」을 참고.

28 우키타 히데이에(宇喜多秀家): 1573~1655. 일본 사람이다. 도요토미 히데요시의 신임을 얻어 유시(猶子)의 연을 맺게 되었으며 히데요시의 양녀를 정실로 맞이하고 '고다이로(五大老)'가 되었다. 임진왜란 때는 일본군의 감군(監軍)으로 조선에 침입하였다.

29 도요토미 히데요시(豊臣秀吉): 1536~1598. 일본 사람이다. 하급무사 가문에서 태어나 오다 노부나가(織田信長)의 휘하에 들어갔다. 오다 노부나가가 사망하자 그의 원수를 갚고 실권을 장악하였다. 1585년에 간바쿠(關白)가 되어 명나라 침공 계획을 세우고 조선에 협조 요청을 하였으나 조선이 이를 거부하자 1592년에 조선을 침공하여 임진왜란을 일으켰다. 평양까지 파죽지세로 진공하였으나 겨울이 되어 날이 추워지고 명군이 참전하자 전세가 어려워져 명과 평화교섭을 추진하게 되었다. 1597년에 정유재란을 일으켰으나 곧 사망하였고 전쟁 역시 중단되었다.

허해주심을 입어 모두 부산으로 돌아갔습니다.

## 강원도

왜노가 서울로 진공(進攻)하고 부산으로 후퇴하여 돌아가면서 왕래하며 약탈하니, 파괴되어 황폐한 것이 또한 많습니다.

## 충청도

왜노가 서울에 주둔하고서 사방으로 노략질하니, 이 도 역시 잔파되었습니다.

## 경상도

왜노가 왕래하며 주둔하니, 잔파되어 거의 없어졌습니다.

## 전라도

지난해 6월, 신이 미리 이여송으로 하여금 부총병(副總兵) 유정(劉綎)[30]·이평호(李平胡)[31] 등을 파견하게 하여 요해(要害)를 나누어 지키게 하였습니다. 뒤에 왜장 가토 기요마사 등이 다시 전라도를 엿보자 우리 군대가 더불어 싸우니, 왜가 마침내 패하여 부산으로

---

30 유정(劉綎): 1553~1619. 명나라 사람으로 강서 남창부(南昌府) 홍도현(洪都縣) 출신이다. 자는 자신(子紳), 호는 성오(省吾)이다. 도독 유현(劉顯)의 아들로, 음서로 지휘사(指揮使)의 관직을 받았다. 임진왜란 때 어왜총병관(禦倭總兵官)으로서 참전하였으며 나중에 후금(後金)과의 전쟁에서 사망하였다.

31 이평호(李平胡): ?~?. 명나라 사람이다. 만력 20년(1592)에 흠차통령요동조병 원임부총병 서도독동지(欽差統領遼東調兵原任副總兵署都督同知)로 마병(馬兵) 800명을 이끌고 제독 이여송을 따라 조선에 왔다가 이듬해(1593) 명나라로 돌아갔다.

圖 • 67

돌아가 감히 다시는 침범하지 못하였습니다.

### 전라도·경상도의 요해

만약 전라도 광양(光陽)·구례(求禮)·운봉(雲峰)·남원(南原) 등의 험지에 병력을 두어 지키면 전라도에 들어올 수 없습니다. 만약 경상도 고령(高靈)·대구(大邱)·선산(善山)·경주(慶州)에 병력을 두어 지키면 경상도를 침범할 수 없습니다. 이렇게 되면 조선 및 우리의 사진은 가히 무사함을 보장할 수 있으니, 이곳은 긴요한 요해입니다.

### 또한

조선의 산천은 북쪽에서 남으로 내려와 제주도에서 그칩니다. 전라도·경상도는 나라의 가장 남쪽에 있어서 조선인은 양남(兩南)[32]이라 부릅니다. 이 때문에 웅천(熊川)·부산 등지는 전라도·경상도 최대의 항구로 왜인(倭人)이 해마다 항상 이곳을 침범합니다.

### 또한

왜의 배가 전라도의 곶을 넘어서 곧바로 산동·보정·계주·요동·서해에 닿지 못하는 것은 이 섬들이 모두 바다 가운데 어지러이 솟아 있고 암초가 매우 많으며 바닷길이 구불구불해서 돛을 펴고 빨리 달리기 어렵기 때문입니다. 즉, 예컨대 지난해부터 지금까지 왜가 다만 부산·김해(金海) 등지에 주둔하고 감히 넘어가서 서해[33]에

.......

32  양남(兩南): 원문에는 "二南"이라고 되어 있으나, "兩南"을 다르게 기록한 것으로 보인다.
33  서해: 여기에서의 "서해"는 『경략복국요편(經略復國要編)』 도(圖), 「조선도(朝鮮圖)」, 5b에 나오는 "朝鮮西海"를 지칭한다.

닿지 못하는 것은 바로 이러한 까닭입니다.

### 서생포(西生浦)

왜장 고니시 유키나가 등이 서울에서 물러난 뒤 이 항구에 잠복하여 도요토미 히데요시를 일본국왕으로 책봉하는 일을 기다린 것이 8개월 남짓 되었습니다.[34] 조용하게 감히 사건을 일으키지 않으니, 교활한 오랑캐가 이에 이르면 가히 공순(恭順)하다 할 수 있겠습니다. 하물며 지금은 저들이 올린 표문(表文)이 이미 이르렀으니, 황상께서는 책봉하는 일을 속히 결단해주시기를 바랍니다.[35]

### 부산

부산·웅천 연해 일대에 항구가 가장 많아, 경상도에 사는 백성이 왜와 시장을 통하고 결혼한 것이 거의 100년입니다. 지금 있는 왜호(倭戶)들이 조선에 자리 잡은 것은 『지리지』를 통해 상고할 수 있습니다. 그러므로 이곳은 항상 왜로 인한 환란이 있었으나, 다만 지난해처럼 심한 적이 없었을 뿐입니다. 전라도·경상도의 요해는 지키

.......

34 왜장 …… 남짓되었습니다: 본문의 서술과 달리 실제 고니시 유키나가는 웅천왜성에, 가토 기요마사가 서생포에 주둔하고 있었으나, 송응창은 강화교섭을 진행하면서 일본군 대부분이 철수하고 고니시 유키나가의 한 부대만 서생포에 주둔하고 있다고 강변하고 있었다. 예를 들어 「11-20 與副將劉綎書 권11, 19b-20b」 참고.

35 하물며 …… 바랍니다: 도요토미 히데요시의 명의로 사죄하며 책봉을 요청하는 표문이 일본군 진영에서 제출된 것은 1594년 정월이었다. 그 전후로 명에서는 책봉 및 강화를 허락할 것인지를 놓고 치열한 논쟁이 벌어졌고, 송응창 및 후임 경략 고양겸도 이 문제로 물러나게 되었다. 이에 대해서는 김경태, 「임진전쟁 강화교섭 전반기(1593.6~1594.12), 조선과 명의 갈등에 관한 연구」, 『한국사연구』166, 2014, 62~80쪽을 참고. 도요토미 히데요시의 "표문" 내용은 『선조실록』 권48, 선조 27년 2월 11일(경신)에 실려 있다.

圖 • 69

지 않으면 안 되니, 지키면 평안하고 지키지 못하면 위태롭습니다. 중국 역시 이 때문에 영향을 받으므로, 매우 긴요한 요해입니다.

### 용산창(龍山倉)

조선에서 역대로 나라 전체의 양곡을 모두 여기에 쌓아두었는데, 후에 왜장이 점거하자 30만의 무리가 이에 의시해 족히 먹었습니다. 신이 계책을 세워 부총병 사대수(查大受)[36] 등을 파견해 왜적 진영에 잠입하여 불을 놓아 밤에 태워버리도록 하니, 왜의 계책이 비로소 군색해져서 이에 한뜻으로 항복하기를 애걸하였습니다.

### 동해 일면(一面)

조선의 동해 일면은 암초가 심히 많고 더불어 넓은 항구가 없어서, 왜의 배가 전부터 침범하지 않았습니다.

---

36  사대수(查大受): ?~?. 명나라 사람으로 요동 철령위(鐵嶺衛) 출신이다. 임진왜란 당시 선봉부총병(先鋒副總兵)으로 임명되어 대군의 선봉대 역할을 수행하였다. 뛰어난 무예로 유명하였다.

# 經略復國要編

附

# 조선국에서 지원을 청하는 상주

朝鮮國乞援疏 ┃ 附, 1a-4a

## 조선국왕 이연(李昖)의 상주

朝鮮國王李昖一本 ┃ 附, 1a-4a

附

---

**날짜** 만력 20년 7월 27일(1592. 9. 2.) 이후 ~ 만력 20년 9월 25일(1592. 10. 29.) 이전

**발신** 선조(宣祖)

**수신** 만력제

**내용** 조선국왕 선조가 만력제에게 7월 5일부터 7월 27일까지 경상도·충청도·전라도·강원도·경기도·함경도 등지의 전황 및 평양 함락 이후 간신히 일본군과 맞서고 있는 상황을 보고하고, 최대한 신속히 구원군을 파견해줄 것을 요청하는 상주이다.

**관련자료** 이 문서는 『국서초록(國書草錄)』 만력 20년 10월 27일, 「예부가 조선국왕에게 보낸 자문」, "爲倭情變詐日增, 勢益猖獗, 萬分可虞, 懇乞聖明早賜議處, 以伐狂謀, 以圖治安事", 56a-60b에 조선국왕의 주본으로 일부 인용되어 있다.[1] 문서가 작성된 시점은 기재되어 있지 않으나 7월 27일 경기순찰사(京畿巡察使) 권징(權徵)[2]의 보고를 인용하고 있는 점으로 보아 그 이후에 작성되었음은 확실하다. 『국서초록』 수록 예부 자문(咨文)에 따르면 조선국왕의 보고를 받은 이후 병부가 후속 조치를 논의하여 9월 25일에 만력제에게 제본을 올렸으므로, 그 이전에 북경에 도

착하였을 것으로 보인다. 뒤의 「0-5-13 兵部一本 附, 13b-15b」에서 확인할 수 있듯이, 만력제는 이에 대해 병부에서 속히 살펴 의논하고 결과를 보고하라는 비답을 내렸다.

왜구(倭寇)가 가득하여 각 도(道)에 두루 웅거하고 있으므로, 크게 군대의 위엄을 떨쳐서 기한을 정해 토벌하기를 간절히 바라는 일.

앞서 올해 4월에 신(臣: 선조)이 우리나라가 왜적의 침입을 당하여 궁박해진 상황을 차례대로 이미 요동도사(遼東都司)에 자문을 갖추어 보냈고, 요동도사가 보고를 전달하여 황상께 아뢰어서 삼가 군사를 내어 구원해주시는 황은(皇恩)을 입게 되었습니다.[3]

신과 대소 신민(臣民)이 밤낮으로 하늘을 우러러 감읍하는 외에, 근래 올해 7월 5일에 경상도초유사(慶尙道招諭使) 김성일(金誠一)[4]이

1  인용 부분은 『국서초록(國書草錄)』(한국학중앙연구원 장서각 소장, 청구기호 K2-3468) 만력 20년 10월 27일, 「예부가 조선국왕에게 보낸 자문」, "爲倭情變詐日增, 勢益猖獗, 萬分可虞, 懇乞聖明早賜議處, 以伐狂謀, 以圖治安事", 56b-57a.

2  권징(權徵): 1538~1598. 조선 사람으로 자는 이원(而遠), 호는 송암(松菴)이다. 임진왜란이 발발하였을 때 경기도관찰사에 임명되어 임진강을 수비하였으나 실패하고 삭녕(朔寧)으로 가서 군량미 조달 임무를 맡았다. 권율 등과 함께 경기도·충청도·전라도의 의병을 모아 왜병과 싸웠다.

3  앞서 …… 되었습니다: 해당 자문은 뒤의 「0-5-1 兵部一本 附, 4b-5a」에 인용되어 있다. 만력제가 조선에 구원군을 파견하도록 최초로 명령한 것은 6월 2일의 일이다. 『명신종실록』 권249, 만력 20년 6월 2일(경인).

4  김성일(金誠一): 1538~1593. 조선 사람으로 경상북도 안동(安東) 출신이다. 호는 학봉(鶴峰), 자는 사순(士純)이다. 선조 23년(1590) 통신사(通信使) 부사(副使)로 일본에 다녀온 후 일본이 침략하지 않을 것이라고 보고하였다가 임진왜란 발발 이후 큰 비판을

급히 장계(狀啓)를 올렸는데, 내용은 다음과 같았습니다. "왜장 1명이 무리 2만여 명을 이끌고 함안(咸安) 등 일곱 고을을 함락시켰습니다. 또 한 무리는 김해 등의 길로부터 계속해서 경성(京城)으로 향하고 있습니다. 또 한 무리는 서천(西川)[5] 등의 길로부터 전라도 순천부(順天府)로 옮겨 들어갔습니다. 또 왜선(倭船) 200여 척이 초계군(草溪郡) 경계에 정박하고 있습니다."

또 7월 10일에 경상도순찰사(慶尙道巡察使) 김수(金睟)[6]가 급히 장계를 올렸는데, 내용은 다음과 같았습니다. "저희 도에는 왜적이 무리 지어 모인 것이 1만 명에 이르러, 수신(守臣)[7] 곽재우(郭再祐)[8]·정인홍(鄭仁弘)[9] 등이 각각 병사를 이끌고 막아 싸웠지만 패하여 왜적이 입성하였습니다. 또한 그 수를 알 수 없는 왜적들이 선산부(善

.......

받았다. 임진왜란 때 초유사(招諭使)에 임명되었으며, 경상우도 관찰사 겸 순찰사를 역임하다 선조 26년(1593) 진주성에서 병사하였다.

5  서천(西川): "사천(泗川)"의 오류로 추정된다.

6  김수(金睟): 1547~1615. 조선 사람으로 서울에 거주하였다. 자는 자앙(子盎)이고, 호는 몽촌(夢村)이다. 경상도관찰사에 재직 중일 때 임진왜란이 발발하자 전라도관찰사, 충청도관찰사와 함께 근왕병을 일으켰다. 이후 전라도와 충청도에서 군량미를 징수하여 명나라 군사에게 공급하였다.

7  수신(守臣): 지방관을 말한다. 바로 뒤에 나오는 곽재우(郭再祐)는 선조 25년(1592) 6월 유곡찰방(幽谷察訪)에, 정인홍(鄭仁弘)은 같은 해 6월에 진주목사(晉州牧使)에 각각 임명되었다. 다만 정인홍은 곧 체직되었고, 곽재우 역시 지방관으로서의 역할을 수행하지는 않은 것으로 보인다.

8  곽재우(郭再祐): 1552~1617. 조선 사람으로 자는 계수(季綏), 계유(季綏)이고, 호는 망우당(忘憂堂)이다. 임진왜란 때 활약한 경상도 의병장이다. 선조 25년(1592) 7월 현풍(玄風), 창녕(昌寧), 영산(靈山) 등지에서 왜적을 잇따라 격파하여 낙동강 우변 지역을 지켰고 10월에는 진주성 전투에 참전하였다. 그 공으로 관직에 제수되었다.

9  정인홍(鄭仁弘): 1536~1623. 조선 사람으로 합천(陜川) 출신이다. 자는 덕원(德遠), 호는 내암(來庵)이다. 선조 25년(1592) 합천에서 성주(星州)에 침입한 왜적을 격퇴하고, 그해 10월 영남의병장의 호를 받아 많은 전공을 세웠다. 선조 26년(1593) 의병 3000명을 모아 성주·합천·고령(高靈)·함안(咸安) 등지를 방어하였다.

山府) 남면(南面)에 모여 있습니다."

또 7월 23일에 충청도순찰사(忠淸道巡察使) 윤선각(尹先覺)[10]이 급히 장계를 올렸는데, 내용은 다음과 같았습니다. "왜적들이 연이어 서쪽으로 청주(淸州)·문의(文義)·옥천(沃川)·보은(報恩)·청산(淸山)·영동(永同)·황간(黃澗) 등의 고을로 향하여 백성이 모두 죽임을 당하였습니다. 저희 도의 무과 출신 주여당(周汝塘)[11] 등이 발분하여 병사를 모아 싸웠으나 패하였습니다."

또 7월 25일에 전라도관찰사(全羅道觀察使) 이광(李洸)[12]이 급히 장계를 올렸는데, 내용은 다음과 같았습니다. "왜적 약 7000여 명이 옥천 땅으로부터 저희 도에 들어와 금산군수(錦山郡守) 권종(權悰)[13]이 전사하였습니다."

또 7월 27일에 경기순찰사 권징이 급히 장계를 올렸는데, 내용은 다음과 같았습니다. "수장(守將) 원호(元豪)[14]가 병사 5000명을 이끌

·······

10 윤선각(尹先覺): 1543~1611. 조선 사람으로 서울에 거주하였다. 자는 수부(粹夫) 또는 수천(粹天)이고, 호는 은성(恩省) 또는 달촌(達村)이다. 초명이 윤선각(尹先覺)이고, 윤국형(尹國馨)으로도 불린다. 임진왜란이 발발하자 충청도관찰사였던 그는 방어에 힘쓰다가 8월에 군사를 거느리고 서울로 향하였으나 왜적에게 패배하고 삭탈관직되었다.

11 주여당(周汝塘): 1538~?. 조선 사람으로 목천(木川)에 거주하였다. 자는 사온(士溫)이다. 선조 16년(1583) 계미 별시 병과에 급제하였다.

12 이광(李洸): 1541~1607. 조선 사람으로 서울에 거주하였다. 자는 사무(士武)이고, 호는 우파(雨波)·우계(雨溪), 또는 우계산인(雨溪散人)이다. 선조 25년(1592) 8월 윤국형과 함께 근왕병을 일으켜 서울로 향하였으나 왜적에게 패배하여 후퇴하고 전라도를 지켰다.

13 권종(權悰): ?~1592. 조선 사람으로 포천(抱川)에 거주하였다. 자는 희안(希顔)이다. 선조 25년(1592) 금산군수(錦山郡守)로 부임한 지 한 달 만에 임진왜란이 일어나자, 광주목사(光州牧使)로 있던 사촌 동생 권율(權慄)과 서로 연락하여 국난에 같이 대처하기로 약속하였다.

14 원호(元豪): 1533~1592. 조선 중기의 무신. 명종 22년(1567) 무과에 급제하였고, 경원부사로서 이탕개(尼湯介)의 침입을 격퇴하였다. 임진왜란이 일어나자 강원도조방장(江原道助防將)으로서 병력을 규합하여 여주 신륵사에서 일본군을 물리쳤으나, 강원감사 유

고 강원도로 달려가 힘을 다해 적과 격렬하게 싸우다가 철환(鐵丸)에 부상당하여 자신은 죽고 군대가 흩어져 원근(遠近)이 술렁이며 두려워하고 있습니다."

또 본관(本官: 권징)이 급히 장계를 올렸는데, 내용은 다음과 같았습니다. "왜적이 경성으로부터 강을 건너 김포현(金浦縣)을 함락시키고 또 부평부(富平府)를 함락시켜 크게 약탈을 자행하였습니다. 또 두 무리가 광주(廣州)·가평(嘉平) 등의 주현으로 나뉘어 들어가 피난하던 사대부와 서민을 수색해 죽이니 시체가 쌓여서 서로 베개 삼고 있으며, 곡식·우마(牛馬)를 거두어간 것은 헤아릴 수가 없습니다."

또 평안도순찰사(平安道巡察使) 송언신(宋言愼)[15]이 치계하였는데, 내용은 다음과 같았습니다. "함경도의 왜적이 여러 고을을 모두 함락시켜, 수장 이인조(李仁祚)는 철령(鐵嶺)에서 맞아 싸우다가 적에게 베여 죽었고, 덕원부(德源府) 이영침(李永琛)[16] 부자(父子)는 모두 전사하였습니다. 적이 또한 함흥부(咸興府)[17]에 웅거하여 목장의 말을 거두고 염초(焰硝)[18]를 구워내며 내년 정월~2월에는 상국(上國: 중국) 땅으로 쳐들어가겠다고 떠들어대고 있습니다."

........

영길(柳永吉)의 격문에 따라 강원도로 이동하다가 김화에서 적의 복병을 만나 전사하였다. 시호는 충장(忠壯)이다.

15  송언신(宋言愼): 1542~1612. 조선 사람으로 자는 과우(寡尤), 호는 호봉(壺峰)이다. 임진왜란 때에는 평안도순찰사, 함경도순찰사를 겸하면서 군병 모집에 힘썼다.

16  이영침(李永琛): 1538~?. 조선 사람으로 서울에 거주하였다. 자는 경수(景售)이다. 명종 23년(1567) 정묘 식년시 병과에 급제하였다.

17  함흥부(咸興府): 원문에는 "興府"로 기재되어 있으나, 함흥부(咸興府)의 오류로 추정된다. 뒤의 「0-5-11 遼東巡撫鮑希顔一本 附, 9b-12a」 참고.

18  염초(焰硝): 특수한 흙에서 구워내던 화약의 원료를 말한다. 초석(硝石)의 다른 말이다.

신이 외람되이 생각건대, 저는 제후국[藩國]을 제대로 지켜내지 못하여 나라 전체를 뒤집히게 하고 선조들의 기업(基業)을 지키지 못한 채로 한구석에 머무르고 있었습니다. 그런데 삼가 황상의 인자한 은혜를 입어 직분을 다하지 못한 죄를 묻지 않으시고 도리어 불쌍히 여기셔서 은량(銀兩)을 보내시고 병사를 일으켜 응원해주셨으니, 앞뒤의 은혜가 거듭되고도 깊습니다. 스스로 생각건대 떠돌아다니며 위급하고 급박한 와중에 자애로운 어머니에게 의탁할 수 있게 되어 얼마나 다행스럽습니까. 멀리 황상의 궁궐 뜰을 바라보며 오직 감격하여 눈물을 흘릴 줄 알 따름입니다.

신이 또한 생각건대, 우리나라의 장졸들이 처음에는 해상(海上)에서 패하였고, 두 번째로 상주(尙州)에서 패하였으며, 세 번째로 충주(忠州)에서 패하였고, 네 번째로 한강(漢江)에서 무너지니, 마침내 경성을 지키지 못하고 평양이 함락되는 데 이르러 나라의 형세가 모두 적의 근거지가 되었습니다. 적들이 흩어져 창궐하여 날마다 마음대로 죽이고 노략질하니, 우리나라의 강토 중 한 고을이라도 화를 입지 않은 곳이 거의 없습니다. 바닷가 구석의 백성이 오래도록 황상의 영험을 입어 휴양하며 살아왔는데, 이제 나란히 칼날에 맞아 간과 뇌가 땅을 덮으니 참담하여 차마 말하지 못하겠습니다. 일전에 요동장관(遼東將官) 조승훈(祖承訓)[19] 등이 황상의 밝은 명령을 우러러 받들어 병사를 이끌고 구원하니 소방의 인민이 모두 다시 살아

........

19  조승훈(祖承訓): ?~?. 명나라 사람으로 영원위(寧遠衛) 출신이다. 호는 쌍천(雙泉)이다. 이성량(李成樑)의 가정(家丁)으로 만력 20년(1592) 7월에 조선으로 파견되었으나 평양성 전투에서 패하여 물러났다. 같은 해 12월에 이여송(李如松)의 표하관으로 다시 참전하였다. 이듬해 정월의 평양성 전투에 참전하여 공을 세웠다.

나게 됨을 다행히 여겼는데, 뜻밖에도 하늘이 천도(天道)에 순응하는 편을 돕지 않아 치욕이 용감한 장수에게 미쳤습니다.[20] 이는 대개 우리나라가 복이 없어 황상의 위엄이 손상된 것이니, 더욱 통분하고 민망합니다.

근래 보건대, 적들이 거짓으로 방문(榜文)을 내걸고 어리석은 백성을 속이고 꼬드기며, 목장의 말을 거두고 엄초를 구워내고, 소굴을 수리하고 군량을 쌓아두니, 오래 머물 계책이 틀림없습니다. 흉악함을 어지러이 늘어놓고 상국을 업신여기며 우리나라를 위협함에 이르러서는 더욱 마음대로 하여 거리낌이 없습니다. 만약 지금 무찔러 없애지 않고 앉아서 세월을 보낸다면 저들의 세력이 점점 굳어져 뽑아내기 어려워지지나 않을까 두렵습니다. 또한 반드시 병사들에게 지급할 급여를 배로 쓰게 될 것이니, 사기(事機)를 한 번 잃으면 근심을 끼침이 적지 않을 것입니다. 우리나라 각 도의 벼슬아치들이 적에게 차단당하여 병사를 이끌고 올 수 없기에 신이 평안도 전체의 관병(官兵)과 노약자 1만여 명을 모두 동원하고 평안도 절도사(節度使) 이빈(李蘋)[21] 등으로 하여금 순안현(順安縣)을 지키세 하였습니다. 그러나 여름부터 가을까지 적의 칼끝이 빙 둘러 핍박하니 위태로워 망해도 보전할 수 없어, 서쪽을 향하여 목을 늘이

.......

20 뜻밖에도 …… 미쳤습니다: 만력 20년(1592) 7월 17일 조승훈이 이끈 명군의 1차 평양 공격 실패를 지칭한다.『선조실록』권28, 선조 25년 7월 20일(정축);『선조수정실록』권 26, 선조 25년 7월 1일(무오).

21 이빈(李蘋): 1537~1603. 조선 사람으로 충청도 옥천(沃川)에 거주하였다. 자는 문원(聞遠)이다. 임진왜란이 발발하자 조선 조정에서는 이빈을 경상좌도병마사에 임명하였다. 충주(忠州)에서 도순변사(都巡邊使) 신립(申砬)을 도와 탄금대(彈琴臺)에서 배수진을 치고 왜적과 싸웠으나 패배하였다. 선조 26년(1593) 정월, 평양성 전투에 관군을 이끌고 참전하여 공을 세웠다. 3월에는 권율과 함께 행주산성에서 왜적을 격파하였다.

고 날마다 천자(天子)의 병사가 일찍 이르기를 바라고 있습니다. 각 도의 사대부와 백성은 은혜로운 명령이 이미 내렸다는 소식을 듣고 기뻐서 뛰며 아침저녁으로 물불의 재난에서 구해주기를 바라고 있습니다. 오직 황상의 군대가 오는 것이 뒤늦어 우리나라가 이미 망하고 백성의 목숨이 남아 있지 않을까 걱정이오니, 엎드려 바라건대 황상께서 슬프고 불쌍히 여기어 구제해주소서. 신이 다시 살피건대 평양성은 우리나라의 요지이므로 만약 회복한다면 다른 도의 적은 소문만 듣고도 절로 무너질 것입니다.

신이 또한 듣기로, 옛날 영락(永樂) 연간에 안남(安南: 베트남)이 반란을 일으키자 성조(成祖) 문황제(文皇帝)께서 크게 분노하여 병사를 일으켜 수륙으로 기각(掎角)의 형세를[22] 이뤄서 끝내 탕평(蕩平)하셨다고 합니다. 지금 이 적은 몰래 중국을 침범하려고 꾀하여 먼저 우리나라를 친 것이니, 흉패하고 거역함이 실로 여적(黎賊)[23]보다 더합니다. 우리나라는 도로가 서로 통하니 병사를 진격시키기 편한 것이 또한 안남처럼 멀리 떨어진 것과는 비할 바가 아닙니다. 광포한 도적을 섬멸하고 먼 곳의 백성을 안정시키기에는 지금이 기회입니다. 우리나라의 경성은 상국 경계에서 약 1200여 리 떨어져 있어 대군이 수레바퀴를 나란히 하고 전진할 수 있습니다. 엎드려 바라옵건대, 황상의 군대를 정돈하여 날짜를 정해서 멀리 나아가도록 하소서. 동해 및 압록강 하류로부터 곧바로 황해도(黃海道)·강화(江

22 기각(掎角)의 형세: 기각지세(掎角之勢)를 이른다. 달아나는 사슴을 잡을 때 뿔과 뒷발을 잡는다는 뜻으로, 적을 앞뒤에서 에워싸서 양면으로 공격하는 작전을 말한다.
23 여적(黎賊): 여계리(黎季犛)를 가리킨다. 호계리(胡季犛, Hồ Quý Ly)라고도 한다. 안남(安南)의 외척이자 권신으로 1400년 진조(陳朝)를 찬탈하여 제위에 오르고 국호를 대우(大虞)로 고쳤으나, 이후 1407년에 명의 영락제(永樂帝)의 침공으로 사로잡혔다.

華) 등의 고을에 이르는 데는 바람이 순편(順便)하면 사나흘이 걸리지 않아 진실로 편리합니다. 당나라 때 장수 소정방(蘇定方)[24]이 백제(百濟)를 정벌할 때도 바다를 건너 직접 부여(扶餘)를 쳤으니, 이는 지난 일로서 살필 만합니다. 당당한 중국이 장수에게 명하여 왜를 정벌함은 태산의 무거움으로 알 하나를 누르는 것과 같으니, 흉하고 추한 떠도는 혼령은 얼마 되지 않아 곧바로 소멸할 것입니다. 신이 황상의 영험을 입어 수치와 분함을 씻을 수 있다면 눈을 감고 땅에 들어가더라도 뜻과 소원은 다 이루어진 것입니다. 신은 간절함을 이기지 못하여 하늘을 우러러 빌고 바라옵니다.

.......

24  소정방(蘇定方): 592~667. 당나라 장군으로 기주(冀州) 무읍현(武邑縣) 사람이다. 소열(蘇烈)이 본명이지만 자인 정방(定方)으로 더 알려져 있다. 서돌궐(西突厥), 사결(思結), 백제(百濟)를 멸하고 그 왕을 모두 생포하였다. 고구려의 평양까지 공격하였다.

# 병부 등 각 아문이 올린 상주의 개략

部垣臺諫條議疏略 | 附, 4b-15b

내용 「부원대간조의소략(部垣臺諫條議疏略)」이라는 제목으로 묶여 있는 이하 13건의 문서는 병부, 과도관(科道官),[25] 직례순안(直隷巡按), 요동순안(遼東巡按), 요동순무(遼東巡撫), 요동총병(遼東總兵) 등이 임진왜란 발발 이후 일본군의 침입 관련 정보 및 대책을 논의한 것들이다. 송응창이 이 책을 편집하면서 자신이 경략으로 임명된 전후의 상황을 보여주는 문서를 선별하여 넣은 것으로 보인다. "소략(疏略)"이라는 말을 통해서도 알 수 있듯이, 이 문서들은 발췌본으로 병부·요동순무의 제본은 비교적 많은 부분을 발췌하여 실었으나 일부 문서는 "~가 아뢰기를[奏稱]"이라는 제목하에 요점만 간단히 초록하였다. 이 문서들은 전문이 모두 인용되지는 않았으나 『명신종실록』을 통해서는 잘 드러나지 않는 임진왜란 초기 명의 정세 인식과 대책 논의 과정을 잘 보여주는 사료로 의미가 있다.

.......

25  과도관(科道官): 명·청 시대 육과급사중(六科給事中)과 도찰원의 각 도(道) 감찰어사(監察御使)를 통칭하는 말이다.

# 병부의 상주

兵部一本 | 附, 4b-5a

날짜 만력 20년 5월 10일(1592. 6. 19.)

발신 병부(兵部)

수신 만력제

내용 임진왜란 발발에 대한 조선의 제1보를 받고 대책을 논의하는 병부의 제본이다.

관련자료 조선국왕이 명에 최초로 보낸 보고는 『명신종실록』 및 『만력저초(萬曆邸鈔)』에도 간략히 실려 있지만, 본문에 인용된 것이 가장 상세하다. 한편 병부의 요청사항과 만력제의 비답 내용은 『명신종실록』, 『만력저초』 및 후계고(侯繼高)의 『전절병제고(全浙兵制考)』 「부록근보왜경(附錄近報倭警)」에 수록된 요동총병 양소훈(楊紹勳)[26]의 게첩(揭帖)에 각각 조금씩 다르게 실려 있다. 신속히 사람을 보내어 요동·산동 등의 방어를 강화할 것을 골자로 하고 있다.[27] 본문에는 날짜가 기록되어 있지 않으나 『명신종실록』에는 5월 10일 기사에 보고의 내용과 만력제의 비답이 실려 있다.

.......

26  양소훈(楊紹勳): ?~?. 명나라 사람으로 만력제 때의 무신이다. 임진왜란 때 요동총병관(遼東總兵官)이었다.

27  『명신종실록』 권248, 만력 20년 5월 10일(기사); 『만력저초(萬曆邸鈔)』(揚州: 江蘇廣陵古籍刻印社, 1991) 만력 20년 5월, 673쪽; 후계고(侯繼高), 『전절병제고(全浙兵制考)』(일본 국립공문서관 내각문고(內閣文庫) 소장, 청구기호 295-0066) 권2, 「부록근보왜경」,

왜정에 관한 일.

조선국왕 이연(李昖: 선조)의 당보(塘報)[28]를 받았는데, 그 내용은 다음과 같았습니다.[29] "부산진절제사(釜山鎭節制使) 정발(鄭撥)[30]의 신문(申文)을 받았는데, 그 내용은 다음과 같았습니다. '이달 13일에 왜선 150여 척이 큰 바다로부터 배를 부려 우리나라의 봉래도(蓬萊島)·절영도(絶影島) 등에 이르러 정박하였습니다. 또 왜선 40여 척이 앞바다 절영도[31] 등에 이르러 정박하였습니다.'

이어서 경상도수군절도사(慶尙道水軍節度使) 박홍(朴泓)[32]의 신문을 받았는데, 그 내용은 다음과 같았습니다. '14일에 왜선 수백여 척이 이부어산진(利釜魚山鎭)[33]·우암(牛岩) 등에 이르러 세 곳에 나누어 정박하고 닻을 내렸다가 해가 뜨자 공격해왔습니다. 저희 도의 수장이 병사를 거느리고 맞아 싸웠으나, 적의 기세가 바야흐로 불처

⋯⋯

요동총병 양소훈의 게첩, 78a-82b. 해당 부분은 79b-80b.

28  당보(塘報): 군사정보 보고서 또는 긴급한 군사정보를 알리는 사람을 가리킨다.

29  조선국왕 ⋯⋯ 같았습니다: 조선이 요동도사에게 보낸 최초 보고 및 관련 정황에 관해서는 『명신종실록』권248, 만력 20년 5월 10일(기사); 『만력저초』, 만력 20년 5월, 673쪽; 박동량(朴東亮), 『기재사초(寄齋史草)』(대동야승 수록본) 하, 「임진일록(壬辰日錄)」1, 5월 19일 참고.

30  정발(鄭撥): 1553~1592. 조선 사람으로 자는 자고(子固), 호는 백운(白雲)이다. 무관으로 임진왜란 발발 시 부산진첨절제사(釜山鎭僉節制使)로 있었다. 사냥을 하다가 적이 쳐들어왔다는 소식을 듣고 부산진성(釜山鎭城)으로 돌아가니 이미 왜군이 성 앞에 도달한 상황이었다. 결국 전투 중 사망하고 부산진성도 함락되었다.

31  절영도: 원문에는 "絶形"으로 되어 있으나 "절영도(絶影島)"의 오기로 보인다.

32  박홍(朴泓): 1534~1593. 조선 사람으로 자는 청원(淸源)이다. 임진왜란 발발 시 경상좌도수군절도사에 재임 중이었다. 행재소로 올라가던 중 원수 김명원(金命元)의 좌위대장(左衛大將)으로 임명되어 임진강과 평양을 수비하였으나 패배하였다.

33  이부어산진(利釜魚山鎭): 이에 해당하는 부분이 『명신종실록』권248, 만력 20년 5월 10일(기사)에는 "直犯釜山"으로, 『만력저초』만력 20년 5월, 673쪽에는 "圍金魚山鎭地方"으로 되어 있다. 모두 "부산진(釜山鎭)"의 오기로 추정된다.

럼 성하여 누차 싸워 패하였고 백성의 집이 모두 불타고 노략질당
하였습니다.'

　이제 장차 우리나라의 연해 세 변을 둘러싸려 하여 형세가 널리
퍼지게 될 것이니 매우 위급합니다."

　살피건대, 왜노가 쳐들어온다는 정보는 앞서 진신(陳紳)[34]이 먼
저 보고한 것을 받았고, 이어서 주균왕(朱均旺)[35]이 뒤에 알려온 것
을 받았습니다. 이미 각 연해 총병과 유구 등 각 나라에 단단히 경계
시켜서 엄히 방비하도록 한 외에, 지금 보고받기를 "왜선 수백 척이
이미 조선을 침범하여 형세가 심히 창궐합니다."라고 하니 정황이
이미 사실로 드러났습니다. 또한 성동격서(聲東擊西)[36]는 왜노의 오
랜 행태이므로 길을 나누어 중국으로 쳐들어오는 것도 반드시 없으
리라 보장하기는 어렵습니다. 모든 연해 일대 지방의 방어는 마땅히
주밀해야 합니다. 마땅히 명이 내려오기를 기다려 각 해당 지방 아

.......

34　진신(陳紳): ?~?. 명나라 사람이다. 복건(福建) 동안현(同安縣) 출신으로, 금문도(金門
島)에서 상인으로 활동하였다. 만력 16년(1588) 4월 복주(福州)에서 통행증을 받아 출
항하였으나 유구(琉球)에서 배가 좌초하였다. 동행을 귀국시키고 자신은 유구에 잔류
하던 중 도요토미 히데요시(豊臣秀吉)의 명 공격 계획을 들었다. 이에 유구의 협력을 받
아 유구의 조공사절에 동행하여 만력 19년(1591) 윤3월에 복주로 귀국해서 자신이 들
은 정보를 보고하였다. 이후 만력 20년(1592) 11월에 송응창에게 파견되고 만력 22년
(1594) 마닐라로 파견되는 등 일본에 대한 명의 모략 실행에 누차 동원된 것으로 보인
다. 米谷均, 「『全浙兵制考』「近報倭警」에서 본 日本情報」, 『한일관계사연구』 20, 2004,
164쪽.

35　주균왕(朱均旺): ?~?. 명나라 사람으로 무주(撫州) 임천(臨川) 출신이다. 상인으로 장사
를 하다 왜구에게 납치되어 일본에서 노비생활을 하다 사쓰마로 팔려가 허의후(許儀後)
와 만났다. 만력 20년(1592) 복건 상인의 배를 타고 귀국하면서 도요토미 히데요시가
명을 습격하려 한다는 소문에 관한 허의후의 투서를 전달하였다.

36　성동격서(聲東擊西): 동쪽에서 소리를 내고 서쪽에서 친다는 뜻으로, 상대를 속여서 공
격한다는 의미이다.

문(衙門: 관청)에 문서를 보내어 마음을 써서 병마를 조련하고 장비와 선박을 정비하며 성과 해자를 수리하고 방어를 더욱 신중히 하도록 책임지우고, 한편으로는 힘을 떨쳐 정벌하기를 별도로 도모해야겠습니다.

附

0-5-2

# 병과급사중 오홍공의 상주 내용

兵科給事中吳鴻功奏稱 | 附, 5a-5b

날짜 미상

발신 병과급사중(兵科給事中) 오홍공(吳鴻功)

수신 만력제

내용 임진왜란 발발 소식을 접하고 방어 대책을 세울 것을 촉구하는 상주이다.

이번에 왜노가 분쟁을 일으킨 것에 대해 처음에 유구에서 보고를 전하였고 이어서 조선에서 보고를 올렸으며 허의후(許儀後)[37]가 관백(關白: 도요토미 히데요시)[38]의 정황을 조목별로 아뢴 것을 낱낱이

.......

37 허의후(許儀後): ?~?. 명나라 사람으로 복건성 출신이다. 왜구에게 잡혀 포로가 되어 일본 사쓰마주(薩摩州)에 끌려갔다. 일본의 중국 침략에 대한 정보를 명나라 조정에 처음으로 알린 인물로 알려져 있다. 이후 조선의 사쓰마 진영에 와서 의료 활동을 하기도 하였으며, 명과 사쓰마 사이의 연락 역할을 수행하였다.

38 관백(關白): 헤이안(平安) 시대 이후 천황(天皇)을 대신하여 정무를 총괄한 일본의 관직이다. 율령에 규정되지 않은 영외관(令外官)으로, 메이지 유신까지 조정 대신들 중에서는 최고위 관직이었다. 9세기 중엽 이후 대대로 후지와라(藤原) 가문에서 관백을 독차지하였는데, 유일한 예외 기간이 바로 도요토미 히데요시와 그 조카 히데쓰구(秀次)가 관백에 취임한 시기이다. 히데요시는 고노에 사키히사(近衛前久)의 양자가 되어 최초의 무가(武家) 관백이 되었는데, 이후 도요토미 성을 받음으로써 후지와라 가문 외부에서 관백에 취임한 최초의 사례가 되었다. 도요토미 히데요시는 이때 이미 관백에서 물러

꼽을 수 있습니다.[39] 그런데 왜노가 이제 이미 마음대로 침범하였습니다. 앞의 사정과 견주어보면 딱 들어맞는 것과 같으니, 어떻게 미리 방어하는 계책을 세우지 않을 수 있겠습니까. 목마른 뒤에야 우물을 팔까 진실로 두려우니, 후회한들 어떻게 미치겠습니까.

........

나 태합(太閤)을 칭하고 있었지만, 명과 조선의 사료에서는 여전히 그를 관백으로 칭하였다.

39 처음에 …… 있습니다: 임진왜란 이전에 유구 및 일본에 가 있던 명나라 사람 진신·주균왕·허의후 등은 남방 루트를 통해 일본의 조선 침입 관련 정보를 보고하였다. 그런데 이로 인해 명은 조선이 일본군을 안내하여 명으로 쳐들어올지도 모른다는 경계심을 가지게 되었다. 이들이 보고한 정보의 전말과 그 파장에 대해서는 米谷均, 「『全浙兵制考』「近報倭警」에서 본 日本情報」, 『한일관계사연구』 20, 2004를 참고.

# 산서도어사 팽호고의 상주 내용

## 山西道御史彭好古奏稱 | 附, 5b-6a

날짜 미상

발신 산서도어사(山西道御史) 팽호고(彭好古)

수신 만력제

내용 일본의 목적이 조선이 아니라 명에 있으며 조선이 점령당하면 연해 곳곳이 위험하니 조선에서 일본군을 막을 것을 요청하는 상주이다.

왜노가 긴급하여 근심이 이미 코앞에 다다랐으니, 진실로 장사(壯士)가 가슴을 쓸며 탄식할 때이고 신하가 국사(國事)에 골몰하여 뒤늦게야 식사를 할 때입니다. 보고에 400여 척의 배라고 하였으니 최소한으로 대략 헤아려도 무리가 10만여 명을 밑돌지 않습니다. 사납고 거친 적이 나라를 기울일 규모의 병력을 일으켰으니, 그의 도를 헤아려보면 필시 조선을 도외시하고 실제로는 중국을 앉아서 거두어 자기의 땅으로 삼으려 하는 것입니다. 그러나 급히 중국을 침범하지 않고 먼저 조선을 범한 것은 그 배후를 위협당할 것을 두려워해서입니다. 또한 10만의 무리는 기세가 태산과 같으니, 조선은 나라가 작으므로 앉아서도 신하로 복종시킬 수 있습니다. 그런 연후에 중국을 횡행하면 어디든 가지 못하겠습니까. 진실로 조선을 후원(後援)으로 삼고 여러 섬을 소굴로 삼는 경우, 동풍이 순하게 불면 곧바로 등주·내주에 도달할 수 있고, 바람의 방향이 조금 바뀌어 남풍이 불면 곧바로 영평(永平)에 도달할 수 있습니다. 바람의 방향이 다시 바뀌어 동풍이 불면 곧바로 천진에 도달할 수 있고, 또다시 돌아서 동남쪽으로 가면 곧바로 회수(淮水) 남북에 도달할 수 있습니다.[40]

힘을 합쳐 침범해 들어오면 더불어 대적하기 어렵습니다. 가령 1만을 나누어 등주·내주를 침범하고, 1만을 나누어 영평을 침범하며, 1만을 나누어 회수 남북을 침범하고, 7만의 무리로 곧바로 쳐들어와 멀리 달려오면 어떻게 지탱할 수 있겠습니까. 말하면 마음이 아프니 눈물을 흘릴 만합니다. 지금 왜적을 막는 계책으로는 밖에서 맞아 싸워서 국경 안으로 들어오지 못하게 하는 것이 상책입니다. 연해에서 막아서 깊이 들어오지 못하게 하는 것은 중책입니다. 천진·회안·양주 사이에 이른 이후에야 막는 것은 무책(無策)입니다. 사세(事勢)가 이미 급하니 어떻게 장구한 계책을 도모하지 않을 수 있겠습니까.

-------

40  동풍이 순하게 …… 있습니다: 원문은 "東風順則可徑達登萊, 稍轉南則可徑達永平, 再轉而東則可徑達天津, 又再轉而東南則可徑達兩淮."이다. 등주(登州)·내주(萊州)·영평(永平)·천진(天津)의 경우는 지리적으로 각각 동풍, 남풍, 동풍이 불었을 때 갈 수 있는 위치이지만, 회수 남북[兩淮]의 경우 동남풍을 통해서는 갈 수 없는 위치이다. 따라서 이 부분에 대해서만은 동남쪽으로 방향을 틀어 이동한다고 번역하였다.

0-5-4

# 병과급사중 유도륭의 상주 내용

兵科給事中劉道隆奏稱 | 附, 6b-7a

> 날짜 미상
> 발신 병과급사중 유도륭(劉道隆)
> 수신 만력제
> 내용 일본이 이전처럼 동남 연해를 침범하지 않고 조선을 친 것은 내지를 도모하려는 의도이니 연해 요해처의 방어를 강화하기를 촉구하는 상주이다.

 

옛날에는 왜노가 침입하는 곳이 대부분 동남쪽의 재부(財賦)가 나오는 지역이었습니다. 그러므로 바람을 타고 노략질하고는 욕심을 채우면 돌아갔습니다. 지금 먼저 조선을 병탄하고 이후에 중국을 침범하며 장차 대군으로 곧바로 서북 지역을 친다면 그 뜻이 작은 데 있지 않은 것입니다. 만약 조선이 지탱하지 못한다면 필시 승세를 타고 내지를 도모할 터인데, 우리의 세력은 나뉘어 있고 적어서 대적하기 어려울까 두렵습니다. 병법에 이르기를, "대비함으로써 대비하지 않은 자를 상대하면 이긴다."라고 하였습니다.[41] 가만

---

41 대비함으로써 …… 이긴다[以虞待不虞者勝]: 『손자병법(孫子兵法)』모공편(謀攻篇)에 나오는 말이다.

히 앉아서 요행을 바랄 수 있겠습니까. 마땅히 급히 대신(臺臣)의 청에 따라 용감한 군사 1만 명을 모집하여 연해 요해처에 나누어 배치해야 합니다. 그렇지 않으면 적을 맞이하여 속수무책일 것입니다. 신이 병사를 모으기는 쉬우나 해산하기는 어렵다는 것을 모르는 바가 아니며, 병사를 모집하기는 쉬우나 군량을 대기는 어렵다는 것을 모르는 바도 아닙니다. 다만 피해가 기보(畿輔)에 인접하니, 만약 방비하는 데 때늦으면 후회해도 장차 어떻게 미치겠습니까. 바라건대 당국자가 속히 도모하게 하소서.

0-5-5

# 예과우급사중 장보지의 상주 내용

禮科右給事中張輔之奏稱 | 附, 7a-7b

날짜 미상

발신 예과우급사중(禮科右給事中) 장보지(張輔之)

수신 만력제

내용 북방 오랑캐의 침입보다 남쪽 일본의 침입이 더욱 시급한 문제임을 지적하고, 요동 및 연해 지역의 방어를 강화할 것을 촉구하는 상주이다.

생각건대, 지금 오랑캐의 근심을 염려하는 자가 열 중 아홉이고 왜의 근심을 염려하는 자가 열 중 셋이며 서북쪽을 근심하는 자가 열 중 아홉이고 동남쪽을 근심하는 자가 열 중 셋인 까닭은, 광포한 오랑캐는 소멸시키기 어렵지만 왜노는 대처하기 쉽고 서북쪽은 가깝지만 동남쪽은 멀기 때문이 아니겠습니까. 그러나 이는 왜노의 흉참하고 교활함이 광포한 오랑캐보다 몇 배나 되며 큰 바다에 돛을 올려 1만 리를 순식간에 가면 진실로 쉽게 동남쪽에 도달함을 알지 못하기 때문일 따름입니다. 태평함으로부터 소홀함이 일어나 방어를 모두 옛일로 돌려버렸으니, 무엇을 믿고 두려워하지 않겠습니까. 지금 조선을 지키지 못하면 화가 인근을 온통 진동시킬 것이고, 왜선 400척에 무리가 가히 10만이면 조선의 재물로는 그 욕심을 채우지 못할 것입니다. 그러니 필시 작은 배가 해도(海島) 사이를 오가는 것만 보아도 불안해하게 될 것입니다. 요양·천진·등주·내주 등지에는 마땅히 병사를 모집하고 군량을 쌓아둘 계책을 세워야 합니다. 동남쪽의 재부가 나오는 중요한 지역의 연해 방어 또한 어떻게 하루라도 해이하게 둘 수 있겠습니까. 그렇지 않으면 하루아침에 난이 일어날 경우 가정(嘉靖) 계축년(癸丑年, 1553)의 화[42]를 거울삼게 될 것입니다.

........

42  가정(嘉靖) …… 화[嘉靖癸丑之禍]: 후세에 가정의 대왜구(大倭寇)로 불릴 정도로 중국 연해에 왜구의 활동이 절정을 이루기 시작한 기점인 가정 계축년(1553, 가정 32년)을 지칭한다. 이해에 왕직(汪直) 등이 이끄는 왜구가 바다를 뒤덮을 정도의 많은 배를 이끌고 대대적으로 연해 지역을 횡행하였다고 한다. 대표적 사례로『명세종실록』권396, 가정 32년 윤3월 28일(갑술) 참고.

0-5-6

# 직례순안어사 장응양의 상주 내용

直隸巡按御史張應揚奏稱 | 附, 7b-8a

날짜 미상

발신 직례순안어사(直隸巡按御史) 장응양(張應揚)

수신 만력제

내용 일본군의 침입에 대비하여 대운하 일대의 방어를 강화하고 당시 진행 중이던 영하(寧夏) 지역의 병란(兵亂)을 신속히 진압할 것을 촉구하는 상주이다.

서주(徐州)에서 통주(通州)까지 약 2000리를 잇는 지역은 곡물을 실은 배가 비늘처럼 모여들어 끊이지 않으므로, 담당 지역을 나누어 배치하는 것은 이미 미땅히 의논해야 할 바입니다. 만약 왜적이 내지에 들어오면 피해가 반드시 심각할 것이니, 청컨대 계주진(薊州鎮)의 반군(班軍)[43]을 이동시켜 화약과 장비를 많이 갖추어서 조하(漕河: 대운하)를 수호하게 하소서. 신이 영하의 변란[44]을 듣고 이미 놀라고

.......

43 반군(班軍): 명대에 군호(軍戶) 중 일부를 자기 근무지가 아닌 북경이나 변경 지역에 주기적으로 파견하던 병력을 지칭한다.

44 영하의 변란[寧夏之變]: 만력 20년(1592) 2월 영하(寧夏)에서 몽골인 장군 보바이가 일으킨 반란이다. 영하진의 부총병(副總兵) 보바이는 순무 당형(黨馨)과 불화하자 거병하여 영하를 점거하였다. 반란 세력은 오르도스에 있던 몽골 세력과도 통하여 기세가 왕성

경악함을 이길 수 없었는데, 또 왜의 소식이 창궐함을 들으니 동쪽에서 지탱하고 서쪽에서 막는 것이 날마다 겨를이 없습니다. 이는 진실로 매우 위급한 때입니다. 신이 외람되이 헤아리건대, 북경은 배와 심장이고 영하는 어깨와 등이며 조하는 목구멍입니다. 영하를 속히 제압하지 못하고 조하를 빨리 지키지 못하면 어깨와 등, 목구멍이 더불어 병들 것이니, 배와 심장이 무사할 수 있겠습니까. 이것이 신이 깊이 우려하고 과하게 헤아려 이러한 청을 하게 된 까닭입니다.

........

하였기 때문에, 당초 토벌에 나선 명 군대도 쉽게 제압하지 못하고 오히려 여러 차례 패배하였다. 이에 어쩔 수 없이 동북 방면을 지키고 있던 최정예 부대를 멀리 요동으로부터 증원군으로 파견하였으며, 지휘관 이여송의 활약에 힘입어 같은 해 9월에 겨우 성을 탈환하고 반란을 제압하는 데 성공하였다.

# 직례순안어사 유사서의 상주 내용

直隷巡按御史劉士恕奏稱 | 附, 8a

附

---

날짜 미상

발신 직례순안어사 유사서(劉士恕)

수신 만력제

내용 평양 함락 소식을 접하고 일본군의 침입에 대비하는 여섯 가지 조목을 진달하는 상주이다. 여섯 가지 조목의 내용은 생략되어 있다.

---

저보(邸報)[45]를 받아 보니 요동순무 학걸(郝杰)[46]이 보고하기를, "왜노가 이미 조선 경내에 들어와 서울·밀양(密陽)·상주 등 10여 군을 함몰하고 평양성을 빼앗아 점거하였으며 국왕은 도주하니 형세가 심히 걷잡을 수 없습니다."라고 하였습니다. 신이 이를 보니 놀라움을 이길 수 없습니다. 왜가 지금 조선을 점유하고 나아가면서 거

.......

45 저보(邸報): 전한(前漢) 무렵부터 간행된 일종의 관보(官報)이다. 전통시대의 중국 지방 관들은 수도에 '저(邸)'를 두고 이곳에서 황제의 유지(諭旨: 명령)와 조서(詔書), 그리고 신하들이 올린 주요 상주문 등 각종 정치 정보들을 정리하여 지방 관아로 보내도록 하였다. 이러한 제도는 청대까지 지속되었으며, 청대에는 '경보(京報)'라 불리기도 하였다.

46 학걸(郝杰): 1530~1600. 명나라 사람으로 산서 울주위(蔚州衛) 출신이다. 자는 언보(彦輔), 호는 소천(少泉)이다. 1589년부터 1592년까지 요동순무(遼東巡撫)로 재임하다 계요총독(薊遼總督)으로 승진하여 임진왜란 때 군무(軍務)를 감독하였다. 일본에 대한 자료를 수집하여 『일본고(日本考)』라는 책을 편찬하기도 하였다.

치는 곳마다 마음대로 멀리 달려가니, 진실로 귀신이 사는 곳과 다를 바가 없습니다. 신이 담당하고 있는 하간(河間)·천진은 군국(軍國)의 중요한 지역이며, 지금 운반선이 막 운행하고 있어 왜가 주의하는 바입니다. 진실로 국가가 다난한 시절이며 신하가 창을 베고 잠들어야 하는 때이니, 왜에 대비하는 여섯 가지 일을 조목별로 진달합니다.

# 요동순안어사 이시자의 상주 내용

遼東巡按御史李時孳奏稱 | 附, 8a-8b

날짜 미상

발신 요동순안어사(遼東巡按御史) 이시자(李時孳)

수신 만력제

내용 개성이 함락되고 선조가 평양에 머물고 있을 당시 요동순안어사 이
시자가 요동 해안 방어의 어려움을 토로하고 조선에서 일본군을 요격
할 것을 요구하는 상주이다.

왜구가 창궐함은 매우 우려할 만합니다. 앞서 허의후가 보고하
기를, "왜노가 먼저 고려(高麗: 조선)를 거두고 다시 내지를 침범할
것을 논의하고 있습니다."라고 하였는데, 지금 이미 조선을 격파한
것이 대개 확실한 증거입니다.

근자에 조선국왕이 파견한 사역(司譯)[47] 조안인(趙安仁)이 품(稟)
한 것을 받았는데, 그 내용은 다음과 같았습니다.[48] "왜노가 우리나

.......

47  사역(司譯): 원문에는 "司驛"으로 되어 있으나, "司譯"의 오기이다.

48  조안인(趙安仁)이 …… 같았습니 다: 조안인의 파견에 대해서는 명확한 기록이 없으나,
『기재사초』「임진일록」에 따르면 선조가 평양에 도착한 후 역관을 파견해 급보를 전하
였다고 한다. 박동량, 『기재사초』 하, 「임진일록」 1, 5월 19일.

라 경강(京江: 한강) 나루의 배를 모두 빼앗아서 임진강을 건너 내려와 이미 개성을 점거하고 분탕하였으며, 점차 서쪽으로 오려고 합니다. 국왕은 평양에 기거하고 있으나 대적해내지 못할까 두렵습니다. 일이 위급하므로 속히 구원해주시기를 청합니다."

살피건대, 신이 담당하고 있는 요계(遼界: 요동)는 바다에 연한 길이 약 700여 리입니다. 해안을 방어하는 병사는 3000명이 되지 않지만, 왜노가 어찌 수만 명에 그치겠습니까. 강약이 달라 대적할 수 없을 뿐만 아니라 숫자의 많고 적음으로도 상대가 되지 않습니다. 바라건대, 일을 담당하는 신하에게 칙서를 내리시어 같은 마음으로 힘을 다하고 계책을 나누면서도 생각을 함께하여, 왜적이 강을 건너기를 기다리지 않고 무찔러 없애기를 힘써 기약하도록 하소서.

0-5-9

# 요동총병 양소훈의 상주 내용

**遼東總兵楊紹勳奏稱 | 附, 8b-9a**

**날짜** 만력 20년 6월 17일(1592. 7. 25.) 직후

**발신** 요동총병(遼東總兵) 양소훈(楊紹勳)

**수신** 만력제

**내용** 요동총병 양소훈이 대동강변을 정탐해온 야불수(夜不收) 김자귀(金子貴)로부터 일본군의 평양 공격 상황을 보고받은 내용을 만력제에게 보고하는 상주이다.

**관련자료** 이 문서의 내용은 『전절병제고』 「부록근보왜경」에 수록된 요동총병 양소훈의 게(揭)에 더욱 상세하게 실려 있다.[49] 본문에는 양소훈이 김자귀의 보고를 받았다고만 간략히 기록되어 있으나, 『전절병제고』에 따르면 이 정보는 관전(寬奠)에 주둔하던 부총병 동양정(佟養正)[50]이 김자귀로부터 6월 13일에 보고받은 것이다. 다시 분수요해동녕도(分守遼海東寧道) 참의(參議) 형주준(荊州俊, 6월 15일 접수), 요동순무 학걸(6월 16일 접수)을 거쳐 양소훈에게 전달되었다. 김자귀는 6월 10일 평양에 도착하여 11일에 상황을 정탐하였으므로, 본문의 내용은 6월 11일 당시의 전황 보고이다.

.......

49  후계고, 『전절병제고』 권2, 「부록근보왜경」, 요동총병 양소훈의 게, 82b-83b. 해당 부분은 82b-83a.

50  동양정(佟養正): ?~1621. 명나라 사람으로 요동 무순소(撫順所) 출신이다. 임진왜란

이달 17일에 야불수[51] 김자귀[52]의 품보(稟報)를 받았는데, 내용은 다음과 같았습니다. "정탐해보니 대동강 나루에 왜노 약 수천 명이 강변에 임하여 얕은 곳을 밟으면서 강을 건너가 평양을 공격해 함락시키려 하고 있었습니다. 조선 병마가 더불어 수십 번 싸우면서 각자 방패와 활, 화살을 들고 차단하자 왜노가 조총(鳥銃)을 겨냥해 쏘면서도 아직 건너지 못하였습니다. 조선인의 말을 들으니 다만 이 적이 강변에서 유인하는 사이 나머지 적이 다른 얕은 곳으로부터 강을 건너올까 두렵다고 하였습니다. 하물며 강의 나루는 평양부에서 겨우 50~60리 떨어져 있을 뿐입니다. 지금 양주(陽州) 일대에는 이미 왜적이 있습니다. 이날 조선국왕이 식구들과 짐을 가지고 평양부를 나서서 서쪽으로 와 병란을 피하였습니다."

시 관전부총병(寬奠副總兵)의 관직을 가지고 있었다. 이후 천명(天命) 3년(1618)에 일족을 이끌고 후금에 투항하였다. 훗날 손녀가 순치제의 비가 되고 그 아들이 강희제로 즉위하여 효강장황후(孝康章皇后)로 추존되었다.

51 야불수(夜不收): 명대 요동의 변방 수비군 중에 보초나 간첩 활동을 수행하는 인원을 가리킨다. 혹은 긴급한 일을 전하기 위하여 밤에도 멈추지 않고 달리는 파발꾼을 가리키기도 한다.

52 김자귀(金子貴): ?~?. 명나라 사람이다. 임진왜란 때 조승훈(祖承訓)이 이끄는 명나라 군대를 따라 조선에 들어온 심유경(沈惟敬)의 가정(家丁)이다.

## 0-5-10

# 병부의 상주

兵部一本 | 附, 9a-9b

날짜 만력 20년 6월 27일(1592. 8. 4.)

발신 병부

수신 만력제

내용 선조의 평양 탈출 보고를 받은 병부에서 조선에 대군을 파견하여 일본군을 칠 필요성을 주장하면서 적합한 대신을 뽑아 일본과의 전쟁 관련 사무를 총괄하도록 할 것을 요청하는 상주이다. 이는 송응창의 경략 임명으로 이어졌다.

관련자료 이 문서는 『명신종실록』에도 간략한 내용이 수록되어 있으나,[53] 본문에 수록된 것이 훨씬 자세하다. 본문에는 날짜가 나와 있지 않지만 『명신종실록』에는 6월 27일 기사에 이 문서의 간략한 내용과 오군도독부(五軍都督府), 병부 및 과도관이 회의하여 아뢰라는 만력제의 비답이 실려 있다.

왜정을 헤아릴 수 없으니, 속히 대신(大臣)을 보내 정벌하는 일을 경략하도록 하여 광포한 모략을 징벌하고 숨은 근심을 그치게 할 것을 황상께 간절히 청하는 일.

.......

53 『명신종실록』 권249, 만력 20년 6월 27일(을묘).

근래 요동총병의 품보를 받았는데, 그 내용은 다음과 같았습니다. "왜가 조선을 침략하여 지나는 곳마다 죽이고 해치며 이미 국왕이 다시 평양에서 피하여 나오고 그 백성이 떠돌아다니는 형상을 직접 보았는데, 차마 말할 수 없는 바입니다."

관백은 사납고 모질기에 이미 조선을 반드시 점거하여 소굴로 삼아 우리를 침범하려 도모하고 있을 것입니다. 만약 집 안에 들어오기를 기다린 연후에 방어하면 이미 늦습니다. 지금 마땅히 크게 정벌하여 미리 광포한 모략을 징벌해야 합니다. 엎드려 바라건대, 황상께서는 사직과 백성의 안위가 걸린 큰 계책을 근심하시어 특별히 평소에 위망이 있고 군대의 일을 잘 아는 대신 1명을 파견하셔서 왜적의 일을 경략하도록 하십시오. 또한 그로 하여금 계주·창평(昌平)·보정의 남북 병마를 통솔하여 곧바로 조선에 도착해서 경내에 깊이 들어가 정벌하는 위엄을 크게 떨치도록 하소서. 그리하여 한편으로는 왜적이 미쳐 날뛰는 것을 막아 하국(下國: 조선)을 회복하여 보존하고, 한편으로는 조선의 내홍(內訌)을 막아 우리의 문 앞 뜰을 굳게 하소서. 필요한 경비와 사료는 속히 호부(戶部)에 칙서를 내려 의논해 처리하도록 하소서. 대신에게 내릴 칙서에 들어갈 일의 권한과 책임은 저희 병부에서 따로 의논하여 발급하기를 청하여 시행하게 하소서.[54]

.......

54 저희 …… 하소서: 병부의 논의를 거쳐 송응창에게 내린 칙서의 내용은 앞부분의 「0-1
勅 勅, 1a-2b」에서 확인할 수 있다.

# 요동순무 포희안의 상주

## 遼東巡撫鮑希顔一本 | 附, 9b-12a

날짜 만력 20년 7월 9일(1592. 8. 15.) 이후

발신 요동순무(遼東巡撫) 포희안(鮑希顔)

수신 만력제

내용 요동순무 포희안이 만력제에게 지금까지의 정보를 종합하여 전달
하고, 자신은 관할구역의 방어를 강화하고 있음을 보고하는 상주이다.
이 문서에는 경기도·경상도·함경도·강원도 등지의 참상을 전하며 구
원군의 빠른 파견을 요청하는 조선국왕 선조의 자문과, 일본군이 명 침
공을 준비하고 있음을 전하는 황해도순찰사 홍세공(洪世恭)의 보고 등
이 포함되어 있다. 포희안은 7월 9일에 요동순무로 임명되었으므로,[55]
이 문서가 작성된 것은 그 이후의 일로 판단된다.

**왜정에 관한 일.**

조선국왕의 자문을 받았는데, 그 내용은 다음과 같았습니다.

"27일에 경기도관찰사 심대(沈岱)[56]가 급히 장계를 올렸는데, 그

......

55 『명신종실록』 권250, 만력 20년 7월 9일(병인).

56 심대(沈岱): 1546~1592. 조선 사람으로 자는 공망(公望), 호는 서돈(西墩)이다. 임진왜
란이 발발하자 근왕병 모집에 힘썼다. 그 공로로 승지(承旨)가 되어 선조를 호종(扈從)
하다가 9월에 경기도관찰사가 되어 서울 수복 작전을 계획하였으나 왜군의 야습을 받아
전사하였다.

내용은 다음과 같았습니다. '왜적 수만 명이 도성에 들어와 점거한 지가 이미 여러 날이 되어 도성 주변의 고을들이 모두 황무지가 되었으며 들 가득히 시체가 누워 있으니, 백성이 살아가고자 하여도 방법이 없습니다.'

또 경상도의 계(啓)를 받았는데, 그 내용은 다음과 같았습니다. '왜선 수천 척이 항구에 정박하였고 왜적은 그 수를 헤아릴 수 없으며 사람과 가축을 죽이고 약탈하여 도망가 숨을 곳이 없으니, 조선에는 이미 살아 있는 사람이 없게 되었습니다.'

또 함경도의 계를 받았는데, 그 내용은 다음과 같았습니다. '왜장이 함흥부에 들어와 말을 기르고 백성을 안무하며 군량을 거두고 장비를 정비하여 요동으로 침범해 들어갈 것이라고 떠들어대고 있습니다.'

또 광주 수령의 계를 받았는데, 그 내용은 다음과 같았습니다. '왜적이 공희왕(恭僖王: 중종) 등의 분묘를 파내고 나무를 베며 전우(殿宇: 전각)를 불태워 매우 참혹하니 통탄스러워 차마 말을 못할 지경입니다.'[57]

또 강원도의 계를 받았는데, 그 내용은 다음과 같았습니다. '저희 도의 수장 이모(李謨)[58] 등이 패하여 성이 함락되고 첫째 왕자와

........

57  왜적이 …… 지경입니다: 일본군에 의해 성종(成宗)의 선릉(宣陵)과 중종(中宗)의 정릉(靖陵)이 도굴되고 파손된 사건을 지칭한다. 조선 조정이 이 사실을 보고받은 것은 9월 27일의 일이다. 『선조실록』 권30, 선조 25년 9월 27일(갑신).

58  이모(李謨): 비슷한 시기에 이모(李謨)라는 인물은 사료에 등장하지 않으며, 함경남도병마절도사 이혼(李混=李渾) 혹은 이영(李瑛)의 오기로 추정된다. 6월 12일 남병사 이혼은 철령(鐵嶺)에서 모리 요시나리(森吉成: 毛利吉成)의 일본군에게 패배하여 갑산(甲山)으로 도주하였다가 살해되었다. 이후 이영이 그를 대신하여 남병사가 되었으나 가토 기요마사(加藤淸正)의 일본군을 피해 북청(北靑)을 떠나 회령(會寧)까지 임해군(臨海君)

다섯째 왕자가 모두 사로잡히니,[59] 왜적의 기세가 더욱 불같습니다.'

제가 살피건대, 왜적이 나라의 영역을 유린하여 백성이 거의 없어지고 선조의 무덤에 치욕이 미쳤으니, 마음 아파하고 부르짖어 울지만 스스로 처할 곳이 없습니다. 또 두 아들이 사로잡히고 누차 패망할 위기를 맞이하니 강역은 줄어들고 골육조차 보존하지 못해 더욱 비분(悲憤)이 절박합니다. 지금 둘째 왕자 혼(琿: 광해군)이 임시로 나랏일을 대리하고 있고, 저는 문무 여러 신하들을 거느리고 의로운 군사를 규합하여 여러 적들을 토벌할 것을 도모하고 있습니다. 전후에 사유를 갖추어 진달한 것이 또한 이미 여러 차례입니다.

절실히 생각건대 위급함이 날마다 심해지니, 천자의 병사가 미처 강을 건너기 전에 우리나라가 이미 망하지 않을까 진실로 두렵습니다. 또한 생각건대, 적이 독한 성질을 함부로 부리는 것이 요사이 더욱 심하여 들에는 한 치의 나무도 없고 오두막집까지도 재가 되었습니다. 만약 추운 계절이 되면 우리나라의 백성은 조금도 남지 않을 것입니다. 온 나라의 신하와 백성, 남녀, 노약(老弱)이 모두 제가 탄 말을 막고 울면서 천병이 언제 구해주러 와서 우리 백성의 목숨을 살려줄 것인지를 다투어 물으며 밤낮으로 간절히 바라니, 그 정상이 또한 슬픕니다.

이전에 삼가 성지(聖旨: 황제의 명령)를 받들었는데, 속히 가서 구

......

과 순화군(順和君)을 수행하였다가 국경인(鞠景仁)의 반란으로 포로가 되었다. 池內宏, 『文禄慶長の役』別編 第1, 東京: 東洋文庫, 1936, 224~233쪽 및 390~392쪽. 다만 둘 다 강원도의 수장이 아니라는 점에서, 애초에 원문에서 임해군과 순화군의 동정을 강원도의 보고를 인용하여 기록한 것이 정확한지 의문의 여지가 있다.

59 첫째 …… 사로잡히니: 첫째 왕자는 임해군을, 다섯째 왕자는 순화군을 지칭한다. 『선조실록』 권30, 선조 25년 9월 25일(임오) 참고.

원하게 하고 게을리하며 느긋하게 하다가 일을 해결할 제때에 미치지 못해서는 안 된다는 내용이었습니다. 우리나라의 목숨을 오로지 부모께서 건져주는 것만을 우러러 바라고 있습니다. 번거롭겠지만 우리나라의 절박한 사정을 살펴서 곧바로 대신 보고해주시어, 급히 병사를 일으켜 구원하고 흉포한 왜적을 섬멸해서 남은 백성을 살려주십시오. 간절하고 절박함을 이기지 못합니다.”

또 황해도순찰사 홍세공[60]의 보고를 받았는데, 그 내용은 다음과 같았습니다.

“왜가 보낸 패문(牌文: 문서)에 이르기를, ‘일본 장군 요시나리(吉成)[61]가 큰 무리 20만을 이끌고 두 무리로 나누어 와서 평양을 취하였으니, 지나는 곳의 고을은 모두 도로를 수리하고 군량을 공급하라.’라고 하였습니다. 또한 길잡이로 하여금 의주·요동·산해관에서 북경에 이르는 크고 작은 성보(城堡)의 거리와 형세를 그리도록 하였습니다.[62] 아울러 조총을 제조하고 총알을 만들며 군량과 사료를

.......

60  황해도순찰사 홍세공: 『선조실록』에 따르면 홍세공은 6월 20일에는 조도사(調度使)로 활동하고 있었고, 8월 1일에는 호조참의 겸 산군순찰사(山郡巡察使)에 임명되었다. 『선조실록』 권27, 선조 25년 6월 20일(무신); 권29, 선조 25년 8월 1일(무자). 따라서 홍세공을 황해도순찰사로 적은 것은 원문의 오류로 보인다.

61  요시나리(吉成): 모리 요시나리를 지칭하는 것으로 보이지만 실상과는 차이가 있다. 임진왜란 초기에 모리 요시나리는 강원도 지역의 공격을 담당하여 서울을 떠나 강원도로 들어선 후, 철령을 거쳐 안변(安邊)까지 북상하였다가 6월 18일 이후 강원도로 다시 내려가 동해안 지역을 전전하고 있었다. 그가 행군하면서 조선인을 대상으로 발급한 한문 문서가 현존하지만, 이는 “日本差來使臣豊臣吉成”의 이름으로 강원도 흡곡현(歙谷縣)에 발급된 것으로 강원도 지역의 통치를 목적으로 하는 내용이었다. 김경태, 「임진왜란기 봉화 지역의 의병활동과 일본군의 동향」, 『군사연구』 144, 2017, 93~95쪽. 문서의 원문은 池內宏, 『文祿慶長の役』 別編 第1, 388~389쪽. 따라서 이 문서에 나오는 “요시나리”는 실제로는 고니시 유키나가(小西行長)를 지칭하는 것으로 판단된다.

62  또한 …… 하였습니다: 현재 국사편찬위원회에 유리필름으로 소장되어 있는 『조선국성

긁어모으면서 평양에 모였으니, 서쪽을 침범하려는 정황이 필시 아침저녁 사이에 있을 것입니다. 우리나라는 무너져 계책이 나올 곳이 없고 저희 임금은 한구석에 궁박하게 들어앉아 있어 더는 한 발짝도 물러날 땅이 없으니, 분통함을 머금은 것이 골수에 박혀서 부르짖을 바를 알지 못하겠습니다. 지금 구원해주시지 않으면 다른 날에 황은으로 긍휼하게 여기셔서 비록 백만의 군사를 수고롭게 하더라도 구제하지 못할까 걱정입니다. 엎드려 바라건대, 우리나라가 황상께 충순(忠順)하였다가 병화를 입은 사정을 불쌍히 여겨 급히 왕사(王師: 황제의 군대)를 전진시켜서 쾌히 하늘의 토벌을 베풀어 우리나라의 죽어가는 목숨을 살려주십시오. 절박함을 이기지 못합니다."

또한 제 휘하의 야불수 김자귀 등이 정탐하여 보고한 내용도 이와 같습니다.

살피건대, 왜적이 조선을 함락시키고 왕의 무덤을 파내며 왕자를 포로로 잡았으니, 이미 불쌍히 여길 만합니다. 또한 왜적이 도로와 성지를 그림으로 그리고 장비 등을 수리하면서 평양에 머무르고 있습니다. 적은 많고 군량은 적으니, 형세상 반드시 서쪽으로 침범할 것이므로 더욱 우려됩니다. 총병 양소훈과 함께 각 도와 장령 등의 관원들에게 엄히 공문을 보내, 그들로 하여금 야간 경계를 엄

........

성지회도(朝鮮國城城之繪圖)』(GF 2873 [22-219-06] ~ GF 2878 [22-219-11])가 이와 연관이 있는 것으로 보인다. 현존하는 자료에는 "히데요시공이 조선을 정벌할 당시 초기에 그려진 것으로 보이는 조선국 성들의 그림[秀吉公朝鮮御征伐之初に出來仕候と見へ申候朝鮮國城城之繪圖]"이라는 제목이 달려 있고 처음 부분에 "慶長元年丙申"이라는 표기가 있어, 게이초(慶長) 원년(1596)에 그려진 것으로 추정된다. 이 그림에는 평양에서 산해관을 거쳐 북경에 이르는 성보(城堡)와 그 거리가 기록되어 있다. 朝鮮史編修會 編, 『朝鮮史料集眞解說』第二輯, 朝鮮總督府, 1935, 36~37쪽 참고.

격히 감독하고 속히 정탐을 시행하며 병마를 통솔하여 방어를 더욱 삼가도록 하겠습니다. 만약 서쪽으로 침범할 정황이 있으면 마땅히 기미를 보아 싸워서 지키는 외에, 마땅히 주본을 올려 시행해야 하겠습니다.

附

# 병부의 상주

兵部一本 | 附, 12a-13b

---

날짜 만력 20년 7월 2일(1592. 8. 8.)

발신 병부

수신 만력제

내용 평양이 함락되고 선조가 피난하여 요동으로 들어오려 할 우려가 있다는 보고를 받은 병부가 요동 지역의 방어를 엄중히 하고, 선조에게 조선에 머무르면서 구원군을 기다리도록 타이르며, 혹시 선조가 요동으로 넘어온다면 받아들이되 인원수를 제한할 것을 제안하는 상주이다.

관련자료 이 문서는 『명신종실록』에 매우 간략히 요약되어 있고, 『선조수정실록』에 조금 더 자세하게 실려 있으며, 『선조실록』에는 만력제의 비답 내용을 반영하여 병부가 요동도사에 보낸 자문의 일부가 실려 있으나,[63] 본문에 실린 내용이 가장 자세하다. 문서가 작성된 날짜는 알 수 없으나 『명신종실록』에는 7월 2일 기사에 병부의 건의와 만력제의 비답이 실려 있다. 만력제는 병부의 요청에 대해 조선에 사람을 보내 나라를 굳게 지키며 회복을 도모하도록 타이르도록 하고, 인원 제한 등에 대해서는 병부가 의논하여 아뢰도록 하였다.

---

63 『명신종실록』권250, 만력 20년 7월 2일(기미); 『선조수정실록』권26, 선조 25년 6월 1일(기축); 『선조실록』권28, 선조 25년 7월 11일(무진).

긴급한 왜정에 관한 일.

이달 28일 요동순무 학걸의 게(揭)를 받았는데, 그 내용은 다음과 같았습니다. "관전부총병 동양정이 보고하였는데, 그 내용은 다음과 같았습니다. '17일에 가정(家丁)[64] 곽유공(郭有功) 등이 품보하기를, 「왜적이 이미 대동강을 건넌 것을 눈으로 보았는데, 약 1만여 명이었습니다. 평양부를 지키던 병마는 왜의 세력이 큰 것을 보고 모두 식구를 데리고 성을 버리고 서북쪽으로 도망쳤습니다. 국왕은 먼저 북쪽의 영변부(寧邊府)로 병란을 피하였으나 아직 도착하지 않았습니다.」라고 하였습니다.'"[65]

이어서 요동순무 학걸의 게를 받았는데, 그 내용은 다음과 같았습니다. "조선 군신이 왜가 이르면 곧 도망가면서 화살 하나도 쏘지 않으니 여기서는 그 실상을 다 헤아릴 수 없습니다. 다만 국왕이 패전하면 무리를 이끌고 요동으로 들어오려 할까 걱정되는데, 막자니 불인(不仁)한 일이고 받아들이자니 난처하므로 응당 어찌해야 할지 논의해야 합니다."

살피건대, 조선은 세세토록 동방에서 나라를 이어오면서 대국이라고 칭하였는데, 어떻게 한번 왜가 이르자 소문만 듣고도 도망갈

----

64  가정(家丁): 원래는 관원이 집에서 부리는 사람을 지칭하지만, 이 시기에는 장령(將領)들이 직속으로 거느린 병력을 지칭한다. 명대의 군제였던 위소제(衛所制)가 점점 해체되면서 일선 지휘관들은 항복한 비(非) 한족(漢族)이나 변경의 민간인, 위소에 속해 있던 군호(軍戶) 등을 자기 수하에 거두어 가정으로 삼았다. 명 후기의 장령들은 많은 수의 가정을 거느리고 있었으며, 이들은 실제 전투에도 참전하여 장령의 수족처럼 활동하였다. 대표적으로 명 후기 요동의 실력자이자 이여송의 부친인 이성량(李成樑)이 거느린 가정은 일족을 합하여 수천 명에 이르렀다고 한다.

65  왜적이 …… 않았습니다: 만력 20년(1592) 6월 14일의 평양성 함락을 가리킨다. 『선조실록』 권27, 선조 25년 6월 18일(병오).

수 있는지 매우 놀랍고 이상하게 여길 만합니다. 만약 저 나라가 사
직을 지키지 못하고 갑자기 도망쳐오면, 수신으로서는 막자니 그들
이 의탁할 곳이 없어지므로 외복(外服: 조선)이 우러러 의뢰하는 마
음을 잃게 될 것이고, 받아들이자니 사체(事體)가 가볍지 않으므로
신하가 마음대로 할 이치가 없습니다. 게다가 왜노는 교활함이 비상
하고 중국인이 많이들 길잡이 노릇을 하므로, 만일 기회를 틈타 그
사이로 침입해오면 해를 끼치는 것이 적지 않을 것입니다. 마땅히
제본을 올려 청해서 삼가 명이 내려오기를 기다려야 하겠습니다.

신 등이 요동진(遼東鎭)의 총독·순무 등의 관원에게 자문을 발송
하여 정예한 병력 두 무리를 보내 가서 구원하도록 하였습니다.[66] 이
에 더하여 연해 일대에 마름쇠를 많이 깔고 화기(火器)·화포(火砲)
를 늘어놓아 왜적이 쳐들어오는 데 대비하도록 해야 합니다. 참의
(參議) 형주준(荊州俊)[67]은 장사(將士)들의 공과 죄를 엄히 조사하여
총독·순무에게 보고하며 장사로서 명령을 받들지 않고 앉아서 일
의 기미를 잃는 자가 있으면 불시에 탄핵해야 합니다. 필요한 군량
과 급여는 군량을 관리하는 아문에 전적으로 책임을 지워 해당 도
와 함께 조처하도록 하면 만약 모자라는 경우에 책임질 곳이 있게
될 것입니다.

조선국왕이 과연 병력으로 지탱할 수 없어 무리를 이끌고 내지
로 향해 오면 해당 진(鎭)에서는 적당한 인원을 보내 조정의 지극한

.......

66  신 등이 …… 하였습니다: 『명신종실록』권249, 만력 20년 6월 2일(경인).
67  형주준(荊州俊): 1560~1624. 명나라 사람으로 섬서 서안부(西安府) 경양현(涇陽縣) 출
    신이다. 자는 장보(章甫), 호는 유오(籲吾)이다. 만력 11년(1583)에 진사에 급제하여 출
    사하였다.

뜻으로 타일러야 합니다. 도망쳐오면 나라를 회복할 기약이 없고 왜노가 끝내 점거하여 굳게 지킬 것이나, 지금 구원병이 점차 모이고 있으니 왜가 저절로 패하여 돌아갈 것임을 알려야 합니다. 또한 그 나라의 험한 곳에 머물면서 우리 군대의 구원을 기다리도록 해야 합니다. 그리고 인하여 배신(陪臣)을 많이 파견해서 나라가 위기에 처함에 근왕(勤王)할 군사를 불러모아 옛 강역을 회복하기를 도모하고 패망하기를 달게 여겨서는 안 된다고 타일러야 합니다.

만일 국왕이 위급하여 도망쳐오면 인정상 끝내 거절하기는 어려우니, 마땅히 오래도록 공순하였음을 굽어살펴 칙서를 내려 받아들이도록 해야 합니다. 하지만 미리 인원수를 헤아려 100명이 넘지 못하게 해야 합니다. 혹시 왜노가 자신을 조선인으로서 중국에 투항한 자라고 속여서 요동으로 들어오려는 자가 있거든 강변 일대에서 철저히 조사하여 방법을 세워서 없애버려야 하고, 도망자를 함부로 받아들여 또 다른 분쟁이 생기게 해서는 안 됩니다. 엎드려 바라건대, 황상께서 결정하시어 신 등이 삼가 받들어 시행할 수 있도록 하소서.

# 병부의 상주

兵部一本 | 附, 13b-15b

**날짜** 만력 20년 9월 25일(1592. 10. 29.)

**발신** 병부

**수신** 만력제

**내용** 가을·겨울에 일본군을 치기 위해 병력을 추가로 요청하는 요동순안 이시자의 제본과, 앞에 실려 있는 조선국왕의 구원군 요청 주본(「0-4 朝鮮國王李昖一本 附, 1a-4a」)에 대해 시행해야 할 사항을 병부에서 검토하여 황제에게 올린 상주이다.

**관련자료** 이 문서는 앞서 언급한 『국서초록』 만력 20년 10월 27일, 「예부가 조선국왕에게 보낸 자문」, "爲倭情變詐日增, 勢益猖獗, 萬分可虞, 懇乞聖明早賜議處, 以伐狂謀, 以圖治安事", 56a-60b에 병부의 제본이라는 명목으로 더욱 자세히 인용되어 있다.[68] 『경략복국요편』에 실린 본문에서는 진공을 세운 사람에 대한 포상 규정만을 인용하였으나, 『국서초록』에 인용된 제본에는 병력 동원 및 전비 마련에 관련한 내용이 더욱 많은 비중을 차지하고 있다. 본문에는 날짜가 없지만 『국서초록』을 통해 9월 25일에 제본이 만력제에게 올라갔고 9월 27일에 만력제의 비답을 받았음을 알 수 있다. 만력제는 병력을 동원하는 일은 경략 및 총독, 순무에게 속히 의논해 보고하도록 하고, 전비 지급 요청에 대해서는 호부로 하여금 논의해 처리하게 하며, 공이 있는 자에게 포상하는 등의 일은 모두 아뢴 대로 처리하라고 지시하였다. 따라서 본문의 "모두 의논한 대로 하라."는 말은 유공자 포상에 대한 것이다.

왜정의 변덕스럽게 속임이 날로 더하고 형세가 더욱 창궐하여 매우 우려할 만하니, 간절히 바라건대 황상께서 속히 의논해 처리하도록 해주시어 광포한 계책을 징벌하고 치안(治安)을 도모하는 일.

요동순안 이시자가 앞의 일로 제본을 올린 데 대하여 성지를 받들었습니다. "병부에서 살펴보고 와서 말하라."

또 조선국왕 이연이 왜구가 각 도에 두루 웅거하고 있다는 일로 올린 주본에 대하여 성지를 받들었습니다. "병부에서 속히 살펴 의논하고 와서 말하라."

살펴건대, 요동순안 이시자가 올린 제본의 내용은 다음과 같습니다. "왜노가 조선에 침입하여 함락시켰으니 잇달아 서쪽으로 요동을 침범하리라는 것은 말하지 않아도 알 수 있습니다. 앞으로 순식간에 가을 말 겨울 초가 되어 바람이 세게 불고 땅이 마르면 마땅히 왜노의 안정되지 않음을 틈타 말을 달려 치는 것이 좋을 듯합니다. 다만 요동의 병력은 약한데 왜와 오랑캐가 서로 잇따르고 있어, 나누어 막자니 병력이 더욱 적습니다. 다시 계주진에서 정예한 병력 3000~5000명을 더 뽑아서, 전에 의논한 산해관에 주둔하는 화기수(火器手) 3000명과 연이어 각각 지혜와 용기가 있는 장관(將官)에게 통솔을 맡겨서 요동으로 나아가게 해야 합니다. 이들을 먼저 보낸 곡수(谷燧)[69]·낙상지(駱尙志)[70]의 마병(馬兵)·보병(步兵) 총 3000명,

.......

68  인용 부분은 『국서초록』 만력 20년 10월 27일, 「예부가 조선국왕에게 보낸 자문」, "爲倭情變詐日增, 勢益猖獗, 萬分可虞, 懇乞聖明早賜議處, 以伐狂謀, 以圖治安事", 56a-59a.

69  곡수(谷燧): ?~?. 명나라 사람으로 대동위(大同衛) 출신이다. 만력 20년(1592)에 마병 1000명을 이끌고 조선에 왔다가 만력 22년(1594)에 명나라로 돌아갔다.

70  낙상지(駱尙志): ?~?. 명나라 사람으로 절강 소흥부(紹興府) 여요현(餘姚縣) 출신이다.

요동진에서 재차 뽑은 군정(軍丁) 5000~7000명과 합쳐 10만이라고 소문을 내어 성세(聲勢)가 강을 넘어가게 하고, 조선의 병사와 장수들과 더불어 힘을 합쳐 정벌하도록 해야 합니다. 인하여 바라건대, 경략대신(經略大臣)에게 문서를 보내 알려서 속히 살펴 의논하게 하소서."

또 조선국왕 이연이 올린 주본의 내용은 다음과 같습니다.[71] "왜적의 독살스러운 기세가 바야흐로 치성하여 지금 큰 고을에 나누어 주둔하고 연로(沿路)에 방비를 세우니 계책을 꾸밈이 더욱 깊으므로, 마땅히 지금 토벌해야 합니다. 만약 사기를 한 번 잃으면 근심을 끼침이 적지 않을 것입니다. 우리나라 각 도의 벼슬아치들이 적에게 차단당하여 병사를 이끌고 올 수 없어, 날마다 천병(天兵: 천자의 병사)의 구원을 바라고 있습니다."

살피건대, 벌레처럼 꿈틀거리는 왜노들은 해도(海島)에 숨어 있으면서 속이는 것이 보통이 아닌데다 조공(朝貢)도 통하지 않다가, 감히 하루아침에 광포한 계획을 마음대로 실행하여 조선을 침략해서 200년 충순한 속번(屬藩: 조선)이 분탕질당해 평안한 곳이 없도록 만들었습니다. 저들이 다시 조공하기를 원한다고 거짓 명분을 붙이는 것은 다른 생각을 품고 있는 것이니, 호랑이를 키우면 끝내 해를 끼치게 마련입니다.

이번에 받은 제본에서 요동순안이 남북의 장수와 병사를 더하여

........

호는 운곡(雲谷)이다. 임진왜란 때 좌참장(左參將)으로 보병 3000명을 인솔하고 조선으로 들어와 평양성 전투에 참가하였다. 용맹함과 청렴함으로 이름이 높았으며 조선에 협조적이었다.

71 또 …… 같았습니다: 앞에 나온 「0-4 朝鮮國王李昖一本 附, 1a-4a」을 지칭한다.

겨울 초 땅이 얼고 왜의 소굴이 안정되지 않은 때를 틈타 분발하여 공격해서 놓치지 않도록 하기를 청한 것은 절로 하나의 계책입니다. 이미 요동순안이 올린 제본과 조선국왕이 올린 주본이 왔으므로 마땅히 검토하여 아뢰어서 황상의 명령을 청해야 하겠습니다. 마땅히 명령이 내려오기를 기다려 저희 병부에서 경략아문(經略衙門: 송응창)에 자문을 보내어 각 성(省)과 남직례(南直隷: 남경 부근) 지방에서 장수와 병사를 뽑고 군량과 급여를 모으며 장비·의갑(衣甲)을 마련해서 이들을 이끌고 나아가 속국을 구원하고 거역하는 왜를 정벌하도록 하겠습니다.

이에 더하여 다시 살피건대, 화란(禍亂)을 평정하는 것은 신하가 몸을 바쳐 충성해야 할 바이지만, 넉넉히 상을 주어 공에 대해 보상하는 것은 대군(大君)이 세상을 다스리는 법도입니다. 그러므로 보바이(哱拜)[72]·유동양(劉東暘)[73]과 같은 작고 추악한 무리에 대해서도 오히려 봉작을 내리는 조항을 아끼지 않아서 충렬(忠烈)을 격려하였습니다. 지금 왜노는 수십만의 병사를 거느리고 있으니, 그 세력이 보바이·유동양과 비교하여 어떠합니까. 조선의 무리를 점거하고 있으니, 그 뜻이 보바이·유동양과 비교하여 어떠합니까. 배를 타고 바람을 만나면 순식간에 천 리를 가니, 그 편리함이 보바이·유동양과 비교하여 어떠합니까. 만일 미친 듯이 날뛰면서 능침(陵寢)과 북경

........

72  보바이(哱拜): 1526~1592. 명나라 사람이다. 원래 몽고 달단부(韃靼部)의 추장이었다가 명에 투항하여 영하(寧夏) 지역에서 많은 전공을 쌓았다. 만력 20년(1592) 2월에 영하 순무와 불화가 생기자 반란을 일으켰다. 연이어 승리하다가 이여송의 활약으로 제압되었다.

73  유동양(劉東暘): ?~?. 명나라 사람이다. 만력 20년(1592)에 보바이 부자와 함께 영하를 점거하고 반란을 일으켰다. 이여송이 파견되어 난을 평정하였다.

을 놀라게 한다면, 그 중대함이 보바이·유동양과 비교하여 어떠합니까. 그러하니 크게 봉작과 상을 의논하여 고무하고 격려함을 보여주는 일을 어떻게 늦출 수 있겠습니까.

이번의 정벌에서는 반드시 먼저 평양을 얻어야 점차 서울을 회복할 수 있습니다. 공을 이루는 데 진실로 순서가 있고 상을 내거는 데에도 차등이 있는 것이므로, 마땅히 원근에 밝게 보여야 합니다. 만약 능히 평양성을 회복하여 조선 왕으로 하여금 지키도록 하면 왜는 천진에 도달할 수단이 없게 되니, 이미 우리의 문 앞 뜰을 굳게 하는 것입니다. 문무 여러 신하들은 때가 되면 넉넉하게 승진시키고 상을 주되, 만약 왜추(倭酋) 관백 도요토미 히데요시·요승(妖僧) 겐소(玄蘇)[74] 등을 사로잡거나 죽인 자 및 조선국을 회복한 자가 있으면 은 1만 냥을 상으로 주고 백(伯)으로 봉하여 세습하게 해야 합니다. 현재 후(侯)·백의 봉작을 가지고 있으면서 세습하는 자는 각각 공(公)·후로 승진시키고 모두 그 봉작을 세습하게 해야 합니다. 만약 왜인 가운데 중국 사람으로서 능히 간사함을 돌이켜 바른 데로 돌아와 혹 도요토미 히데요시 등을 사로잡아 와서 항복하는 자가 있으면 똑같이 봉작을 내리고 성을 받도록 해야 합니다. 무리를 이끌고 와서 귀순하는 자에게는 모두 관작(官爵)을 주어야 합니다. 바라건대, 위로는 차례를 따지지 않는 특별한 은혜를 내걸고 아래로는 똑바로 나아가는 용감함을 분기시킨다면, 대첩은 가히 기약할 수 있

........

74 겐소(玄蘇): 게이테쓰 겐소(景轍玄蘇), 1537~1611. 일본 사람으로 가와즈(河津) 가문 출신이다. 승려 생활을 하던 중 도요토미 히데요시의 수하로 들어가 조선을 드나들며 첩보 활동을 하였다. 임진왜란이 발발하자 국사(國使)와 역관 자격으로 종군하여 일본의 전시외교 활동에 종사하였다.

습니다.

성지를 받들었습니다. "모두 의논한 대로 하라."

# 經略復國要編

## 권1

## 1-1

# 처음으로 경략 임명을 받고서 칙서를 청하는 상주

初奉經略請勅疏 | 권1, 1a-3a

날짜 만력(萬曆) 20년 8월 25일(1592. 9. 30.)

발신 송응창(宋應昌)

수신 만력제(萬曆帝)

내용 송응창이 경략(經略)에 임명된 후 황제에게 전선을 요동으로 전진시켜야 하는 이유를 강조하면서 필요한 전쟁물자 및 이를 마련하기 위한 비용, 자신을 보좌할 관원의 선발 등을 요청하는 상주이다.

관련문서 이 문서는 『명신종실록(明神宗實錄)』 권251, 만력 20년 8월 25일(임자) 기사에 간략한 내용과 만력제의 비답이 수록되어 있다. 만력제는 총독(總督)·순무(巡撫) 등은 경략 송응창을 방해하지 말고, 장령(將領) 이하는 모두 그 통제를 받으며, 마가은(馬價銀)[1] 20여 만 냥을 지출하고, 나머지는 아뢴 대로 하라는 비답을 내렸다. 이 문서의 서두에 인용된 성지(聖旨)의 내용은 『명신종실록』 권251, 만력 20년 8월 18일(을사) 기사의 내용이다.

-------

1 마가은(馬價銀): 말 값으로 지출하기 위해 책정된 비용이다. 명 초에는 각지에서 말을 길러 변경에서 사용하도록 하였으나, 남방에서는 말이 나지 않기 때문에 성화(成化) 연간부터 은을 거두어 태복시(太僕寺)에 저장하고 유사시 이를 지출하여 말을 마련하도록 하였다.

성지에 따라 부신(部臣: 송응창)에게 전적으로 책임을 맡겨 왜로 인한 환란을 경략하는 일.

병부(兵部)의 자문(咨文)을 받았는데, 그 내용은 다음과 같았습니다. "병부에서 제본(題本)을 올려 성지를 받들었는데, '송응창은 곧장 계주(薊州)·보정(保定)·요동(遼東) 등으로 가서 왜적 방어 사안을 경략하라. 칙서를 베껴서 그에게 주도록 하라.'라고 하였습니다."

신은 본래 서생으로 군대를 잘 알지 못하는데 과분하게도 황상(皇上)께서 특별히 경략으로 파견하셨으니 신은 갑자기 이를 받들고 황송하고도 두려운 마음을 가눌 수 없었습니다. 신이 심각하게 생각해보건대 왜노(倭奴)가 도리에 어긋나게도 느닷없이 조선을 전부 차지하고는 간사한 꾀와 미친 계책으로 중국까지 침범하려고 꾀하고 있습니다. 요동과 기보(畿輔)는 외번(外藩)[2]과 이웃하고 있고, 산해관(山海關)과 천진(天津) 등은 기보의 수륙 문호로 모두 요지입니다. 지난번 계요총독(薊遼總督)과 요동순무(遼東巡撫) 등에게 처리를 맡겼는데 오늘날 신에게 명령을 내려 정돈하도록 하니, 폐하께서 마음속 근심을 급무로 여기시고 미리 준비하는 훌륭한 계책을 실행하신다는 것을 우러러볼 수 있습니다. 한편 육과(六科)의 신하들이 제본을 올려 "당분간 조선의 구원을 늦추자."라고 말한 것은 조선을 버려 적국에 보태주자는 것이 아니라, 기보와 같이 중요한 땅을 위해 깊이 헤아리자는 것입니다. 가령 빈틈없는 대책이 미리 준비되어 근본

........

2  외번(外藩): 제후국 또는 외국을 말한다. 어원적으로는 황실에서 토지와 작위를 준 제후국을 가리키지만, 수사적으로는 중국과 관계를 맺고 있는 주변의 정치체를 지칭하기도 한다. 여기에서는 조선을 말한다.

을 걱정할 것이 없다면, 천자의 위엄을 떨쳐 흉악한 적을 멀리서 제거할 수 있습니다. 다만 작은 나라를 보살펴주는 인(仁)을 드러냄으로써 중국의 체통을 보존하는 것은 일의 선후와 순서를 고려할 때 이치상 정말 당연합니다. 신이 비록 노둔하지만 지금 임명한다는 명령을 받았으니 목숨을 바치는 일을 어찌 감히 사양하겠습니까.

돌아보건대, 지금 천하는 오랫동안 평화로워서 군무(軍務)가 해이해지고 인심은 편안함에 익숙해져 안일하게 노는 일이 극에 달하였습니다. 그러니 인습에 얽매인 인식을 완전히 깨지 않으면 끝내 나라의 일을 구제할 방법이 없을 것입니다. 신은 칙서(勅書)를 가지고 즉시 요동 및 계주로 가서 천진의 보저(寶坻)·산해관·압록강(鴨綠江) 등의 요충지와 해구(海口)에 대해서 지형을 고려하여 장병(將兵)을 배치한 후 관할 지역으로 각각 파견하여 엄밀히 방어하도록 하겠습니다. 이 외에 지금 다시 번거로우시겠지만 황상께서 신에게 엄격한 칙서 한 통을 내려주어 신으로 하여금 그 일을 전임하게 함으로써 문무 신료들 중에서 경솔하게 방해를 하거나 견제하는 자가 없도록 해주시기를 청하고자 합니다. 그리고 장교 중에 주저하고 관망하면서 명령을 듣지 않는 자가 있을 경우, 참장(參將) 이하는 신이 즉시 군중(軍中)에서 참수하여 호령을 엄숙하게 한다면 직무의 권한이 무겁게 되고 공을 세우도록 책임을 지울 수 있습니다. 다만 왜노들은 교활하고 사나우므로 병사와 말이 정련되고 병기가 날카롭지 않으면 대적하기가 쉽지 않습니다. 신은 평소 일자진법(一字陣法)[3]을

.......

3  일자진법(一字陣法): 진법(陣法)의 하나로, 상황에 따라 종횡으로 운용하는 진을 말한다. 일반적으로 넓은 지역에서 적을 소탕할 때는 횡방향으로 늘어서며, 행군이나 매복의 우려가 있는 곳에서는 종방향으로 진을 펼친다.

강구하였는데, 병력 1만 명을 운용하려면 수레 360량, 화포(火砲) 7만 2000개, 노궁(弩弓) 2만 7000장, 전패(氈牌) 각 2000면(面), 쇠뇌 화살 100만 자루, 화약과 탄환은 셀 수 없이 만들어야만 합니다. 그리고 신이 산동(山東)에 있을 때[4] 제본을 올려 굉뢰(轟雷)·지뢰(地雷)·석자(石子) 등의 화포와 신구(神球)·구룡(九龍)·화창(火鎗)·불화살 등의 물건을 만들었는데, 군중에서의 다른 일체 소비 물품과 더불어 이들 무기 제조를 그만두어서는 안 될 것입니다.

엎드려 바라건대, 병부에 명령을 내려 얼마의 경비를 지급해야 할지 논의하고, 신으로 하여금 무기 제조를 완비하여 일자진법을 써서 병사 1만 명을 훈련시키도록 하십시오. 이후 계주진에 급보가 생기면 계주진을 구원하고 요동에 급변이 생기면 요동을 돕도록 합니다. 그러다가 기회가 와서 뛰어들 만하면 조선을 회복하러 진격하는 계책을 씁니다. 그러나 신은 전곡(錢穀)에 대해 조금도 간섭하지 않을 것이니, 바라건대 병부에서 청렴하고 바른 담당 관원 1명을 선발하여 신을 수행하면서 군중에 조정의 전곡을 받아두도록 해야 합니다. 그리고 군중에 소속된 기술이 있는 인원 및 일체 사무를 잘 처리하는 사람이 있다면 인신(印信), 문이(文移: 공문), 패문(牌文)·표문(票文)을 지급한 후 담당관원에 공문을 보내 책자에 첨부하여 기록합니다. 화포와 노궁, 수레, 방패, 화살 등 물건의 제조에 대해 신은 표하(標下)[5] 인원을 쓰지 않고 모두 각 순무에게 공문을 보내 해당 도

4　신이 …… 때: 송응창은 만력 17년 6월에 산동순무(山東巡撫), 만력 20년 6월에 공부(工部) 우시랑(右侍郎), 만력 20년 8월 13일에 병부(兵部) 우시랑, 같은 달 18일에 보계요동등처경략(保薊遼東等處經略)에 임명되었다. 『명신종실록』 권212 만력 17년 6월 10일 6번째 기사; 같은 자료, 만력 20년 6월 24일 2번째 기사; 같은 자료, 만력 20년 8월 13일 1번째 기사

(道)에서 즉시 위 항목의 은량을 지출해서 사들인 후 해당 관사로 보내 수령하게 합니다. 일이 완료되는 날에 남은 것이 있다면 일일이 반환하도록 합니다. 사용한 수량과 목록은 신과 사관이 각각 장부를 만들어 주문으로 보고하겠습니다. 군무는 지극히 번다하고 사기(事機)는 엄밀해야 하니, 무릇 일체의 공격과 수비의 적절한 시기에 관한 주문과 공문은 신 한 사람의 정신과 식견으로는 동시에 처리할 수 있는 바가 아니므로 이 일을 담당할 속관(屬官) 2명을 써야 합니다. 살펴보건대, 직방사주사(職方司主事) 원황(袁黃)[6]과 무고사주사(武庫司主事) 유황상(劉黃裳)[7]은 문무를 구비하고 모략이 뛰어나니, 바라건대 두 신하에게 명령을 내려 신을 수행하면서 찬획(贊畫)[8]을 맡도록 해주십시오. 아울러 본부로 공문을 보내 응당 사용할 화패(火牌)[9]와 감합(勘合)[10]을 전례에 따라 지급해주십시오.

........

5  표하(標下): 지휘관이 관할하는 직할부대를 말한다.

6  원황(袁黃): 1533~1606. 명나라 사람으로 절강(浙江) 가흥부(嘉興府) 가선현(嘉善縣) 출신이다. 자는 곤의(坤儀)이다. 임진왜란 발발 시 병부의 직방청리사주사(職方淸吏司主事)였다. 병부원외랑 유황상과 함께 찬획으로 파견되어 참모 역할 등을 수행하였다. 주로 병참과 관련된 업무를 담당해서 군량 문제 등을 조선 소성과 논의하는 경우가 많았다.

7  유황상(劉黃裳): 1529~1595. 명나라 사람으로 하남(河南) 광주(光州) 출신이다. 자는 현자(玄子)이다. 만력 14년(1586) 진사에 올랐고, 문장으로 유명하였다고 한다. 병부원외랑(兵部員外郞), 찬획경략(贊劃經略)으로 임진왜란 때 송응창의 군무를 보조하는 임무를 맡았다.

8  찬획(贊畫): 관명이다. 명대 제독(提督)과 순무(巡撫)의 막하(幕下)에 있던 관직으로 보좌 역할을 담당하였는데, 구체적인 직책이나 품급은 정해져 있지 않았다.

9  화패(火牌): 전달 날짜가 기재된 공문서를 말한다. 청대의 경우 일반적으로 문서의 전달은 하루에 240리를 기준으로 하였다. 군사상의 긴급한 문서의 경우 하루에 400~600리를 가도록 규정되어 있고 담당 기구에서 서명하도록 하였다.

10  감합(勘合): 증빙 문서의 하나이다. 군대 파견, 황성 출입, 역참 이용 등에 사용하였다.

# 경략을 사직하는 상주

辭經略疏 | 권1, 3a-5a

권1

**날짜** 만력 20년 9월 22일(1592. 10. 26.)

**발신** 송응창

**수신** 만력제

**내용** 송응창이 어사 곽실(郭實)의 비판을 받고 경략의 사임을 요청하는 상주이다.

**관련문서** 「1-3 論救郭御史疏, 권1, 5a-6b」에는 9월 13일에 경략 직을 사양하는 상주를 올렸다고 언급하였다. 따라서 이 문서 외에 9월 13일에 또 다른 상주가 있었을 가능성도 있다. 아울러 본문에 인용된 9월 7일의 상주와 그에 대한 비답은 『명신종실록』 권252, 만력 20년 9월 9일(을축) 3번째 기사에 간략히 수록되어 있다.

왜적 방어 사안이 시급한데 제가 잘못 선발되어 마땅히 경질되어야 하기에, 속히 언관의 논의에 따름으로써 백성을 편안히 하고 오랑캐를 몰아내는 일에 보탬이 되도록 천자의 은혜를 간청하는 일.

최근 왜정 보고가 잇따르는 중에 황제께서 조정 신료의 논의와 추천에 따라 신에게 왜적 방비를 경략하도록 명령을 내리셨습니다.

그런데 곧이어 어사 곽실[11]이 저의 임명이 불가한 일곱 가지 이유를 논하였고, 다음과 같은 성지를 받들었습니다. "왜노들이 침략을 꾀하고 있는데 총독과 순무들은 북방 오랑캐 방비만 맡고 있으니, 왜노에 대한 지방의 전쟁 준비는 하나도 믿을 만한 것이 없다. 또 연해 수백 리는 방비가 서로 연속되지 않으니 일단 경보(警報)가 발생하면 매우 근심스럽게 될 것이다. 이에 특별히 경략을 파견하여 책임을 전담시켰다. 그런데 곽실은 어째서 또 방해하는가. 이번 건은 사체(事體)가 매우 중대하므로 곽실 한 사람의 말만 믿기 어렵다. 훗날의 이해는 담당할 사람을 필요로 한다. 구경(九卿)[12]과 과도관(科道官)은 다시 회의한 후 와서 말하라."

또한 제가 이번 달 7일에 상주하여 경략의 해직을 요청하였고, 다음과 같은 성지를 받들었습니다. "송응창은 충실해서 일을 맡겼으니 어찌 다른 사람의 말 때문에 경략 사무를 스스로 저어하는가. 회의가 행해질 때를 기다리도록 하라. 해부(該部)는 알아라."[13]

신은 다만 한 명의 비루한 유생인데, 황상께서 이와 같이 책무를 맡기시니 진실로 목숨을 바쳐 보답하는 것이 마땅하며 감히 재차 거절해서는 안 될 것입니다. 그러나 신이 엎드려 생각해보면, 옛날 주나라 선왕(宣王)이 험윤(玁狁)[14]을 정벌한 것은 윤길보(尹吉甫)[15]

.......

11　곽실(郭實): 1552~?. 명나라 사람으로 직례(直隷) 고읍현(高邑縣) 출신이다. 자는 화백(華伯)이다. 만력 연간에 진사에 합격하여 출사하였다. 전쟁 초기에는 송응창의 경략 임명을 반대하였으며, 만력 22년(1594)에는 일본과의 화친을 주장해서 축출되었다.

12　구경(九卿): 전근대 중국의 중앙 행정장관을 총칭하는 말이다. 명대의 경우에는 육부(六部)의 상서(尚書) 및 도찰원도어사(都察院都禦史)·대리시경(大理寺卿)·통정사(通政使) 등을 가리킨다.

13　송응창은 …… 알아라: 해당 성지는 『명신종실록』 권252 만력 20년 9월 9일(을축) 참고.

14　험윤(玁狁): 중국 고대 서주(西周) 시대 북서쪽에 존재하던 민족의 명칭이다. "구윤(趍

의 훌륭한 지략 때문이었습니다. 지금 신은 지모도 부족하고 식견도 얕으니, 윤길보의 꾀는 없으면서 윤길보의 직책을 맡고서 큰 공훈을 아뢰고 왕국을 구원하고자 한다면 가능하겠습니까. 그렇지 않습니다.

신이 듣건대 병법에서 말하길, "삼군(三軍)의 일을 모르고서 삼군의 정사(政事)를 함께할 경우 군사들이 의심스러워한다."[16]라고 하였습니다. 지금 신이 아직 조정의 명령을 받들지 않았는데 신을 아는 자들이 신이 군대의 일을 모른다고 지목한다면, 삼군의 병사들이 의심하며 명령을 받들지 않을 것입니다.

신이 또 듣건대 병법에서 말하길, "뜻을 의심하는 자는 적에 대응할 수 없다."[17]라고 하였습니다. 신은 지금 안으로는 실력이 없다는 것을 부끄러워하고 밖으로는 남의 말을 염려하니 마음을 하나로 모을 수 없습니다. 마음을 하나로 모을 수 없는 장수가 명령을 듣지 않는 병사를 통솔한다면 할 수 있는 일이 없습니다.

현재 왜노들이 점점 발흥하여 삼가 황상께 걱정을 끼치니, 따뜻한 명령을 선포하여 저에게 전적으로 맡기셨습니다. 하지만 이는 신이 해안 방비 사안에 도움이 될 수 있다고 생각하신 것에 불과할 따름입니다. 지금 신이 결코 도움이 될 수 없는데도 반드시 신에게 책

......

狁)", "훈육(獯鬻)" 등으로도 불렸다.

15 윤길보(尹吉甫): 기원전 852~775?. 주나라 선왕(宣王)의 신하로, 이민족인 엄윤을 정벌하였다. 『시경(詩經)』 대아(大雅)의 일부 구절을 만든 것으로도 알려져 있다.

16 삼군(三軍)의 …… 의심스러워한다: 군주 또는 장수가 간여하면 안 되는 세 가지 일 중 하나로 『손자병법(孫子兵法)』 「모공(謀攻)」에 나오는 말이다.

17 뜻을 …… 없다: 장수를 세우는 방법에 대한 태공(太公)의 답으로 『육도(六韜)』 「입장(入將)」 제21편에 나오는 말이다.

임을 지워 이를 행하신다면, 황상께서 몸소 장수를 전송하여[18] 이적(夷狄)을 몰아내고 변경을 안정적으로 지키려는 훌륭한 뜻과 크게 다르게 됩니다. 신이 자신을 잊는 마음으로 조용히 스스로를 비추어 보건대 경략의 책무는 실로 감당할 수 없는 것입니다. 그러니 대신(臺臣)의 논의는 원래 잘못된 것이 아닙니다.

또한 신이 명을 받은 이후 여러 가지로 생각해보았는데, 병사는 멀리서 통솔하기 어렵습니다. 계주·요동, 보정에서 산동에 이르기까지 수천 리 이상이므로 피차 경보를 알려도 갑자기 각지의 군사를 몰아 대응하기란 어렵습니다. 이는 형세가 불편하기 때문입니다.

총독이 순무를 관할하고 순무가 사도(司道)[19]를 관할하며, 같은 방식으로 사도, 장령, 담당관들에 이르기까지가 혈맥이 흐르는 것과 같습니다. 지금은 갑자기 경략이 더해지니 마치 쓸모없는 혹과 같습니다. 이는 사체가 불편하기 때문입니다.

사진(四鎭)의 병마 중 계주·요동이 가장 융성합니다. 그런데 경략으로 하여금 그 병마를 분산시켜 왜적을 방어하게 한다면 오랑캐를 방어하는 병력이 약해지고, 그렇다고 계주·요동 병력으로 오랑캐를 막도록 하면 왜석을 방어힐 수 없습니다. 이는 권한이 불편하기 때문입니다.

경략에게 별도로 경비를 청하고 장사를 모집하도록 해도 어찌 일시에 구름처럼 모이겠습니까. 설사 모이더라도 새로 모집한 병사

........
18  몸소 …… 전송하여[推轂]: 옛날 군주가 장수를 보낼 때 몸소 장수의 수레를 밀어주었다는 고사에서 유래하였다. 장수에 대한 예우 또는 임명의 중요성을 뜻한다.
19  사도(司道): 포정사(布政司), 안찰사(按察司), 분수도(分守道), 분순도(分巡道)를 통칭하는 말이다.

들은 평소 훈련이 안 되어 있으니, 하루아침에 전장으로 내몰아 싸움을 익힌 강한 왜군과 맞붙게 한다면 그들이 버틸 수 없음은 분명합니다. 이는 병력이 불편하기 때문입니다.

대개 권한은 하나로 하면 전일해지고 둘로 하면 나눠지며, 하나로 하면 합쳐지고 둘로 하면 분리됩니다. 권한을 쪼개서 둘로 만들면, 총독·순무는 내실에 근거하나 권한을 굽히게 되고 경략은 권한을 가장하나 내실이 없습니다. 신이 생각건대, 경략을 설치하는 것은 독무를 강화하는 것만 못합니다. 하물며 지금 적들이 장차 국경을 압박하려 하므로 형세가 매우 위태롭습니다. 신이 일찌감치 말씀드리지 않는다면, 황상께서도 속히 결단을 내릴 수 없습니다. 총독·순무는 이미 경략을 파견하였다고 말하고, 신은 이미 경략을 사직하였다고 말하고 있습니다. 서로 미루는 중에 왜노들이 본토를 침범하려는 계획이 나날이 다가오고 중국이 머뭇거리는 우환이 날로 심해지니, 만일 방어가 소홀해진다면 그 죄를 장차 누가 떠맡겠습니까. 이는 나라의 은혜를 갚으려는 신의 미미한 충성이 도리어 나라를 그르치는 큰 해악을 만들게 되는 것과 같습니다. 신은 이 때문에 아침저녁으로 전전긍긍하며 부득이 다시금 군부(君父) 앞에서 애원하며 간청합니다. 엎드려 바라건대, 황상께서 위로는 변경의 계책을 생각하시고 아래로는 신의 어리석음을 불쌍히 여기셔서 조정 신료에게 칙명을 내려 모두 함께 논의하여 방어에 실패하지 않도록 하십시오. 황송해하며 명령을 기다리고 있습니다.

# 어사 곽실의 구원을 요청하는 상주

論救郭御史疏 | 권1, 5a-6b

---

**날짜** 만력 20년 9월 24일(1592. 10. 28.)

**발신** 송응창

**수신** 만력제

**내용** 송응창을 탄핵한 어사 곽실을 만력제가 처벌하자 송응창이 곽실의 행동을 언관의 본분이라고 변호하면서 처벌 취소를 요청하는 상주이다.

**관련문서** 송응창이 9월 13일 올린 상주에 대한 성지는 『명신종실록』 권 252, 만력 20년 9월 15일(신미) 2번째 기사에 간략히 실려 있다.

---

천자의 은혜로 언관을 용서하여 언로를 넓히도록 간청하는 일.

9월 13일 신 송응창은 변변치 못하다는 것을 스스로 헤아려서 두 번째로 상주를 올려 경략의 해직을 요청하였고, 다음과 같은 성지를 받들었습니다. "송응창은 이미 경략 임무를 맡으라는 명을 받들었다. 그런데 단지 곽실의 한마디 때문에 끝내 두려워서 피하고는 부임을 기꺼워하지 않았다. 연해(沿海) 변경의 방어 사안의 책임을 누구에게 지우겠는가. 뜬소문이 도리어 조정의 명령보다 중요하다면 국가의 기강은 어디에 있겠는가. 왜보(倭報)가 이미 긴급하므로 송응창은 즉시 날을 정해 출발하라. 구경과 과도관은 우물쭈물 관망하니 지금 회의가 필요치 않다. 곽실은 사적인 감정을 가지고 망령되이 상주하여 국사를 방해하고 흔들었으니 극변의 잡직으로 강등하여 임용하라. 다시 번거롭게 하는 경우가 있다면 모두 처벌할 것이다."

신은 천둥과 같은 위엄을 목도하고는 두렵고 떨리는 마음을 감당할 수 없었습니다. 이에 이번 달 26일 조정에 하직하고 칙서를 가지고 당일 출발하여 곧장 요양(遼陽)으로 가서 미리 처리하도록 하겠습니다. 다른 한편으로 순천(順天) 및 보정(保定) 순무(巡撫)에게 공문을 보내 천진·보저 일대의 해안 방비 사안에 대해 해당 아문을 독려하여 각기 관할구역에 대해 미리 조사·논의하여 처리하고, 신의 명령에 따라 두루 순시하며 지체하지 않도록 하였습니다.

신이 생각건대 일마다 충언을 드리는 것은 언관의 책무이고, 언관의 말로 인해 스스로 반성하는 일은 부족한 저의 몫입니다. 신이 앞서 사직을 요청한 것은 바로 신의 분수를 편안히 하려는 바였습니다. 그런데 생각지 못하게 도리어 하늘 같은 위엄을 범하여 화가 곽실에게까지 미쳤으니, 이는 신의 상주 하나가 위로는 성주(聖主)께서 언관의 간언을 따르는 명철함에 누를 끼치고 아래로는 천하에서 직언하는 기운을 막은 것입니다. 신이 공적은 한 마디도 세운 것이 없는데 죄는 산처럼 솟게 되었습니다. 또한 바야흐로 황상께서 천하를 안정시키려는 지극한 뜻에 우러러 보답하고자 여러 대책을 수집하고 밤낮으로 부지런히 일하면서도 여전히 남들이 내 이야기를 하지나 않을까 두려워하였습니다. 그런데 지금 황상께서 신이 두려워 피한 죄는 심하게 책망하지 않고 언관에게 무거운 유배형을 내렸습니다. 그러니 신은 해내(海內)에 이 소문이 들리면 사람들이 말하는 것을 경계하여 설사 충성스러운 계책과 큰 계획으로 경략을 맡고 도울 만한 자가 있더라도 장차 구중궁궐만 바라보며 혀를 묶을까 두렵습니다. 신은 매우 편치 않은 일이라고 생각합니다. 엎드려 바라건대, 황상께서 신의 진심을 굽어살펴 진노를 조금 풀고 어사 곽실을 원래의 관직으로 돌아오도록 허락하여 그가 충성과 지략을 더욱 바치도록 하십시오. 그리하여 언로가 활짝 열리고 천하에서 뛰어난 계책을 가지고 폐하를 위해 왜와 오랑캐를 방비할 계획을 세울 자들이 잇따라 찾아오도록 하십시오. 그렇게 되면 어리석은 신과 천하가 매우 다행스럽게 여길 것입니다.

# 계주·밀운·천진·영평 4도에 보내는 명령

## 檄薊州密雲天津永平四道 | 권1, 6b-7a

권1

날짜 만력 20년 9월 26일(1592. 10. 30.)

발신 송응창

수신 계주(薊州)·밀운(密雲)·천진(天津)·영평(永平) 4도(道)

내용 방어 임무를 수행할 적절한 관원을 조사해서 추천하라는 명령이다.

성지에 따라 부신에게 전적으로 책임을 맡겨 왜로 인한 환란을 경략하는 일.

살펴보건대, 연해 주현(州縣) 지방에는 모두 왜와 통하는 해구(海口)가 있다. 방어를 안배하는 일이 중요한데 이는 모두 정관(正官)[20]에 달려 있다. 만약 제대로 고른 사람이 아니라면, 혹여 감당하지 못할 일이 생겼을 때 일의 완급을 어디에 의지하겠는가. 패문(牌文)을 각 도에 보내니, 즉시 소속 주현의 장인관(掌印官)[21]·서인관(署印官)[22]

.......

20 정관(正官): 지현, 지부 등 정식 지방관을 말한다. 포정사, 안찰사, 총독순무는 여기에 해당하지 않는다.

21 장인관(掌印官): 사전적으로 인신(印信)을 담당하는 관원을 뜻하지만, 문맥상 지현(知縣)·병비도(兵備道) 등 특정 지역의 총 책임을 맡은 정규 관원을 가리키는 것으로 보인다.

22 서인관(署印官): 책임자를 대리하는 관원을 가리킨다. 인장은 관원의 권한을 상징하므로 이를 대리한다는 뜻을 지닌다.

을 조사하여 누가 재주와 식견이 노련하여 방어를 감당할 수 있는지, 누가 재주와 능력이 천박하여 응당 갈아치워야 할지를 신속하고 명확히 조사하라. 그런 후 현명한지 그렇지 않은지를 따로 나누어 사실대로 나와 총독·순무아문에 보고함으로써 회의(會議)하여 처분할 수 있도록 하라.

# 병부에 보내는 자문

## 移本部咨 | 권1, 7a-8a

권1

> 날짜 만력 20년 9월 26일(1592. 10. 30.)
> 발신 송응창
> 수신 병부
> 내용 해안 방어를 위한 구체적인 방식과 처리해야 할 사무를 알리는 문서이다. 천진에서 압록강에 이르기까지 주요한 지역에 돈대(墩臺) 건축과 화포 설치 및 운용, 그리고 여기에 배치할 군사들의 선발 방식을 제안하였다.

변경과 해안의 긴요한 군무를 경략하는 일.

살피건대 저는 연해 각 변방의 왜적 방어 사무를 경략하라는 명을 받들었습니다. 이에 병마와 경비 및 공수(攻守) 방침 등 사안에 대해 칙서·관방(關防)[23]의 수령을 기다렸다가 각 지방으로 가서 시기를 헤아려 일을 행하는 외에, 마땅히 본부로 자문을 보냅니다. 그러니 번거롭겠지만 직방청리사주사(職方淸吏司主事)[24] 원황에게 차문

.......

23 관방(關防): 관인(官印)의 일종이다. 명대에 인신은 국초부터의 정제(定制)에 규정된 관원이 사용하였던 반면, 관방은 일반적으로 규정 외에 임시로 임명된 관원이 사용하였다.
24 직방청리사주사(職方淸吏司主事): 명·청 시대에 설치되었던 부서명이다. 병부에 속하여

(箚文)을 보내 즉시 직접 천진·보저·산해관 등의 지역으로 가도록 하고, 무고청리사주사(武庫淸吏司主事) 유황상은 즉시 요동 해구 및 압록강 등의 지역으로 가도록 합니다. 그곳에서 지방 해당 도의 관원 및 신설한 비왜해방도(備倭海防道)와 함께 연변 일대의 중요한 해구를 직접 두루 다니면서 왜선(倭船)이 멋대로 드나들 수 있는 곳의 땅의 길이가 얼마나 되는지를 살핍니다. 3리마다 돈대 1좌(座)를 쌓고 그 위에 20명을 수용할 수 있는 건물 몇 칸을 설치한 후 즉시 해당 주현의 궁병·민장(民壯)[25]을 각기 10명씩 보내 교대로 근무하면서 지키도록 해야 합니다. 또 1리마다 굉뢰포(轟雷砲) 2좌를 설치하고 포 1좌마다 해구를 방비할 민병(民兵) 1대(隊)를 보내 지키도록 해야 합니다. 그중에서 영리하고 담력이 있는 자 6명을 뽑아 행량(行糧)을 두 배로 지급해서 2명은 멀리 정찰하고, 2명은 화약을 담당하고, 2명은 도화선 연결을 맡도록 합니다. 벽돌을 가져와 쌓는 것은 남은 병사들이 힘을 합쳐 시행합니다. 가령 마음을 다해 규정대로 화포를 쏴서 수급 100과(顆)를 얻은 경우 50과에 대한 포상은 포를 쏜 6명에게 똑같이 나누어주고, 나머지 50과에 대한 포상은 여러 병사가 나누어 쓰도록 합니다. 그리고 지형의 높낮이를 고려하여 높은 곳에서는 포신을 평행하게 해야 하고 낮은 곳에서는 포신을 올려서 적선(賊船)을 대적할 때 맞추도록 힘써야지 허공에 떨어지게 하면 안 됩니다. 화약에 점화하여 발사할 때는 더욱 원근을 살피고 시

.......

각 성(省)의 지도[興圖]와 공적[敍功], 상벌[罰過], 지원[撫恤], 군사 검열 등에 관한 업무를 맡았다.

25 민장(民壯): 위소(衛所)의 부족한 병력을 보충하기 위해 지방민 중에서 선발한 인원을 말한다. 잡역에도 동원되었다.

기와 상황을 헤아려 천천히 할 때는 천천히, 빠르게 할 때는 빠르게 쏘며 헛되이 발사해서는 안 됩니다. 포를 지키는 민병 6명은 저녁이 되면 함께 병방(兵房)에서 숙박합니다. 나머지 병사들은 모두 각기 이전처럼 해구 인근 촌점(村店)과 진점(鎭店)에서 휴식을 취합니다. 마땅히 쓸 화약 및 각종 물자, 장역(匠役)[26]의 임금, 돈대를 건축하는 군부(軍夫)에게 지급할 염채(鹽菜: 식비), 돈대 위의 건물과 병방에 들어갈 목재류에 대해서는 모두 본관이 해당 도와 함께 동원할 만한 경비에서 지출하도록 허락합니다. 만약 부족하다면 방법을 강구하여 처리해줄 것을 정문(呈文)으로 요청해도 무방하며 총독·순무 아문에도 정문을 올려 알립니다. 일이 완결되면 사용한 경비의 수량과 항목, 쌓은 돈대, 설치한 대포가 몇 좌인지를 다들 책으로 만들고 그림으로 그려 보고를 올림으로써 순시할 때 확인할 수 있도록 하겠습니다.

........

26　장역(匠役): 관아에 노동력을 제공하는 장인을 말한다.

# 계주진·해방도 등 5도에 보내는 명령

## 檄薊鎮海防等五道 | 권1, 8a-8b

**날짜** 만력 20년 9월 27일(1592. 10. 31.)

**발신** 송응창

**수신** 계주진(薊州鎭)·해방도(海防道) 등 5도

**내용** 해안을 방어할 수군 병력을 늘리기 위해 현지 어민과 어선을 모집하려고 하니, 어민의 의향 및 어선의 상태, 비용을 조사하라는 명령이다.

변경과 해안의 긴요한 군무를 경략하는 일.

살펴보건대 지금 왜구의 상황을 예측할 수 없으니 방어 준비를 마땅히 주밀하게 해야 한다. 앞서 내가 사선(沙船)[27]을 모집하는 일에 관해 공문을 보냈지민 기리가 멀어 빨리 도착하기 어려울까 정말 걱정이다. 살펴보건대 연해 거주민은 어업과 염업(鹽業)을 업으로 삼고 있어 파도에 익숙하며 어선은 가볍고 날래니 정찰을 충분히 감당할 수 있다.

각 도에 패문을 보내니 즉시 연해에서 소금을 팔거나 어업을 하

........

27  사선(沙船): 당대(唐代)부터 사용된 평저선의 총칭이다. 중국 북방의 수심이 비교적 얕고 파도가 크지 않은 연안 해역에서 사용되었다. 주로 화물의 운반에 이용하였다.

는 토착 주민을 조사하여 모집에 응할 의향이 있는지 없는지, 어선을 끌어다 모으면 적(敵)에 대한 방어를 감당할 수 있는지 없는지, 또한 과연 기꺼이 모집에 응한다면 급료는 응당 얼마를 줄지, 뱃삯은 응당 얼마를 줄지, 어떠한 관원에게 맡겨서 관리하고 훈련시킬지, 생업에 방해가 되는지 그렇지 않은지를 알아내라. 혹시 응모한 어선에서 장비를 쓰겠다고 하면 지급을 대기하도록 하고 신속히 조사하고 논의하여 분명히 사유를 갖추어 보고해서 결정하여 시행하도록 하라.

# 1-7

## 병부에 보내는 자문

移本部咨 | 권1, 8b-9a

날짜 만력 20년 9월 27일(1592. 10. 31.)

발신 송응창

수신 병부

내용 왜구 방어에 필요한 비용 지출을 황제로부터 허락받은 후 주요 거점에 할당하기 위해 병부에 지급을 요청해달라는 문서이다.

성지에 따라 부신에게 전적으로 책임을 맡겨 왜로 인한 환란을 경략하는 일.

병부의 자문을 받았는데, 그 내용은 다음과 같았습니다. "병부에서 제본을 올렸는데, 그 내용은 다음과 같았습니다. '병부 경략 송응창이 마땅히 써야 할 경비에 대해 청컨대 마가은 20만 냥을 발급해주시면 본부에서 각 병비도(兵備道)에 나누어 보내 받아서 보관하며 사용하도록 하겠습니다. 그리고 모든 일이 완료되는 날에 장부를 책으로 만들어 상주하고 남은 은을 반납하겠습니다.'라고 하였습니다. 성지를 받들었는데 그 내용은 다음과 같았습니다. '은량 발급을 허락한다.'"

위 항목의 은량 가운데 일부는 이미 본부로 자문을 보내고, 본부에서 태복시(太僕寺)에 차문을 보내 5000냥을 발급해서 중군관(中軍官) 양원(楊元)[28]이 받아 보관하고 종군하면서 쓰도록 하였습니다.

그 나머지 19만 5000냥은 마땅히 천진도에 3만 5000냥을 보내고, 밀운도에 4만 냥, 영평·계주·영전(寧前)·동녕(東寧) 등의 도에 각 3만 냥씩 나눠 보내 수령하도록 한 후 저의 사용 명령을 기다리게 해야 합니다.

마땅히 병부에 자문을 보내니 번거롭겠지만 태복시에 차문을 보내 제가 할당한 각 도의 은량 수목에 맞춰 마가은을 신속히 발송함으로써 사용 명령을 기다리도록 해주십시오.

.......

28  양원: ?~1598. 명나라 사람으로 정요좌위(定遼左衛) 출신이다. 호는 국애(菊厓)이다. 양
    원은 임진왜란이 발발하자 좌협대장으로 임명되어, 여러 명의 부총병과 참장, 유격 등을
    인솔했다. 양원은 정유재란 당시 남원성 전투에서 패배하여 탄핵된 후 명나라로 송환되
    었고, 이후 참형에 처해졌다.

# 천진·영평·요동 등 6도에 보내는 명령

## 檄天津永平遼東等六道 | 권1, 9a-10b

날짜 만력 20년 9월 27일(1592. 10. 31.)

발신 송응창

수신 천진·영평·요동 등 6도

내용 왜적을 방어하기 위해 필요한 무기의 종류, 수량, 제작 방식, 비용 지출 등을 알리는 명령이다. 첨부문서에는 일자거(一字車)의 제작 방식과 화약의 제조 및 보관에 대한 내용을 수록하였다.

변경과 해안의 긴요한 군무를 경략하는 일.

살펴보건대 지금 왜적들의 경보(警報)를 예측할 수 없으니 방비를 세밀하게 해야 한다. 내가 제작한 일자거·화포·노(弩)·방패 등은 모두 왜적을 격파하는 좋은 기술이므로 마땅히 미리 제조하여 사태의 완급에 대비해야 한다.

각 도에 패문을 보내니 즉시 장인들을 독려하여 수레 60량(輛), 압진대포(押陣大砲) 1670개, 일자소포(一字小砲) 1만 개, 소신포(小信砲) 333개, 노궁 1만 2000장, 전패·죽패(竹牌) 각 333면, 노전(弩箭) 60만 지를 제조하며, 또한 화약과 탄환을 많이 준비해야 한다. 재료비와 장인 인건비 등 각 경비를 헤아려 예측한 후 얼마인지 논의하여 나에게 보고해서 요청하면 마가은 내에서 지급할 것이다. 해당 도는 문서가 도착한 지 3일 내에 먼저 기술이 뛰어난 목장(木匠)·화약장(火藥匠)·생숙철장(生熟鐵匠) 각 2명을 나에게 보내어 직접 만나 양식을 일러주기를 기다리게 한다. 그리고 이들이 돌아가서 각 장인들에게 명령을 전하여 알려준 법식대로 제조하도록 한다. 그리고 위관(委官)[29]과 각 역인(役人)의 성명을 본 군기(軍器) 위에다 새김으로써 내가 가져다 쓸 때 확인하기를 기다려라. 제조가 완료되는 날에 지출한 경비 및 각종 장비의 수량과 항목을 책으로 만들어 보내서 조사할 수 있도록 하라.

첨부

하나. 일자거에 들어갈 목재로 유목(楡木)·류목(柳木)·춘목(椿木)·괴목(槐木) 모두 가능하다. 거륜반(車輪盤) 1개는 대목판(大木板) 1편(片)을 쓰는데, 너비는 각 2촌 5푼, 두께는 3촌, 원형으로 만들며 주위에는 철엽(鐵葉)을 써서 안쪽을 감싸고 정(釘)으로 고정한다. 가운데에는 구멍 하나를 뚫은 후 생철(生鐵)을 써서 통권(通圈) 1개를 주조하는데, 권(圈)과 목판은 비슷한 두께로 하며 권 밖에는 4개의 이를 주조해서 끼워 넣는다. 차축(車軸)의 양쪽 머리는 철초(鐵梢) 2근(根)을 써서 덮개[管闸]를 만든다. 차각(車脚)은 숙철축(熟鐵軸) 1근에 길이는 1척(尺)이며, 횡단면은 제법 굵게 호두 크기 정도로 한다. 대기창(大旗鎗)은 4근, 철환(鐵環)은 10개이다.

하나. 각 포의 화약을 만들기 위해서 염초를 다량으로 준비한

<hr/>

29 위관(委官): 특별한 임무를 임시로 맡은 관원을 뜻한다.

다. 회(灰)에는 지마해(芝麻楷)[30] 혹은 가해(茄楷)[31]를 쓰며 어떤 곳이든 모두 같은 방식을 택해서 쓴다. 염초에는 각종 약품을 넣고 갈아서 가는 분말로 만든 후 각기 별도로 보관하되 혹은 독에 혹은 그릇에 혹은 포대에 채우며 번호를 명백히 기록하여 조사할 때 편리하게 한다. 사용하려고 할 때는 해당 사도와 위관이 확인한 후에 한곳에 모두 합치고 명령을 기다린다.

30 지마해(芝麻楷): 참깨 줄기로, 화약을 만들 때 특정한 성능을 높이기 위해 사용된 것으로 추정된다.
31 가해(茄楷): 연(蓮) 줄기로, 화약을 만들 때 불이 쉽게 붙게 하기 위해 사용하였다.

# 계요총독 및 산동·순천·보정·요동 순무에게 보내는 자문

## 移薊遼總督幷山東順天保定遼東四撫院咨 | 권1, 10b-11b

날짜 만력 20년 9월 27일(1592. 10. 31.)

발신 송응창

수신 계요총독 및 산동·순천·보정·요동 순무

내용 왜적 방어와 관련해서 현재의 군비 상태 및 보완사항의 조사와 함께 임청(臨淸)과 덕주(德州)의 수비 운용 방식, 능력 있는 관원의 선발 등을 요청하는 문서이다.

왜적의 환란을 경략할 사안을 상세히 논의하여 황상의 명령을 잘 준행하는 일.

병부의 자문을 받았는데, 그 내용은 다음과 같았습니다. ……[운운].

이를 받고 살펴보건대 저는 즉시 먼저 천진으로 가서 계획해서 처리할 것이며, 산동의 청주(靑州)·등주(登州)·내주(萊州) 연해 일대 영진(營鎭)의 병마를 응당 우선적으로 준비해야 합니다.

이에 마땅히 자문을 보내니 도착한 문서에서 받든 황제의 명령 내용에 따라 번거롭겠지만 각 도에 공문을 보내 총병관(總兵官)과 함께 즉시 어디서부터 어디까지가 어떤 진(鎭)과 도의 관할에 속하는지, 모영(某營)의 남북 육군 병사들 몇 명을 배치하였는지, 어떻게 선발, 조련, 방어할지 조사하도록 하십시오. 마땅히 지어야 할 적대(敵臺: 망대)는 몇 곳이고, 마땅히 설치할 봉화용 돈대는 몇 곳인지, 그 내부에 쓸 대병(臺兵)과 봉군(烽軍)은 몇 명인지, 어떻게 망을 보고 봉화를 전달할지 조사해야 합니다. 요해처에는 크고 작은 화포와 차량(車輛)을 몇 개 배치할지 조사해야 합니다. 해안에 가까운 빈 땅에 깊은 구덩이를 파서 요해처로 만들 때 마름쇠[32]와 못 등을 각각 얼마를 쓸지 조사해야 합니다. 바다와 가까운 곳에 수채(水寨)를 연달아 배치할 때 마땅히 쓸 전선(戰船)과 초선(哨船)[33]은 몇 척인지, 아울러 사용할 수병(水兵)과 군화(軍火)와 장비는 얼마인지 조사해야 합니다. 수륙 관원과 병사가 충분하지 않을 때 어떻게 더 모집할지, 각 도의 행량(行糧)과 월량(月糧)을 어떻게 보관하여 보급을 편리하게 함으로써 병사들을 배부르게 하고 말을 살찌게 하여 부족함이 없게 할지 조사해야 합니다. 험지에 따라 요해를 설치할 때 빠뜨리는 곳이 없어야 하며 하나하나 할당해서 관리하고 계획이 타당해야 합니다. 우선 시도를 그리고 설명을 붙여 저에게 자문을 보냄으로써 이를 참작하여 논의한 후 상주하여 확인할 수 있도록 해주십시오. 일체의 비용이 부족하다면 황상께 공동으로 제본을 올려 지급을 청하기 바랍니다.

임청(臨淸)·덕주(德州)의 양식 창고처럼 재부(財賦)가 있는 지역

........

32  마름쇠: 철질려(鐵蒺藜)라고도 한다. 끝이 송곳처럼 뾰족한 서너 개의 발을 가진 쇠못을 말한다.
33  초선(哨船): 정찰용 배를 가리킨다.

으로 말하자면 더욱더 왜적이 침을 흘리는 곳입니다. 그런데 두 곳은 행정 경계가 산동에 속하지만 지역이 실제로는 기보에 가까우니 귀원(貴院: 계요총독 등)에서 방어를 안배해야 합니다. 가령 왜적이 계주·보정 등을 침범하면 요동의 수륙 관병은 상부의 동원을 기다리지 말고 적의 소재에 따라 신속히 구원해야 합니다. 각 해당 진과 도는 본디 지방을 책임지고 있으니 각기 방어하면서 모두 한 놈의 왜적도 들어오지 않는 것을 공적으로 삼아야 합니다. 연해의 사도와 유사(有司), 대소 장령 중에 적합하지 않은 자는 제본을 올려 바꾸도록 청하고 적합한 자들은 모두 장기간 근무시켜야 합니다. 적이 침공하였다는 경보가 없을 때라면 엄히 방비하도록 책임을 지우고, 아울러 때때로 사람을 보내 정탐해서 만약 침입하려는 정황이 있으면 군사를 감독·통솔하여 기회를 살펴 싸우거나 지키도록 시행해야 합니다. 우선 시행한 연유들을 갖추어 자문으로 보고하여 제가 살필 수 있도록 해주십시오.

# 천진·영평·산동·요동 등 12도에 보내는 명령

## 檄天津永平山東遼東各兵巡分守等十二道 | 권1, 11b-15a

날짜 만력 20년 9월 28일 (1592. 11. 1.)

발신 송응창

수신 천진·영평·산동·요동 등 12도

내용 천진에서 요동에 이르는 지역의 각 도에 다음의 사항을 조사 및 확인하도록 전달하는 명령이다. 첫째, 해당 지역의 주요 요충지, 왜선이 정박 가능한 지역, 현재 병력의 숫자와 상태이다. 둘째, 해안을 방비하는 군사에게 지급할 봉급 및 지출 항목이다. 셋째, 화포의 배치 현황과 상태 파악 및 추가 제작 여부이다. 넷째, 투구·활·갑옷·낭선(筤筅)[34] 등의 무기 확보와 왜적의 칼과 조총에 대응할 물품을 실험하는 것이다. 다섯째, 병거(兵車)의 제작이다. 여섯째, 돈대의 축조 방식이다. 일곱째, 파발을 위해 배와 사람을 배치하고 활용하는 일이다. 여덟째, 방어하는 군사의 근태를 파악하기 위한 조치이다.

성지에 따라 부신에게 전적으로 책임을 맡겨 왜로 인한 환란을 경략하는 일.

.......

34 낭선(筤筅): 대나무 또는 쇠로 만든 자루에 세모꼴의 날카로운 쇠날이 달린 가지를 부착한 무기이다.

살펴보건대 내가 명을 받들어 경략을 맡게 되었기에 이미 각 도에 명령을 내려 병사·군량·공격·방어 등의 항목들을 조사하여 처리하도록 하였다. 그 후 다만 지금 왜적 경보가 위급하니 마땅히 계획이 주도면밀해야 하는데, 만일 미리 예방하지 않으면 반드시 그때를 당하여 문제가 생길 것이다.

마땅히 각 도에 단단히 경계시키며 차문을 보내니, 즉시 뒤에 첨부한 항목과 아울러 앞서 조사하도록 한 병마(兵馬)·경비·장비·지형 등의 사안에 대해 항목별, 내용별로 타당하게 논의한 후 보고하여 어떻게 나누어 배치할지 청하라. 중간에 마땅히 먼저 해야 하거나 지금 하기에 마땅하지 않거나 혹은 저쪽이 유리하고 이쪽이 불리한 경우, 기존 규정과 구안(舊案)에 얽매이지 말고 분명하게 답을 올려 참작하여 시행할 수 있도록 하라. 해당 도는 마땅히 해안 방비를 지금의 중요한 임무로 삼아 마음을 다해 처리함으로써 경략을 돕도록 하고 매 항목을 기한 내에 보고하도록 하라. 게을리하여 시행하지 않다가 일의 시기를 망치는 경우, 나는 전칙(專勅)[35]을 받들었으니 반드시 용서하지 않을 것이다. 만일 10일 이상 지체할 경우 우선 해당 담당자[吏]를 끌어다가 처벌하고 한 달이 넘을 경우 반드시 탄핵 상주를 행할 것이다.


첨부

하나. 해당 도 소속 연해 지방의 지역 넓이가 몇 리인지 헤아리

........

고, 중간에 대해구(大海口)와 소해구(小海口)가 몇 곳씩 있는지, 각각 왜선 몇 척이 정박할 수 있는지 조사하라. 대소(大小) 해구에 병사를 배치하여 방비하고 있는지, 긴요한 지방에 마땅히 추가로 배치할 배는 몇 척이고 병사는 몇 명인지, 어떤 관원을 설치하여 담당시켜 지키게 해야 하는지 조사하라. 연해 처소에 대해서는 어느 곳이 물이 깊어 왜선이 들어올 수 있는지, 어느 곳이 모래 여울 혹은 암초로 인해 왜선이 이르기 어려운지, 마땅히 설비해야 하는지 조사하라. 해당 지방에는 원래 마병(馬兵)과 보병이 얼마나 있는지, 쓸 만하고 충분한지 조사하고, 만약 쓸 만하지 않거나 불충분하다면 신병을 모집하여 채워야 할지의 여부, 모병할 경비로 어떤 항목의 은량을 쓸지 조사하라. 해당 도는 신속히 논의해서 보고함으로써 시행할 수 있도록 하라.

위 건은 문서가 도착한 후 20일 내에 보고하라.

하나. 해안을 방비하는 군사에게 월량은 얼마씩이었는지, 마필 사료는 얼마씩이었는지, 본색(本色: 현물)이었는지 절색(折色: 은)이었는지 조사하라. 지금 상주하며 해안을 방비하도록 한데다가 또 추운 계절이 되었으니 마땅히 넉넉히 줘야 한다. 매월 행량을 얼마씩 더 주어야 할지 말지, 절색으로 준다면 어떤 은량을 쓸지, 본색이 부족하다면 어떻게 매입하여 지급할지 조사하라.

위 건은 문서가 도착한 후 10일 내에 보고하라.

하나. 중국의 장기(長技)는 화기 제조를 첫 번째로 삼는다. 왜노가 침범하면 해안으로 오르지 못하게 하는 것이 상책이다. 각 해당 지방에는 애초에 수레에 싣는 대장군(大將軍)[36]·호준(虎蹲)[37]·멸로(滅虜)[38]·용주(湧珠)·마퇴(馬腿)·조취(鳥嘴)[39]·불랑기(佛郞機)[40]·삼안(三眼)[41]

등의 총포를 설치하였고, 이것들은 모두 신기(神器)로 불린다. 맨 처음에 얼마를 내려주었는지, 그 뒤로 여러 해에 후속으로 얼마를 더 배치하였는지, 몇 개를 새로 제조하였는지, 모두 설치를 완료하였는지 조사하라. 그리고 해당 도는 어느 것을 수리해야 쓸 만한지, 바로 쓸 만한지, 또 어느 것이 수리도 사용도 할 수 없는지를 헤아려 각 변경의 해구에 나누어 두루 설치하도록 하라. 만일 수가 부족하면 신속히 제조함으로써 질질 끌다 일을 망치는 일이 없도록 하라.

위 건은 문서가 도착한 후 5일 내에 보고하라.

하나. 투구와 갑옷·활과 화살·창칼·곤봉 등에 대해 해당 지방에서 가까운 시일 내에 반드시 단단하고 날카롭게 준비해야 한다. 병부에서 이미 관원을 강남으로 보내 낭선·장창(長鎗)을 구매하게 하였으니 이것들을 보내오면 나누어 발송한다. 다만 왜노의 장기는 조취총(鳥嘴銃)으로 능히 갑옷 두 겹을 뚫을 수 있고 날카로운 칼을 가지

.......

36 대장군(大將軍): 대형 화포로 몸체는 주철로 주조하며 길이는 3척 남짓, 무게는 2000근이다. 예전에는 조성(照星: 가늠쇠)을 썼지만 나중에는 조문(照門: 가늠구멍)을 썼다. 장약(裝藥)은 1근 이상, 포환의 무게는 3~5근, 사정거리는 대부분 1~2리 정도였다.

37 호준(虎蹲): 대포의 하나로 명나라 장수 척계광(戚繼光)이 사용하였다. 사격에 용이하도록 고정된 위치에 배치하였는데 그 모습이 호랑이가 앉아 있는 모양과 흡사하다 하여 호준포라 불렸다. 호준포의 위력은 크지 않고 오늘날의 박격포와 비슷하다. 그렇기 때문에 곡사 위주의 화포로 산악과 숲, 논 등 대포가 이동하기 힘든 전투 지역에 비치하였다.

38 멸로(滅虜): 수레에 싣는 중형 화포이다. 철로 만들었으며 길이는 2척, 무게는 95근, 5개의 끈이 있고, 1근짜리 포환을 쏘았다.

39 조취(鳥嘴): 조취총을 말한다. 조총(鳥銃) 또는 조창(鳥鎗)이라고도 한다. 명대 중기에 출현하였으며 긴 총통을 통해 사격하는 화기이다. 명대 후기 화승총과 수발총(燧發銃)의 총칭이기도 하다.

40 불랑기(佛朗機): 화포의 하나이다. 가정 연간에 포르투갈인을 통해 전해진 화포로 포신의 뒤쪽에 포탄을 삽입하는 후장식(後裝式) 화포이다.

41 삼안(三眼): 총구가 3개 있는 총을 가리킨다.

고 종횡무진하는데, 이제 무엇으로 엄폐해서 조총을 격파하고 어떠한 구조물을 써서 날카로운 칼을 막을 것인가. 근래 들으니 솜을 엮어서 피갑을 만들거나 단단한 나무로 곤(棍)을 만든다고 하는데, 두 방법 모두 쓸 만하다. 해당 도는 헤아려서 시험하라.

위 건은 문서가 도착한 후 10일 내에 보고하라.

하나. 공격과 수비에는 반드시 편상거(偏廂車)[42]와 녹각거(鹿角車)[43]를 써야 엄폐하면서 방어할 수 있다. 해당 도는 각 해구 및 나누어 배치한 방수(防守) 군병에 대하여 각각 필요한 수레의 크기와 숫자를 헤아려, 수레 제조에 응당 쓸 수 있는 경비를 지출하여 최대한 많이 제조한 후 각각 배치하여 방어하라.

위 건은 문서가 도착한 후 5일 내에 보고하라.

하나. 돈대를 축조할 때 근래 논의를 참고하여 3리 또는 5리에 구애될 필요가 없고, 언덕이라 흙이 적당한 곳은 흙으로 쌓고, 산에 있어서 돌이 적당한 곳은 돌로 쌓아라. 가령 바닷물이 드나드는 모래 여울이나 소금밭같이 나무로 하는 것이 적당한 곳은 나무로 짓는다. 각 돈(墩)은 크고 높고 견고하게 하여 멀리까지 망을 볼 수 있도록 하고 그 위에 선물 몇 칸을 지어 병사들이 거주할 수 있게 한다.

위 건은 문서가 도착한 후 10일 내에 보고하라.

하나. 오랑캐의 상황을 정탐하여 보고하기 위해 수륙 두 방면에서 모두 준비를 갖추어야 한다. 팔라호선(叭喇唬船)[44] 및 사선 등은

--------

42  편상거(偏廂車): 병거(兵車)의 하나이다. 전면과 측면에 엄폐물이 설치되어 있어 적의 공격을 방어하면서 전진할 수 있다.

43  녹각거(鹿角車): 병거의 하나이다. 수레 앞에 창이 달렸는데, 그 모양이 사슴뿔과 같이 생겼기에 이렇게 불리게 되었다.

44  팔라호선(叭喇唬船): 원대부터 청대까지 사용된 군함의 일종이다. 크기가 비교적 작고

병부에서 모집 또는 제조가 끝나는 날을 기다려 각각 발송한다. 그 외에 지금 논의해보니 천진·밀운·계주·영평·요해(遼海) 각 도는 모두 해당 도에서 관할하는 주둔지에 따라 수로에서는 어선을 고용하고 육로에서는 마쾌(馬快)⁴⁵를 파견하여 먼 곳과 가까운 곳을 고려하여 배와 말을 배치한 후 각 부원(部院)의 임무를 맡은 관원의 긴급보고를 기다렸다가 밤낮을 가리지 않고 전달한다. 위반한 자는 군법으로 죄를 다스린다.

위 건은 문서가 도착한 후 10일 내에 보고하라.

하나. 나누어 배치한 각 관군의 방어를 평소에 어떻게 점검해야 근태를 구분해서 상벌을 내리기에 편리한지 조사하라.

위 건은 문서가 도착한 후 5일 내에 보고하라.

하나. 마땅히 해야 하거나 중지해야 할 일체의 선후사의(善後事宜)⁴⁶를 항목별로 따져 타당하게 답을 하되 별도로 게첩(揭帖)을 갖추어 보고하라. 아울러 이상의 시설과 병력을 배치한 해구 지역의 지도에 설명을 명확히 붙여 올려보내 내가 확인할 수 있도록 하라.

......

기동성이 좋아서 회전이 용이하여 굽은 곳을 돌기 편하였다. 또한 항해 속도가 빨라 근해에서 전투하는 데 활용하였다. 군대에서 활용하는 이외에 무역의 일에도 활용되었다.

45 마쾌(馬快): 주현에서 행정업무를 수행한 이서(吏胥) 중 공문 전달을 담당한 이들을 가리킨다. 이후에는 범죄자에 대한 조사 및 체포를 수행하기도 하였다.

46 선후사의(先後事宜): 어떤 일의 처리과정 또는 뒤처리를 가리킨다.

## 1-11

# 계요총독에게 보내는 자문

移薊遼總督軍門咨 | 권1, 15a-16a

날짜 만력 20년 9월 28일(1592. 11. 1.)

발신 송응창

수신 계요총독

내용 엄밀한 방어 전선을 구축하기 위해 압록강에서 산해관까지 거리, 필요 관원, 병마의 모집 방법, 주둔지 건설 등의 문제에 대해 조사와 협조를 요청하는 문서이다.

왜환(倭患)이 이미 명확해졌으므로 해안 방비를 마땅히 신속하게 해야 하는 일.

살펴보건대, 보정·계수는 북경(北京)과 매우 가까우니 수비를 시행할 때 엄밀하게 해야 합니다. 지난날 오랑캐 방어에 전적으로 힘을 쏟았는데도 여전히 걱정이 없어지지 않았습니다. 하물며 지금은 또 왜환까지 발생하였으니 진실로 마땅히 장수를 배정하고 일의 권한을 통일하며 병사를 늘려 공격과 방어의 기반을 만드는 것이 오늘날 해안 방비의 가장 중요한 사무일 것입니다. 살펴보면 요동은 압록강부터 산해관에 이르며 해구는 길게 이어지는 데다가 두 진(鎭)에서 다시 우회하여 동쪽으로는 조선으로 다가가고 북쪽으로는 오랑캐 소굴에 근접합니다. 따라서 병력의 방어는 다시 오랑캐와 왜를 한꺼번에 고려해야 하는 제약을 받습니다. 만일 보정과 계주의 사례에 따라 장수를 설치하고 병사를 늘리지 않으면 연해가 텅 비게 될 것이니 어떻게 적을 막을 수 있겠습니까. 장령들은 필시 이쪽이나 저쪽이나 우물쭈물하면서 서로 관망하게 될 터이니 잘 안배한들 그들에게 다시 책임을 지우기는 어려울 것입니다. 하물며 요동은 계주의 문호이자 왼쪽 겨드랑이에 해당하니 만약 요동의 방어 준비가 정말 잘 이루어진다면 계주와 요동의 성세(聲勢)가 자연히 연결될 것입니다. 왜적이 요동을 범하면 보정과 계주에서는 그들의 앞쪽을 누를 수 있고, 왜적이 계주를 침범하면 요동의 군사가 그들의 꼬리를 밟을 수 있습니다. 이것이 요동에서 장수 배치를 논의하고 병사를 늘리는 일을 조금도 늦춰서는 안 되는 이유입니다.

마땅히 귀 부원(部院)에 자문을 보내니, 번거롭겠지만 해당 진의 순무와 함께 아울러 요동총병에게 공문을 보내 요동 해구의 길이가 압록강에서 산해관에 이르기까지 모두 몇 리인지, 중간의 해구 중 어떤 곳이 요충지로서 가운데에 위치하는지, 협수(協守)를 좌측 또는 우측에 추가로 설치할지, 긴요한 곳에 유격(遊擊)[47]을 추가로 설치할지 갖추어 조사하십시오. 나머지 긴요한 장소에 수비(守備)를 추가로 설치할지, 계주와 보정의 사례에 비추어 병마는 어떻게 추가로 모집할지, 경비는 어떻게 마련할지, 주둔지는 어떻게 건설할지를 모두 숙고해서 적절히 계획하고 논의해야 합니다. 이렇게 한다면

권1

─────

47 유격(遊擊): 명·청대의 관직명이다. 명대에는 진군(鎭軍) 중에 설치되었고 직위는 참장(參將)보다 아래였다. 유격장군(遊擊將軍)이라고도 불린다.

병력이 이어지고 군세(軍勢)가 연결되어 공격하고 방어할 때 이쪽에서 움직이면 저쪽에서 대응하는 틀이 만들어지고 권한이 통일되며 일이 전일하게 되어 계획하고 안배할 때 좌고우면할 염려가 없어질 것입니다. 바라건대, 조사하고 논의한 내용을 저에게 자문으로 회답하여 황상께 공동으로 제본을 올릴 수 있도록 해주십시오.

# 산동순무에게 보내는 자문

移山東撫院咨 | 권1, 16a-16b

**날짜** 만력 20년 9월 29일(1592. 11. 2.)

**발신** 송응창

**수신** 산동순무(山東巡撫)

**내용** 산동에 방어 전선을 구축하기 위해 천진 및 등주·내주 일대의 주요
요충지, 필요한 관원, 병마의 모집 방법, 주둔지 건설 등의 문제에 대해
조사와 협조를 요청하는 문서이다.

성지에 따라 부신에게 전적으로 책임을 맡겨 왜로 인한 환란을
경략하는 일.

살펴보건대 왜환이 이미 분명해졌는데 기세는 한창 교만하고 간
사한 계략은 헤아릴 수 없습니다. 그런데 우리 연해 일대는 평소에
병란을 당해 본 적이 없어 지금 대비한다고 해도 우려가 없다고 보
장하기 어렵습니다. 또 왜선이 돛을 올리고 노를 저어 바다를 따라
서쪽으로 올 것이니, 그들이 하려는 바를 생각하건대 만약 장수를
배치하고 병사를 늘리지 않으면 어떻게 그들의 창궐을 막을 수 있
겠습니까. 그렇기 때문에 저는 경략을 맡은 이래로 밤낮으로 강구
하고 안배하였습니다. 먼저 계요총독과 논의하여 보정·계주 두 진의

장병을 추가하여 왜군의 앞쪽을 누르고 조사하고 논의하여 요동에 장병을 추가함으로써 왜군의 꼬리를 밟게 하면, 세 진이 연결되어 형세가 앞뒤로 호응하게 됩니다.

생각건대 산동의 각 해구는 현재 계획 중이므로 마땅히 산동순무에게 자문을 보내니, 번거롭겠지만 도착할 문서 내용에 따라 등주와 내주 연해 일대 중 천진 지역과 바로 접하는 중간 해구 중 어떤 곳이 요충지로서 딱 가운데에 위치하는지 조사해주십시오. 또한 해당 진에는 과거부터 총병이 없었으니 비왜(備倭) 총병 1명 또는 협수 1명을 좌측 또는 우측에 추가로 설치할지, 긴요한 곳에 유격을 추가로 설치할지, 나머지 긴요한 곳에 수비를 추가로 설치할지, 계주진 사례에 비추어 병마를 얼마나 모집하고 경비는 어떻게 마련할지, 주둔지는 어떻게 지을지 조사해야 합니다. 등주에는 장산(長山)·사문(沙門)·고성(古城)·서복(徐福) 등의 섬이 있고, 내주에는 흑산(黑山)·타기(鼉磯)·황성(黃城)·영산(靈山) 등의 섬이 있는데, 그 사이에 수채(水寨)와 육채(陸寨)를 설치할 수 있습니다. 그런데 계주·요동의 남북 병사는 형세상 이들 지역으로 이동시켜 배치하기 어렵습니다. 그러니 어떻게 주둔하며 수비할지, 새로 모집한 사선병(沙船兵) 및 청주(靑州) 각 부(府)의 무장한 민장을 써서 수비군에 할당할 수 있는지를 여러 미진한 왜적 방어 사의와 함께 차분히 계획하고 논의해서 저에게 자문을 보내주십시오. 그렇게 함으로써 기한 안에 황상께 공동으로 제본을 올려 시행할 수 있도록 해주십시오.

# 천진·요동 등 8도에 보내는 명령

## 檄天津遼東等八道 | 권1, 17a

날짜 만력 20년 9월 29일(1592. 11. 2.)

발신 송응창

수신 천진·요동 등 8도

내용 왜적을 방어하기 위해 마름쇠를 제작하고 지급하라는 명령이다.

변경과 해안의 긴요한 군무를 경략하는 일.

각 도에 표문(票文)을 보내니, 즉시 소속 주현(州縣) 및 위소(衛所)[48]에 공문을 발송해서 관은(官銀)을 지출하여 마름쇠를 제조하라. 이후 주현은 성을 지키는 갑병(甲兵)에게, 위소는 현재 병사에게 한 사람당 마름쇠 40개를 주며, 10개마다 한 꾸러미로 꿰고 전체적으로는 긴 끈을 사용하여 매어놓는다. 왜노들은 대부분 맨발이므로 전

.......

48 위소(衛所): 홍무제(洪武帝) 때 전국의 각 군사 요충지에 설립한 군사 기구이다. 명 초의 군사제도는 대도독부(大都督府)-도지휘사사(都指揮使司)-위(衛)-소(所)로 구성되어 있었다. 위소는 도지휘사사에 예속되었으며, 위는 5개의 천호소로 나누어지고 천호소는 10개의 백호소로 나누어졌다. 군사 요충지에 설치된 위와 소는 관할 지역의 군호(軍戶)를 관할하면서 군사뿐만 아니라 행정·감찰·경제·법률·교육·징세 등의 모든 권한을 가지고 있었다.

투에 임하였을 때 마름쇠를 땅에 뿌려 찔리도록 한다. 만일 쓸 은량이 없다면 보고하여 이를 근거로 삼아 헤아려 처리할 수 있도록 한다. 이는 긴급한 군무이므로 지연을 용납하지 않는다.

# 병부에 보내는 자문

移本部咨 | 권1, 17a-17b

날짜 만력 20년 9월 29일(1592. 11. 2.)
발신 송응창
수신 병부
내용 왜적을 방어하기 위해 구매한 무기의 발송을 요청하는 문서이다.

왜적 방어용 군기를 논의해서 취하는 일.

조사한 결과, 앞서 병부에서 제본을 올려 관원을 뽑아 절강(浙江)으로 보내 낭선·장창(長鎗)·등패(藤牌)<sup>49</sup> 등의 군기 구매를 허락받았습니다. 그 후 최근 절강순무(浙江巡撫)의 게첩을 받았는데, 그 내용은 다음과 같았습니다. "낭선·장창 각 2만 3000근(根)을 구매 완료하여 관원을 뽑아 운송해서 보냈는데, 반드시 천진을 경유할 것입니다." 지금 왜적 경보가 긴급하니 마땅히 무기를 요청해야 하겠습니다. 이에 응당 자문을 본부에 보냅니다. 번거롭겠지만 구매한 낭선·장창이 이미 병부에 도착하였다면 각각 5000근을 남겨서 경영(京

........

49 등패(藤牌): 등나무 줄기를 휘어서 뼈대를 엮고 대나무 껍질로 얽어서 만든 둥근 모양의 방패이다.

營)<sup>50</sup>으로 보내고, 나머지는 신속히 적절한 관원을 선발하여 바로 요동 군영으로 보내 쓰도록 해주십시오. 바라건대, 지체해서 망쳐서는 안 됩니다.

.......

50 경영(京營): 명대 경군(京軍)의 편제이다. 북경의 군영은 삼대영(三大營)이라고 하는데, 오군영(五軍營), 삼천영(三千營), 신기영(神機營)으로 이루어졌다. 삼대영은 각군(各軍)과 각사(各司)에 좌영관(坐營官), 파총(把總), 좌사관(坐司官), 감창내신(監鎗內臣), 파사(把司), 파패(把牌) 등을 두었다. 평소 오군영은 진법을 훈련하고, 삼천영은 순찰과 정찰을 훈련하며, 신기영은 화기를 훈련하였다. 원래 황제가 친정할 때 이 삼대영이 황제의 대영(大營)을 호위하는 임무를 맡았고 명 초만 하더라도 상당한 전투력을 가지고 있으나, 토목보(土木堡)의 변 이후 급격히 쇠락하였다. 이후 여러 차례 개혁과 전력 강화가 이루어졌으나, 만력 후기 이후 명의 쇠퇴와 함께 경영 역시 약화되었다.

# 통주좌위 경력 진훈에게 보내는 명령

## 檄通州左衛經歷陳勳 | 권1, 17b-18a

날짜 만력 20년 9월 29일(1592. 11. 2.)

발신 송응창

수신 통주좌위(通州左衛) 경력(經歷) 진훈(陳勳)

내용 군무를 보조할 사람으로 진훈을 중군(中軍) 휘하로 보낸다는 명령
이다.

군무에 관한 일.

앞서 나는 마가은 20만 냥을 보내달라고 요청하였고, 그중에서
5000냥을 떼어 중군관(中軍官) 서도독첨사(署都督僉事)[51] 양원에게
지급하여 양원이 받아 보관하며 군중(軍中)에서 사용하도록 하였다.
다만 중군의 사무는 제법 번잡하므로 마땅히 다시 문직 관원에게 위
임하여 지출 기록 업무를 돕게 하면 조사하고 수행하는 데 편리할

.......

51   도독첨사(都督僉事): 관직명이다. 원 말에 주원장(朱元璋)이 대도독부에 1명을 두었는
데, 첨도독이라고 불렸으며 종3품이었다. 홍무(洪武) 원년(1367) 종2품으로 승격되었으
며, 홍무 12년(1379) 다시 정2품으로 승격되었다. 홍무 13년(1380) 도독부를 오군도독
부로 나누었을 때 도독첨사 역시 각 도독부마다 나누어 설치되었다. 은공에 따라 녹봉을
주었으며 정원은 정해져 있지 않았다. 명 초의 군제인 위소제(衛所制)가 해체되면서 점
차 실제 직무는 없이 무관의 지위를 나타내는 관직이 되었다.

것이다. 밀운도의 보고를 받았는데, 그 내용은 다음과 같았다. "통주 좌위 경력 진훈이 노련하고 신중합니다." 헤아려보건대, 마땅히 임용해야 한다.

패문을 보내니 바라건대 경력 진훈은 그 내용에 따라 즉시 중군 관 도독 양원의 휘하에서 군중의 경비 지출을 기록하되 반드시 분명히 하여 임무를 저버리거나 그르쳐서는 안 된다.

# 계주·영평·영전 등 5도에 보내는 명령

## 檄薊州永平寧前海蓋等五道 | 권1, 18a

날짜 만력 20년 9월 29일(1592. 11. 2.)
발신 송응창
수신 계주·영평·영전 등 5도
내용 왜적 방어를 위해 화약 및 화약 재료를 구매하라는 명령이다.

변경과 해안 군무를 경략하는 일.

살펴보건대, 왜적 방어의 장기는 화기를 첫 번째로 한다. 지금 나는 머지않아 요해 지방으로 가서 일의 상황에 맞춰 준비할 것이다. 군중에서 마땅히 써야 하는 모든 화약을 나누어 구매하라.

표문을 각 도에 보내니 즉시 마가은을 쓰되, 정직하고 일 잘하는 관원을 선발한 후 염초 4만 5000근, 유황 1만 5000근을 구매하라. 화약 재료인 반묘(班貓)와 조뇌(朝腦), 또는 지마해·가자해(茄子楷)·경마해(薴麻楷)는 제조 방법에 따라 많이 마련하고, 구매하는 대로 운송하여 요동으로 보내 사용할 때를 기다리게 하라. 지출한 은량의 수량은 갖추어 보고하여 내가 확인할 수 있게 하라.

# 經略復國要編

---

## 권2

# 천진·영평·영전 등 6도에 보내는 명령

## 檄天津永平寧前等六道 | 권2, 1a-1b

날짜 만력(萬曆) 20년 10월 3일(1592. 11. 6.)

발신 송응창(宋應昌)

수신 천진(天津)·영평(永平)·영전(寧前) 등 6도(道)

내용 천진병비도(天津兵備道) 등에 왜적 방어를 위해 병부(兵部)로부터 할당받은 예산을 알려주면서 순무(巡撫)와 자신을 거쳐 집행하라는 명령이다. 아울러 중군도독(中軍都督) 양원(楊元)에게 해당 예산의 집행은 모두 경력(經歷) 진훈(陳勳)을 통해 지출하라는 공문과 진훈에게 예산을 집행할 때 주의할 점을 당부하고 지출을 교차 검증할 장부를 만들라는 공문을 첨부하였다.

성지(聖旨)에 따라 부신(部臣: 송응창)에게 전적으로 책임을 맡겨 왜로 인한 환란을 경략(經略)하는 일.

병부의 자문(咨文)을 받았는데, 그 내용은 다음과 같았다. "병부에서 제본(題本)을 올렸는데 그 내용은 다음과 같았습니다. '병부 경략 송응창이 마땅히 써야 할 경비[錢糧]로 마가은(馬價銀) 20만 냥을 발급해주면 경략이 각 병비도(兵備道)¹에 보내고 병비도에서 받아둬서 사용하며 일이 완료된 날에 사용 내역을 책으로 만들어 상주한 후 남은 은을 반납하겠습니다.'라고 하였습니다. 성지를 받들었는데 그 내용은 다음과 같았습니다. '은량 발급을 허락한다.'"[2]

이미 병부로 자문을 보내서 병부에서 태복시(太僕寺)에 차문(箚文)을 보내 중군관(中軍官) 양원에게 5000냥을 지급하여 받아서 보관하고 군무(軍務)에 따라 쓰도록 했다. 나머지 19만 5000냥은 마땅히 천진도(天津道)에 3만 5000냥, 밀운도(密雲道)에 4만 냥, 영평·계주(薊州)·영전·동녕(東寧) 등의 도에 각각 3만 냥을 보내니 받아서 보관한 후 나의 사용 지시를 기다리게 했다. 이 외에 조사해보건대 위 은량은 이미 태복시에서 파견한 관원이 발송했다.

각 도에 차문을 보내니, 이후 마가은을 사용할 때는 모두 총독·순무와 순안어사에게 보고해서 나에게 알려야 하며, 나의 명확한 문서를 받지 않고서는 터럭만큼도 멋대로 사용하는 것을 허락하지 않는다. 어기거나 잘못하여 불편을 끼치지 말라.

하나. 중군도독 양원에게 차문을 보내니 바라건대 그대는 차문의 내용에 따라 경비를 쓸 때 경력 진훈으로 하여금 기록한 후 지출하도록 하라. 어기거나 잘못하지 말라.

하나. 통주좌위 경력 진훈에게 차문을 보내니 바라건대 그대는 차문의 내용에 따라 나와 찬획(贊畫)·중군(中軍) 등 관리가 식비 등을 수령할 때 나의 인신(印信)과 명문(明文)이 없다면 지급을 허락하지 말라. 만일 항목을 섞어서 지출하였다면 회계 처리를 불허하며,

--------

1  병비도(兵備道): 명대에는 각 성(省)의 요충지에 병비(兵備)를 전담하는 도원(道員)을 두고 이를 병비도라 하였다. 주로 군사를 감독하는 임무를 맡았으며, 작전행동에 직접 참여하기도 하였다. 일반적으로 안찰사(按察使) 혹은 안찰첨사(按察僉事)가 맡았다.
2  병부의 …… 허락한다: 이와 관련된 병부의 자문은 「1-7 移本部咨 권1, 8b-9a」.

순환부(循環簿)³ 2개를 만든 후 날인하여 보고서에 첨부하라. 어기거
나 잘못하지 말라.

---

3  순환부(循環簿): 물품의 수량과 항목을 교차로 검증할 수 있는 장부를 가리킨다. 동일한
   장부 2개를 만들어 하나는 순책(循冊), 다른 하나는 환책(環冊)으로 표기한 후 전자는
   상급기관에 보관하고 후자는 다시 지급해주었다.

2-2

# 밀운·영평·계주 3도에 보내는 명령

檄密雲永平薊州三道 | 권2, 1b-2a

날짜 만력 20년 10월 5일(1592. 11. 8.)

발신 송응창

수신 밀운(密雲)·영평·계주 3도

내용 불화살을 제작해서 요동(遼東)으로 발송하라는 명령이다.

변경과 해안 군무를 경략하는 일.

각 도에 표문(票文)을 보내니, 즉시 마가은을 지출하되 적당한 관원에게 임무를 맡겨 이들로 하여금 공장(工匠)을 독려하여 정해진 방법대로 불화살 10만 지(枝)를 제조한 후 연속적으로 모두 요동으로 발송하여 군중(軍中)에서 사용하도록 한다. 일이 완료되면 사용한 은량의 수량을 문서로 갖추고 남은 은을 반납하라. 지체하지 말라.

# 계요총독에게 보내는 자문

移薊遼總督軍門咨 | 권2, 2a-3a

날짜 만력 20년 10월 8일 (1592. 11. 11.)
발신 송응창
수신 계요총독(薊遼總督)
내용 찬획 원황(袁黃)의 제안에 따라 효율적인 연해(沿海) 방어를 위해 방
어군을 내지에서 새로 뽑지 말고 현지 출신의 군사를 활용할 것을 요청
하는 문서이다.

옛 군대를 귀환시켜 해안의 환난을 방비하도록 논의하는 일.

찬획 주사(主事) 원황이 보고하였는데, 그 내용은 다음과 같았습
니다. "옛 연해 위소(衛所)는 수비가 매우 엄밀하였습니다. 가령 보
저(寶坻)의 양성소(梁城所)는 오대(五代) 시절에 건설되었고 국초(國
初)까지 이어져 내려왔습니다. 거주한 지가 오래되고 인구가 더욱
늘어났습니다. 가정(嘉靖) 29년(1550)에는 정군(正軍) 400여 명을 모
두 진무영(振武營)으로 들여보냈습니다. 38년(1559)에는 다시 여정
(餘丁)⁴ 400여 명을 뽑아 석당령(石塘嶺)을 지키게 하니 해상은 텅 비

........
4    여정(餘丁): 군호 가운데 정군(正軍)을 제외한 여분의 인정(人丁)을 말한다.

어 사람이 없게 되었습니다. 지금 마땅히 이 군사들로 다시금 해안을 지키게 하고, 진무영과 석당령 등에 부족한 인원은 별도로 군사를 모집하여 보충해야 합니다. 해안의 땅은 거칠고 물이 짜서 먼 지방의 사람을 새로 모집하면 거주할 수 없습니다. 하지만 양성 토착군의 농토는 이곳에 있고 그들의 묘와 집이 이곳에 있으며 물고기를 잡고 소금을 고는 본업이 이곳에 있으니 진실로 사는 것이 익숙하고 즐겁게 거처할 수 있습니다. 유독 양성만이 아니라 무릇 천진 등의 위소에서 뽑아다 보충하는 경우에도 각기 이를 따라 행한다면 편리할 것입니다."

살펴보건대, 왜구와 오랑캐는 모두 강적으로 불려왔고 변경과 해안은 모두 긴요한 방어지역이었습니다. 그렇기 때문에 국초에 지역에 따라 위소를 두고 군대를 배치한 것은 매우 깊은 뜻이 있어서 그러하였던 것입니다. 다만 나중에는 바다에 왜로 인한 환란이 없었기 때문에 방어가 결국 느슨해졌습니다. 가정 연간에 다시금 북쪽 오랑캐가 대거 침입하자 끝내 양성소의 군인을 투입했습니다. 그러나 지금은 왜구가 멋대로 날뛰고 있으니 해안 방비가 가장 중요한 문제가 되었으며, 또 병사를 모집하여 수비병을 늘리려고 합니다. 위의 보고에 따르면 먼 지역 사람을 모집해 그 땅을 지키게 하면 아마도 풍토에 적응하지 못할 것입니다. 만약 현지 군인으로 그 땅을 지키게 하면 병사를 뽑아 보내는 수고가 없을 것이고 본업을 편안하게 여기는 이로움을 얻을 수 있습니다. 또한 경보(警報)가 발생하면 사람들은 자연히 자신의 집안을 위하니 전투의 사기가 자연스럽게 배가될 것이므로 이를 따르는 것이 마땅할 듯합니다. 천진 등의 위소에서 군사를 뽑아 보충하는 일도 이에 따라 두루 시행해야 합니다. 진무영 등에는 별도로 군병을 뽑아 지키도록 하는 것이 모두 편리할 것입니다. 다만 사안이 군병의 배치를 변경하는 일에 관계되므로 마땅히 상주를 함께하자고 요청해야겠습니다.

이에 계요총독에 자문을 보내니 번거롭겠지만 살핀 후 적절히 논의해서 시행하십시오.

# 병부상서 석성에게 보고하는 서신

報石大司馬書 | 권2, 3a-3b

날짜 만력 20년 10월 8일(1592. 11. 11.)

발신 송응창

수신 병부상서(兵部尙書) 석성(石星)

내용 병부상서 석성에게 전쟁에 필요한 마필(馬匹)의 발송을 독촉해줄 것과 마필의 징발 과정에서 문제가 없도록 요청하는 서신이다.

권2

대하(臺下: 석성)⁵께서 제본을 올려 기양마(寄養馬)⁶를 쓰자고 한 것을 보았는데, 진실로 군중에서 학수고대한 것이었습니다.

제가 자문을 갖추어 청하니,⁷ 다시금 대하께서 제본을 올려 태복시를 재촉하여 속히 순천(順天) 동로(東路)의 삼하(三河)·보저로 공문을 보내 기양마를 뽑아 보내도록 해주십시오. 저는 이미 원외랑 유

---

5  석성(石星): 1538~1599. 명나라 사람으로 대명부(大名府) 동명현(東明縣) 출신이다. 자는 공신(拱辰), 호는 동천(東泉)이다. 가정 38년(1559)에 진사가 되어 출사하였고 만력제 이후 태자소보 병부상서(太子少保兵部尙書)가 되었다. 임진왜란이 발발하여 조선이 명에 원조를 요청하자 파병을 강력히 주장하였다. 이후 일본과 강화를 추진하다 일본이 정유재란을 일으키자 강화 실패의 책임을 지고 옥사하였다.

6  기양마(寄養馬): 전쟁, 운송 등에 사용하기 위해 정부에서 민간에 양육을 위탁한 말을 가리킨다.

7  제가 …… 청하니: 자문의 내용은 「2-5 移本部咨 권2, 3b-4a」 참고.

황상(劉黃裳)을 그 지역에 남겨 마필들을 점검하도록 했습니다. 다만 과거에 말을 가지러 가는 사람들이 있으면 둔마찰원(屯馬察院)[8]에서 방해하는 경우가 많았다고 합니다. 그런데 지금 왜적 정벌은 범상한 일이 아니어서 왜가 평정된 후에도 말을 일상적으로 쓸 수 없게 될 터라, 저들이 역시 방해할까 걱정입니다. 대하께서 상주를 올릴 때 유념하여 한꺼번에 언급해 주신다면 매우 다행이겠습니다.

........

8   둔마찰원(屯馬察院): 둔전(屯田) 등 국가 소유의 토지를 경작하기 위한 말을 관리했던 기구로 보인다. 관제(官制)상 정확한 내용은 확인되지 않지만 현재 둔마찰원호동(屯馬察院胡同), 둔원(屯院), 둔마촌(屯馬村) 등의 지명이 남아 있다.

# 병부에 보내는 자문

**移本部咨 | 권2, 3b-4a**

**날짜** 만력 20년 10월 8일(1592. 11. 11.)

**발신** 송응창

**수신** 병부

**내용** 태복시에 마필의 발송을 독촉하고 관련 아문(衙門)에 말의 상태를 장부로 만들도록 명령을 내려달라는 문서이다.

왜정(倭情)의 간사한 짓이 날로 늘어나 세력이 더욱 창궐하니 매우 우려스럽다는 일.

병부의 자문을 받는데, 그 내용은 다음과 같았습니다. "병부에서 위의 일로 제본을 올렸는데, 그 내용은 다음과 같았습니다. '경략(송응창)은 신속히 계주·요동으로 가서 장차 조선을 지원하되 일의 완급을 적절히 논의해야 합니다. 군사가 써야 할 마필은 마가은으로 사서 지급할 것입니다. 그런데 마필은 한 번에 모으기 어려우니 순천에서 기르고 있는 마필 중에서 골라서 쓰겠습니다.'라고 하였고, '논의한 대로 하라'는 성지를 받들었습니다."

이를 삼가 준행하는 외에, 살펴보건대 저는 머지않아 요해(遼海)로 바로 달려가 상황에 따라 나아가거나 멈추도록 하겠습니다. 그런데 각 군에 지급해야 할 마필을 사는 일은 제법 시간이 걸립니다.

이에 병부에 자문을 보내니, 번거롭겠지만 태복시에 공문을 보내고 또 거가사(車駕司) 주사(主事) 한(韓)에게 공문을 보내주십시오. 그래서 태복시와 한 주사로 하여금 순천부(順天府) 부근의 주현(州縣)에 공문을 보내 신속히 기양마 3000필을 정하되 털 색·이빨 개수와 크기, 그리고 말 주인의 이름을 책으로 만들어 우선 본부에 보냄으로써 말 주인의 이름에 따라 가져다 쓸 수 있도록 해주십시오.

2-6

# 밀운도에 보내는 명령

檄密雲道 | 권2, 4a

> 날짜 만력 20년 10월 10일(1592. 11. 13.)
> 발신 송응창
> 수신 밀운도
> 내용 윤번(輪番)을 마친 섬서(陝西) 연수(延綏)의 군인들에게 비용을 지급해서 왜적 방어에 활용할 수 있는지 조사하라는 명령이다.

성지에 따라 부신에게 전적으로 책임을 맡겨 왜로 인한 환란을 경략하는 일.

살펴보건대, 섬서 연수의 추반(秋班)[9]으로 위소에 들어갔던 병마(兵馬) 3000명은 현재 철수를 논의하고 있다. 그런데 지금 왜적의 경보가 긴급하니 가정(家丁)을 모집하는 사례에 따라 사람당 안가은(安家銀)[10] 6냥, 매월 양은(糧銀) 1냥 8전, 그리고 행량(行糧)과 사료를 지급한 후 요동으로 보내어 왜노(倭奴)를 정벌하려고 한다. 각 군사에게 의향이 있는지 없는지 모르니 마땅히 조사해서 논의하라.

.......

9  추반(秋班): 윤번에 따라 가을에 군역을 지는 군인을 말한다.
10  안가은(安家銀): 규정된 급여 이외에 추가로 지급하는 비용으로 액수가 정해져 있지 않았던 것으로 보인다.

표문을 보내니 바라건대 밀운도는 즉시 위 항목의 관군에 대해 편리하게 논의하여 과연 의향이 있으면 신속하고 타당하게 처리해서 나에게 보고함으로써 황제께 공동으로 제본을 올릴 수 있도록 하라. 만일 원하지 않는다면 강제로 따르게 할 필요는 없으니, 사유를 갖추어 회보하라.

# 해안 방어 사안의 경략에 관한 상주

經略海防事宜疏 | 권2, 4b-7b

날짜 만력 20년 10월 12일 (1592. 11. 15.)

발신 송응창

수신 만력제(萬曆帝)

내용 황제에게 왜적 방어 준비 사항을 보고하면서 관련 관원들에게 협조 명령을 내려달라는 상주이다. 왜적의 방어가 오랑캐의 방어보다 어려운 점을 언급하면서, 송응창 자신이 계획·시행한 내용, 즉 전비 현황 파악, 군인 모집 및 비용 지급 방식, 무기의 제조 및 배치, 적의 무기에 대한 대응책, 방어시설의 설치 방식, 정찰을 위한 배와 군병의 준비 등을 포함하고 있다.

관련문서 이 문서 후반부에 인용된, 병부상서 석성이 올린 제본 및 그에 대한 성지 내용은『명신종실록』권253, 만력 20년 10월 5일(신묘) 기사에 간략히 수록되어 있다. 제본 내용은 실록이, 성지 내용은 본문이 더 상세하다.

경략하라는 명령을 받들고 방어 사무를 계획하였으니, 황제께서 신속히 일을 맡은 여러 신하를 단단히 경계시켜서 함께 실효를 이룸으로써 중요 지역을 안정시키고 해안 방비를 공고히 하는 일.

신은 만력 20년 9월 26일 하직 인사를 드리고 칙서를 수령한 후 즉시 출발하여 통주(通州)로 가서 찬획 병부 무고청리사(武庫淸吏司) 원외랑 유황상, 직방청리사(職方淸吏司) 주사 원황 및 여러 문무 신료들을 불러 모아 칙유(勅諭: 황제의 명령)를 선포하고서 즉시 삼하(三河)로 출발하여 계요총독 학걸(郝杰)과 직접 만나 계획을 세웠습니다.

신이 깊이 생각하건대, 변고를 안정시키는 일은 의론을 귀하게 여기지 않으며 명분과 실리를 종합적으로 따지는 데 달려 있습니다. 변화하는 상황에 적절한 조치를 잘 행하는 일은 구습에 얽매이지 않으면서 일에 따라 성취를 이루는 데 달려 있습니다. 신은 본래 용렬하여 중요한 임무에 부응하기에 부족하나 황상(皇上)께서 신을 비루하게 여기지 않고 동쪽 지역의 일을 신에게 맡기고 경략하도록 하셨습니다. 명령을 받은 이후 밤낮으로 전전긍긍하면서 만에 하나라도 기대를 저버리지 않으려고 생각하였습니다. 그러나 계주와 요동 일대는 오랑캐에게는 익숙하지만 왜구에게는 익숙하지 않으며, 육로 변방의 방어는 알지만 해안 방어는 모릅니다. 하루아침에 긴급한 상황이 생기면 곳곳이 텅 비게 될 것입니다. 오랑캐를 방어하는 것보다 왜적을 방어하기가 힘들고 어려운 것은 무엇 때문이겠습니까. 오랑캐는 금과 비단에 뜻이 있지만 왜적은 조선을 빼앗고 토지를 점거하고자 합니다. 오랑캐의 기술은 말 위에서 활을 쏘는 것뿐이지만 왜적은 날카로운 칼을 춤추듯 다루며 조총을 발사합니다. 오랑캐가 무리를 모으고 논의하며 말을 끌고서 기병(起兵)하면 첩자가 즉시 달려와서 보고하지만, 왜적은 해도(海島)에 잠복하면서 수시로 출입하니 그들을 정탐하는 일이 배를 젓는 것보다 어렵습니다. 장성(長城)은 연이어 있고 돈(墩)·보(保)가 별처럼 많이 늘어서 있는데다

산에 의지해 요새를 설치하여 대비하지만, 연해는 망망하고 아득히 멀어 끝이 없으니 방어하는 일이 수비군을 주둔시키는 것보다 힘듭니다. 무릇 왜적 방어가 오랑캐 방어보다 어려운 점이 이와 같습니다. 그리고 각 지방은 여전히 안일하게 지내면서 엄밀하게 배치하고 있지 않으니, 갑자기 왜적이 이른다면 장차 어떻게 그들을 막겠습니까.

이 때문에 신은 왜적 방비에 관한 긴요한 업무를 모아다가 계주와 요동·보정(保定)·산동(山東) 연해의 각 사도관(司道官)에게 회답 기한을 정한 후 문서를 보내 관할구역은 어떠한지, 해구(海口) 중 긴요한 지역은 몇 곳인지, 군병을 얼마나 배치해야 하는지, 쓸 만한지, 수는 충분한지, 어떤 관원이 군병을 분담하여 거느리고 어떤 관원이 전체를 거느려야 하는지, 모집할 경비는 어떤 항목에서 지출하는지 등을 조사하도록 했습니다. 그리고 해안 방비 군사의 월량(月糧)과 사료는 본색(本色)인지 절색(折色)인지, 어떻게 구입할 것인지도 조사하도록 했습니다. 또한 몹시 추운 날씨에 지키는 일이 힘들기 때문에 행량에 대해 논의해서 추가할 것인지 보고하도록 했습니다.

화기(火器)의 경우, 가령 대장군(大將軍)·호준(虎蹲)·마퇴(馬腿)·멸로(滅虜)·용주(湧珠)·조취(鳥嘴)·불랑기(佛郎機)·삼안(三眼) 등의 총포는 모두 항상 사용하는 물건이므로 제조하거나 모으는 일이 어렵지 않습니다. 현재 예전 것과 새로 제조한 것이 있으니 나누어 보내 방어에 쓰도록 했습니다. 만약 수량이 부족하다면 마가은을 지급해서 신속히 제조하도록 했습니다. 굉뢰포(轟雷砲)·투구와 갑옷·활과 화살·창칼 등은 완비되었는지 조사하도록 했습니다.

낭선(筤筅)·장창(長鎗) 등은 강남(江南)으로부터 도착하기를 기다리고, 마름쇠는 지금 만들어서 완료하는 날에 지급하도록 하였습니다. 그 외에 왜노들은 조총과 날카로운 칼을 잘 쓰는데, 솜으로 만든 피욕(被褥) 혹은 전패(氈牌) 및 단단한 목곤(木棍: 나무 곤봉)으로 충분히 그것들을 격파할 수 있으니 지금 제조하도록 했습니다.

편상거(偏廂車) 및 녹각거(鹿角車)와 함께 솜과 모시로 만든 이불 및 전패·죽패를 방어하는 군병에게 각각 보내고, 수레의 크기와 다과(多寡)의 수량과 항목을 헤아려 다량으로 제조해서 방어하도록 했습니다.

연해의 돈대(墩臺)는 지형을 살펴서 언덕이라 흙이 적당한 곳은 흙으로 쌓고, 산에 있어서 돌이 적당한 곳은 돌로 쌓고, 바닷물이 드나들어 땅과 모래에 염분이 있어 나무가 알맞은 경우에는 나무로 짓도록 했습니다. 그리고 돈대를 쌓기 어려운 지역은 별도로 방법을 강구해 멀리까지 감시할 수 있도록 했습니다.

수륙(水陸) 두 방면에서 정찰할 때 어떻게 파발을 보낼지에 대해서는 팔라호선(叭喇唬船) 및 사선(沙船) 등은 모집과 제조가 완료되는 날에 나누어 발송하도록 했고, 이외에 천진·밀운·계주·영평·요동·해개(海蓋)·등주(登州)·내주(萊州) 각 도의 관할 주둔지에서 수로의 경우에는 어선을 고용하고 육로의 경우에는 마쾌(馬快)를 파견하여 군사 상황을 전할 수 있도록 했습니다.

각각 설치한 관군은 평소에 어떻게 감사해야 구분해서 상벌을 줄 수 있을지 조사하도록 했습니다. 마땅히 해야 할 일과 중지할 일의 모든 선후사의를 숙고한 후 타당하게 결정하도록 하고, 그림을 그리고 설명을 첨부하도록 했습니다.

각 도에 명령을 보낸 후 신은 다른 한편 천진 일대를 근본적인 요충 지역으로 간주했는데, 이는 감히 가까운 곳을 버리고 먼 곳을 도모할 수 없어서입니다. 지난 며칠 이래 각 사도(司道)들과 함께 자세하게 강구하였으며 저도 직접 처리하면서 차례로 거행하려고 생각하였습니다.

최근 병부의 자문을 받았는데, 그 내용은 다음과 같았습니다. "병부상서 석성이 제본을 올렸는데, 왜적의 경보가 매우 긴급하니 형세상 마땅히 지원군을 보내 토벌해야 하므로, 황제께서 편의대로 행사할 권한을 빌려주신다면 자신이 직접 천자 나라의 토벌을 시행함으로써 위기를 해소하고 보은하겠다는 내용이었습니다. 성지를 받들었는데 그 내용은 다음과 같았습니다. '경은 왜노들이 도리를 모르고 병사들을 이동시켜 점점 서쪽으로 다가오는 지금의 위기에 격분하여 의연히 스스로 토벌하겠다고 청하였으니 그 충정을 충분히 보았다. 다만 병부상서는 중앙에 위치하면서 지시를 해야 하고 정무가 매우 번다한데 가벼이 나갈 수 있겠는가. 여전히 경략 송응창으로 하여금 나아가도록 하라. 나머지는 모두 논의한 대로 하라.'"

신은 즉시 한편으로는 병사와 장수를 동원한 후 기한 내에 산해관을 나와 바로 요양(遼陽)으로 가서 기회를 보아 전진하거나 멈추고자 하였습니다. 무릇 왜노가 이미 침범할 모의를 하였으면 우리는 응당 엄밀하게 스스로 단단히 방어할 대책을 세워야 합니다. 가령 장령(將領)이 준비되지 않고 병갑(兵甲)이 완비되지 않으며 장비가 날카롭지 못하고 방범(防範)이 엄밀하지 않으며 방어 준비가 이루어지지 않는다면, 병세(兵勢)를 떨치기 어렵고 내치(內治)는 도리어 허약하게 됩니다. 가령 왜노 중에 간특한 꾀가 있는 자가 우리의 상황을 알고서 많은 무리를 데리고 신의 군대를 요동에 묶어놓고는 일부 병력을 가벼운 배에 태워 해구(海口)들을 습격한다면, 신의 생각에 아마도 각 지방관들은 필시 만전을 기하지 못할 것이니 신이 무엇으로 경략하겠습니까. 그렇기 때문에 지금의 안배와 계획은 신에게 달려 있지만 착실히 시행하는 것은 각 사도와 장령에게 달려 있습니다.

삼가 청컨대, 병부에 칙서를 내려 저의 의견을 검토하고 논의해서 황제께 요청한 후 공문을 보내 해당 진(鎭)의 총독 및 계요총독·보정·산동의 순무 등 여러 신하로 하여금 각 연해의 사도 및 장령 등 관원에게 책임을 지우도록 해야 합니다. 그래서 왜적 방어는 오랑캐를 방어했던 것처럼 하고 해안 방어는 변경을 방어하는 것과 같이 힘쓰도록 해야 합니다. 신이 조사하고 논의한 여러 사안을 신속히 항목별로 계획을 세워 착실히 거행해야 합니다. 시행하는 중간에 혹여 저쪽에 알맞고 이쪽에 적당하지 않거나 예전에 유리했지만 지금은 불리한 경우 보고하도록 허락하여 각각 재주를 다함으로써 좋은 의견을 모아 논의하는 데 편리하도록 하겠습니다. 가령 태만하여 마음을 나하시 않고 한갓 헛된 문상으로 꾸미기만 일삼아 군기(軍機)를 망치는 자가 있다면, 신이 이름을 지목하여 탄핵하는 것을 허락해주십시오. 이렇게 하면 아마도 연해에는 흔들리지 않는 기반이 만들어지고 관원들은 성취하는 공적이 생겨, 기보(畿輔)와 같은 중요한 지역에 커다란 이익이 있을 것입니다.

# 병부상서 석성에게 보고하는 서신

報石司馬書 | 권2, 7b-8b

> 날짜 만력 20년 10월 12일(1592. 11. 15.)
> 발신 송응창
> 수신 병부상서 석성
> 내용 병부상서에게 효율적인 지휘체계를 위해 천진에 총병(總兵)이 아닌 부총병(副總兵)을 설치할 것, 병사 동원을 이미 요동순무(遼東巡撫)에게 요청했다는 것 등을 알리고 중앙정부에서 원활하게 지원해주기를 요청하는 서신이다.

　병부의 문서를 받아보니, 황제께서 봉작(奉爵)과 관직으로 장사(將士)들을 독려하였기에 군중에는 고무되어 분발하지 않은 사람이 없습니다. 저는 아직 요양에 도착하지 않았지만 먼저 전해진 소식이 벌써 왜노의 간담을 떨어뜨렸을 것이니 축하하고 또 축하할 만합니다.

　저는 명령을 받들고 왜구 정벌·해안 방어·장수 배치·병력 동원 네 가지 일에 대해 즉시 계요총독 학걸과 함께 논의하였습니다. 다행히 계요총독께서 마음을 써서 남김없이 말씀하고 조금도 저어하지 않았습니다. 이는 사직(社稷)의 복이자 또한 존대(尊臺: 석성)를 위하는 길입니다.

해안 방비 및 장수 배치 조항은 짧은 게첩(揭帖) 중에 대략 갖추었으니, 대하께서 보고 알 수 있을 것입니다. 장수 배치 사안에 대해서는 소경(少卿) 왕겸(王謙)[11]의 처음 논의를 보니 천진위(天津衛)에 특별히 총병 1명을 설치하고 산동 지역을 아울러 관할하도록 하였는데, 의도가 매우 좋습니다. 다만 꼼꼼히 생각해보면 별도로 총병을 설치해서 해안을 방어한다면 네 진의 총병들이 모두 책임을 미룰 수 있으니, 과거 해방도(海防道)의 고사(故事)와 같게 될 것입니다. 이는 각 진에 다시 부장(副將) 1명을 설치하는 것만 못합니다. 대저 부장이 있으면 파견을 보낼 수 있고 정장(正將)이 있으면 총괄해서 맡도록 할 수 있습니다. 사진(四鎭)이 분담한 임무는 힘을 써도 혼자 지탱할 수 없으니, 소경 왕겸의 논의는 마땅히 그만두어야 하겠습니다. 그러나 부총병 신설은 서두르지 않을 수 없습니다.

병사를 동원하는 사안에 대해서는 제가 이미 학걸에게 자문을 보냈으므로 학걸이 총병·순무에게 공문을 발송해 기한을 정해서 논의하여 처리할 것입니다. 다만 거리가 멀리 떨어져 있으므로 형세상 바로 보고하기 어려우므로, 논의의 결정을 기다렸다가 앞의 사안과 함께 하나하나 제본을 갖추어 보고하겠습니다.

왜적을 정벌하는 사안은 작은 일이 아닙니다. 저의 짧은 생각에는 자신을 단단하게 한 이후에 남을 구할 수 있으며 가까운 곳부터

........

11 왕겸(王謙): 명나라 사람이다. 만력 20년(1592) 6월에 태복시소경겸하남도감찰어사(太僕寺少卿兼河南道監察御史)에 임명되었다. 전쟁 비용과 관련해서 태복시의 마가은이 중요하게 사용되었기 때문에 요동 경략과 관련해 일정한 역할을 하였다. 태복시 소경에 임명된 것은 『명신종실록』 권249, 만력 20년 6월 4일(임진) 참고.

시작하여 먼 곳까지 이르러야 합니다. 다만 기회는 틈을 타야 하고 때는 놓쳐서는 안 되므로, 제가 신속히 요양으로 가서 잘 헤아려서 시행하겠습니다. 사안이 기밀에 속하므로 일에 앞서 알려져서는 안 되고 제본을 올린다면 국내외에 퍼질까 걱정이니, 병가에서 마땅히 할 바가 아닙니다. 다만 존대께 비밀리에 알리고 지휘를 따르겠습니다. 설령 두 아문에서 저를 비판하는 말이 있더라도 저 역시 감히 좌고우면하지 않을 것입니다.

네 가지 일은 대개 이와 같습니다. 먼저 이렇게 아뢰니 두 내각 대학사(內閣大學士)께 대신 전달해주시기를 바랍니다. 저는 재주와 식견이 형편없지만 책임을 맡게 되었으니 진심을 다해 보답하지 않을 수 없습니다. 이 외 파총(把總)[12] 전세정(錢世禎)[13]은 제가 전에 특별히 청했으므로 바라건대 대하께서 서둘러 이 사안을 황제께 보고하여 유격(遊擊) 직함을 더해주고 그로 하여금 신속히 군중으로 가서 명령을 듣도록 해주십시오. 전체적으로 이렇게 아뢰니 삼가 살펴보시기 바랍니다. 이만 줄입니다.

........

12 파총(把總): 영(營) 아래에 있는 사(司)를 통솔하는 임무를 맡았다. 척계광(戚繼光)의 절강병법에 따르면, 대장(大將) 휘하에 5영이 있고 영장(營將)이 통솔하였다. 영 아래에는 각각 5사(司)를 두고 파총이 통솔하도록 하였다. 사 아래에는 5초(哨)가 있고 지휘관으로 초관(哨官)을 두었다. 초 아래에는 3기(旗)를 두고 기 아래에 12명으로 편성된 3대(隊)를 두었다. 이에 따라 1사는 600여 명의 군병으로 편성되었다.

13 전세정(錢世禎): 1561~1644. 명나라 사람으로 직례(直隷) 가정현(嘉定縣)의 문인세가 출신이다. 자는 자손(子孫), 호는 삼지(三持)이다. 만력 17년(1589) 무과에 급제하여 여러 관직을 거쳐 강서총병(江西總兵)으로 승진하였다. 임진왜란 때 유격장군으로 임명되어 선봉으로 압록강을 건넜다.

# 내각대학사 조지고·장위에게 보고하는 서신

## 報趙張二相公書 | 권2, 8b-9a

> 날짜 만력 20년 10월 12일(1592. 11. 15.)
>
> 발신 송응창
>
> 수신 내각대학사 조지고(趙志皐)[14]·장위(張位)[15]
>
> 내용 계획한 전력 배치를 알려주면서 확인을 요청하는 서신이다.

병부의 문서를 받아보니, 황제께서 봉작과 관직으로 장사들을 독려하였기에 군중에서는 고무되어 분발하지 않은 사람이 없습니다. 저는 아직 요양에 도착하지 않았지만 먼저 전해진 소식이 벌써

.......

14 조지고(趙志皐): 1524-1601. 명나라 사람이다. 절강 금화부(金華府) 난계현(蘭溪縣) 출신으로 자는 여매(汝邁), 호는 곡양(濲陽)이다. 융경 2년(1568), 과거에 3등으로 급제한 후 한림원(翰林院)에서 여러 관직을 역임하였다. 만력 연간 초 실세였던 장거정(張居正)을 탄핵한 일에 연루되어 좌천되었다가 장거정 사후인 만력 11년(1583)에 복권되었다. 만력 19년(1591)에는 동각대학사(東閣大學士)로 임명되었고 곧 수보대학사(首輔大學士)가 되었다. 시호는 문의(文懿)이다.

15 장위(張位): 1534-1610. 명나라 사람이다. 강서 남창(南昌) 신건(新建) 출신이며 자는 명성(明成), 호는 홍양(洪陽)이다. 융경 2년(1568) 진사(進士)로, 만력 연간 초 수보대학사 장거정과의 불화로 좌천되었다. 장거정 사후 복권되어 여러 관직을 역임하다 만력 19년(1591)에 동각대학사(東閣大學士)로 임명되었다. 만력 26년(1598)에 권력이 지나치다는 탄핵을 당하여 관직이 삭탈되었다. 훗날 천계 연간에 복권되고 태보(太保)로 추증되었다. 시호는 문장(文莊)이다.

왜노의 간담을 떨어뜨렸을 것이니 축하하고 또 축하할 만합니다. 저는 명령을 받들고 왜구 정벌·해안 방어·장수 배치·병사 모집 네 가지 일에 대해 즉시 계요총독 학걸을 만나 적절히 논의하였습니다. 해안 방비 및 장수 배치 조항들을 이미 대략 갖추어 먼저 이렇게 아뢰니 모두 자세히 살펴보기 바랍니다. 이만 줄입니다.

# 계요·산동·보정 등의 진에 병사와 장령을 두고 요충지를 방어하는 일에 관한 상주

## 議設薊遼保定山東等鎭兵將防守險要疏 | 권2, 9a-15b

날짜 만력 20년 10월 12일(1592. 11. 15.)

발신 송응창

수신 만력제

내용 계요·산동·보정 등의 방어 계획을 보고하는 상주이다. 구체적인 내용은 첫째, 해안 방어를 위해 하대(河大) 등 5영(營)의 병사를 이동시키지 말고 산동영의 반군(班軍)을 계주진(薊州鎭) 서로(西路)에 투입하는 것이다. 둘째, 천진에서 산동까지는 관할구역이 광활하므로 협수(協守) 부총병과 유격 3명, 수비(守備) 4명을 증설하고 새로 모집한 병사 1만 8000명을 각각 나누어 배치하는 것이다. 셋째, 새로 증설하는 아문의 경비와 투입할 병사의 급여 지급 계획이다. 넷째, 주현의 자제병(子弟兵) 대신 장쾌(壯快)[16]를 선발하여 사용하겠다는 내용이다. 다섯째, 해안에 설치한 돈대의 운영 방식에 대한 것이다. 여섯째 마필의 확보와 기마병 편성에 관한 것이다. 나머지는 앞서 올린 상주와 중첩된다.

.......

16  장쾌(壯快): 명대 주현 관아에서 사무를 처리한 하급 이서(吏胥)를 말한다. 이들은 크게 조반(皂班), 쾌반(快班), 장반(壯班)으로 나뉘는데, 조반은 형벌의 집행을, 쾌반은 공문의 전달을, 장반은 죄수의 관리를 담당하였다. 쾌반은 다시 보쾌(步快)와 마쾌로 나뉘며 이후에 범죄인의 조사 및 체포 업무를 수행하기도 하였다.

왜구의 침범이 이미 확실하므로 해안 방비를 서두르는 것이 마땅하기에 황제께 특별히 전담 관원을 설치하여 방어를 도모하고 기보의 중요 지역을 안정시킬 수 있게 해달라고 간청하는 일.

살펴보건대 왜환이 긴급히 보고되어 해안 방비가 이루어지고 있는데, 반드시 조치가 적절해야 이에 방어 준비가 힘을 받을 것입니다. 지금 논의하건대, 하대(河大)·하간(河間)·심양(瀋陽)·천진 등 5영의 병력은 일단 변경으로 가는 일을 면제하고 임시로 머물면서 해안을 방어하도록 하겠습니다. 창평진(昌平鎭) 우거영(右車營) 및 산동영(山東營)의 춘반(春班)·추반은 모두 임시로 담당지를 바꿔서 계주진 서로에 융통시킨 후 분산 배치하여 방어하면서 적절히 계주진 방어를 대신 돕도록 하겠습니다. 그리고 하대 등 5영에서 아낀 행량 등의 항목은 예산 정액의 용도로 삼아야지 굳이 인부를 모집하여 공사를 벌여 수고롭고 소란스럽게 할 필요는 없습니다.

산해로(山海路)의 군병은 원래 산해관을 지키고 있었기 때문에 해안 방비를 겸하기 어렵다는 점은, 해당 진에서 논의한 것이 명확하므로 별도로 논의할 필요가 없습니다. 해안 방비 총병은 확실히 추가로 설치해야 합니다. 하지만 산해관에서 천진에 이르기까지 해안이 700리이며 천진에서 산동까지는 2000리 남짓으로 지방이 광활하여 빠짐없이 조치하기가 어려울 뿐 아니라 사안이 3진에 관계되므로 멀리서 통제하기가 불편합니다. 또 각 총병의 권한이 이미 각기 동등하기에 의견 차이를 면할 수 없습니다. 만일 논쟁이 생긴다면 책임을 미루며 일을 그르치게 될 것입니다. 지금 편리한 계책을 도모하여 해당 진에서 논의한 바에 따라 해방협수(海防協守) 부총병 1명을 증설하고 또다시 유격 2명과 오유충(吳惟忠)[17] 등 모두 3명

권2

을 추가로 설치하고, 수비 4명을 증설하며, 남북 병사 1만 5000명을 모집하고, 최근 모집한 병사를 아울러 총 1만 8000명을 각기 4영에 설치할 3명의 유격과 4명의 수비 휘하로 나눕니다.

유격 3명에게는 각 3000명씩 거느리게 합니다. 유격 오유충은 남병(南兵)[18] 3000명을 데리고 낙정(樂亭)에 주둔합니다. 새로 증설하는 유격 1명은 해양(海洋)에 주둔합니다. 또 증설하는 남병 1영은 보저 북당(北塘)에 주둔합니다. 새로 증설하는 수비 4명은 각각 병사 1500명을 거느리고 1명은 남당(南塘)에 주둔하고, 1명은 풍윤(豐潤) 흑양하(黑洋河)에 주둔하며, 둘 다 북당 유격의 통제를 받습니다. 다른 수비 1명은 진가장(陳家莊)에 주둔하고, 1명은 산해관 남구(南口)에 주둔하며, 둘 다 해양 유격의 통제를 받습니다. 각기 요충지를 맡아서 나누어 방어합니다. 협수 부총병에게는 3000명을 거느리게 해서 중간의 상가장(常家莊) 등에 주둔하고, 유격과 수비는 협수의 통제를 받으며 협수로 하여금 가운데서 안배하도록 합니다.

증설 장병들은 물이 불어나는 시기가 되면 혹은 동쪽으로 혹은 서쪽으로 이동하며 누구는 천천히 누구는 신속히 상황에 맞추어 왕래하도록 힙니다. 아울러 방비를 독려하고 힘을 합쳐 방어하며 지원하되 모두 계진총병(薊鎭總兵)에 소속시켜 지휘를 받습니다. 증설 장병들은 밀운·계주·영평 3도의 왜적 방어 주력병이 되므로 이미 왜적 방어를 전적으로 감독하면서 나누어 막기에 편리합니다. 이렇게

.......

17　오유충(吳惟忠): ?~?. 명나라 사람으로 절강 금화부(金華府) 의오현(義烏縣) 출신이다. 호는 운봉(雲峯)이다. 왜구 토벌에 공적이 있었다. 임진왜란이 발발하자 유격장군(遊擊將軍)으로 조선에 와서 평양성 전투에 참여하였다.
18　남병(南兵): 남직례(南直隷) 및 절강(浙江) 일대의 병사를 말한다.

연해의 군세(軍勢)가 연결되고 수비와 정찰이 서로 지원되니 아마
도 옷에 여기저기 구멍이 나서 피부가 드러나는 듯한 일[19]이나 여기
를 살피다 저기를 놓치는 문제를 면할 수 있게 될 것입니다. 가령 왜
적 경보가 긴급히 보고되면 변경을 방어하는 계주의 표영(標營: 중앙
병영) 병마 및 삼로(三路: 동로, 서로, 남로)에서 돈대를 지키는 남병을
모두 적절히 동원하여 대응할 수 있습니다. 또한 오랑캐의 상황이
급박하면 해안을 방어하는 군병들이 모두 협력하여 오랑캐를 차단
할 수 있습니다. 이는 총병의 책임이 전일하고 권한이 통일되며 적
절한 시의(時宜)를 잘 헤아려서 편리하게 파견할 수 있기 때문입니
다. 따라서 진실로 지방에 도움이 될 것이며 나아가 별도로 총병을
설치하는 것보다 나을 것입니다. 천진에 신설하는 유격은 협수 부
총병으로 변경하고 즉시 신병 3000명을 거느리고 하대 등의 병영을
통괄합니다. 모두 계주진의 사례와 같이 병력을 나누어 배치하여 방
어하고 아울러 보정총병(保定總兵)의 통제를 받으며 천진도에서 그
를 감독하도록 허락합니다. 이렇게 하면 두 진이 서로 보완을 이루
어 아마도 더욱 적절하고 편리해질 것입니다.

천진도 병비부사(兵備副使) 양운룡(梁雲龍)[20]과 밀운도 병비부사
왕견빈(王見賓)[21]이 각기 보고하였는데, 대략적인 내용은 초두고(草

---

19 옷에 …… 듯한 일[製襟露肘]: 의복이 해지는 것이나 생활의 곤궁함을 뜻한다. 여기에서
　는 방어진이 제대로 구축되지 않아 여기저기에 허점이 드러난다는 의미이다.
20 양운룡(梁雲龍): 1528~1606. 명나라 사람으로 해남 경산현(瓊山縣) 출신이다. 자는 회
　가(會可), 호는 임우(霖雨)이다. 호광순무(湖廣巡撫), 병부좌시랑(兵部左侍郞) 등의 직을
　역임하였다. 임진왜란 발발시 일본이 명에 쳐들어올 것에 대비하여 천진을 방비하였다.
21 왕견빈(王見賓): 1536~1607. 명나라 사람으로 제남(濟南) 역성(歷城) 출신이다. 만력 2
　년(1574) 진사가 되었고, 만력 26년(1598) 우첨도어사 순무연수하투(右僉都御史巡撫延
　綏河套)에 임명되었다. 변경 지역의 통치에 유능하였다는 평가가 있다.

권2

頭沽)·수도고(水道沽)는 실제로 연결된 한 곳이지만 천진 및 밀운 두 도에 소속되어 있다는 것입니다. 그런데 밀운은 두 해구와 거리가 멀어 방어가 자못 어려우나 천진은 매우 가까워 겸직하기가 매우 쉽습니다. 더구나 밀운은 병사가 적고 천진은 병사가 많지 않습니까. 논의한 결과, 두 도에서 공유하고 있는 반군으로 공유하는 해구를 방어하고 천진에 신설하는 부총병으로 하여금 겸직하게 한다면 진실로 일거양득일 것입니다.

계주와 보정 각 진에 증설하는 부총병이 쓸 식비·수행원[伴役]·마필 등의 항목은 모두 삼로 협수의 사례에 따라 지급합니다. 신설하는 유격 2명은 오유충의 사체(事體)와 서로 같게 합니다. 각기 주둔할 아문 건축에 사용할 공료(工料)[22]는 별도로 값을 논의하여 병부의 비왜(備倭) 마가은 내에서 지출하도록 허락합니다. 추가로 모집하는 병사 1만 5000명 중에서 남병 3000명, 북병 1만 2000명에 대해서는 모두 최근 논의에 따라 남병·북병 모두 같은 사례로 1명에 안가은 5냥을, 남병의 월향(月餉: 월급)은 전례대로 1냥 5전을, 북병은 천진의 사례에 비추어 월향 1냥을, 마땅히 병부에 마가은 10만 냥을 청하여 지급해서 쓰고지 합니다.

남북 군병의 모집에 대해서는 모두 각 병비도에게 책임을 지워 청렴하고 일 잘하는 관원을 골라 임무를 맡겨서 모병 지역에 나누어 가서 군병을 모집해서 병비도로 보내고 병비도가 확인하여 인수하도록 하겠습니다. 각 병사의 안가은은 해당 도가 감독하고 나눠 주도록 하여 사람들이 실제적인 은혜를 받게끔 힘써야 합니다. 관병

........

22  공료(工料): 건축에 필요한 임금 및 재료를 가리킨다.

(官兵)의 식비는 만력 21년(1593)부터 또한 마땅히 호부(戶部)에서 7할을, 병부에서 3할을 지급해야 합니다. 연해 지방의 설비와 공격 및 방어 사의는 모두 협수가 직접 각 사도를 방문해 상의해서 거행하면 설치가 타당해져서 변경이 영원히 여기에 의지하게 될 것입니다.

다른 한편 해당 진에서 논의한 바, 연해 주현(州縣)에서 자제병을 선발하는 문제는 진실로 지방을 위한 계책이 되겠지만, 기보 동쪽은 땅이 좁고 백성이 적으니 본업을 방해하는 소요가 없지 않을 것입니다. 생각건대, 근래 유사(有司)에게 책임을 지워 장쾌를 선발하여 훈련시킨 사례를 삼가 따라서 원래 있던 급료를 지급해야 합니다. 가령 원래 급료가 없었거나 장쾌의 명수(名數)가 줄어든 경우에는 타당한 논의에 따라 상황을 헤아려 증편(增編)을 요청하도록 합니다.

또한 해안에 설치한 돈대와 초소는 각 해당 병장(兵壯)을 파견하여 지키게 해야지, 향병(鄉兵)[23]을 따로 보내 급료를 별도로 논의함으로써 무익하게 낭비를 더할 필요가 없습니다. 이렇게 하면 아마도 사체가 타당하고 편리하게 되며 인정(人情)이 편안해질 것입니다. 무릇 근해(近海) 성보(城堡)와 요해처 중에서 쌓아야 할 것들은 내년 봄에 변경의 공사들을 헤아려 정지시켜서 그곳의 군부(軍夫)를 뽑아서 근해의 공사에 가게 합니다. 아울러 각 주현에서 민부(民夫)를 알맞게 파견하여 군부들에게 협조함으로써 곳곳을 완전히 공고히 한다면 보장(保障)을 위한 더욱 좋은 계책이 될 것입니다.

또한 살펴보건대, 해방도 병비첨사(兵備僉事) 양호(楊鎬)[24]가 다음

........

23  향병(鄉兵): 본업에 종사하면서 농한기 또는 특수한 상황에 소집하는 병사를 말한다.

과 같이 논의하였습니다. "하대 등 5영에 대하여 내년 봄에 모두 군병을 보내서 연해 공사를 시행하게 하고, 완료하는 날에 이들을 그대로 변진(邊鎭)의 반군으로 삼았으면 합니다. 또 이미 설치한 천진·계진 남북병의 유격 2명 외에 다시 유격 1명, 수비 4명을 설치하고 수비에 관한 앞서의 논의에 따라 협수 부총병 1명을 증설해서 이들을 통솔하도록 합니다. 또 북병 1만 명과 남병 2000명을 추가로 모집하고 이 병력 중 수비 2명에게 남병 2000명을 더해주며 유격 오유충의 관할에 소속시켜 낙정에 주둔함으로써 북쪽을 제어해야 합니다. 북병 5000명과 수비 2명은 별도로 설치할 유격의 관할에 소속시켜 북당구에 주둔하면서 남쪽을 지켜야 합니다. 이렇게 해서 천진 유격의 군영과 서로 바라보며 수비합니다. 아직 남은 북병 5000명에게는 태복시 말 5000필을 지급하여 부총병 표하(標下)에 예속시키거나 분산 배치함으로써 남병이 왕래하며 대응하는 데 편리하도록 합니다. 부총병의 주둔지는 양성소에 두어야만 아마도 거리가 균등해질 것입니다."

신 등이 논의해보니, 하대 등의 군영 병력은 이미 해안 방어에 배치해서 또다시 공사에 부역시키기가 어렵습니다. 총병 장방기(張邦奇)[25]의 논의에 따라 창평진 반군(班軍)을 데리고 와서 일단 계주

........

24  양호(楊鎬): ?~1629. 명나라 사람으로 하남 귀덕부(歸德府) 상구현(商丘縣) 출신이다. 자는 경보(京甫), 호는 풍균(風筠)이다. 만력 25년(1597) 6월에 흠차경리조선군무 도찰원우첨도어사(欽差經理朝鮮軍務都察院右僉都御史)로 조선에 왔다. 울산에서 벌어진 도산성(島山城) 전투에서 크게 패하였는데, 이를 승리로 보고하였다가 탄핵을 받고 파면되었다.

25  장방기(張邦奇): ?~?. 명나라 사람이다. 산동포정사(山東布政司) 연주부(兗州府) 동평주(東平州) 출신이다.

진의 서로 협수 주둔지의 공사를 시행하고, 서로 협수의 반병(班兵)들은 계주진의 동쪽 지역으로 적절히 파견해야 합니다. 마땅히 설치해야 할 장령 및 수비, 모집해야 할 남북영의 병사, 요청할 마가은의 수목(數目)은 신이 앞서 논의했던 것을 따랐으면 합니다. 다만 각각 방어하며 단단히 지키는 것은 병사에 의지하지만 적진을 함락시키고 선봉을 꺾는 일은 반드시 말에 의지합니다. 해방도 병비첨사 양호가 "적을 신속히 쫓아내거나 습격하는 일에 말이 없어서는 안 됩니다."라고 하였는데, 정말로 식견이 있습니다. 마땅히 해방도 병비첨사 양호가 논의한 바에 따라 말 2000필을 늘리되, 부근 주현에서 기르고 있는 태복시 말 내에서 지급받아 타고 가서, 계주진에 새로 설치한 협수영(協守營)에 600필, 천진 협수영에 600필, 두 유격영(遊擊營)에 각 200필, 수비 4명에게 각 100필을 나누어 주면, 마병(馬兵)과 보병(步兵)이 서로 겸비되고 공격과 방어에 힘이 될 것입니다.

새로 장령과 수비를 증설함에 따라, 낙정은 원래 성지(城池)가 있으니 제외하고, 협수·유격·수비가 지어야 하는 성보는 신의 최근 논의에 비추어 내년 봄에 왜적의 경보가 조금 잦아들면 원래 주둔하던 병사와 외지에서 온 병사를 적절히 파견하여 힘을 합쳐 건설하겠습니다. 이상의 사항은 모두 왜적을 방어하는 중요한 사무이니 마땅히 적절히 논의하여 제본으로 청하겠습니다.

앞서 제가 삼하 지역에 도착해서 계요총독 학걸과 만나 해안 및 왜적 방어 사무를 계획하였습니다. 학걸과 신이 며칠 동안 논의하였는데, 사안마다 모두 부합했습니다. 신이 들으니, 『군지(軍志)』에서 말하기를, "적이 나를 먼저 이기지 못하도록 한 후 내가 적을 이길 기회를 기다려야 한다. 적이 오지 않는 것을 믿지 말고, 대비하며 기다리는 일을 믿도록 하라."라고 하였습니다. 대개 미리 계책을 세워야 한다는 말입니다. 계주와 보정은 북경(北京)을 둘러싸고 보호하니 기보의 왼쪽 겨드랑이에 해당하고, 산해관에서 천진까지는 해구의 큰 요충지입니다. 해당 진의 장병은 오랑캐를 방어하는 일에 전념하였으나, 가정(嘉靖: 재위 1521-1567) 및 융경(隆慶: 재위 1567-1572) 연간에 북쪽 오랑캐가 침범하자 항상 감당할 수 없었습니다. 지금은 또한 그 시절은 아닙니다. 그러나 왜적 방어는 오랑캐 방어보다 어려우며 해안 수비는 변경 수비보다 긴급합니다. 만일 장수를 설치하고 병사를 늘려 여러 방면에 배치하지 않는다면, 왜적은 가벼운 배를 몰고서 바람을 타고 파도를 드나들면서 한 번에 천 리를 가니 바다를 따라 서쪽으로 왔을 때 그들이 향하는 곳에 장차 대비하고 방어할 계책을 무엇으로 시행하겠습니까.

장령들이 예전에 들은 바에 견제를 받아 걸핏하면 오랑캐 방어를 핑계로 대지만 피차 우물쭈물하면서 서로 관망한다면 어떻게 책임을 지우겠습니까. 이것이 신이 가슴을 치면서 두려워하고 눈을 부릅뜨고 도모하면서 밤낮으로 한가할 겨를이 없었던 이유입니다. 지금 계주와 보정 두 진에 협수를 설치하여 중병(重兵)을 통제하고 유격과 수비를 증설하여 서로 기각을 이루게 하며 해당 진의 총병에게 그것을 통제하도록 하면, 권한이 하나로 귀결되고 지시할 때 자연히 장애가 없어져 혈맥이 두루 통하듯이 성세(聲勢)가 연결될 것이므로, 진실로 해안 방비에 대한 오늘날의 주요 임무를 제대로 얻게 됩니다.

생각건대, 요동은 압록강부터 산해관에 이르며 해구는 쭉 이어지다가 두 진에서 다시 우회하여 동쪽으로는 조선으로 다가가고 북쪽으로는 오랑캐 소굴에 근접합니다. 따라서 병력의 방어는 왜구와 오랑캐에 동시에 견제를 받습니다. 산동 연해 및 천진은 곳곳이 모두 요해지라고 불리며, 등주와 내주의 각 해도는 곳곳이 방어를 설치하기에 알맞습니다. 따라서 장수를 설치하고 병사를 늘리는 일을 계주진과 보정진(保定鎭)보다 늦추는 것은 마땅하지 않습니다. 신은 이미 한편으로는 요동순무 및 요동총병에게 문서를 보내, 연해가 몇 리나 되는지, 중요한 장소 중 어느 곳이 중앙에 해당하는지, 협수를 좌측 또는 우측에 추가로 설치할지, 긴요한 곳에 유격을 추가로 설치할지, 나머지 긴요한 장소에 수비를 추가로 설치해야 할지, 계주와 보정 사례를 따라야 할지, 병마는 어떻게 추가로 모집할지, 경비는 어떻게 마련할지, 주둔지는 어떻게 건설할지를 조사한 후 충분히 숙고하여 타당하게 계획해서 회보(回報)하도록 했습니다.

그리고 다른 한편으로 산동순무(山東巡撫)에게 문서를 보내, 등주·내주 연해 일대는 바로 천진 지방과 연결되는데 어떤 요충지가 중앙에 해당하는지, 그리고 해당 진에는 과거부터 총병이 없었으니 비왜 총병 1명을 설치할지, 혹은 총병이 아니라 협수 1명을 설치할지, 좌측 혹은 우측에 유격을 추가로 설치할지, 나머지 긴요한 곳에 수비를 추가로 설치할지, 계주진의 사례에 따를지, 병마를 어떻게 모집할지, 경비는 어떻게 마련할지, 주둔지는 어떻게 지을지 조사하도록 했습니다. 그 밖에 등주·내주의 장산(長山)·사문(沙門)·고성(古城)·서복(徐福)·흑산(黑山)·타기(鼉磯)·황성(黃城)·영산(靈山) 등의 섬과 같은 경우에는 그 사이에 수채(水寨)와 육채(陸寨)를 설치할 수 있습니다. 따라서 부(部)의 논의에 따라 새로 모집한 사선병(沙船兵) 및 청주(靑州) 각 지역의 무장한 민장(民壯)을 써서 보초를 메울 수 있

는지를 여러 미진한 왜적 방어 사안과 함께 숙고하여 타당하게 계획해서 회보하도록 하였습니다.[26]

각각 도에 보낸 후 돌이켜보니 신이 다시금 드릴 말이 있습니다. 보고에 따르면 왜노들이 조선을 함락하고 왕묘(王墓)를 파헤쳤으며 왕자를 포로로 잡아가고 도로를 그림으로 그렸으니 반드시 중국을 침범할 것이라고 하였습니다. 이 무슨 때란 말입니까. 상황이 매우 위태롭습니다. 만일 또다시 상투적인 일에 얽매여 문서만 왕래하면서 갑론을박하다가 먼저 들어온 사안을 오랫동안 검토하다가 늦게 처리하게 된다면 한갓 세월만 보내다가 사기(事機)를 망치게 될 것입니다. 일이 지나간 다음에야 비로소 어디에서 마땅히 증병(增兵)해야 한다, 어디에 장수를 설치해야 한다고 논의한다면 또한 일에 무슨 도움이 되겠습니까.

또한 요동에서 산해관, 산해관에서 천진, 천진에서 산동은 땅이 서로 접해 있어 형세가 길게 늘어서 있습니다. 방어 준비가 잘 이루어진다면 경계와 대비가 자연히 엄밀해집니다. 왜적이 요동을 범하면 계주의 병력이 그들의 앞을 누를 수 있고 왜적이 계주를 침범하면 요동의 병력이 그들의 꼬리를 밟을 수 있습니다. 왜적이 산동을 범하면 계주·보정은 원거리에서 지원할 수 있으며, 요동 병력은 바로 조선으로 넘어가서 그 소굴을 쓸어버릴 수 있습니다. 병력이 연결되고 세력이 합해지며 권한이 통일되고 일이 전일해지니, 공격하고 방어할 때 여기서 움직이면 저기서 대응하는 기틀이 생기고 대

.......

26  산동순무(山東巡撫)에게 …… 하였습니다: 산동순무에게 보낸 문서는 「1-12 移山東撫院咨 권1, 16a-16b」 참고.

응할 때 좌고우면할 우려가 없어집니다. 신은 이 때문에 요동과 산동에 장병을 증설하는 일이 계주·보정보다 늦어서는 안 되며 병력의 배치가 지체되어서는 안 된다고 하는 것입니다.

삼가 바라건대, 병부에 칙령을 내려 계주진에서도 이번 사안에 대해 전부 의논하고 검토하도록 해야 합니다. 그 외에 요동·산동에 대해서는 제가 제안한 대로 황상께 재가를 청한 후 요동·산동의 총병과 순무에게 명령을 내려 신속히 조사하고 논의하여 추가로 설치할 것은 전부 설치하고 계획해서 처리해야 할 것은 전부 처리해야 합니다. 한편으로 장수와 병력을 배치하고, 한편으로 상주하면 아마도 일에 책임이 생기고 시간을 헛되이 보내지 않을 것입니다. 해안 방어와 왜적 수비에 관한 지극한 계책으로 이보다 좋은 방법은 없을 것입니다.

권2

2-11

# 요동순무 조요에게 보내는 자문

移遼東撫院咨 | 권2, 15b-16b

날짜 만력 20년 10월 14일(1592. 11. 17.)

발신 송응창

수신 요동순무 조요(趙燿)[27]

내용 왜적이 중국을 침범할지 모른다는 보고를 받고, 변경과 해구의 방
어를 신중히 할 것과 조선에 사람을 보내 민심을 수습하고 명군(明軍)과
의 합류를 준비하도록 해달라는 문서이다.

　　장령을 단단히 경계시켜서 엄격히 수비를 행함으로써 해안 방
비를 공고히 하고 왜적 정벌을 대비하는 일.

　　요동총병(遼東總兵) 양소훈(楊紹勳)의 딩보(塘報)[28]를 받았는데,
그 내용은 다음과 같았습니다. "왜적이 조선을 함락하고 왕묘를 파
헤치고 왕자를 사로잡아 갔으니 이미 걱정할 만한 상황이었습니다.
게다가 도로와 성지를 그림으로 그리고 장비 등의 물건을 정비하며

-------

27　조요(趙燿): ?~1609. 명나라 사람으로 산동 액현(掖縣) 출신이다. 자는 문명(文明)이다.
　　임진왜란이 발발했을 때 요동순무를 맡고 있었다. 이전에 왜군이 조선을 침략하였을 때
　　왜적을 방비할 열 가지 방책을 올려 화의의 해로움에 대해 주장한 바 있다.
28　당보(塘報): 군사정보 또는 긴급한 군사정보를 알리는 사람을 가리킨다.

평양(平壤)에 주둔하고 있습니다. 왜적의 무리는 많고 양식은 적으니 형세상 반드시 서쪽을 공격할 것이라 더욱 걱정됩니다."

살펴보건대, 왜노가 우리 속국(屬國)을 빼앗아 세력이 더욱 확장되었는데 지금 또다시 먼 곳을 도모하면서 가까운 곳을 공격하니 그들의 나쁜 꾀를 헤아릴 수 없습니다. 제가 신속히 병사를 통솔하여 요해 지방으로 가서 상황에 따라 전진하거나 머물도록 하는 외에, 요동 각 연해 지방에 엄밀히 대비하도록 단단히 경계시켜서 공수(功守)를 편리하게 해야 합니다.

이에 요동순무에 자문을 보내니 번거롭겠지만 해당 진의 총병과 함께 즉시 병마를 나누어 뽑아서 마땅히 오랑캐를 방어해야 할 곳은 오랑캐를 방어하게 하고 왜적을 방어해야 할 곳은 왜적을 방어하게 해야 합니다. 신중히 해구를 지키고 멀리까지 정찰을 시행하며 군화(軍火)를 많이 준비하고 장비를 정련해놓고, 제가 도착하는 날에 적절히 헤아려 조치할 수 있도록 합니다. 혹시 왜적이 지금 침입하려고 한다면 총병이 즉시 각 장령들을 통솔하여 성벽을 단단히 하고 들을 불태워 상황을 봐서 적의 공격을 차단하고 공격해서 죽여야 합니다. 작은 이익을 좇아 가벼이 적의 예봉을 공격하는 일은 허락해서는 안 되며, 우물쭈물 관망하면서 질질 끌기만 하는 것도 허락해서는 안 됩니다. 요충지를 빈틈없이 지키고 만전을 기하도록 해야 합니다.

그리고 한편으로는 조선국왕에게 사람을 보내 다음과 같이 대신 알려주십시오. "지금 구원하려는 중국[天朝]의 병사가 얼마 후 너희 나라에 도착할 것이니, 마땅히 흩어져 도망간 이들을 수습하고 충의로운 사람들을 불러 모아 요충지를 지키고 병세(兵勢)를 축적하고 키워서 중국의 병사들이 도착하는 날에 서로 협공할 수 있도록 하라. 그 전에 스스로 방비를 소홀히 하거나 기가 꺾여서는 안 된다."[29] 각 관원들은 모름지기 왜적과 오랑캐를 모두 크나큰 우환으로 여겨야 하지만, 변경과 해안은 모두 요충지에 속하니 오랑캐 방어를 이유로 왜적 방어를 그르쳐서는 안 됩니다. 나누어 배치한 장령과 해구 방어에 관한 각 사유를 자문으로 보고하여 제가 살필 수 있도록 해주십시오.

-------

29  지금 …… 안 된다: 해당 문서는 『선조실록』 권27, 선조 25년 6월 14일(임인) 7번째 기사 참고.

2-12

# 병부상서 석성에게 보고하는 서신

報石司馬書 | 권2, 16b-17a

날짜 만력 20년 10월 14일(1592. 11. 17.)

발신 송응창

수신 병부상서 석성

내용 전쟁을 준비할 관원으로 왕견빈과 양호 등을 추천하고, 상황이 긴박하므로 탄핵을 당한 총병 장방기를 그대로 쓰도록 요청하는 서신이다.

제가 삼가 책임을 맡았으니 감히 전력을 다하지 않을 수 있겠습니까. 다만 영토를 지키는 현장에서 의지하는 바는 모두 해당 도와 총병에게 달려 있습니다. 밀운도 왕견빈과 해방도 양호에 대해서 여론을 살펴보고 계획을 시험해보니 모두 자질이 뛰어나다고 말합니다. 지난번 왕견빈은 산서(山西)에 가는 것으로 낙점을 받았고[30] 양호는 지금 자리가 없어졌으니,[31] 하루아침에 승진·전보되어버리면 일의 완급에 누구를 의지하겠습니까.

.......

30 지난번 …… 받았고: 만력 18년(1590)에 산서부사(山西副使)에서 하남부사(河南副使)로 전임된 내용이 확인된다. 『명신종실록』 권229, 만력 18년 11월 16일(갑인).

31 양호는 …… 없어졌으니: 양호는 만력 20년(1592) 10월에 영평병비도에 임명되었다. 『명신종실록』 권253, 만력 20년 10월 6일(임진).

바라건대 산동순무 손광[孫立老][32] 및 이부상서[選君][33]에게 비밀리에 알려주시어, 가령 왕견빈이 경력과 자질이 깊다면 산서로 보낼 것이 아니라 관품을 높여 여전히 밀운도의 사안을 관할하도록 하고 백희수(白希繡)[34]는 기왕에 전보되었으니 양호를 영평에 임명한다면, 두 도에서 훌륭한 사람을 얻어 생기는 이익이 적지 않을 것입니다. 총병 장방기의 경우에 대해서는 장과급사중(掌科給事中)에게 탄핵을 당했으니 전례대로 직임을 떠나야 합니다. 다만 왜적 경보가 매우 급박하므로 반드시 대장(大將)을 파견해야 합니다. 그런데 장방기가 쫓겨난 이후 대신할 장수가 아직 오지 않아 일시적으로 대응하기가 어렵습니다. 의지하는 바는 양소훈 하나뿐이니 아마도 홀로 담당해서는 일을 정리할 수 없을 것입니다. 마땅히 일단 직무에 머무르게 하여 장방기로 하여금 공을 세우도록 독려해야 하지 않겠습니까. 이 또한 일시적인 권도의 방법이니, 대하께서 유념해주시기를 더욱 바랍니다. 간절히 바랍니다.

........

32  손광[孫立老]: 1543~1613. 손광(孫鑛)으로, 명나라 사람이다. 절강 소흥부(紹興府) 여요현(餘姚縣) 출신이다. 자는 문융(文融), 호는 월봉(月峯)이다. 임진왜란 발발 초기에는 산동순무를 맡아 병참을 지원하였고, 만력 22년(1594)에 고양겸(顧養謙)을 대신하여 경략이 되었다.

33  선군(選君): 인사권을 갖고 있는 사람의 별칭이다. 대개는 이부(吏部) 직임에 있는 사람을 가리킨다.

34  백희수(白希繡): 1551~1610. 명나라 사람이다. 만력 5년(1577) 진사에 합격하였다.

2-13

# 병부상서 석성에게 보고하는 서신

報石司馬書 | 권2, 17a-17b

> 날짜 만력 20년 10월 14일(1592. 11. 17.)
> 발신 송응창
> 수신 병부상서 석성
> 내용 병사 징발, 마가은 발송, 말 수송 등이 원활히 진행되도록 도와달라는 서신이다.

권2

저는 처음 계요총독 학걸[郝少老]과 만나서 논의할 때에는 여전히 해구를 두루 둘러보고 나서야 비로소 요양에 가려고 했습니다. 그러나 최근 왜적의 경보가 매우 급박하고 아울러 엄한 명령을 받았으니, 의원들이 치표(治標)³⁵를 급무로 삼는 것처럼 신속히 이동해야겠습니다. 다만 지나갈 주현에 역체(驛遞)³⁶에 쓸 인부와 말이 많이 필요한데 갑자기 준비하기가 어렵기는 합니다만 또한 속도를 높여서 가지 않을 수도 없습니다. 현재 모집한 병사는 아직 모이지 않았고 마가은은 발송되지 않았으며 태마(兌馬)³⁷도 오지 않았으니 도

.......

35　치표(治標): 생명과 직결된 증상부터 치료한다는 의미이다.
36　역체(驛遞): 역참에서 공문을 넘겨주고 받던 일 또는 공무를 띤 사람을 역에서 역으로 말을 갈아 태워 보내던 일을 가리킨다.

대체 어떻게 해야 할까요. 대하께서 주장하여 제본을 올릴 것은 빨리 올리고 발송해야 할 것은 신속히 발송한다면 중외의 군수 보급과 완급에 보탬이 될 것입니다.

.......

37  태마(兌馬): 병부에서 지급하는 말을 가리킨다.

# 계주총병 장방기에게 보내는 명령

檄遼東張總兵 | 권2, 17b-18a

날짜 만력 20년 10월 14일(1592. 11. 17.)

발신 송응창

수신 계주총병 장방기

내용 왜적의 중국 침범을 대비해서 군사의 상태와 수, 화기의 종류별 현황을 조사해서 보고하라는 명령이다. 문서 제목은 요동총병 장방기에게 보내는 것으로 되어 있으나, 당시 장방기의 관직에 따라 계주총병으로 수정하였다.

성지에 따라 부신에게 전적으로 책임을 맡겨 왜로 인한 환란을 경략하는 일.

요동순무 및 총병의 당보를 받았는데, "왜노가 조선을 함락하고 왕자를 사로잡아 갔으며 도로를 그림으로 그렸고 중국을 침입한다고 큰소리치고 있습니다."[38]

살펴보건대, 왜노가 창궐하여 서쪽을 침범하려고 꾀를 내고 있다. 나는 대병(大兵)을 통솔하여 조선을 구원할 터인데, 다만 계주진

--------

38 요동순무 …… 있습니다: 「2-11 移遼東撫院咨 권2, 15b-16b」 참고.

에서 여러 차례 긴급한 일을 보고하면서도 결코 병마와 장비로 어떻게 방어할지 언급하지 않았으니, 마땅히 조사를 행해야 한다.

패문(牌文)을 보내니, 바라건대 계주총병 장방기는 즉시 계주진의 병마가 과연 정련되고 강한지, 수는 충분한지, 각종 화기, 예를 들어 호준·용주·마퇴·조취·불랑기·삼안총 및 수레에 싣는 대장군 등 포가 지금 얼마나 있는지 조사하라. 또 새로 제작한 것과 예전에 만든 것 중 쓸 만해서 신기(神器)로 부를 만한데도 앞서 화포 숫자에 들어가지 않은 것은 각각 얼마인지 조사하라. 대군이 모두 집결하면 앞 항목의 화포가 충분한지 쓸 만한지 그렇지 않은지 조사하라. 혹시 쓸 수 없거나 부족한 경우 야로(冶爐)[39]를 많이 설치하고 분담해서 제조하라. 탄환과 화약은 또한 반드시 많고 적음을 헤아려서 때에 맞춰 제조해놓아라. 만일 지출할 경비가 없다면 즉시 마가은을 지출할 것이니, 지체하지 말라.

........

39  야로(冶爐): 대장간에서 쇠를 불릴 때 사용하는 화로를 말한다.

# 표하 중군도독 양원에게 보내는 명령

橛標下中軍都督楊元 | 권2, 18a-18b

날짜 만력 20년 10월 16일(1592. 11. 19.)
발신 송응창
수신 표하 중군도독 양원
내용 전쟁에 필요한 병력으로 요동 지역의 가정 2500명을 추가로 징발하고, 관련된 행량, 염채(鹽菜), 사료, 투구와 갑옷, 마필 등을 준비하라는 명령이다.

왜정의 간사한 짓이 날로 늘어나 세력이 더욱 창궐하니 매우 우려스럽다는 일.

병부의 자문을 받고 차문을 중군도독 양원에게 보내니, 차문에 첨부된 내용, 즉 내가 제본을 올려 황제의 재가를 받은 사안에 따라 신속히 요동으로 가서 그쪽 장관(將官)과 함께 가정을 모집하되, 현재 있는 500명 외에 다시 2500명을 모집하라. 한 사람당 안가은은 6냥, 매 월량은 1냥 8전이고, 동원해서 이동하는 날에는 또다시 행량, 염채, 마필의 사료[草料]를 지급한다. 만일 모집한 가정이 도망치는 등 사고가 난다고 해도 잡아올 필요가 없고, 환난이 해결되면 즉시 해산하며, 전쟁이 끝나면 즉시 해산하며, 군의 정규 정액에 산입하지 않는다. 이 약속을 지키면 사람들이 즐거이 따를 것이다. 투구와 갑옷과 마필은 모두 마가은을 써서 구매하라. 만일 일시에 모으기 어려우면, 투구와 갑옷은 공부(工部)에서 매년 제조하는 범위 내[40]에서 지급을 요청하고, 마필은 기양마 중에서 골라 쓰라. 모두 요동순무가 제본을 올려 논의하여 시행하도록 하라. 각 군에서 써야 할 탄환 차단용 면피(綿被) 한 건당 길이 7척, 너비 1장 2척으로 매입하거나 제조하되, 대략 3만 군병을 기준으로 해서 충분히 쓸 수 있도록 하라. 어기거나 잘못 처리하지 말라.

........

40  매년 …… 범위 내:『대명회전』에 따르면 만력 10년(1582)에 북경에서 투구와 갑옷 5000부(副)를 만들어 경영(京營) 군사에게 지급하고 이후 매년 1000부씩 제작하도록 했다.『大明會典』卷192, 工部12, 軍器軍裝 1,「軍器」, 11b.

# 해안 방어용 군량을 논의한 결과 임청·덕주 창고의 양식을 바다로 운반해야 한다는 상주

## 議題海防兵餉海運臨德倉糧疏 | 권2, 18b-20b

> **날짜** 만력 20년 10월 17일 (1592. 11. 20.)
>
> **발신** 송응창
>
> **수신** 만력제
>
> **내용** 군량 마련을 위한 방안을 제안하는 상주이다. 영평의 재정만으로는 군량을 전담할 수 없으므로, 영평의 예산으로 군량을 구입하는 이외에 임청(臨淸)·덕주(德州)의 양식을 요동으로 운반할 것, 민간의 양식 판매를 이용할 것 등의 방법을 언급하였다.

성지에 따라 부신에게 전적으로 책임을 맡겨 왜로 인한 환란을 경략하는 일.

영평 관량낭중(管糧郎中) 진명화(陳鳴華)[41]의 보고를 받았는데, 그 내용은 다음과 같았습니다.

호부의 차부(箚付)와 경략[송응창]이 보낸 패문을 차례로 받들

......

41  진명화(陳鳴華): 1561~1620. 명나라 사람으로 복건성 천주부(泉州府)의 진강(晉江) 출신이다. 만력 14년(1586) 진사에 합격했다.

있는데, 왜적을 정벌할 대병의 행량과 월량, 사료를 준비하라는 것이었습니다. 살펴보건대, 영평진(永平鎭)의 주병(主兵)과 객병(客兵)은 봄과 가을에 두 부대로 나누어 배치하며, 모두 병사 수에 맞추어 급여 총액을 계산합니다. 법정 액수는 원래 오랑캐 방어용이며 왜적 방어용 액수는 없었습니다. 근래 왜노들이 조선을 침범했기 때문에 남북 정예병의 동원을 논의했습니다. 계획해보니 반드시 본진을 거쳐 요동으로 들어가 왜노를 정벌해야 하므로 각 군이 주둔하며 방어할 때와 본진을 지나갈 때의 행량은 각각 근래 논의한 연해를 방어하는 병사의 급여에 관한 칙례에 따라 계산했습니다. 이는 정액 외에 증가되는 비용입니다. 제가 비록 조금 조정한다고 해도 영평은 땅이 좁고 백성이 가난해 본색(本色: 현물)이 많지 않으니 곡식을 매입하는 방법으로는 급무를 처리하기 어렵습니다.

조사해보건대, 과거에 요동순무 고양겸(顧養謙)[42]이 논의한 적이 있는, 조량운선(漕糧運船)[43]으로 천진을 거쳐 곧바로 요동으로 가서 군량을 풀어 군대에 보급하자는 방안은 또한 행할 만합니다. 최근에 직접 확인해서 알게 된 사실은, 연안 기주민들이 해선(海船)을 제작해 천진과 등주·내주에 가서 잡량(雜糧)[44]을 판매하

........

42  고양겸(顧養謙): 1537~1604. 명나라 사람으로 남직례 통주(通州) 출신이다. 자는 익경(益卿)이다. 진사 출신으로 요동순무, 병부시랑, 계요총독 등을 역임하였으며, 송응창이 탄핵된 후 그를 대신하여 경략으로 임명되었다. 일본과의 강화를 추진하다 탄핵받아 관직에서 물러났다.

43  조량운선(漕糧運船): 세금으로 거둔 곡식을 운반하는 배를 말한다.

44  잡량(雜糧): 쌀, 보리, 콩 이외의 주요 작물을 말한다. 고량(高粱), 조, 메밀, 귀리 등이 해당한다.

는데 곳곳을 두루 다녀도 문제가 없다는 것입니다. 이전 요동순무 고양겸이 논의한 조량(漕糧)을 가져다가 쓰는 규칙을 준용하여, 임청·덕주 창고의 양식에서 수만 석을 헤아려 가져다가 운하(運河)를 통해 천진을 거쳐 곧장 산해관으로 가서 신속히 요동에 이르러 양식을 내려놓음으로써 왜노를 정벌할 대군이 사용할 것을 대비한다면 본색이 준비될 것입니다.

지금 새로 모집할 남병의 월향과 아울러 골라서 이동시킬 남북 군정(軍丁)이 움직일 때 행량 및 본색 미두(米豆)를 구매할 은은 호부에서 명확히 정해서 제본을 올려 발급을 청하여 은이 운송되어 도착할 때를 기다려 지급을 준비하겠습니다. 가령 각 병사의 주둔이 길어져 원래 계획한 2개월의 행량과 향은(餉銀: 급료)이 다 지출되는 경우, 정문(呈文)으로 은을 추가로 보내달라고 요청하는 것을 허용해주십시오. 주현 예비창(預備倉)[45]의 미속(米粟)은 잠시 빌려서 왜적 방어용으로 지출하겠으니, 청컨대 사후에 탕은(帑銀: 중앙 재정)을 발송해 채워주십시오.

또 영평병비도(永平兵備道) 부사(副使) 백희수의 보고를 받았는데, 위의 내용과 같았습니다.

살펴보건대, 앞서 저는 대군을 동원하여 속국을 구원하러 가는 일과 해안을 방비할 군사들을 위하여 그들이 지나가거나 주둔할 처소에 군량과 사료를 많이 준비해두면 아마도 부족할 일이 없을 터이기에, 각 사도관에게 공문을 보내 마음을 다해 계획해서 처리함으로써 반드시 충분히 쓸 수 있도록 하였습니다.

........

45  예비창(預備倉): 명대 각 지방에 진휼곡을 저장하기 위해 설치한 곡식 창고이다.

각각 발송한 이후 지금 위의 사안으로 문서를 받고서, 저는 총독 계요보정군무(總督薊遼保定軍務) 병부우시랑(兵部右侍郞) 학걸, 순무 순천지방(巡撫順天地方) 도찰원우첨도어사(都察院右僉都御史) 이이(李頤),[46] 순무요동지방(巡撫遼東地方) 도찰원우첨도어사 포희안[鮑復軒] 과 논의하여 다음과 같이 결론을 내렸습니다. 영평진은 계주진 동부의 요충이며, 산해관은 실로 전 요동과 연결되는 통로인데, 지난해 정액으로 둔 군량과 사료는 오랑캐 방어만을 전적으로 고려하여 군 량과 병사 수를 계산한 것이고 원래 여분이 없었습니다. 이 왜노들이 갑자기 해상에 나타나 우리 외번(外藩)을 무너뜨렸기 때문에 대군을 동원하여 조선을 구원하고 왜노를 정벌하는 거사를 하게 되었습니다. 지금 수만 명이 와글와글하면서 일시에 운집하니, 형세상 반드시 산해관을 거쳐야 요동에 이를 것입니다. 이에 영평진은 오랑 캐 방어 외에 이미 해안 방어 주병(主兵)의 군량을 증액하고 또 왜를 정벌하기 위한 외지 군대의 군량까지 늘려야 하니 정말 문제를 해결하기 어렵습니다. 비록 사도관이 동쪽의 것을 옮겨서 서쪽에 보충함으로써 일시적으로 공급하겠지만 끝내 지속할 계책은 아닙니다. 또한 민간에 남은 곡식을 쌓아둔 것도 없어 구매도 어렵다고 하였습니다.

근자에는 또한 절강의 병사, 산서·선부(宣府)·대동(大同)의 병사, 연수진(延綏鎭)[47] 방어에 들어갔던 병사를 동원하기로 했으니 순서

........

와 관계없이 올 것입니다. 군대가 이동할 때 양식이 뒤따르는 일은 진실로 미리 논의해서 처리해야 합니다. 본색 미두를 매입할 은과 왜적 방어에 지출할 경비를 잠시 빌리는 일은 호부에서 영평 관량 낭중 진명화가 정문으로 보고한 내용을 살펴 타당하게 결정해서 제본으로 발급을 청하여 영평으로 운송해 보냅니다. 그 외에 해상 운송을 개방하여 임청·덕주 창고의 양식 수만 석을 가져다 천진을 거쳐 산해관으로 직송한 후 신속히 요동으로 운송함으로써 대군의 지출을 대비해야 합니다. 이 일은 양식 구매의 어려움을 줄일 뿐 아니라 군수 조달의 실용에도 도움이 됩니다. 또한 앞서 요동순무 고양겸이 그대로 실행할 만하다고 의논한 적이 있고 이번에 사도관이 직접 확인한 내용을 받아보니, 민간에서 사적으로 판매하면서 곳곳을 두루 다녀도 문제가 없다고 합니다. 좋은 견해인 것 같으니, 응당 제본을 갖추어야 합니다.

엎드려 바라건대, 해부(該部)에 명령을 내려 다시금 조사하여 논의하게 해주십시오. 만일 해상 운송을 개방할 만하다면 임청·덕주 창고의 양식을 적절히 헤아려 산해관과 요동으로 보내 지출에 대비할 수 있도록 허락해주십시오. 대개 오늘날 군량의 어려움은 절색(折色: 은량)은 아마도 융통할 수 있지만 본색은 조치하기가 매우 번거롭다는 데에 있습니다. 진실로 한 번 임청·덕주의 양식을 전용하도록 한다면 동쪽을 정벌할 때 군량이 부족할 걱정은 없을 것입니다.

## 2-17

# 산동순무에게 보내는 자문

移山東撫院咨 | 권2, 21a-21b

> 날짜 만력 20년 10월 19일(1592. 11. 22.)
>
> 발신 송응창
>
> 수신 산동순무 손광(孫鑛)
>
> 내용 군량 확보와 관련해서 산동성의 자체 재정으로 먼저 군량을 구매한 후 등주·내주의 해구로 운송해달라고 요청하는 문서이다. 등주 일대에 군량이 도착하면 해당 비용을 마가은으로 산동성에 돌려주고 군량은 요동으로 운반하여 보급할 계획이다.

성지에 따라 부신에게 전적으로 책임을 맡겨 왜로 인한 환란을 경략하는 일.

근래 해당 요동순무 및 총병이 보고하기를, "왜노가 창궐하였는데 반드시 서쪽을 침범하려고 할 것입니다."라고 했습니다.

저는 이미 성지를 받들었으니 여러 지역의 병사와 장수들을 동원하여 신속히 관문을 나가 바로 요양 지방으로 가서 조선을 구원하되 시기를 살펴 공격과 수비를 행할 것입니다. 다만 요동은 탄환 같이 작은 땅이고 아울러 몇 해 동안 전쟁 중이라 군량과 사료값이 크게 올랐습니다. 지금 수만의 관병이 일시에 운집하면 진실로 군량의 사용이 충분하지 못할 것이니, 마땅히 임시변통으로 비용을 참작하여 빌려서 군수 공급을 지원해야 합니다.

마땅히 산동순무에게 자문을 보내니, 번거롭겠지만 산동성 포정사(布政司)에게 대신 공문을 보내 즉시 태산(泰山) 향세은(香稅銀)[48] 혹은 등주부(登州府) 창고에 저장된 민둔은(民屯銀)[49] 총 5만 냥을 지출하여 해방도에 공문을 보내어 관원을 위임해서 지역을 나누어 군량을 구매할 지역으로 신속히 가야 합니다. 시가(時價)에 따라 군량과 사료를 구매하고 등주·내주 부근 해구의 각 성보에 쌓아두고서 완료하는 날에 내역을 보고하고 본부에서 마가은을 지출할 때까지 기다리도록 합니다. 그러면 그때 가서 산동에서 빌려 군량을 사들인 은의 수량에 맞추어 제가 선발한 관원과 선박이 해상 운송을 통해 등주·내주 지방으로 갑니다. 그래서 한편으로는 군량을 구매하기 위해 빌린 은량을 되돌려주고, 다른 한편으로는 해상 운송을 통해 구매 완료한 군량과 사료를 운송하여 모두 요양으로 가지고 가서 각 군에 편의대로 지급하겠습니다. 귀원에서는 국사(國事)를 중요하게 생각할 터이므로 피차를 구분하지 않기를 바랍니다. 요동이 안정되면 등주·내주도 어깨를 쉴 수 있고, 왜적이 물러가면 산동이 무사할 수 있습니다. 청컨대 즉시 거행하고 자문으로 회답하여 알려주십시오.

.......

48  향세은(香稅銀): 산동성의 태산(泰山)과 같은 곳에서 사람들이 영험한 신령에게 바치는 향전(香錢)을 관부에서 거두어 재원으로 삼은 은을 말한다.
49  민둔은(民屯銀): 백성이 경작하는 둔전(屯田)에서 세금으로 거둬들이는 은으로 보인다.

# 요동양저낭중 왕응림에게 보내는 명령

**檄遼東糧儲王郎中 | 권2 21b-22a**

날짜 만력 20년 10월 20일(1592. 11. 23.)
발신 송응창
수신 요동 양저낭중(糧儲郎中) 왕응림(王應霖)[50]
내용 군마(軍馬)에 지급할 경비와 사료 비용을 조사하고 보관할 장소를
확보하라는 명령이다.

성지에 따라 부신에게 전적으로 책임을 맡겨 왜로 인한 환란을
경략하는 일.

살펴보건대 나는 경략하라는 명령을 받았으니 신속히 대병을 거
느리고 요양 시방으로 가서 계획을 세워 조치할 것이다. 일체 군마
에 지급할 경비는 마땅히 미리 준비해야 한다.

차문을 보내니, 바라건대 왕응림은 즉시 현재 경비와 사료가 각
각 얼마나 있는지 조사하고, 총 10만 병마를 기준으로 계산하여 넉
넉히 반년 동안 사용할 것을 충분히 확보하라. 그리고 각기 흙벽돌

.......

50 왕응림(王應霖): 1548~?. 명나라 사람으로 순천부(順天府) 패주(霸州)의 문안(文安) 출
   신이다.

로 주위를 둘러 야적(野積)하는 방법을 써서 알맞은 거리의 장소에 쌓아 보관하고 지급하라는 지시를 기다려라. 만일 경비가 충분하지 못하다면 부족한 수량을 보고함으로써 내가 마가은을 써서 구매할 근거로 삼을 수 있도록 하라. 먼저 현재의 수량과 항목을 갖추어 공문이 도착한 후 3일 안에 보고를 올려라. 지체해서 어기지 않도록 하라.

2-19

# 호부상서 양준에게 보고하는 서신

**報楊司農書 | 권2, 22a-22b**

> 날짜 미상(만력 20년 10월 하순경)
> 발신 송응창
> 수신 호부상서(戶部尙書) 양준(楊俊)
> 내용 군량을 신속히 보내준 것에 대해 감사를 전하는 서신이다.

수찰(手札)을 접하고서 대하(양준)께서 천진의 군량과 사료를 독촉하여 발송하였다는 내용과 아울러 차별함이 없어야 한다는 교시를 받았습니다. 국가를 위한 큰 충성을 삼가 우러러볼 수 있을 뿐만 아니라 영토 방어를 대하께 의지하는 바가 절대 적지 않을 것입니다. 저는 마음이 무심한 자기 아니니 은혜를 새기는 심정이 응당 어떻겠습니까. 병마가 점차 운집하면 27일에 관문을 나서 신속히 요양으로 이동하여 공격·수비 방침을 결정하고자 합니다. 이후에 청할 바가 있을 터인데 더욱 대하의 은혜를 바랍니다. 유념해주시기 바랍니다.

## 2-20

# 요동순무에게 보내는 자문

移遼東撫院咨 | 권2, 22b-23a

날짜 만력 20년 10월 21일(1592. 11. 24.)

발신 송응창

수신 요동순무 조요

내용 요동의 장령들이 탐문 등의 이유로 조선에 드나들다가 정보를 누설하거나 공명심에 전투를 벌일 수 있으므로 단속해달라고 요청하는 문서이다.

성지에 따라 부신에게 전적으로 책임을 맡겨 왜로 인한 환란을 경략하는 일.

살펴보건대, 왜노들이 조선을 강탈하였는데 꾀하는 바를 헤아릴 수 없습니다. 근래 보고에 따르면, "화의를 청하겠다고 약속하면서도 병력 배치를 더욱 늘리고 있습니다."라고 하였으니, 그중에는 필시 간사하게 속이는 문제가 있을 것입니다. 진실로 각 장령들이 보잘것없는 왜적에게 승리하는 작은 공적을 탐하여 갈등의 단서를 열게 될까 걱정입니다. 우리 중국 사람들이 탐문한다는 명분을 빌려 조선으로 난입해 군정(軍情)의 중요한 일을 누설하게 된다면 매우 불편해지니 마땅히 엄금해야 합니다.

마땅히 요동순무에게 자문을 보내니, 번거롭겠지만 보낸 문서의 내용에 따라 요동총병과 함께 연해 일대의 장령 등 관원들에게 공문을 보내서 병사를 배치해 엄밀히 방수(防守)하여 침착하게 대응하도록 해주십시오. 마땅히 정찰을 선발하는 외에 나머지 사람들에 대해서는 결코 이유를 끌어대며 외국에 난입하는 것을 허락하면 안 됩니다. 제가 도착하는 날을 기다렸다가 그때 가서 상황을 살펴 처리하십시오. 만일 작은 이익을 좇아 큰일을 그르쳐 이로 인해 갈등의 단서를 여는 경우가 있다면 반드시 군법으로 다스려야 합니다.

# 천진병비도에게 보내는 명령

**檄天津兵備道 | 권2, 23a-23b**

날짜 만력 20년 10월 21일(1592. 11. 24.)

발신 송응창

수신 천진병비도 양운룡

내용 왜적들이 중국을 침범할 수 있다는 정보를 받았으므로, 천진 주요 지역의 방어 상황을 찬획 유황상과 공동으로 조사하라는 명령이다.

변경과 해안의 군무를 경략하는 일.

나는 원래 직접 천진 지방으로 가서 해구를 두루 조사하기로 논의하였기에 천진으로 가다가 향하(香河)에 머물렀다. 그런데 곧이어 요동순무 및 총병의 당보를 받았는데, "왜노들이 조선을 함락시키고 왕묘를 파헤쳤으며 왕자를 잡아가고 도로를 그림으로 그렸으니 필시 서쪽을 침범할 것입니다."라고 했다.[51]

살펴보건대, 왜적들이 먼 곳을 도모하면서 가까운 곳을 공격하니 그들이 꾀하는 바를 알 수 없다. 천진 일대에서는 천진병비도가 평소 문무를 두루 갖추고 있다고 알려져 있으니, 이 한 지역을 맡기

........

51 곧이어 …… 했다: 앞의 「2-11 移遼東撫院咨 권2, 15b-16b」 참고.

면 일 처리는 반드시 빈틈이 없을 터이고 계획은 반드시 만사를 예비할 터라 내가 걱정하지 않아도 될 것이다. 이에 마땅히 각각 조사 임무를 맡기고자 한다.

나는 보저 등의 여러 해구를 두루 들른 후 바로 산해관으로 가서 적절히 안배하는 외에 패문을 보내니, 바라건대 천진병비도는 즉시 찬획 원외랑 유황상과 함께 직접 염산(鹽山)·정해(靜海)·창주(滄州) 등으로 갔다가 바로 보저 일대의 중요한 해구에 이르기까지 조사하라. 그리하여 응당 어디에 방어시설을 설치할지를 해당 도가 숙고하여 논의해서 처리함으로써 만전을 기하도록 하라. 조사한 사안을 통괄하여 보고해서 내가 확인할 수 있게 하라.

# 계요총독 학걸에게 보고하는 서신

**報郝總督書 | 권2, 23b-24a**

날짜 만력 20년 10월 21일 (1592. 11. 24.)

발신 송응창

수신 계요총독 학걸

내용 관원을 파견해 조선국왕을 만나도록 하겠다는 내용과 함께 병력을 신속하게 발송하고 요동 일대의 주요 장관들에게 공문을 보내 군대를 정돈해달라고 요청하는 서신이다.

앞서 가르침을 받았는데 신묘한 계획이라 즉시 동지(同知) 정문빈(鄭文彬)[52]을 파견해서 국왕을 만나게 하겠습니다. 다만 사안은 매우 급하나 오랑캐 방어 병력을 감히 일시에 갑자기 움직일 수는 없습니다. 지금 동원하려는 것은 모두 후방 쪽의 병마이니, 신속히 각각 뽑아서 방어를 편리하게 해주기를 바라는 외에 포희안 및 총병 양소훈, 참의 형주준(荊州俊)에게 또한 공문을 보내 저들과 함께 병마를 정돈하도록 해주십시오. 만일 급보가 있다면 모름지기 적당한

.......

52 정문빈(鄭文彬): ?~?. 명나라 사람이다. 원임 하간부동지(河間府同知)로 군량을 관리하였는데, 만력 20년(1592)에 조선에 왔다가 만력 21년(1593)에 돌아갔다. 만력 25년(1597)에 다시 조선에 왔다.

장관을 보내 병사를 강구(江口)로 데리고 가서 한편으로는 조선을 지원하고 한편으로는 우리 지역을 공고히 지켜야 합니다. 다만 감히 순식간에 깊이 들어가서는 안 됩니다. 피차 관계된 바가 매우 중요하므로 전체적으로 신경 써주기를 바랍니다.

2-23

# 병부상서 석성에게 보고하는 서신

### 報石司馬書 | 권2, 24a-24b

날짜 만력 20년 10월 21일(1592. 11. 24.)

발신 송응창

수신 병부상서 석성

내용 석성의 제안대로 심유경(沈惟敬)[53]을 통해 반간계(反間計)를 시행하겠다는 것과 심유경에게 직함을 주는 방식을 제안하면서 마필을 요청하는 서신이다.

권2

여러 차례 수찰을 받았는데, 대하(석성)께서 중요한 여러 가지 일에 대해 저를 위해 지도해주니 감격스럽고 또 감격스럽습니다. 서신 안에서 지적하신 사항 중에 제가 이미 아뢴 것은 감히 번거롭게 반복하지 않겠습니다. 그 외에 가르침을 받건대 심유경에게 마가은 1000냥을 지급해서 반간계를 행하라고 하셨습니다. 이는 신묘한 계획이니 삼가 잘 받들겠습니다. 다만 유격 직함을 지급하는 사안은

.......

53  심유경(沈惟敬): ?~1597. 명나라 사람으로 절강성 가흥현(嘉興縣) 출신이다. 상인으로 활동하다가 임진왜란 때 조승훈(祖承訓)이 이끄는 명나라 군대를 따라 조선에 들어왔다. 평양성 전투 이후 일본과 평화 교섭을 추진하는 임무를 맡았다. 훗날 일본과의 평화 교섭이 실패한 뒤 일본으로 망명을 꾀하다가 붙잡혀 처형되었다.

병법에서 말하기를, "쓰면서도 쓰지 않을 것처럼 보여라."[54]라고 하였습니다. 만일 이 사안으로 제본을 올리면 일이 훤히 드러나는 것을 면할 수 없으니, 몰래 차문을 보내주어 유격 직함을 주면 어떻겠습니까. 만약 그가 공을 세운다면 포상이 어찌 유격 직함에 그치겠습니까. 이는 기밀 사안이니 바라건대 대하께서 이를 세심하게 헤아려주시기 바랍니다. 태마(兌馬) 3300필은 오히려 적을까 걱정인데, 이는 만에 하나라도 부족해서는 안 되며 더욱이 지체되어서도 안 되기 때문입니다. 만일 말이 있다면 어찌 병사가 없는 것을 걱정하겠습니까. 대하께서 신속히 제본을 올려 말을 지급해서 보내주시기를 바라니, 저는 날마다 간절히 그것을 기대하고 있습니다. 마가은을 보내는 일은 이미 관원을 선발하였다고 해도 또한 신속히 발송하기를 바랍니다. 이렇게 기원합니다.

.......

54  쓰면서도 …… 보여라[用而示之不用]: 상대방을 속이는 방법 중 하나로, 『손자병법』 계편(計篇)에 나온다.

# 태복시소경 왕겸에게 보내는 서신

與王少卿書 | 권2, 24b

날짜 만력 20년 10월 21일(1592. 11. 24.)

발신 송응창

수신 태복시소경 왕겸

내용 왜적의 경보가 심각하므로 징발한 병력을 신속히 요동으로 보내달라고 요청하는 서신이다.

서신을 받고 두터운 정을 삼가 확인하니 너무나도 감동되고 또 감동됩니다. 이동하는 일이 몹시 분주해 직접 찾아뵙지 못하고 결국 사적으로 가르침을 청하게 되었으므로 몹시도 겸연쩍습니다. 최근 왜적의 경보가 매우 긴급하니 문하(門下: 왕겸)께서 모집한 신병을 신속히 윤병형[尹愼亭][55]에게 부탁해서 전원 감독하여 데리고 요양에 와서 파견 지시를 기다리도록 해주시기 바랍니다. 신속히 출발시켜주시기를 문하께 청합니다. 바라고 또 바랍니다.

........

55 윤병형[尹愼亭]: 1524~?. 윤병형(尹秉衡)이다. 명나라 사람으로, 산동(山東) 제하현(齊河縣) 출신이다. 자는 신정(愼亭)이다. 만력 18년(1590) 남부 지역에서 왜구가 기승을 부릴 때 평왜연병총병(平倭練兵總兵)에 임명되었고, 다시금 보정총병에 제수되었다가 만력 20년(1592)에 병으로 사직하였다.

# 요동·계주·보정의 세 총병에게 보내는 명령

## 檄遼東薊鎭保定三總兵 | 권2, 24b-25a

**날짜** 만력 20년 10월 21일(1592. 11. 24.)

**발신** 송응창

**수신** 요동·계주·보정의 세 총병

**내용** 신속한 상황 전달을 위한 역마 및 군인을 준비할 것과 전보(傳報)의 형식을 알리는 동시에 역참의 현황을 보고하라는 명령이다.

**긴급한 군정에 관한 일.**

내가 신속히 병력을 이끌고 곧장 요양으로 가서 상황에 맞추어 공격과 방어를 할 것이니, 모든 연도(沿途)의 파발꾼과 당마(塘馬)[56]를 마땅히 미리 설치해야 한다.

그대에게 표문을 보내니, 바라건대 해당 진에서 긴급한 군정을 전달하는 사례에 따라 내가 연해의 좁은 길로 가거나 혹은 요양에서 북경에 이르는 대로(大路)로 갈 때 연도에 모두 해당 관할 지방과 계주진 간에 당마를 서로 잇는 방식대로 건장한 마필 및 글자를

.......

56　당마(塘馬): 적정(敵情)이나 지형 등을 정찰하거나 탐색하는 임무를 수행하는 척후병이 활용한 말을 가리킨다.

아는 군인을 준비하라. 그리하여 가령 나의 당보, 조보(朝報)를 받게 되거든 즉시 주야로 신속히 움직여 전달하라. 이는 매우 긴급한 군 정이니 만일 감히 시각을 지체시킨다면 결단코 군법으로 결박해서 때릴 것이다. 먼저 해당 진의 소식을 전하는 봉투의 격식을 보내어 검사를 받고, 아울러 당마를 설치한 지명과 거리를 이 표문에 써서 되돌려보내 내가 확인할 수 있도록 하라.

# 순천순무에게 보내는 자문

移順天撫院咨 | 권2, 25a-25b

**날짜** 만력 20년 10월 21일(1592. 11. 24.)

**발신** 송응창

**수신** 순천순무 이이

**내용** 계주진과 산해관의 병력을 신속히 조선으로 보낼 것과 이들에 대한 부대 편제 및 급여 지급 등을 처리하도록 요청하는 문서이다.

긴급한 왜정에 관한 일.

병부의 자문을 받아보니 직방청리사가 앞의 사안으로 안정(案呈)을 올렸던 것이었습니다.

이에 마땅히 자문을 보내니, 번거롭겠지만 계주진의 남병 3000명을 오유충에게 책임을 지워 통솔하도록 하십시오. 그리고 산해관에 주둔하는 정예병 화기수(火器手) 3000명 함께 병부에서 정한 기한에 따라 출발하여 신속히 요동으로 갔다가 서둘러 강을 건너 의주(義州)로 가서 시기를 살펴 왜적을 차단하고 토벌하게 하십시오. 계주진에서는 다시금 북병 5000명을 골라서 마병과 보병을 절반씩으로 하고 지혜롭고 용맹하며 왜적을 잘 아는 부총병 또는 참장 1명과 유격 1명을 골라 임무를 맡겨 통솔하게 하십시오. 좌영(坐營)[57] 등은 적절히 임용하십시오. 각 병사에게는 안가은 5냥을 모두 미리 처리해서 지급하고 북경에서 보낸 은이 도착하는 날에 채워서 돌려주겠습니다. 각 병사는 병부에서 정한 기한에 따라 출발해서 신속히 요동으로 가서 저의 파견 지시를 기다리도록 하십시오. 지체하거나 어기면 안 됩니다. 출발 일자를 저에게 자문으로 보고해서 확인할 수 있도록 해주십시오.

.......

57  좌영(坐營): 명대에 총병이 전군의 업무를 총괄하여 모든 사무를 직접 처리할 수 없었으므로, 성화(成化) 연간 이후 총병을 보좌하여 영중(營中)의 업무를 관할하고 명령을 전달하는 일을 전담할 무관을 설치하였는데, 이를 중군(中軍) 혹은 좌영이라고 하였다.

# 계요총독에게 보내는 자문

## 移薊遼總督軍門咨 | 권2, 25b-26a

> **날짜** 만력 20년 10월 21일(1592. 11. 24.)
>
> **발신** 송응창
>
> **수신** 계요총독 학걸
>
> **내용** 징발할 군대의 목록, 지급할 급료 등에 관한 내용을 알리면서 신속히 요동으로 이동하도록 관내 담당 관원에 공문을 보내달라고 요청하는 문서이다.

긴급한 왜정에 관한 일.

병부의 자문을 받아보니 직방청리사가 위의 내용으로 안정을 올렸던 것이었습니다.

이를 받고 마땅히 귀부원(貴府院: 계요총독)에게 자문을 보내니, 번거롭겠지만 각 순무에 공문을 보내 계주진 남병 5000명,[58] 산해관 화기수 3000명, 곡수(谷燧)[59] 및 낙상지(駱尙志) 부대의 합계 1600명,

.......

58 5000명: 앞의 문서에서 남병의 수는 3000명이었는데 여기서는 5000명으로 변경되었지만 최종적으로는 3000명이 정확한 수이다. 「2-26 移順天撫院咨 권2, 25a-25b」 참고.

59 곡수(谷燧): ?~?. 명나라 사람으로 대동위(大同衛) 출신이다. 만력 20년(1592)에 마병 1000명을 이끌고 조선에 왔다가 만력 22년(1594)에 명나라로 돌아갔다.

요동진 7000명, 앞서 모집한 가정 3000명, 계주진에서 또다시 뽑을 북병 5000명, 보정에서 뽑을 정예병 5000명, 선부 및 대동에서 각각 뽑을 정예병 8000명을 모두 마병과 보병 각각 절반씩으로 하고, 지혜롭고 용맹하며 왜적을 잘 아는 부총병 혹은 참장 1명과 유격 1명을 뽑아서 임무를 맡겨 통솔하게 해주십시오. 각 병사에게는 안가은 5냥을 모두 미리 지급하십시오. 이상 각 병사는 부(部)의 공문에서 정한 기한에 맞춰 출발하여 신속히 요동으로 가서 저의 파견 지시를 기다리게 하십시오. 지체하거나 어기면 안 됩니다. 출발 일자를 저에게 자문으로 보내서 확인할 수 있도록 해주십시오.

# 보정순무에게 보내는 자문

移保定撫院咨 | 권2, 26a-26b

> **날짜** 만력 20년 10월 21일(1592. 11. 24.)
>
> **발신** 송응창
>
> **수신** 보정순무(保定巡撫)
>
> **내용** 보정에서 징발할 군대의 수, 병종(兵種), 급료 등에 관한 내용을 알리면서 신속히 징발해서 이동할 것을 요청하는 문서이다.

긴급한 왜정에 관한 일.

병부의 자문을 받아보니, 직방청리사가 앞의 사안으로 안정을 올렸던 것이었습니다.

이에 마땅히 자문을 보내니, 번거롭겠지만 정예병 5000명을 뽑되 마병과 보병 절반씩으로 하고, 지혜롭고 용맹하며 왜적을 잘 아는 부총병 혹은 참장 1명과 유격 1명을 골라 임무를 맡겨서 통솔하십시오. 좌영 등의 항목은 편리한 대로 임용하십시오. 각 병사의 안가은은 모두 5냥씩이며 미리 처리해서 지급하고 북경으로부터 운송이 도착하면 채워서 돌려주겠습니다. 부(部)의 문서 기한에 맞춰 출발하여 신속히 요동으로 가서 저의 파견 명령을 기다리도록 하십시오. 지체하거나 잘못해서는 안 됩니다. 출발 일자는 저에게 자문으로 알려서 확인할 수 있도록 해주십시오.

# 선부·대동 순무에게 보내는 자문

移宣府大同二撫院咨 | 권2, 26b

날짜 만력 20년 10월 21일(1592. 11. 24.)
발신 송응창
수신 선부·대동의 두 순무
내용 선부와 대동에서 선발할 군사의 수, 병종, 급료 등에 관한 내용을
전달하며 지원을 요청하는 문서이다.

긴급한 왜정에 관한 일.

병부의 자문을 받아보니, 직방청리사가 앞의 사안으로 안정을
올렸던 것이었습니다.

마땅히 자문을 보내니, 번거롭겠지만 정예병 8000명을 뽑되 마병
과 보병 절반씩으로 하고, 지혜롭고 용맹하며 왜적을 잘 아는 부총병
혹은 참장 1명과 유격 1명을 골라 임무를 맡겨서 통솔하게 하십시오.
좌영 등의 항목은 편리한 대로 임용하십시오. 각 병사의 안가은은 모
두 5냥씩이며 미리 처리해서 지급하고, 북경의 운송 ……[云云]. 살
펴서 확인하십시오. 귀원(선부·대동 순무) 은 모름지기 큰 뜻을 함께
공유하여 정예하고 건장한 관병(兵官)을 착실히 선발하여 지원해야
합니다. 한갓 문구로 간주하고 책임만 면하려고 해서는 안 됩니다.

# 요동순무에게 보내는 자문

移遼東撫院咨 | 권2, 26b-27a

**날짜** 만력 20년 10월 21일(1592. 11. 24.)
**발신** 송응창
**수신** 요동순무
**내용** 요동에서 징발할 군사의 수, 급료를 전하면서 조선으로의 출정을
준비해달라고 요청하는 문서이다.

긴급한 왜정에 관한 일.

병부의 자문을 받아보니, 직방청리사가 앞의 사안으로 안정을
올렸던 것이었습니다.

마땅히 자문을 보내니, 번거롭겠지만 먼저 출발시켜 보낸 곡수
와 낙상지의 병마 및 또다시 보낼 정예병 5000~7000명, 그리고 앞
서 모집한 가정 3000명에게 각각 안가은을 지급하고 모두 신속히
강을 건너 의주로 가서 조선국 장병과 함께 적절한 시기에 왜적을
차단하고 소탕함으로써 협력하여 적을 막으십시오. 그리고 군량과
사료, 화기를 다량 준비해서 전투에 대비하십시오. 지체하는 일을
용납해서는 안 됩니다. 저에게 자문으로 보고해서 확인할 수 있도록
해주십시오.

# 찬획 유황상·원황에게 보내는 명령

檄劉袁二贊畫 | 권2, 27a-27b

> 날짜 만력 20년 10월 21일(1592. 11. 24.)
> 발신 송응창
> 수신 찬획 유황상·원황
> 내용 각지에서 모여드는 부대의 통솔관, 병종, 장비 현황 등을 조사하라
> 는 명령이다.

긴급한 왜정에 관한 일.

근자에 내가 각처의 장병을 동원하여 요양으로 보내 병력 사용
명령을 기다리도록 했는데, 마땅히 미리 검사해야 한다.

패문을 보내니, 바라건대 원외랑 유황상은 주사 원황과[60] 함께
즉시 산해관으로 가서 주둔하면서 동원한 여러 지방의 병마들을 만
나면 검사를 갖추어 행하도록 하라. 원래 관할하는 장관이 통솔하는
지 혹은 별도로 위임한 장관이 통솔하는지, 군사들은 모두 정예로운
지 혹은 마병인지 보병인지, 정확히 얼마인지, 장비와 군화(軍火)는

---

60 원외랑 …… 원황과: 본 문서의 내용 및 앞 문서를 고려할 때 2명에게 보낸 동일한 문서
를 하나만 수록하고 수신자에 2명의 이름을 동시에 기재한 것으로 보인다.

과연 완비되어 있는지 조사하라. 명확히 조사한 후 즉시 관문을 나서도록 하고 나에게 보고를 올리는 한편 통솔 장령에게 단단히 경계시켜서 가는 길에 적절히 헤아려 행군하고 휴식함으로써 말의 힘을 보양하도록 하라. 만일 여러 지역의 병마들이 일시에 산해관 아래로 모이게 된다면 먼저 도착한 자는 먼저 산해관을 나서게 하고 나중에 도착한 자는 1~2일 잠시 머물게 하여 뒤이어 출발함으로써 연도에서의 양식 지급 및 주둔과 휴식을 편리하게 한다면 요란할 일이 없을 것이다. 모두 어기지 말라.

2-32

# 영평도에 보내는 명령

檄永平道 | 권2, 27b-28a

권2

---

날짜 만력 20년 10월 21일(1592. 11. 24.)

발신 송응창

수신 영평도(永平道)

내용 영평도 방어를 위해 배치할 화기의 종류와 숫자, 부족분의 파악과
제조, 화기군의 편성 방식, 급여 등을 전하는 명령이다.

---

긴급한 왜정에 관한 일.

조사해보건대, 작년 영평도병비(永平道兵備) 섭정국(葉靖國)[61]이
경거(輕車)·불랑기·대장군 등의 화기를 매입하거나 제조하여 건창
(建昌) 등 육영로(六營路)로 각각 발송해서 사용하였는데 즉각적인
이익이 되었다고 한다. 지금 왜적의 침입 경보가 긴급하다고 하므로
마땅히 사용할 차병(車兵)을 헤아려서 확보하되 반드시 평소에 연습
해서 숙련된 군사라야 제대로 도움이 될 수 있다.

.......

61 섭정국(葉靖國): ?~?. 명나라 사람이다. 천문과 지리에 능하여 송응창이 자신을 따라 종
군하도록 하였다. 만력 22년(1594) 선조가 그에게 궁궐터를 비롯한 도성 안의 풍수를
물어보게 하였다. 의인왕후(懿仁王后)가 사망하자 장지(葬地)를 결정하는 일에도 참여
하였다.

패문을 보내니, 바라건대 영평도에서는 즉시 원래 제조했던 경거 400량과 수레가 딸린 불랑기 800간(桿), 창칼과 화기를 모두 갖추고 수레에 실은 대장군포 100량위(輛位), 멸로포(滅虜砲) 600위를 그 지방의 왜적 및 오랑캐 방어를 참작하여 절반만 남기고 절반은 가져오라. 수레를 밀어줄 보군(步軍) 및 마땅히 써야 할 화약·탄환은 충분히 휴대하라. 한편으로 본부 마가은량을 지출하여 화포의 수량에 따라 매입하거나 제조한 비용을 채워서 돌려주도록 하겠다. 각 군에 응당 지급할 행량과 월량, 염채 은량은 일상적인 수준에 비추어 지급하고, 원래 관할하던 장관에게 맡겨 통솔하도록 하되, 문서가 도착한 날을 기한으로 출발하여 요동으로 가서 파견 지시를 기다려라. 우선 출발 일정과 통솔관의 관직과 이름을 보고하라. 긴급한 군무에 관계되므로 해당 도는 책임을 미루거나 방해해서 사기를 그르쳐 불편한 일을 만들지 말라.

# 보정총병 예상충에게 보내는 명령

檄保定倪總兵 | 권2, 28a-29a

날짜 만력 20년 10월 22일(1592. 11. 25.)

발신 송응창

수신 보정총병 예상충(倪尙忠)[62]

내용 보정진을 경유할 군대의 수용 및 대응에 관한 명령이다. 첫째, 산서에서 발송한 군대가 보정진에서 대기할 터이므로 그곳에서 지속적으로 훈련하고 행량과 사료를 지급하고, 둘째, 보정에서 새로 군대를 선발한 후 영평에 주둔하면서 훈련과 방어를 시행하면서 출동을 준비하라는 내용이다.

왜적의 상황이 너무 긴급하므로 남북의 대병을 널리 모집하여 함께 왜적의 소멸을 도모함으로써 국가를 안정시키는 일.

해당 산서순무(山西巡撫) 여곤(呂坤)이 정예병 2000명을 뽑아서 관원에게 맡겨 통솔하고 변경으로 가서 왜적을 정벌할 때 호응하도

--------

62  예상충(倪尙忠): 1550~1609. 명나라 사람이다. 만력 13년(1585)에 선부 서로(宣府西路)의 좌참장이 되어 좌·우위 및 장가구(張家口) 지역을 방어하였다. 이듬해(1586) 선부부총병(宣府副總兵)이 되었으며 만력 19년(1591) 정월에는 협수대동부총병(協守大同副總兵)에 임명되었다. 같은 해 10월에 진수보정총병(鎭守保定總兵)으로 승진하였다.

록 했다.

조사해보건대, 산서에서 병마를 뽑아 보냈으니 형세상 필시 보정진의 도로를 경유할 것이므로, 마땅히 미리 안착시켜 내가 이를 참작하여 동원하는 데 편리하도록 해야 한다.

패문을 보내니, 바라건대 그대는 산서의 왜적 정벌에 협력할 병마 2000명이 그곳에 도착하면 즉시 보정 지방에 잠시 머물면서 안착하도록 하라. 그리고 그대는 〈병마를〉 통제하여 상시적으로 조련하고 전례에 비추어 행량과 사료를 지급하라. 그리고 나에게 보고한 후 동원 지시를 기다리도록 하라. 보정진에서 앞서 동원한 정병 5000명은 원래 관할하던 장관에게 통솔하도록 하여 신속히 영평 지방으로 가서 잠시 머물며 조련하면서 해안을 방어하라. 행량은 영평진에서 전례에 따라 지급하라. 내가 불시에 동원하면 요동으로 가서 왜노들을 없애도록 한다. 그리고 병사를 관할하는 장령으로 하여금 군사들을 엄하게 단속하여 주둔 처소에서 문제를 만들지 않게 힘쓰도록 하라. 모두 어기지 말라.

# 요동총병 양소훈에게 보내는 명령

**檄遼東楊總兵 | 권2, 29a-29b**

날짜 만력 20년 10월 22일(1592. 11. 25.)
발신 송응창
수신 요동총병 양소훈
내용 각 지역에서 징발한 군사가 요동에 도착하면 요동총병이 통솔하고
군량과 사료를 지급하면서 자신의 도착을 기다리라는 명령이다.

긴급한 왜정에 관한 일.

병부의 자문을 받았는데, 그 내용은 다음과 같았다. "계주진 남
병 5000명, 산해관 화기수 3000명, 곡수 및 낙상지가 통솔하는 병사
모두 1600명, 요동진에서 선발할 7000명, 앞서 모집한 가정 3000명,
계주진에서 다시 선발할 북병 5000명, 보정진에서 선발할 정예병
5000명, 선부 및 대동에서 각각 선발할 정예병 8000명을 마병과 보
병 각각 절반씩으로 하고 모두 기한 내에 요동으로 가서 조선을 구
원하라는 명령을 기다리도록 합니다."

총독 및 순무에게 공문을 보내 기한에 맞춰 징발하도록 하는 외
에, 다만 앞의 병사가 모두 요동에 모인다면 반드시 대장이 통솔해
야만 기율이 있을 것이다.

패문을 보내니, 바라건대 그대는 위 내용의 관군이 그쪽에 도착하면 모두 그대가 통솔하고 훈련시키도록 하라. 모든 행량, 사료는 순무와 함께 숫자대로 지급하고, 내가 곧 도착해서 상황에 맞춰 진격하거나 멈추게 할 것을 기다려라. 어기지 말라.

2-35

# 계주총병 장방기에게 보내는 명령

檄薊鎭張總兵 | 권2, 29b-31a

날짜 만력 20년 10월 22일(1592. 11. 25.)

발신 송응창

수신 계주총병 장방기

내용 동원할 병력의 숫자와 기간을 명확히 지키라는 명령이다. 병부에서 요청한 징발 군사보다 송응창이 요청한 수가 6000명이 많다며 계진총병이 어려움을 토로하자, 자신의 행위가 왜적의 심각성과 황제의 명령을 고려한 조치라는 점을 강조하고 부대와 병력을 상세하게 첨부하여 기간 안에 발송하라는 내용이다.

긴급한 왜정에 관한 일.

살펴보건대 먼저 병부로부터 위의 사안으로 자문을 받고서 이미 총독과 순무 아문에 자문을 보냈고, 아울러 총병 장방기에게도 패문을 보내 계주진 군사 총 1만 1000명을 부에서 정한 기한에 따라 출발하도록 했다. 그 후 내가 확인해보니 왜적의 경보가 긴급한데도 각처의 병마는 아직 도착하지 않았고, 겸하여 남병을 새로 모집하는 여러 일도 미비했다. 이에 다시 총병 장방기에게 패문을 보내서 통진(通津) 등 육영(六營)의 보병 1만 4000명, 마병 3000명을 추가하여 정예롭고 건장한 병사를 뽑아 원래 관할 장관에게 맡겨 이들을 통솔하여 요동으로 가서 지시를 기다리도록 했다.

지금 장방기의 보고를 받았는데, "동원할 병마의 선후 수량과 항목이 같지 않으니 만일 두 항목 병사가 일제히 출발하면 계주진의 여러 지역은 텅 비어버립니다."

살피건대 나는 본래 관할하던 장관으로 본 병사를 통솔시키면 병장이 마음을 하나로 하고 대오가 정돈될 것이라고 생각하였다. 또 병부의 문서에서는 1만 1000명을 징발해야 한다고 했고 나는 1만 7000명을 징발해야 한다고 했는데, 비록 6000명의 차이가 나지만 왜적의 상황은 중대하고 오랑캐의 정세는 조금 완화되었다. 그렇기 때문에 편의대로 권한을 실행하라는 칙유의 내용에 따라 적절히 동원 숫자를 헤아린 것이지 애초에 1만 1000명이었다가 다시 1만 7000명을 뽑는 것으로 바꾼 게 아니다. 지금 본관이 앞의 사안으로 보고하였으니 마땅히 다시금 조사해서 동원할 수를 명확히 알려주고자 한다.

패문을 보내니, 바라건대 그대는 즉시 동원해야 할 첨부 문서의 병마에 대하여 안가은 등의 항목을 지급하고, 원래의 관할 장관에게 책임을 지워 반드시 기한 내에 출발시키도록 하라. 병부 문서의 동원 수보다 더 많이 동원해야 할 수는 6000명에 그친다. 그대는 오랑캐를 방어한다고 핑계 대지 말고 모두 속히 출발시켜 요동으로 가서 명령을 기다리도록 하라. 오랑캐를 방어해야 하는 사정은 그대 스스로 완급을 헤아리고 다과(多寡)를 조절하여 일시적인 변통의 계책을 시행하라. 또다시 융통성 없이 지체해서 군기를 어그러뜨리지 말라. 문서가 도착한 후 5일 안에 각 장병을 동원해서 출발시키고 그 사유를 보고하여 내가 확인할 수 있도록 하라.

첨부

마병 2000명

준화(遵化) 표하 좌영 내 마병 1000명, 본래 관할 장관 이방춘
(李芳春)[63] 통솔.

삼둔(三屯) 표하 좌영 내 마병 1000명, 본래 관할 장관 관일방
(管一方).

보병 1만 4000명

통주(通州)의 통진영(通津營) 보병 4000명, 본영 장관 2명이 통
솔. 밀운의 진무(振武)·석갑(石匣) 두 영(營)에서 함께 선발한
보병 2000명, 석갑영(石匣營) 장관 마괴무(馬魁武) 통솔.

준화 표하 우영 보병 2000명, 본영 장관 통솔.

삼둔 표하 난양차영(灤陽車營)·한아장(漢兒莊) 두 영의 보병
2000명, 한아장 장관 위방보(魏邦輔) 통솔.

건창차영(建昌車營)에서 선발할 보병 2000명, 본영 도사(都司)
왕문(王問)[64] 통솔.

계주진의 중(中)·서(西) 두 협(協)에서 선발할 남명 총 2000명,
서로 남병 유격 진잠(陳蠶) 통솔.

.......

63  이방춘(李芳春): ?~?. 명나라 사람으로 직례(直隷) 대명부(大名府) 평로위(平虜衛) 출신
이다. 자는 응시(應時), 호는 청강(晴岡)이다. 이성량(李成梁)의 가정(家丁)으로, 뛰어난
용맹으로 유명했다. 특히 평양성 전투에서 크게 활약해서 평양 수복에 중요한 역할을 하
였다.

64  왕문(王問): ?~?. 명나라 사람으로 의용위(義勇衛) 출신이다. 호는 의재(義齋)이다. 만
력 14년(1586)에 무진사(武進士)가 되었다. 만력 20년(1592)에 흠차건창유격장군(欽差
建昌遊擊將軍)으로 마병 1000명을 이끌고 조선에 왔다. 만력 21년(1593) 명나라로 돌아
갔다.

# 내각대학사 조지고·장위에게 보고하는 서신

報趙張二政府書 | 권2, 31a-31b

날짜 만력 20년 10월 22일(1592. 11. 25.)

발신 송응창

수신 내각대학사 조지고·장위

내용 전쟁 준비 상황을 간략히 알리면서 최근 황제의 명령을 받았기에
각 해구에 들르지 못하고 바로 요양으로 간다는 것을 알리는 서신이다.

저는 존대(조지고·장위)로부터 책임을 맡아 삼하(三河)에서 계요
총독과 만나 의논한 후, 천진이 삼보(三輔)[65]의 긴요한 문호라고 여
겨 서둘러 가서 순시하고자 날마다 두 찬획과 해당 각 도 및 장령
관원들과 방어 관련 사안을 처리하였습니다. 각 진 관할에 공문을
보내 전력의 배치를 정돈하며 엄격히 조사를 시행하도록 하였고, 황
상께 상주를 올려 보고하고 존대에게도 게첩을 갖추어 가르침을 청
했으며, 미진한 사안들에 대해서는 오로지 가르침을 받기를 바랐습
니다. 근래 밝은 성지를 받았는데 특별히 칙유를 내려 왜적을 정벌

.......

65  삼보(三輔): 북경에 인접한 지역을 비유적으로 가리키는 말이다. 원래 뜻은 중국 한(漢)
    나라 무제(武帝) 태초(太初) 원년 수도 장안(長安)을 중심으로 부근의 땅을 셋으로 나눈
    행정구역을 말한다. 이후 경기 혹은 근기(近畿)지역을 가리키는 표현으로 사용되었다.

하도록 하셨으니, 저는 감히 해구를 두루 둘러보지 못하고 주야로
이동하며 요양으로 가서 공격과 방어를 결정할 것입니다. 삼가 이렇
게 대신 아뢰며 이만 줄입니다.

# 계요총독 학걸에게 보고하는 서신

**報郝總督書 | 권2, 31b-32a**

> 날짜 만력 20년 10월 22일(1592. 11. 25.)
> 발신 송응창
> 수신 계요총독 학걸
> 내용 군사 모집의 어려움을 토로하면서 추가로 병력을 징발하는 이유를
> 설명하고 협조를 요청하는 서신이다.

서신을 잘 받았습니다. 병력은 모집 상황이 어려우니 저로서는 부끄러움을 가눌 수 없었습니다. 다만 병부 문서에서 병력 동원을 언급했을 뿐 어느 영로(營路)의 병력인지, 그리고 어느 장관이 거느릴지는 언급하지 않았는데, 우언히 이진의 자문을 보니 각 병력이 쓸 만하니 장차 원래의 장관이 원래의 병력을 거느리면 위아래가 한마음일 것이라고 한 바 있습니다. 그래서 어리석음을 무릅쓰고 부탁을 드렸던 것입니다. 설령 병부 문서의 동원 수와 다르다고 해도 감히 병부 문서의 징발 수 외에 별도로 한 차례 더 동원하려는 것은 아닙니다. 그러나 비록 계주진에서 응당 1만 1000명을 동원하는 외에 추가로 6000명을 취한다고 해도, 대개 왜정이 긴급하여 황제의 분명한 명령[明旨]이 다시금 엄격히 내려진 상황에서 모집할 가정은

권2

아직 모이지 않았고 새로 모집하는 남병은 또 장비가 쓸 만하지 않다고 하니 부득이하게 이러한 조치를 취했습니다. 지난번 다시 진수 총병 장방기에게 공문을 보냈으니 보고를 기다렸다가 다시 논의하면 어떻겠습니까. 노공조(老公祖: 학걸)의 지애(知愛)를 거듭 받았고 또 의리가 같은 배를 탄 것처럼 가까우니, 제가 감히 총독의 훌륭한 마음을 본받아 몇 번이고 계획하지 않을 수 있겠습니까. 삼가 이렇게 명령에 대해 보고하면서 아울러 감사드립니다. 이만 줄입니다.

# 요동총병 양소훈에게 보내는 명령

檄遼東楊總兵 | 권2, 32a-33a

날짜 만력 20년 10월 22일(1592. 11. 25.)

발신 송응창

수신 요동총병 양소훈

내용 각지의 군사들이 요동에 집결했을 때의 배치 방식, 이동 순서 등을 지시하는 명령이다. 각 지역의 군사 수와 병종에 관한 내용을 첨부하였다.

관련문서 이 문서에 직접 인용되거나 거론된 병부의 자문 내용은 『명신종실록』 권253, 만력 20년 10월 6일(임진) 기사에서 병부의 제본을 통해 확인할 수 있다.

긴급한 왜정에 관한 일.

살펴보건대 내가 각처에서 동원한 병마가 곧 요동에 이를 것이니, 마땅히 미리 설비를 갖추어 지방에 안착시켜야만 병마들이 도착했을 때 서로 소란스럽게 다투는 일을 면할 수 있다.

패문을 보내니, 바라건대 그대는 즉시 지역 상황과 쌓아둔 군량과 사료의 다과를 헤아리고 주둔할 성보는 대략 요양성(遼陽城) 및 좌우 100리 내외 정도로 하라. 그리고나서 첨부한 동원 관군을 각기 지방에 나누어 보내서 알맞은 장소에 배정하고 또 편리하게 군량을 지급하라. 서로 같은 자리에서 쉬겠다고 다툼이 일어나지 않도록 하며, 군사들이 도착하는 대로 출발시키고 아직 도착하지 않았을 때는 미리 머물 장소를 배정하라. 나에게 보고해서 확인할 수 있도록 하는 한편, 병사를 통솔하는 각 장령들에게 엄격히 타일러 군사들을 단속해서 문제를 일으키지 않도록 하는 데 힘써라. 만일 그대의 지시를 어기면 명백히 보고해서 처벌하도록 하라. 어기지 말라.

첨부

계주진 남병 3000명.

요동진에서 선발한 정예병 7000명.

산해관 정예 화기수 3000명.

곡수·낙상지가 통솔하는 병사 1600명 남짓.

계주진 북병 5000명, 마병과 보병 절반씩.

보정 북병 5000명, 마병과 보병 절반씩.

선부 정예병 8000명, 마병과 보병 절반씩.

대동 정예병 8000명, 마병과 보병 절반씩.

유정(劉綎)이 통솔하는 마병 5000명.

절강 병사 1000명.

앞서 모집한 가정 3000명.

2-39

# 병부원외랑 유황상, 산해관주사 장간에게 보내는 명령

檄劉員外張主事 | 권2, 33a-33b

날짜 만력 20년 10월 22일(1592. 11. 25.)

발신 송응창

수신 병부 원외랑 유황상, 산해관주사 장간(張棟)

내용 각 군사들의 사기를 북돋기 위해 포상을 시행하라는 명령이다. 각 병사의 지위에 따른 포상 규정을 첨부하였다.

성지에 따라 부신에게 전적으로 책임을 맡겨 왜로 인한 환란을 경략하는 일.

살펴보건대, 징발한 각 영로의 병마가 날씨는 추운데 멀리 정벌하러 가므로 마땅히 행로를 고려하여 상을 줌으로써 넉넉히 구휼하는 뜻을 보여야 한다.

패문을 보내니 바라건대 원외랑 유황상은 즉시 주사 장간과 함께 직접 훈련소로 가서 앞 항목의 병마를 소집해서 일일이 검열하라. 각 관군의 포상[犒賞]은 즉시 공을 세운 관원에게 상으로 주는 포봉(包封) 은량을 사용하며, 포봉을 가지고 와서 은량을 확인한 후 직접 지급한다. 그리고 각 군사에게 엄격히 거쳐 갈 숙박 장소에서 모두 각별히 규정을 따르고 일부러 어기거나 문제를 일으키지 않도록 하라.

첨부

포상 규정

영병관(領兵官): 1명마다 은 1냥, 은화(銀花) 2지(枝).

천총(千總)·파총(把總)[66]: 1명마다 은 3전(錢).

관대(管隊): 1명마다 은 2전.

군사: 1명마다 1전.

........

66 천총(千總)·파총(把總): 관직명이다. 명 초에는 북경에 주둔하는 경영(京營)을 삼대영(三大營)으로 나누고 천총, 파총 등의 영병관(領兵官)을 두었으나, 시간이 흐를수록 지위와 직권이 낮아졌다. 명 말에는 천총은 대략 1천 명 정도를, 파총은 300~500명 정도를 지휘하는 직책으로 수비(守備)보다 아래에 있었다. 명 후기의 천총·파총 등에 대해서는 肖立軍, 『明代省鎭營兵制與地方秩序』, 天津: 天津古籍出版社, 2010, 235~243쪽; 曹循, 「明代鎭戍將官的官階與待遇」, 『歷史檔案』 2016-3; 曹循, 「明代鎭戍營兵中的基層武官」, 『中國史硏究』 2018-1을 참고.

# 제독 이여송에게 보내는 명령

檄李提督 | 권2, 33b-34a

> 날짜 만력 20년 10월 23일(1592. 11. 26.)
>
> 발신 송응창
>
> 수신 제독(提督) 이여송(李如松)
>
> 내용 이여송이 영하(寧夏)의 반란을 진압하는 공적을 세운 점과 정예병이 있는 선부진(宣府鎭)과 대동진(大同鎭)에서 근무한 경력이 있다는 점을 높이 평가하면서, 반란 진압을 마치고 귀환한 병사 및 선부진과 대동진에서 선발한 정예병과 함께 요동으로 가서 대기하라는 명령이다.
>
> 관련문서 이여송을 제독으로 임명하는 병부의 자문 내용은 『명신종실록』권253, 만력 20년 10월 16일(임인) 기사에서 임명 사실이 확인된다.

왜정에 관한 일.

병부의 자문을 받았는데 앞의 사안으로 그 내용은 다음과 같았다. "제본을 올려 논의한 대로 하라는 명령을 받들어 이여송을 원래 관직으로서 제독군무 방해어왜총병관(提督軍務防海禦倭總兵官)에 충당합니다."

살펴보건대 그대는 서하(西夏: 영하) 토벌을 마치고 이미 성공을 보고하였다. 이번에 다시 동정(東征)하라는 명령을 받았으니 반드시 승산이 있을 것이다. 그런데 "왜노의 창궐이 심상치 않아 상황이 매우 긴급합니다."라는 보고를 받았으므로 우리로서는 필히 정예병을 통솔해서 모아야 적절한 시기에 일을 시행할 수 있을 것이다. 지금 장수가 용맹하고 병사가 강하며 병기가 날카롭고 갑옷이 견고한 곳은 생각건대 선부진과 대동진이 최고이다. 이미 병부의 문서를 받았는데, 두 진에서 정예병 총 1만 명을 뽑아서 이동하고 명령을 기다리도록 하였다고 한다. 다만 해당 지방관이 오랑캐 방어를 핑계로 노약자와 같이 쓸 수 없는 인원으로 수를 채워 한갓 허명만 만들까 걱정이다.

조사해보건대, 그대는 일찍이 선부진과 대동진 지방을 진수(鎭守)한 적이 있다. 그래서 군병 중 누가 강하고 누가 약하며 장령 중 누가 훌륭하고 누가 안 좋은지, 그리고 최근 서쪽 정벌(영하토벌)에 따라갈 때 폐한장령(廢閑將領)[67]으로서 스스로 거느리고 간 가정 중에서 용맹하게 참전하고 힘을 내서 진력한 자들이 누구인지 그대는 반드시 잘 알 것이니, 마땅히 임무를 맡겨야 한다.

패문을 보내니, 바라건대 제독은 즉시 선부와 대동 두 진에서 어떤 영로의 병마가 정예하고 강건한지, 응당 얼마를 뽑아야 하는지, 원래 장관 혹은 별도의 장관으로서 군사를 잘 아는 자 누구에게 병사를 맡겨야 하는지 조사하라. 서쪽 정벌을 마치고 진으로 돌아온 폐한장령으로서 스스로 가정을 거느리고 있으며 동쪽을 정벌할 수 있는 자에 대해서는 모두 그대에게 공문을 보낼 것이니 군중에서 뽑아 쓰도록 하라. 그대는 황제의 명지(明旨)가 나온 뜻이 엄격했다

......

67  폐한장령(廢閑將領): 해임되었거나 쉬고 있던 장령을 가리킨다.

는 점, 조선의 구원이 몹시 급박하다는 점을 염두에 두고 신속히 요
동으로 가서 함께 조치하도록 하라.

# 요동총병 양소훈에게 보내는 명령

**檄遼東楊總兵 | 권2, 34a-34b**

날짜 만력 20년 10월 23일(1592. 11. 26.)

발신 송응창

수신 요동총병 양소훈

내용 징발하기로 한 요동병 7000명 중에서 정예병을 뽑아 별도로 편성한 후 자신의 사열을 대기하라는 명령이다.

긴급한 군정에 관한 일.

앞서 내가 병부의 문서를 확인해보니, 요동 정예병 7000명을 징발해 왜적 정벌에 사용하도록 하였다. 지금 나는 신속히 광녕(廣寧)에 도착해 마땅히 병마 배치를 미리 정돈할 것이다.

패문을 보내니, 바라건대 그대는 징발한 정예병 7000명 중 강건한 자들을 일일이 뽑아 별도로 대오를 만들어 원래 관할 장관으로 하여금 통솔하게 하라. 장비, 투구와 갑옷, 군화(軍火)는 모두 빛나고 날카로워야 하며, 마필·안장(鞍裝)·의장(儀仗)은 모두 강건하고 정제된 것을 갖추고 내가 광녕에 이르러 사열하는 것을 대기하라. 관계된 바가 긴급한 군정에 해당하니 지체하지 말라.

# 계주병비도에게 보내는 명령

檄薊州兵備道 | 권2, 34b-35a

**날짜** 만력 20년 10월 23일(1592. 11. 26.)

**발신** 송응창

**수신** 계주병비도(薊州兵備道)

**내용** 앞서 징발하기로 한 마필의 수량과 항목이 도착했으니 위관(委官)을 파견해서 마필을 확인한 후 발송하라는 명령이다.

왜정의 간사한 짓이 날로 늘어나 세력이 더욱 창궐하니 매우 우려스럽다는 일.

병부의 자문을 받았는데, 병부에서 앞의 사안으로 제본을 올려서 이미 계주병비도에 차문을 보내 인수해서 가져가야 할 기양(寄養) 마필을, 태복시에서 각각 할당한 수량과 항목이 도착하는 날에 즉시 뽑아 보내라고 하였다. 이후 최근 태복시에서 각 주현의 기양 마 수를 보고한 것을 받았으니, 관원을 보내 마필을 직접 확인 후 발송해야 한다.

패문을 보내니, 바라건대 계주병비도는 앞서와 이번 공문의 내용에 따라 즉시 계주 및 준화현(遵化縣)의 장인관(掌印官)에 공문을 보내 각각 기양 마필을 모두 관아로 데리고 오도록 하라. 그래서 내가 임무를 맡겨 보낸 관원과 함께 일일이 건장한 말 500필을 골라낸 후 위관에게 넘김으로써, 위관이 군인을 뽑아 말을 몰고 와서 군영이 출발할 때 타고 출정할 수 있도록 하라. 늙거나 약한 놈으로 수를 채워 넣어 어기는 짓을 해서 불편을 끼치지 말라.

# 병부에 보내는 자문

移本部咨 | 권2, 35a-36a

날짜 만력 20년 10월 25일(1592. 11. 28.)

발신 송응창

수신 병부

내용 징발이 제대로 이루어지지 않거나 징발한 군사에게 문제가 많아 송응창 자신이 직접 통솔할 관원과 병력을 지정한 후 이들을 보내달라고 요청하는 문서이다.

긴급한 왜정에 관한 일.

병부로부터 앞의 일로 자문을 받았는데, 그 내용은 다음과 같았습니다. "다시 살펴보건대 유격 송대빈(宋大斌)[68]이 거느린 3000명의 신병이 과연 훈련이 잘 되어 있다면 신속히 징발하여 말을 지급해서 쓰도록 합니다. 만일 전투에 쓸 만하지 않다면 그대로 천진에 남겨두어도 무방하니 책임지고 훈련시켜 성숙해지면 조선으로 연이어 파견해서 지원하도록 합니다. 신속히 자문으로 답하여 확인해

.......

68  송대빈(宋大斌): ?~?. 명나라 사람으로 광녕우위(廣寧右衛) 출신이다. 호는 양허(養虛)이다. 만력 21년(1593) 정월에 마병 2000명을 이끌고 조선으로 나왔다가 만력 22년(1594) 정월에 돌아갔다.

서 시행할 수 있도록 하십시오."

살펴보건대, 다른 군진의 병마는 동원 병력이 아직 도착하지 않았습니다. 그 외에 계주진 북병 5000명, 오유충 남병 3000명, 산해관 화기수 3000명에 대해서는 이미 계요총독아문(薊遼總督衙門)에 자문을 보냈고, 아울러 계주진 총병에게 출정 군사를 선발하도록 했습니다. 그 후 이어서 산해관참장(山海關參將) 손일원(孫一元)의 보고를 받았는데, "산해관에는 화기수 3000명이 없습니다." 또 유격 오유충으로부터 보고를 받았는데, "남병 2100명, 기마 200필, 낙타 및 나귀 100두(頭)의 모집을 완료했습니다." 그리고 "각 군이 원래 가지고 있던 장비는 모두 썩고 망가져 쓸 수 없으므로 조치를 청합니다."라고 하였습니다.

위 항목의 군사를 보니 모두 허수(虛數)이며 또 대부분 무기가 갖추어지지 않았습니다. 여러 지역의 병마가 모두 이와 같다면 실제로 쓰기가 어려울 것이니 진실로 우려됩니다. 그렇기 때문에 여러 지역의 병사와 장령을 실제로 확인한 후 지명해서 징발해야 합니다. 산해관 화기수 3000명과 오유충 휘하 900명이 모두 허수인 것을 제외하면, 동원하여 쓸 병력은 겨우 1만 3100명뿐입니다. 제가 지금 데리고 산해관을 나서는 군사는 7500여 명에 그칩니다. 해당 진에서 보내야 할 병마는 아직 다 도착하지 않았고, 제가 동원해달라고 요청한 병마는 번번이 제본을 올려 머물게 하니 무슨 뜻인지 알지 못하겠습니다. 이 때문에 정말 어쩔 수 없이 도독(都督) 윤병형(尹秉衡)이 원래 모집한 병사를 다시 동원하려 하는데, 이 병사들은 건장한 자들을 뽑아 오래도록 훈련했으니 정벌을 행할 수 있습니다. 급히 사용하는 데 관계되므로 중간에서 막아서는 안 됩니다. 병부에서 태마(駄馬), 의갑(衣甲), 장비를 적절히 지급하는 외에 마땅히 병부에 자문을 보냅니다. 번거롭겠지만 제본으로 청하여 송대빈이 거느린 신병 3500명을 모두 보병으로 편성하여 저의 표하로 보내줌으로써 이에 따라 파견할 수 있도록 시행해주십시오.

# 분순요해도에게 보내는 명령

## 檄分巡遼海道 | 권2, 36a-37a

날짜 만력 20년 10월 25일(1592. 11. 28.)

발신 송응창

수신 분순요해도(分巡遼海道)

내용 왜적 정벌에 투입되는 병사의 행량, 부식비, 사료값 등에 대해 부대의 위치에 따라 구분해서 지급하라는 명령이다.

긴급한 왜정에 관한 일.

순무대동 도찰원우첨도어사(巡撫大同都察院右僉都御史) 형개(邢玠)의 자문을 받았는데, 앞의 사안으로 그 내용은 다음과 같았다. "대동진의 정왜(征倭) 관군은 매일 지급되는 행량이 지위별로 다릅니다. 과거 규정에는 장관이 5되, 천총·파총이 3되, 관대(管隊)·첩대(貼隊)[69] 및 군정(軍丁)이 1되 5홉, 말은 한 필당 하루에 요(料) 3되, 초(草) 1속입니다. 이에 따라 연도에서 노정에 맞춰 지급하고 다른 논의를 할 필요가 없습니다. 장관은 매일 식비로 은 1전을 지급하

69 관대(管隊)·첩대(貼隊): 파총(把總)보다 아래의 기층 무관으로, 50~100명 정도의 병사들을 관할하는 직책이었다. 만력 연간에 이들은 기본적으로 일반 군정(軍丁)과 같은 대우를 받고 있던 것으로 보인다.

고, 천총은 한 사람당 매일 부식비로 은 8푼을 지급하며, 파총은 한 사람당 매일 부식비로 은 5푼을 지급하고, 관대·첩대·군정은 한 사람당 매일 염채은(鹽菜銀) 3푼을 지급하며, 애초에 군향은(軍餉銀) 내에서 빌려 쓰기로 논의하였습니다."

앞서 호부로부터 앞의 일로 자문을 받았는데, 그 내용은 다음과 같았다. "정왜 남북 관병은 한 사람당 매일 은 5푼을 지급합니다. 태마가 있는 경우에는 추가로 매일 은 2푼을 지급하고, 각 군이 스스로 사료를 구매해서 마련하도록 합니다."

이미 동원한 군사가 지나갈 아문에 패문을 보내 대처하도록 하였다. 그 후 지금 앞의 일로 문서를 받았는데, 살펴보건대 계주·보정 두 진의 군대와 대동진의 병마는 모두 왜적을 정벌하므로 군량 지급도 마땅히 동일해야 한다. 다만 산해관 서쪽은 군량과 사료가 조금 귀해서 각 군이 본색으로 지급하기를 원한다. 영전(寧前) 동쪽은 군량과 사료가 조금 싸므로 각 군은 절색으로 지급하기를 좋아한다. 호부 차문에서 관병에게 은 5푼을 지급하라고 하였는데 조금 부족하니 구분하여 마땅히 참작해서 논의해야 한다.

패문을 보내니, 바라건대 분순요해도는 만일 내가 동원한 관군이 그쪽에 도착하거든 장관·천총·파총의 행량과 부식비, 마필의 사료를 모두 이전의 수량에 비추어 교부하라. 관대·첩대·군정에게는 행량으로 주는 쌀과 염채를 줄 필요가 없다. 사람마다 매일 호부의 명문(明文)에 따라 은 5푼, 태마(駄馬) 사료값으로 2푼을 지급하고 사료는 그들이 스스로 구매하도록 하라. 산해관 서쪽 군사의 군량과 사료는 전례에 따라 시행한다. 각각 지급할 은의 수량과 일자를 갖추어 보고해서 내가 확인할 수 있도록 하라.

# 병부상서 석성에게 보고하는 서신

報石司馬書 | 권2, 37a-38a

날짜 만력 20년 10월 25일(1592. 11. 28.)

발신 송응창

수신 병부상서 석성

내용 석성의 도움으로 군량이 순조롭게 모인 데 감사를 표하면서 전쟁 준비 상황을 알려주는 서신이다. 병부에서 처음 배정한 군사보다 6000명을 추가로 모집하겠다는 것, 27일에는 요양에 도착해서 이동을 결정하겠다는 것을 보고하였다. 아울러 명군(明軍)의 진군을 소문내서 왜적을 당황하게 하라는 것, 전쟁 물자의 운반 방법, 심유경의 활용 등을 충실히 시행하겠다는 것을 언급하였다.

권2

수찰을 받아보니, 요동에서 군량과 사료를 마련하여 구매하였는데 족히 3만 병마에게 3개월 동안 식량을 지급할 수 있습니다. 겸하여 새로 정무를 주관할 사람을 선발하여 전적으로 이 사안을 처리하도록 하였으니, 병사들을 이동시키는 비용에 문제가 없게 되었습니다. 이는 바로 군중에 크게 이익이 되는 것이므로 감격하는 마음이 얕을 수 없습니다. 제가 동원한 병마들은 다만 편제에 따라 원래 관할 장관이 통솔하도록 하였을 따름입니다. 늘어난 바는 불과

6000명이라 대하(석성)께 제본으로 청한 외에 별도로 한 차례 동원하는 것이 아닙니다. 오랑캐의 경보가 바야흐로 긴급하기에 4~5만을 얻고 싶지만 매우 어려울 것입니다. 만일 다 모이기를 기다렸다가 출발한다면 아마도 시간만 허비하게 될 것 같습니다. 헤아리건대, 27일에는 관문을 나가 요양으로 신속히 가서 진격을 정하고자 합니다. 그리고 양문(楊文)·유정·진린(陳璘)[70] 등이 지휘하는 여러 지역의 병마가 운집하니 왜노가 비록 교활하다고 해도 평정할 거리도 못 됩니다. 명군의 출정 소문이 먼저 전해져 여기저기 퍼지면 왜적의 혼백을 달아나게 하기에 충분할 것이니, 진실로 신묘한 계책이기에 즉시 받들어 행하겠습니다. 요동 등의 병마를 보내는 일, 양원에게 책임을 지워 가정을 모집하러 가라고 하는 일, 경내의 폐장(廢將)[71]을 임용하는 일은 모두 가르침을 따르겠습니다. 화약을 세 차례로 운송하고 낭선은 천진에서 스스로 구하는 것이 매우 편리하고도 편리합니다. 파발꾼과 돈대의 보초에 대해 대하께서 고단함을 염려하시니, 이는 천지와 같은 마음이므로 어찌 감히 훌륭한 뜻을 우러러 받들지 않겠습니까. 파견하신 심유경을 만나 어제 밀담을 나누었는데 과연 크게 쓸 수 있겠습니다. 이에 은량을 지급했고 수행원 또한 두터이 위로하였으며 당일에 출발하고 지체하지 말도록 하였습니다. 대하께서 위에 계시면서 안에서 일을 주지하시니, 제가 몸과 마음을 다해 보답하려고 하지 않는다면 이는 스스로 기

........

70 진린(陳璘): 1532~1607. 명나라 사람으로 광동 소주부(韶州府) 옹원현(翁源縣) 사람이다. 자는 조작(朝爵), 호는 용애(龍厓)이다. 무장으로 광동(廣東)의 군사를 이끌고 부총병으로 임진왜란에 참전하였으며, 곧 어왜총병관(禦倭總兵官)으로 승진하였다.
71 폐장(廢將): 해임된 상태의 장수를 말한다.

회를 잃는 것이며 대장부가 아닐 것입니다.[72] 여러 미비한 일들에 대해서는 그때마다 가르침을 내려주시기를 더욱 바랍니다.

........

72 대장부가 …… 것입니다[非夫也]: 『춘추좌씨전(春秋左氏傳)』 선공(宣公) 12년 조에 "일 개 부대를 편성하여 나왔다가 적이 강하다는 말을 듣고 물러선다면 대장부가 아니다[成 師以出 聞敵彊而退 非夫也]."라는 말이 나온다.

# 내각대학사 장위에게 보고하는 서신

報張相公書 | 권2, 38a-38b

날짜 만력 20년 10월 25일(1592. 11. 28.)

발신 송응창

수신 내각대학사 장위

내용 인구가 조밀한 천진에 전투가 벌어질 경우 백성을 수용하는 문제를 문의하는 동시에, 양호에게 도움을 받고 있다는 내용을 전달하고, 해상에서의 대응에 가르침을 청하는 내용의 서신이다.

서신을 통해 가르침을 받았는데, 군인들이 추울까 염려하여 알맞은 처소를 얻으라고 하셨습니다. 이는 천지의 마음이자 변경의 복입니다. 어찌 감히 존대(장위)의 마음을 본받지 않을 수 있겠습니까. 가르침을 받아보니 공격과 방어 두 사안에 대해 신중함을 경계로 삼으라고 간곡히 말씀해주셨는데, 정말로 나라를 위하는 훌륭한 방안이라 마음에 새기지 않음이 없었습니다. 어제 지도를 검토해보니 청야책(淸野策)[73]을 행하기에는 요동이 매우 유리합니다. 또한 대군

.......

73　청야책(淸野策): 아군 지역의 곡물이나 풀을 적군이 이용하지 못하도록 불태우는 작전을 말한다.

이 물고기 비늘처럼 모였으니 왜적은 형세상 요동으로 올 수 없습니다. 다만 천진과 등주·내주는 성이 바다에 인접해 있고 백성의 거주가 조밀하니, 왜적이 일시에 갑자기 쳐들어오면 아마도 백성을 성안으로 거두어들이기 어려워서 충분히 우려할 만합니다. 바라건대 존대께서 계획해주십시오.

영평의 양군(楊君: 양호)은 과연 뛰어난 인재이니 충분히 도움이 될 수 있습니다. 저는 여러 가지 일에 대해 매번 양호와 더불어 상의하여 결정할 것입니다. 변경의 장수는 적과 마주할 때 가벼이 바꾸면 안 된다는 것은 모두 존대께서 내려주신 가르침으로 관계된 바가 적지 않습니다. 존대께서는 위에 계시면서 안에서 주지하시니 제가 몸과 마음을 다해 보답하려고 하지 않는다면 이는 스스로 약속한 뜻을 잃는 것이며 대장부가 아닙니다. 해상(海上)에서의 대응은 존대께서 손안에서 세밀히 계획하시므로 그때마다 가르침을 내려주시기를 더욱 바랍니다. 바라고 또 기대합니다.

# 분수요해도참의 형주준에게 보내는 서신

**與分守道荊參政書 | 권2, 38b-39a**

---

날짜 만력 20년 10월 25일(1592. 11. 28.)

발신 송응창

수신 분수요해도참의(分守遼海道參議) 형주준

내용 형주준이 최근 사직 상주를 올린 것을 만류하며 나라를 위해 앞으로 협력하자는 서신이다.

---

보내준 책을 받아보니 회답이 매우 자세하고 조치가 두루 미쳐서 기쁘고도 위로가 됩니다. 문하(형주준)께서는 훌륭한 재주를 갖고 있어 변경 방어를 의지할 수 있으니, 저는 매우 다행스럽게 여깁니다. 어제 저보(邸報)를 보니 바로 문하께서 급히 사직을 청한 상주였는데, 혹시 저에게 조금이라도 혐의쩍게 여기는 마음이 있습니까.[74] 옛사람이 말하기를, "국가의 급무를 우선하며 사적인 원수는 뒤로 미룬다."라고 하였습니다. 또한 저와 무슨 원수질 일이 있어서 원한을 품은 것입니까. 하늘의 해에 걸고 맹세하건대 저의 마음에는

.......

74 혹시 …… 있습니까: 송응창은 과거에 형주준의 탄핵 사건과 관련된 적이 있었다. 『명신종실록』 권243, 만력 19년 12월 1일(계사).

결코 다른 생각이 없습니다. 문하께서 나랏일에 마음을 다하며 저에 대한 원한을 깨끗이 씻어낸다면, 저는 응당 천자의 조정에 문하의 업적을 첫째로 꼽을 것이고 그러면 높은 자리에 임명한다는 명령이 조만간에 있을 것입니다. 의심을 쌓아 외롭게 되고 스스로 좋은 기회를 잃어서 천고의 웃음거리가 되지 않기를 바랍니다. 그 밖에 화기, 모시와 솜은 다시금 늘려줄 것을 요청하고, 보내준 책을 각 도에 배포해서 규범으로 쓰겠습니다. 삼가 알립니다.

2-48

# 내각대학사 조지고·장위, 병부상서 석성에게
# 보고하는 서신

報趙張二政府及石司馬書 | 권2, 39a-39b

날짜 만력 20년 10월 25일(1592. 11. 28.)

발신 송응창

수신 내각대학사 조지고·장위, 병부상서 석성

내용 계주진과 관련된 조치에 감사를 전하고, 천진 및 등주·내주의 관원들이 병력 철수를 주장하는데 요동 방면의 보고에 따르면 왜적들이 중국의 침범을 기도하고 있으므로 방어에 만전을 기할 수 있도록 협조해 달라는 서신이다.

　제가 관문을 나서는 날에 군량의 상황을 게첩 중에 자세히 알려 드렸으니 감히 다시 반복하지 않겠습니다. 이번에 계주진의 해구 방어 사안은 다행히 계요총독 학걸과 순천순무 이이가 저와 한마음으로 조치해주셨습니다. 다만 천진과 등주·내주 일대는 조선과 마주 보고 있으므로 다른 지역과 비교해 더욱 긴요한데도 일을 담당하는 관원들은 왜적이 침범하지 않으니 배치한 병사들을 논의해서 철수해야 한다고 말합니다. 근래 요동의 보고를 받았는데 왜적 선박이 1000척이 넘고 양식을 약탈해 쌓아놓고 있으며 동래(東萊)를 지나서 노략질과 살인을 하고자 한다고 합니다. 만일 돛을 올리고 온다면 대응할 수 없으니 그 죄를 누구에게 미루겠습니까. 이렇게 제가 부득이 미리 존대(조지고 등)께 아룁니다. 유념하시어 비밀리에 주관하여 이쪽과 저쪽으로 하여금 만전을 기하게 하기를 바랍니다. 간청하고 또 간청합니다.

# 병과급사중 허홍강에게 보고하는 서신

報許都諫書 | 권2, 39b-40a

날짜 만력 20년 10월 25일(1592. 11. 28.)

발신 송응창

수신 병과급사중(兵科給事中) 허홍강(許弘綱)[75]

내용 전쟁을 이번 겨울에 해야 하는 이유로 왜적들이 추위를 두려워한다는 점, 땅이 얼어붙어 있을 때 군대가 빨리 이동할 수 있다는 점을 거론하며 이여송을 신속히 출발시켜달라고 요청하는 서신이다.

왜적 정벌 사안은 제가 감히 멋대로 하는 것이 아니라 여러 차례 명확한 성지를 받았고 또 노련한 변방 장수들과 세밀하게 몇 차례나 논의한 것입니다. 이번 겨울에 반드시 해야 합니다. 대개 왜노들은 추위를 두려워한다는 것이 첫 번째 이유입니다. 땅이 얼어붙어 인마(人馬)가 빨리 달릴 수 있다는 것이 두 번째 이유입니다. 사기(士氣)가 고무되고 양식이 충분하다는 것이 세 번째 이유입니다. 만

........

75 허홍강(許弘綱): 1554~1638. 명나라 사람으로 절강 황전판(黃田畈) 출신이다. 자는 장지(張之) 호는 소미(少薇)이다. 임진왜란이 발발하여 조선이 명에 원군을 요청하자 간관들을 이끌고 전쟁 참여에 반대하였다. 이후 경략 송응창을 탄핵하여 송응창은 관직에서 물러나 고향으로 돌아갔다.

일 혹시라도 초봄까지 늘어지면 군대는 노약해지고 재정은 부족해지며 왜적들이 더욱 득의양양해져서 반드시 수륙으로 함께 진격할 터인데, 형세상 진실로 막기 어렵습니다. 이에 특별히 황상께 제본을 올릴 터이니, 바라건대 문하(허홍강)께서 도움을 주고 시간을 허비하지 말며 제독 이여송[李總戎]을 재촉하여 신속히 출발시켜주십시오. 하물며 근래 오랑캐 소식은 원래 큰일이 아니며 우려스럽다고 해도 계주진의 험준함은 믿을 만하고 요동진은 병사가 있어 방어할 만하며 변장들은 그에 대한 계획을 이미 잘 세워두었습니다. 제가 보기에 너무나도 명확하기에 감히 어리석음을 무릅쓰고 이와 같이 짧은 게첩을 올리오니, 궁궐에서 주지하시면 사직(社稷)에 매우 다행일 것입니다. 이는 군기에 관련된 짧막한 상주이므로 베껴서 발송하지 말아주십시오.

# 요동총병 양소훈으로 하여금 조선국왕에게 대신 전달하라는 명령

## 檄遼東楊總兵轉諭朝鮮王 | 권2, 40a-41a

날짜 만력 20년 10월 25일(1592. 11. 28.)

발신 송응창

수신 요동총병 양소훈

내용 조선국왕에게 전달할 내용을 요동총병으로 하여금 전하라는 명령이다. 명군이 출동하고 있으니 병력과 민심을 수습해서 협공을 준비하라는 내용이다.

관련문서 이 문서는 『선조실록』 권32, 선조 25년 11월 15일(신미) 기사에 동일 문서가 수록되어 있으나, 『선조실록』에 수록된 것은 "爲~事"가 없으면서 자구에 차이도 적지 않고 내용이 훨씬 길고 자세하다. 오희문(吳希文), 『쇄미록(瑣尾錄)』(황교은 외 교감·표점, 『쇄미록』 7 교감·표점본 1, 국립진주박물관, 2018) 권1, 「임진남행일록(壬辰南行日錄)」, 황조토왜격(皇朝討倭檄), 153~154쪽 및 조경남(趙慶男), 『난중잡록(亂中雜錄)』(대동야승 수록본) 2, 壬辰年 下, 12월 25일 기사에도 『선조실록』과 일부 자구의 차이를 제외하고는 기본적으로 같은 글이 실려 있다. 『쇄미록』에 따르면 해당 격문은 만력 20년 11월 15일자로 되어 있다.

천명(天命)을 받들고 의로운 군사를 일으켜 속국을 구하러 동쪽으로 가니 마땅히 본왕(本王: 선조)에게 알려 함께 왜적의 소멸을 도모하는 일.

조선이 해외에서 처음 책봉을 받은 이후 대명(大明)의 정삭(正朔)을 받든 지[76] 200년 동안 조공을 제때 했으며 황복(荒服)[77]으로서 정성을 70주(州)로 운반하면서 충정(忠貞)이 매우 독실하였다. 문장과 예악에서는 중국의 문명[中夏]을 써서 오랑캐의 관습을 바꾸었고 성교(聲敎)[78]와 의관은 가까운 곳을 통해 먼 지역까지 미쳤으니, 동방의 군자 나라이자 요동의 외번이 되었다. 그런데 벌레 같은 이 왜노들이 감히 하늘의 그 뜻을[79] 넘어서 창졸간을 틈타서 번번이 멋대로 잔악한 짓을 행하였다. 서울을 빼앗고 평양을 점유하니 악독한 짓이 이미 심하였다. 세자를 잡아가고 왕묘를 파헤쳤으니 악을 퍼뜨리는 짓이 더욱 참담하였다. 인민은 도망가 숨고 국주(國主)는 달아났으며 공경히 배신(陪臣)을 파견해 구원을 요청하였다.

이때 신성한 천자께서 몹시 진노하여 나에게 소사마(少司馬: 병부시랑)로서 절월(節鉞)을 잡고[80] 권형(權衡: 권한)을 총괄하게 하였다. 이에 육사(六師)[81]를 정돈하고 구벌(九伐)[82]을 크게 밝혔다. 지모가 있

76 대명(大明)의 …… 받든 지: 명나라의 조공국이 되었다는 것을 말한다. 정삭(正朔)은 달력을 뜻하는데, 중국에서는 특정 시점부터 달력을 하사하여 조공국을 시간의 영역에서도 복속시키고자 하였다.

77 황복(荒服): 중국에서 가장 먼 지역을 표현하는 말이다. 중국 고대의 지리 관념에서는 천자의 영토를 중심으로 전복(甸服), 후복(侯服), 빈복(賓服), 요복(要服), 황복 순으로 중심지로부터의 거리를 표현하였다.

78 성교(聲敎): 훌륭한 인물의 위엄과 교화를 말한다.

79 감히 …… 뜻을: 『서경』 「태서 상(泰誓上)」에 나오는 말로, 후세 임금이 하늘의 뜻을 대신하여 정치를 잘하여 권위가 확립된 경지를 가리킨다.

80 절월(節鉞)을 잡고: 군주의 통수권을 대행하는 것을 말한다. 고대 중국의 군주는 장군을 전쟁 등에 파견할 때 자신의 권한을 상징하는 도끼를 내려주었다.

81 육사(六師): 천자의 군대를 말한다. 『주례(周禮)』 하관(夏官)에서는 왕은 6군, 대국(大國)은 3군, 그 다음 나라는 2군, 소국은 1군을 거느린다고 언급하였다.

는 신하들이 비처럼 많아 계책을 세우고 지혜를 빌려주는 자들이[83] 발꿈치를 연이어 찾아오고, 용맹한 선비들이 구름같이 많아 피 묻은 칼과 벼린 날을 가진 자들이 어깨를 맞닿으며 이르렀다. 이미 복건[閩]·광동[廣]·절강[浙]·남직례[直]에 공문을 보내 전함을 모으고 섬라(暹羅), 유구(琉球) 등의 병력과 합하여 일본을 습격함으로써 소굴을 쓸어버리도록 하였다. 그리고 진(秦)·촉(蜀)·연(燕)·제(齊) 지역의 전쟁을 두려워하지 않는 병사와 선부(宣府)·대동(大同)·산서 여러 진의 씩씩한 병사를 동원하여 조선으로 깊숙이 들어가 그 무리를 없앨 것이다. 용이 뛰고 호랑이가 날래듯이 멀리 압록강 머리로 치달리고, 번개가 치고 바람이 날 듯이 곧장 대마도 해안에 이를 것이다. 이에 마땅히 본왕에게 공문을 보내 알림으로써 군대를 합쳐 협공을 편리하게 해야 한다.

이에 그대에게 차문을 보내니, 바라건대 차문의 내용에 따라 즉

......

82 구벌(九伐): 왕명(王命)을 어긴 자를 처벌하는 아홉 가지 조항을 말한다. 『주례』 「하관사마(夏官司馬)」 대사마지직(大司馬之職)에 나오는데 구체적인 내용은 다음과 같다. 1. 제후 중에 강한 자가 약한 자를 능멸히거나 큰 나라가 작은 나라를 침범하면 그 토지를 삭감한다. 2. 현량(賢良)을 멋대로 죽이고 백성을 해치면 정벌(征伐)한다. 3. 안으로 폭정을 하고 밖으로 다른 나라를 능멸하면 교체한다. 4. 전야(田野)가 황폐하고 백성이 흩어지면 그 토지를 삭감한다. 5. 험고(險固)함을 믿고 천자의 명령에 복종하지 않으면 쳐들어간다. 6. 까닭 없이 친족을 죽이면 잡아서 그 죄를 다스린다. 7. 신하가 그 임금을 추방하거나 시해하면 죽인다. 8. 천자의 명령을 어기고 정법(政法)을 따르지 않으면 이웃 나라와 교통을 하지 못하게 한다. 9. 내외(內外)의 인륜을 패란(悖亂)시키면 주살(誅殺)한다.

83 계책을 …… 자들이(運籌借箸): '運籌'는 '運籌帷幄'의 준말로, 장막 안에서 계책을 세운다는 뜻이다. 『사기(史記)』 「고조본기(高祖本紀)」에 "무릇 장막 안에서 계획을 세워 천리 밖의 승리를 얻게 하는 데는 장량만 못하다[夫運籌帷幄之中, 決勝於千里之外, 吾不如張良].'는 말에서 나왔다. '借箸'는 계책을 세우고 논의한다는 뜻이다. 『한서(漢書)』 「장량전(張良傳)」에 한(漢)나라 장량(張良)이 고조(高祖)에게 "앞에 있는 젓가락을 잠깐 빌려서 대왕을 위해 계획을 세우겠다[臣請借前箸爲大王籌之].'라고 한 말에서 나왔다.

시 도사(都司)에게 공문을 보내 나의 문서에 다음의 내용을 첨부하여 조선 국주(國主)에게 대신 전달하라. 지금 천자의 병사가 장차 도착하여 조선의 회복을 기약할 수 있으니, 마땅히 흩어져 도망친 자들을 모으고 용감한 사람들을 모집하라. 군량과 사료를 모으고 요충지를 막아라. 적의 동정을 살피고 적의 상황에 대응하며 천병이 신속히 도강하는 것을 기다리도록 하라. 혹은 기책으로 혹은 정공법으로 혹은 길을 나눠서 혹은 협공하여 추악한 왜노를 소멸시키고 전 국토를 맑게 하도록 힘써라. 그리고 선유(宣諭)한 사유를 보고하라. 어기지 말라.

# 원임 노안부동지 정문빈에게 보내는 명령

### 檄原任潞安府同知鄭文彬 | 권2, 41a-41b

날짜 만력 20년 10월 25일(1592. 11. 28.)

발신 송응창

수신 원임 노안부(潞安府) 동지 정문빈

내용 정문빈을 조선국왕에게 보내 명나라 군사가 조선을 도우러 갈 것이니 병력을 모으고 민심을 수습하라는 내용을 전하라는 명령이다. 아울러 조선의 역관과 정찰병을 통해 왜적의 상황, 조선의 민심, 명나라 군대의 도강 및 주둔, 군량 저장 장소 등을 조사해서 보고하라는 내용도 포함되어 있다.

성지에 따라 부신에게 전적으로 책임을 맡겨 왜로 인한 환란을 경략하는 일.

살펴보건대, 조선은 동해의 속국이자 요동의 외번으로서 대대로 정삭을 받들면서 제때 조공을 해왔다. 그런데 벌레 같은 왜노들이 감히 조선을 함락시키고 끝내 국왕이 여러 차례 배신을 보내 구원을 청하게 만들었다. 지금 나는 명령을 받들었으니 대병을 통솔해서 요양으로 가서 적절한 시기에 일을 행할 것이다. 마땅히 관원을 보내 선유하고 왜정을 살피고자 한다.

차문을 보내니, 바라건대 그대는 원래 관직인 산서 노안부 동지로서 참찬군기사(參贊軍機事)가 되어 조선 국내로 가서 본왕을 만나 다음과 같이 선유하라. "중국은 그대의 나라가 평소 공손하고 성실하다는 것을 염두에 두고 특별히 소사마(송응창)에게 명령을 내려 병사를 통솔하여 구원하도록 하였다. 그대는 국내에서 흩어져 도망간 사람들을 모으고 호걸들을 모집하며 군량과 사료를 많이 저장하고 요충지를 막고서 지키도록 하라."

그 나라 통사(通使: 역관)와 야불수(夜不收)로 하여금 정찰하여 왜노는 정확히 얼마나 되며 지금 어떠한 상황이고 어느 지역에 잠복했는지, 왜선은 정확히 몇 척이며 지금 어느 해구에 정박해 있는지, 어떠한 길이 평탄해서 진군할 수 있으며 어떤 지역이 험준해서 매복할 수 있는지, 대병이 도강한 후에 어느 곳에 양식을 쌓을 수 있으며 어느 곳에 주둔할 수 있는지, 압록강으로부터 도로로 정확히 몇 리 떨어져 있는지, 그 나라 팔도(八道)의 인심은 과연 여전히 옛 임금을 생각하고 있는지, 의로운 선비들이 호응하며 회복을 도모하려 하는지의 각 상황을 나에게 회보하여 계획할 때 근거가 될 수 있도록 하라. 그대는 외국으로 출사하여 원대한 계획을 세우는 데 진력함으로써 중국에서 소국을 어루만져주는 인자함을 드러내고 또 속국으로 하여금 사대(事大)하는 마음을 더욱 견고히 하도록 하는 데 힘쓰도록 하라.

# 해주·개주·영전·개원 분순도 및 분수도 등 5도에 보내는 명령

**檄海蓋寧前開原分巡分守五道 | 권2, 42a**

**날짜** 만력 20년 10월 26일(1592. 11. 29.)

**발신** 송응창

**수신** 해주(海州)·개주·영전·개원(開源) 분순도 및 분수도(分守道)

**내용** 앞서 영전도(寧前道)에서 군량을 운송할 우거(牛車)를 빌리도록 했는데, 민간을 소요시킬까 우려되므로 수레 대여를 취소하고 소, 노새, 나귀 등을 구입해서 대기하라는 명령이다.

성지에 따라 부신에게 전적으로 책임을 맡긴 일.

이미 해당 도에 패문을 보내 사람을 선발하여 영전도로 가서 마가은 200냥을 수령하고, 관원에게 임무를 맡겨 소를 구입하며 우거 빌리도록 하였다. 패문을 보낸 후 지금 살펴보건대, 우거의 임대가 매우 시간이 걸릴 뿐 아니라 군민(軍民)을 소요시킬까 걱정된다.

패문을 보내니, 바라건대 그대들은 앞서와 이번 공문의 내용에 따라 즉시 앞서 보낸 해도의 파견인을 영전도로 보내 우거 대여 비용 은 200냥을 수령하고 다시 은 500냥을 수령한 후 적당한 관원을 골라 임무를 맡겨 소를 구매하도록 하라. 만일 소는 적은데 은이 많다면 즉시 노새를 구입하라. 노새가 부족하다면 나귀를 구입하라. 마땅히 쓸 사료는 적절히 헤아려 소 등을 구입할 은을 남겨 구매해서 쓰고, 포대를 다량으로 준비하여 군량과 사료를 실어 나르라는 지시를 기다려라. 앞서 공문에 언급한 차량(車輛)은 임대할 필요가 없다. 먼저 구매를 완료한 수량과 항목을 갖추어 보고하라. 어기지 말라.

# 요동도사에게 보내는 명령

## 檄遼東都司 | 권2, 42b-43a

날짜 만력 20년 10월 27일(1592. 11. 30.)

발신 송응창

수신 요동도사(遼東都司) 장삼외(張三畏)[84]

내용 요동에서 여러 가지 이유로 조선에 관원을 보내기 때문에 조선에서 비용이 발생하므로, 조선국왕에게 앞으로 접대 비용을 쓰지 말라는 내용을 전하고 요동 관원들은 조선에 물품을 요구하지 말도록 단속하라는 명령이다.

성지에 따라 부신에게 전적으로 책임을 맡긴 일.

살펴보건대, 조선이 왜적의 환란을 입은 이후 중화(中華: 중국)의 사신이 때로는 위로를 행하러, 때로는 정탐하러 불시에 그 나라 안으로 들어갔다. 이에 국왕은 중국을 절박한 심정으로 바라며 요동 관원들을 매번 접대하고 상을 내렸다. 이 때문에 무릇 이렇게 떠돌며 파천하는 때를 당하여 또다시 연이어서 별도의 비용이 생기게

.......

84 장삼외(張三畏): ?~?. 명나라 사람으로 요동 삼만위(三萬衛) 출신이다. 만력 20년(1592)에 요동도지휘사사첨사(遼東都指揮使司僉事)로 의주에 와 머물면서 군량을 관리하였다.

되었다. 나는 이를 탐문하여 알게 되고는 마음속으로 매우 안타까웠다.

전에 조선에서 상으로 주는 물품을 받은 차역(差役)[85]에 대해서는 현재 원래 받은 예단을 추징하여 돌려주도록 하는 외에 패문을 보내니, 바라건대 요동도사 관리들은 즉시 조선국왕에게 대신 전달하여 이후 비록 명문을 받들고 파견되어 온 사신이라고 하더라도 전처럼 예단을 주지 말며 절검을 행하는 데 힘씀으로써 군대 보급을 지원하라. 만일 조선으로 떠나는 차역 중 감히 단속을 따르지 않고 망령되게 예단을 요구하는 자가 있다면 즉시 나에게 알려서 군법으로 처리하도록 하라. 보내는 문서의 내용에 따라 이를 널리 간행하여 고시(告示)하고 현시(懸示)함으로써 그 나라의 인민도 우리 중국이 대의(大義)를 일으켜 여국(與國: 동맹국)을 구휼하려는 지극한 뜻을 분명히 알도록 하라. 그리고 전달해서 알린 연유를 보고하라. 어기지 말라.

........

85  차역(差役): 특정 업무를 맡은 하급 관리를 말한다.

# 모든 장령들에게 보내는 명령

## 檄大小領兵諸將 | 권2, 43a-44a

---

날짜 만력 20년 10월 28일(1592. 12. 1.)

발신 송응창

수신 모든 장령

내용 병사들의 장비와 공성 장비가 모두 갖추어졌는지 규정에 따라 조사하고 부족한 물품을 채우라는 명령이다. 군종에 따라 갖추어야 할 장비의 목록이 첨부되어 있다.

---

변경과 해안의 군무를 경략하는 일.

그대들에게 표문을 보내니, 바라건대 즉시 통솔하고 있는 마병과 보병을 조사하여 휴대한 물건, 장비 등의 항목과 첨부한 수량과 항목을 조사하라. 그래서 없거나 부족한 경우 책임을 지워 완전하게 갖추도록 하고 사유를 갖추어 먼저 보고해서 알리도록 하라. 만일 완비하기가 어렵다면 분명하게 회보하라. 지체하거나 어겨서 불편하게 하지 말라.

첨부

하나. 마상(馬上) 물건은 한 마리당 후추(後鞦: 後䩞)[86] 2근(根)·두

대(肚帶) 2근, 연강(軟韁: 고삐) 1근, 전마철(拴馬鐵), 목용(木椿) 각 1근을 갖추어야 한다. 없는 것은 신속히 추가로 마련하라.

하나. 마군 1대(隊)에 쾌부(快斧) 2파(把), 끌[鑿] 2병(柄)·표도(鑣刀) 4파, 10명마다 나과(鑼鍋)[87] 1구(口), 군인마다 야표(椰瓢) 1개를 모두 확인해서 충분히 숫자대로 갖추도록 하라. 이렇게 하면 아마도 부뚜막 설치, 나무 채취, 목책 설치, 와포(窩舖: 임시 거처) 설치에 편리할 것이다.

하나. 병사마다 활 2장(張), 현(弦) 4근, 화살은 30지가 되도록 힘쓰며, 각기 요도(腰刀) 1구, 또는 창, 또는 당(鐺),[88] 또는 곤(棍)[89] 각 1건(件)을 갖춘다. 없는 자들은 기한 내에 사서 마련한다. 혹시 화살이 부족한 경우 담당관이 운송하여 다음 전투를 위한 보급이 이어지도록 하라.

하나. 남병은 1대마다 원래 동과(銅鍋: 솥)를 지니는 외에 병사마다 야표 1개씩을 갖추고, 1대마다 부(斧) 2파, 괭이[钁頭] 1파를 갖춘다. 총병 방패수는 원래 요도를 지니고, 선수(筅手)·창수(鎗手)·당수(鐺手)는 각기 날카로운 요도 1파씩을 갖추며 칼의 모양에는 구애받지 않는다. 낭선병(狼筅兵)·당병(鐺兵)은 각각 불화살 10지를 소지한다.

하나. 총병은 사람마다 화약 4근(觔), 면선(綿線)·화승(火繩) 5근, 탄환 500개를 갖추도록 힘쓴다.

........

86  후추(後鞦): 의미상으로는 후추(後鞧)로 보인다. 말 안장 뒤쪽에 고정하는 끈이다.

87  나과(鑼鍋): 액체를 끓이기 위한 도구를 말한다.

88  당(鐺): 긴 자루에 중앙의 창날과 좌우의 여러 형태 창날을 가진 창을 말한다. 흔히 삼지창과 유사한 형태이다.

89  곤(棍): 긴 나무를 둥글게 깎아 만든 병기를 말한다.

하나. 병사마다 초혜(草鞋)를 많이 준비한다. 다만 지금은 매우 추우므로 쾌해(快鞋), 호락(護絡) 등은 편리한 대로 하도록 한다.

하나. 군병은 볶은 건량(乾糧)을 갖추고 충분히 5일 동안 사용할 수 있도록 한다.

# 해주·개주의 분순도에게 보내는 명령

檄海蓋分巡二道 | 권2, 44a-44b

날짜 만력 20년 10월 29일(1592. 12. 2.)
발신 송응창
수신 해주·개주 분순도
내용 관은(官銀)을 사용해서 배와 인부들을 고용하고 압록강 서쪽 일대의 주둔지를 정비하며 수레를 다수 준비하라는 명령이다.

성지에 따라 부신에게 전적으로 책임을 맡겨 왜로 인한 환란을 경략하는 일.

본도 관리에게 표문을 보내니, 즉시 써도 지장이 없는 관은을 사용하여 해선(海船) 50척을 고용하고 배를 부릴 일꾼들을 완전히 갖추며 능력 있는 관원을 선발해서 총괄하도록 하라. 또한 압록강 서쪽 일대의 성보에서는 창고 또는 군민의 건조한 가옥을 준비하고 수레의 경우 많이 준비해놓되 수레 주인들의 이름을 모아다 관아에 두고서 명문이 오면 쓸 수 있도록 대기시킨다. 사유를 갖추어 우선 보고하라. 늦지 말라.

# 經略復國要編

---

## 권3

# 내각대학사 조지고·장위에게 보고하는 서신

報趙張二政府書 | 권3, 1a-1b

날짜 만력(萬曆) 20년 11월 4일(1592. 12. 7.)

발신 송응창(宋應昌)

수신 내각대학사(內閣大學士) 조지고(趙志皐)·장위(張位)

내용 외교를 통해 일본과 화약(和約)을 체결하면 다행이겠지만 실패할 경우를 대비해서 이번 겨울에 전쟁을 해야 유리하다는 근거를 제시하고 협조를 요청하는 서신이다.

왜노(倭奴)의 상황은 제가 아직 요양(遼陽)에 도착하지 않아 견문이 확실하지 않으니, 진취(進取)하는 사안에 대해 어떻게 감히 말씀드리겠습니까. 지금은 이미 광녕(廣寧)에 이르렀습니다. 오는 길에 명장(名將)들을 만나면 현직 여부와 관계없이 매번 상세히 물어보았더니 모두 말하기를, "천시(天時), 지리(地利)가 모두 우리에게 있습니다."라고 하였으나, 그중에는 생각을 숨기고 명확히 말하기 어려워하는 사람도 있었습니다. 이는 올겨울 거사에 달려 있는데, 아마도 이기지 못할 리가 없습니다. 대하(臺下: 조지고·장위)께서 병부에 대신 전달하여 각처의 병마(兵馬)를 신속히 독촉해서 모두 이번 달 보름 전후에 일제히 요양에 집결할 수 있게 해주셔야 겨우 일을 처리할 수 있을 것입니다. 만일 여러 지역에서 문제가 생겨 지체하며 진격하지 못해서 내년 봄이 되어버리면, 천시를 논해도 이미 저쪽에 있고 인사(人事)를 논해도 구왜(舊倭)[1]는 아직 떠나지 않았는데 새로운 왜노들이 더해질 터이니, 세력이 많아져 감당하기 어렵게 될 것입니다. 그 결과 참혹한 독기를 받는 것이 조선 하나에 그치지 않을 것입니다. 그때는 후회막급이니 이 때문에 부득이 간절하고도 간절하게 대하를 위해 말씀드리는 것입니다.

심유경(沈惟敬)은 이번 달 7~8일에 조선에 도착할 수 있을 터인데, 과연 계획대로 잘 합의하여 저들이 철병(撤兵)해서 귀국하는 일을 기껍게 여긴다면 바로 사직(社稷)의 복일 것입니다. 그러니 제가 어떻게 망령되이 행동하겠습니까. 혹시 왜적의 간악한 계략을 헤아릴 수 없어서 논의한 바대로 되지 않는다면, 겨울에 진격해서 토벌하는 것이 바로 적기입니다만 여러 병사가 아직 모이지 않았으니 장차 어떻게 하겠습니까. 최근 여러 사람이 일을 하는 것을 보니 차분하지 못하고 오히려 객기를 부리는데, 오로지 자신을 위할 뿐 나라를 위하지 않습니다. 만일 대하께서 군부(君父: 황제) 앞에서 힘껏 말씀하지 않는다면, 저는 외부에 있으니 정말로 손쓸 방법이 없습니다. 제 일신(一身)은 아깝지 않으나 국사(國事)는 어떻게 되겠습니까. 태자(台慈: 조지고·장위)께서 잘 살펴주시기 바랍니다. 이만 줄입니다.

.......

1  구왜(舊倭): 만력 20년(1592) 조선으로 건너온 일본군을 말한다. 이후 새로 건너올 왜와 대비하여 쓴 말이다.

## 3-2

# 병부상서 석성에게 보고하는 서신

報石司馬書 | 권3, 1b-2b

날짜 만력 20년 11월 4일(1592. 12. 7.)

발신 송응창

수신 병부상서(兵部尚書) 석성(石星)

내용 요동(遼東)을 비롯한 지역의 군량 준비가 충분하다는 내용을 보고하는 동시에 전쟁의 시기가 목전에 있다는 점을 강조하면서 병력을 추가로 동원할 것을 요청하는 서신이다.

대하(석성)께서 병력이 모이는데 군량은 이어 대기 어렵다는 것을 염려하셨으니, 이는 바로 제가 지난번 게첩(揭帖)으로 말한 어려운 상황입니다. 다행히 최근 각 사도(司道)를 엄격히 독촉하여 다방면으로 조치하고 있으니, 아마도 일의 실마리가 잡힐 것입니다.

요동 낭중(郎中) 왕응림(王應霖)에게서 보고를 받았는데, 그 내용은 다음과 같았습니다. "왜적 대비용 군량과 사료를 헤아려보니  10만의 병마가 두 달 동안 충분히 쓸 수 있습니다. 또 오랑캐 방어용 본색(本色)으로 저장한 9만 석을 왜적 방어 용도로 대기하겠습니다. 또한 지금 만력 21년치 둔량(屯糧)[2]과 염량(鹽糧)[3]을 징수하겠습니

.......

2　둔량(屯糧): 위소(衛所)의 군호(軍戶)들이 둔전에서 수확하여 납부하는 곡물을 가리킨다.

다."

　분수도(分守道) 형주준(荊州俊)은 3만 석을 구매 완료하였고, 분순도(分巡道) 풍시태(馮時泰)[4]는 1만 5000석을 구매 완료하였으며, 해개(海蓋)·영전(寧前) 두 도(道)는 모두 현재 양식을 사들이면서 3만 석을 채우는 데 힘쓰고 있습니다. 이 밖에 은 5만 냥을 발송해서 산동(山東)에서 양식을 구매하고 등주(登州)·내주(萊州)에 저장한 후 천진(天津)의 알운(空運)[5]을 이용하여 요양으로 운송해서 쓰도록 하였습니다. 이는 또한 앞서 언급한 군량에 포함되지 않습니다. 전체적으로 계산하면 왜적을 정벌할 병마는 4만이 안 되니 길게 헤아려서 계산하면 충분히 1년 남짓 사용할 수 있습니다. 하물며 왜선(倭船)의 공격은 이미 급박하고 결단이 바로 목전에 있으니, 오래 주둔한 외지 군대가 변란을 기다리다가 움직이는 것에 비할 수 없습니다. 이에 보정진(保定鎭)에서 새로 모집한 병사를 급히 동원하지 않을 수 없었습니다. 병가(兵家)에서는 원래 정해진 형식이 없으니, 군량이 부족하면 군량을 계산하고 군량이 충분하면 병사를 계산합니다. 그렇기 때문에 제가 다시금 이처럼 어리석음을 무릅쓰고 아룁니다. 대하께서 살펴봐주십시오. 이렇게 간청합니다.

3-3
# 동지 정문빈에게 보내는 서신

與鄭同知書 | 권3, 2b

날짜 만력 20년 11월 5일 (1592. 12. 8.)

발신 송응창

수신 동지(同知) 정문빈(鄭文彬)

내용 조선으로 출발한 정문빈을 위로하면서 병부상서 석성의 요청대로 반간계(反間計)와 왜적 탐문을 시행하고 수시로 보고해달라고 요청하는 서신이다.

혹독히 추운 시기에 문하(門下: 정문빈)께서 외국으로 가서 나랏 일에 이토록 수고하니, 마음이 몹시 안타깝습니다. 생각하건대, 지금 이미 국왕을 만나셨을 것입니다.[6] 유격(遊擊) 심유경과 왜노들의 내부 소식은 어떠한지 모르겠습니다. 어제 대사마(大司馬: 석성)의 서신이 왔는데, 사람 하나를 얻어 왜적 소식을 탐문하고 또 중간에 몰래 반간계를 시행하려고 한다는 내용이었습니다. 제가 헤아리건 대, 문하가 아니라면 불가할 것 같습니다. 이에 대사마의 서신을 기

........
6  생각하건대 …… 것입니다: 정문빈은 만력 20년 11월 10일 의주(義州)에 도착해서 선조 를 만났다. 『선조실록』 권32, 선조 25년 11월 10일(병인).

록하여 올리니, 서신의 핵심 내용을 본받아 은밀하고도 은밀하게 시행하기를 바랍니다. 대병(大兵)이 곧 도강(渡江)할 것이니, 모든 중요 사안을 수시로 신속히 보고하면 아마도 제가 미리 대책을 세울 수 있을 것입니다. 여러 일을 더욱더 신중하고 비밀스럽게 해야 합니다. 일이 잘 처리되면 문하의 공이 적지 않을 것입니다. 유의하십시오. 이렇게 부탁드립니다.

# 병부상서 석성에게 보고하는 서신

## 報石司馬書 | 권3, 2b-3b

날짜 만력 20년 11월 9일(1592. 12. 12.)

발신 송응창

수신 병부상서 석성

내용 송응창이 요청한 병사들을 전선에 배치하지 않고 북경 주위를 수비하는 데 사용하려는 상황을 비판하면서 현재 북경 수비는 긴급하지 않으므로 원래 논의대로 진행해달라고 부탁하는 서신이다.

외지에서 온 병사는 토벌에 목적이 있으니, 어찌 남을 위해 영토를 지키는 것을 기꺼워하겠습니까. 유정(劉綎) 병사 5000명, 양문(楊文) 병사 1000명은 모두 제가 자문(咨文)으로 요청해서 왜적을 정벌하기로 한 부대이며 또한 멀리서 왔습니다. 그런데 어떻게 하나는 천진에 두고 수비하도록 청하고 다른 하나는 통주(通州)에 두고 수비하도록 청할 수 있습니까. 대저 제가 동원한 병력은 질질 끌면서 보내지 않으면서 제가 자문으로 청한 병력에 대해 이동할 길을 막고 군사를 본토에 남겨두는 일을 논의할 수 있습니까. 이는 저한테 맨주먹으로 호랑이를 잡으라는 꼴입니다. 더구나 창평(昌平)의 병마는 비록 능경(陵京)[7]을 보호한다고 말하지만, 거용관(居庸關)은 하늘이 내려준 험지이고 분도(岔道)는 강력한 요새이며 회융(懷隆)·선부(宣府)가 밖으로 감싸고 있습니다. "아울러 청차(靑扯)[8]의 여러 추장은 현재 조공을 바치고 있습니다. 지난해 반기를 들었던 사(史)·차(車)[9]를 묶어서 바쳤으며 보바이(哱拜)·유동양(劉東暘)이 난을 주창하고 장(莊)·명(明)[10]이 침범하여 득의양양할 때 반란의 무리가 여러 방면으로 청차의 오랑캐를 끌어들였지만 오히려 가담하러 서행(西行)을 하지 않았으니, 최근 오랑캐의 상황은 비교적 잘 알 만합니다." 또한 겨울은 그들이 대거 모이는 때가 아니며, 설령 대거 모인다고 해도 반드시 도성(都城) 가까이로 오지는 않을 것입니다. 어째서 해당 진(鎭)이 이를 구실로 삼고 총독아문이 급작스레 주문을 올린 것입니까. 대하(석성)께서 자세히 살펴서 정상(情狀)을 확인하시면 다행이겠습니다. 또 번거롭게 해드립니다.

권3

.......

7  능경(陵京): 북경 및 북경 주위의 황릉을 가리킨다.

8  청차(靑扯): 청해(靑海) 지역에서 활동한 차력극(扯力克, Čülüge, ?~1607) 휘하 부족들을 가리키는 것으로 보인다. 차력극(扯力克)은 차력극(撦力克)이라고도 표기한다. 알탄 칸의 손자이다. 만력 14년(1586)에 부친 걸경합(乞慶哈)이 사망하자 칸의 자리에 올랐고, 스스로 제3대 순의왕(順義王)이라 칭했다. 삼낭자(三娘子)가 명조와 교역할 수 있는 인신(印信)을 알탄의 아들 포탑시리(布塔施里)에게 넘기자 군대를 일으켜 공격하였다. 이에 명조정은 차력극을 순의왕으로 책봉하였고, 삼낭자를 충순부인(忠順夫人)으로 삼아서 두 사람이 화해하도록 하였다.

9  사(史)·차(車): 사는 차력극(扯力克)의 형 안토(安兎)의 사위인 사이관(史二官)을, 차는 차달계(車達鷄)를 가리킨다. 만력 20년(1592) 차력극은 이 두 명을 잡아다 명 조정에 바치고 포상을 받았다. 『명신종실록』 권249, 만력 20년(1592) 6월 8일(병신) 및 『만력무공록(萬曆武功錄)』一, 「史二官車達鷄列傳」 참고.

10 장(莊)·명(明): 장은 장독뢰(莊禿賴), 명은 명안(明安)을 가리킨다. 이들은 모두 차력극(扯力克) 등과 감숙 일대에서 활동한 부족인데, 만력 20년 전후 차력극이 귀순을 희망한 것과 달리 지속적으로 명의 변경을 침입하였다. 『명사(明史)』 권327 열전 권215 외국8.

## 3-5

# 영평병비첨사 양호에게 보내는 서신

**與永平楊兵憲書 | 권3, 3b**

날짜 만력 20년 11월 10일(1592. 12. 13.)

발신 송응창

수신 영평병비첨사(永平兵備僉事) 양호(楊鎬)

내용 전쟁 준비에 신속히 도움을 준 데 감사를 전하고 병사와 경비 준비
에 대해 보고를 요청하는 서신이다.

권3

몹시 추운 날에 멀리까지 가는 것 또한 신하가 해야 할 일일 것
입니다. 어찌 감히 수고롭다고 하겠습니까. 분에 넘치는 염려를 받
았기에 깊이 감격하고 또 감격하였습니다. 방어 사안에 대해서는 보
고한 도설(圖說)을 제가 8일에 이미 받았고, 화기(火器)에 대해서는
10일에 모두 보낼 것을 다시 허락해주셨습니다. 문하(양호)께서 현
재 문제에 마음을 써주는 것이 다른 도와 매우 차이가 나니 기쁘고
도 위로가 됩니다. 병마와 경비는 어떻게 처분할지 문하께서 한번
논의하시고 저의 결정을 기다려주기를 바랍니다. 삼가 감사드리며
답합니다.

# 병부상서 석성에게 보내는 회신

### 答石司馬書 | 권3, 3b-4a

> 날짜 만력 20년 11월 13일(1592. 12. 16.)
>
> 발신 송응창
>
> 수신 병부상서 석성
>
> 내용 반간계의 진행을 보고하고, 이여송(李如松)의 왜적 정벌 참가를 바라며 자신과의 의례가 문제가 될 수 있다면 조정하겠다는 서신이다.

　서신을 통해 가르침을 받았는데, 사쓰마(薩摩)의 허의후(許儀後)에 관한 일은 묘책이니 이미 심유경·동지 정문빈에게 비밀리에 부탁해서 기회를 봐서 실행하라고 하였습니다. 제독 이여송이 새로 영하(寧夏)를 평정하였으므로, 그를 써서 왜적을 정벌하면 매우 적절할 것입니다. 그는 대대로 장군 가문 소속으로 충정(忠貞)이 평소 녹실하고 또한 이제 막 특별한 공훈까지 세웠으니 자연히 다른 장군과 다릅니다. 저는 오직 성공을 바라니 몸을 숙이는 일에 무엇을 꺼리겠습니까. 다만 앞서 자문을 받았는데 새로 추천한 총융(總戎)은 저의 지휘를 받도록 하셨습니다. 더구나 저는 병부에 있으면서 명을 받아 파견되었으므로 총독의 직함을 띤 사람과는 아마도 다를 것입니다. 가령 너무 낮추면 아마도 조정의 체통이 서지 않을 터이므로 저를 너무 높이지도 낮추지도 않는 중간 격식을 생각하여 각각 변방 장수의 예로 서로를 대우하면 양쪽 다 공평하게 될 것입니다. 존대(尊臺: 석성)의 생각은 어떤지 모르겠습니다. 그 밖에 섭정국(葉靖國)에 대해서는 명령대로 자문으로 뽑아 군중(軍中)에서 쓰겠습니다. 삼가 답합니다.

## 3-7

# 영원백 이성량에게 보내는 서신

與寧遠伯李寅城書 | 권3, 4a-5a

날짜 만력 20년 11월 13일(1592. 12. 16.)

발신 송응창

수신 영원백(寧遠伯) 이성량(李成梁)[11]

내용 이여송을 왜적 정벌에 쓰고 싶은데 자신과의 위계가 문제가 될 수 있으므로 중간에서 조정해달라는 서신이다.

얼마 전에 간단히 축하 서신을 올렸는데 아마도 이미 보셨을 것입니다. 문하(이성량)의 부자(父子)는 충정(忠貞)이 본디 독실하고 특별한 공적을 여러 차례 세웠으니, 진실로 사직의 방패이자 성곽입니다. 저는 친밀하게 교유를 맺으면서 오래도록 삼가 우러러보았습니다. 지금 귀중한 큰아드님[長公: 이여송]을 빌려서 동쪽으로 정벌하러 간다면 서쪽 오랑캐를 탕평한 위세를 타고 광포한 왜노들을 섬멸할 것입니다. 이는 마르고 썩은 나무를 부러뜨리고자 손을 한번

.......

11 이성량(李成梁): 1526~1618. 명나라 사람으로 요동 철령위(鐵嶺衛) 출신이다. 자는 여계(如契), 호는 인성(引城)이다. 고조부가 조선에서 명으로 귀부한 이래 대대로 요동 철령위의 지휘첨사(指揮僉事) 직위를 세습해왔다. 30여 년 동안 요동총병을 지내면서 여진족을 안정시키고 요동의 방위에 기여하였다. 이여송 등 다섯 아들이 모두 무장으로 이름을 떨쳤다.

움직이는 일 같은 것일 따름입니다. 이에 제가 얼마나 다행스럽게 여기겠습니까.

최근 저보(邸報)를 보니 큰아드님께서 여러 차례 병을 이유로 사양하였는데, 혹시 제가 서로 접할 때의 의례를 행할 때 경략이 총융을 대하는 격식을 그대로 따를까 우려하는 것인지요. 무릇 큰아드님께서는 강력한 도적들을 막 평정하여 충성과 용맹이 너무 뛰어나니 자연히 다른 장수와 비교할 수 없습니다. 저는 큰아드님의 훌륭한 공적을 빌리고자 하니, 어찌 감히 방자하게 굴겠습니까. 다만 저는 원래 병부에 있다가 명령을 받고 파견되었으니 총독이 직함을 받은 경우와는 같지 않습니다. 생각건대, 노장군(老將軍: 이성량)께서 조정을 위해서 체통을 고려해주시고 제가 너무 높이거나 낮추지 않는 중간의 격식을 염두에 두고 각 변방 장수를 대우하는 예로 한다면 양쪽 모두 공평함을 얻지 않을까요. 더욱 바라는 바는 노장군께서 큰아드님에게, 서쪽 오랑캐를 제거하였고 동쪽 왜적을 쓸어버린다면 능연(凌煙)에 그려질 것이니[12] 의례의 형식에 얽매여 서로 따질 필요가 없다는 점을 권유해주십시오.

이번에 여러 지역의 병마가 이미 2만이 모였고 군량과 사료는 몇 달을 충분히 쓸 수 있습니다. 큰아드님께서 신속히 말을 몰아 요동으로 이동한 후 이번 겨울을 틈타 정벌을 도모하여 조선을 회복시킨다면 영하를 탕평한 것과 차이가 없을 것입니다. 후세에 역사책을 보면서 오늘날의 공적을 생각하면, 손자(孫子)[13]와 오기(吳起)[14]도 칭

.......
12  능연에 …… 것이니: 공적이 뛰어나 오래도록 기억된다는 의미이다. 능연은 능연각(凌煙閣)으로, 당 태종(唐太宗)이 정관(貞觀) 17년(643)에 공신 24명의 초상화를 이곳에 걸게 하였다.

찬할 만한 것이 못 되며 염파(廉頗)[15]와 이목(李牧)[16]도 뒤로 물러서야 할 것입니다. 노장군께서는 만년에 평안하고 공적과 명성을 이루었는데 또다시 이 훌륭한 일을 목도한다면 고금에 드문 일일 것이니 어찌 평생의 훌륭한 쾌거가 아니겠습니까. 큰아드님께는 별도로 편지를 하지는 않았지만, 제가 명함을 보냈고 출발하는 군대 깃발을 목 빼고 기다리고 있습니다. 서둘러 출발하기를 너무나 바랍니다. 이렇게 기원합니다.

........

13  손자(孫子): 기원전 545~470. 춘추시대 전략가이다. 본명은 손무(孫武), 자는 장경(長卿)이다. 『손자병법(孫子兵法)』을 지었다.

14  오기(吳起): ?~기원전 381. 전국시대 병법가이다. 『오자병법(吳子兵法)』을 저술하였는데, 『손자병법』과 더불어 대표적인 병법서로 일컬어진다.

15  염파(廉頗): ?~?. 전국시대 조나라의 장군이다. 사마천은 『사기(史記)』에서 염파를 "뛰어난 장수"라고 평가했다.

16  이목(李牧): ?~기원전 229. 본명은 이촬(李繓), 자는 목(牧)이다. 전국시대 조나라 말기의 대표적인 명장으로 꼽힌다. 북쪽의 흉노와 서쪽의 진나라를 상대로 많은 전공을 거두었다.

3-8

# 병부상서 석성에게 보고하는 서신

報石司馬書 | 권3, 5a

날짜 만력 20년 11월 13일(1592. 12. 16.)
발신 송응창
수신 병부상서 석성
내용 해안 방비에 관한 상주 및 도설을 전달한다는 서신이다.

13일에 상주를 갖추었는데 전투선을 여순(旅順)의 여러 섬에 정박시키고 또 섬 주민들을 불러 모아 서로 지원하게 하려고 하니, 천진과 등주·내주 여러 요해처는 아마도 걱정이 없을 것입니다. 상주를 이미 일찍 보냈으므로 저녁 무렵에는 받을 수 있을 것입니다. 섬 지도는 다시 명확히 그려서 이렇게 올리니, 누 내사대학사께도 진달하여 한 번 보게 된다면 아마도 왜적 방어의 장구한 계책이 눈에 들어올 것입니다. 삼가 아룁니다.

# 해안 방어와 싸우고 지키는 사안을 논의하여 올리는 상주

議處海防戰守事宜疏 | 권3, 5a-8a

날짜 만력 20년 11월 13일(1592. 12. 16.)

발신 송응창

수신 만력제(萬曆帝)

내용 전체 병력의 징발 상황, 군량의 확보 현황, 해안 방비와 관련된 수군의 배치, 섬 주민들의 징발을 통한 부족 인원 보충, 바다에서의 정찰 및 보고 체계 등을 보고하는 상주이다.

권3

동원할 군병(軍兵)을 논의해서 처리하고 아울러 수비 시행과 해안 방비의 주요 업무를 헤아림으로써 내치(內治)를 엄격히 하고 나아가 정벌을 도모하는 일.

지난번 왜로 인한 환란 때문에 황제께서 먼저 방어 사안을 신에게 책임을 지워 경략(經略)하도록 처분하였고, 다시금 정벌과 지원 사안을 신에게 계획해서 조치하라고 하셨습니다. 그렇기 때문에 신은 능력이 없지만 오로지 국사(國事)를 그르치지 않고자 했습니다. 다만 공격과 수비 두 가지는 서로 이해가 관련됩니다. 공격에 대해 말하자면, 조선의 구원은 매우 급합니다만 쌀이 없이는 밥을 짓지 못하듯 반드시 군병을 신속히 모집해야만 비로소 시기를 살펴 움직일 수 있습니다. 수비로 말하자면, 천진, 등주·내주·계주(薊州)·밀운(密雲)·영평(永平)·요동이 가장 중요하므로 심상한 견해에 사로잡혀서는 안 되며 반드시 요충지를 막아야지만 비로소 만전을 기하는 계책으로 삼을 수 있습니다. 이렇기 때문에 오늘날 군병을 동원하는 논의와 해도(海島)를 방어하는 논의를 늦춰서는 안 됩니다.

신이 병부의 공문을 받았는데, 첨부 문서를 보니 동원할 왜적 방어 병마가 모두 7만 3800명 남짓이었습니다. 그런데 그사이에 수병(水兵)이 있는데, 수병은 요동으로 들이기 어렵습니다. 외지에서 온 군대는 결전에 유리하지만 모집이 아직 완비되지 않았고, 또 모집된 뒤로도 먼 길을 오다 보면 시일이 걸릴 수 있습니다. 지금 천진과 계주의 입구는 해안 방비만 하도록 하고, 요동은 방어와 정벌을 겸하도록 합니다. 이처럼 완급과 경중의 사이에서 일일이 참작하고 또 고려하지 않을 수 없습니다.

지금 부(部)의 공문을 살펴보니, 논의하기를 계주진(薊州鎮) 1만 1000명, 보정진(保定鎮) 5000명, 선부진(宣府鎮) 5000명, 대동진(大同鎮) 5000명, 요동진(遼東鎮) 7000명, 현재 주방(駐防)하고 있는 곡수(谷燧)와 낙상지(駱尙志)의 병사 1600명, 송대빈(宋大斌)이 모집한 병사 3500명, 서쪽 전투에서 소환한 양문(楊文)의 절강(浙江) 병사 1000명, 유정의 사천(四川) 병사 5000명 등을 동원한다고 합니다. 모집할 가정(家丁)은 비록 3000명이라는 숫자를 정하였지만 지금 응모한 자가 700여 명에 그치니 모집이 완료되어 앞의 숫자를 채우기를 기다려야 합니다. 이상 각 병사가 모두 요동으로 가서 혹은 정벌을 행하고 혹은 방어를 하면서 신의 지시를 듣도록 했습니다.

또한 관량낭중(管糧郎中) 왕응림이 보고하기를, "군량과 급여의 집적(集積)은 5만 병마를 기준으로 계산하였고 두 달은 충분히 지급할 수 있습니다."라고 하였습니다. 분수도 형주준·분순도 풍시태는 3만 석을 구매 완료하였다고 각각 보고하였습니다. 아울러 영전(寧前)·해개도(海蓋道)에서는 별도로 구매하여 3만 석을 채우도록 했습니다. 신은 다시 마가은(馬價銀) 5만 냥을 발송하여 산동순무(山東巡撫)에게 공문을 보내 등주·내주 등의 지역에서 군량과 사료를 구매하도록 하였습니다.

또 앞서 상주를 올려 임청(臨淸)·덕주(德州) 창고의 양식 수만 석을 보내달라고 청하였습니다. 모두 해상 운송을 통해 요동으로 들이면 군량과 급여는 아마도 앞에 언급한 병력이 일 년 동안 사용하기에 충분할 것입니다. 각 병력은 모두 광녕과 요양의 동서 성보(城堡) 및 근해(近海) 처소를 사용하여 나누어 주둔시킵니다. 시기를 탈 만하면 진격해서 전투 병력으로 삼고 시기를 타기 어려우면 머무르며 방어군으로 삼을 것이니, 이는 일거양득입니다.

진린(陳璘)의 병사 500명, 양응룡(楊應龍)[17]의 사천 병사 5000명, 산서 병사 2000명이 있습니다. 절강에서 모집할 남병(南兵) 6000명, 그리고 새로 설치한 협수(協守), 유격 등 관원이 모집할 병사 9000명은 1만 5000명이 되기에 충분합니다. 연수(延綏)에서 추반(秋班)으로 위소에 들어갔던 3000명은 반(班)을 철수할 때를 기다렸다가 진린 등의 병사들과 함께 모두 계주진과 보정진에 남겨서 혹은 나누

.......

17　양응룡(楊應龍): 1551~1600. 명나라 사람이다. 사천(四川) 파주(播州)의 호족 출신으로 선위사(宣慰使)가 되었으나 ???에 반란을 일으켰다. 만력 28년(1600) 중앙정부가 본격적인 토벌작전을 전개하자 자결하였다.

어 주둔하거나 해안을 방비하면서 총독·순무의 지시를 듣도록 합니다. 이렇게 배치하면 아마도 충분히 쓸 수 있을 것입니다.

오늘날 해안 방비를 논의하는 사람들은 모두 천진과 대고(大沽) 등을 첫 번째로 꼽는데, 아마도 그럴 것입니다. 다만 신은 최근 요동 지역에 이르러 상세히 조사와 탐문을 행한 결과, 요동의 여순(旅順)과 산동의 봉래산(蓬萊山) 등의 여러 산이 대치하고 있고 거리는 500여 리이며 중간에 해도(海島) 17곳이 촘촘히 퍼져 있어 서로 바라볼 수 있으니 진실로 하늘이 내리고 땅이 만들어 준 지형이 그사이에 쭉 뻗어 있습니다. 그리고 등주·내주의 북해(北海), 천진의 동해(東海), 계주 입구의 남해(南海)는 서로 이 험지에 기대어 문호(門戶)가 됩니다. 더구나 섬 안에 병사를 숨기고 배를 정박시킬 수 있는데, 각 섬의 거주민들은 집을 짓고 경작하면서 모두 가업을 이루고 있습니다. 진실로 한 차례 북을 울려 소집해서 충성스럽고 용맹하여 남들이 믿는 자를 뽑아서 섬마다 1명씩 관직[官銜]을 지급하거나 혹은 파총(把總)으로 명색(名色)을 삼아 정예롭고 건장한 자들을 통솔해서 병사로 삼게 합니다.

그리고 동원한 사병(沙兵) 7000명, 사선(沙船) 200척, 응천선(應天船)[18] 병사 950명, 사호선(沙唬船) 80척, 병사 1535명을 각 섬에 나누어 배치합니다. 장군포(將軍砲) 등의 대포를 지급하고 관병과 민병으로 하여금 불시에 바다로 나가서 원거리 정찰을 하도록 합니다. 만일 왜적이 침범하는 정황이 있다면 신호포를 쏴서 섬과 섬에

........

18 응천선(應天船): 응천은 남경(南京)의 별칭으로, 응천선은 남경 일대에서 사용되는 배를 가리킨다.

서 서로 전달하게 합니다. 낮에는 해도에서 수십 갈래의 연기를 피워 바다 위 하늘로 솟구치게 하고, 밤에는 횃불 수십 개를 밝혀 바다 위를 밝게 비춥니다. 왜노들이 그것을 보고 우리가 대비하고 있다고 생각한다면 감히 깊이 들어오지 못할 것입니다. 우리가 거짓으로 설치하였다고 의심한다면, 우리 병사들이 실제로 여러 섬에 있으니 전함이 그들의 뒤로 돌아가고 내지의 방어군이 앞을 막아서면 저들은 앞뒤에서 적을 맞이하게 될 것입니다.

오늘날 여러 섬을 방어하는 것은 바로 천진을 방어하는 것입니다. 더구나 등주·내주의 동남쪽에는 성산(成山)·정해(靜海) 등의 여러 섬이 있는데 평소 험지라고 불립니다. 여순의 동쪽은 멀리 조선의 경계와 접해 있어 충분히 지원할 수 있습니다. 가령 천진 등의 해구(海口)에는 새로 논의한 전함을 독촉해서 모을 터입니다. 원외랑(員外郎) 장신(張新)이 제조를 감독하여 신속히 완비하고 각각 나누어 배치하면 안과 밖이 엄밀해져서 이쪽이 움직이면 저쪽이 따르게 되니, 이는 진실로 마땅히 서둘러 도모해야 하는 중요 업무입니다.

삼가 엎드려 바라건대 병부에 칙령을 내려서 신속히 논의하도록 하되, 위에서 언급한 동원할 관병을 신이 배정한 대로 하며 해도의 배치도 신이 말한 대로 하여, 병부에서 답을 올려 황제께 요청하고 신에게 공문을 보내서 신이 삼가 받들어 시행한다면, 해방이 더욱 공고해지고 동정을 시행할 수 있을 것입니다.

# 수전과 육전 대책에 대한 논의를 올리는 상주

## 議題水戰陸戰疏 | 권3, 8a-14a

**날짜** 만력 20년 11월 15일(1592. 12. 18.)

**발신** 송응창

**수신** 만력제

**내용** 수전(水戰)과 육전(陸戰)의 대비책을 보고하는 상주이다. 수전과 관련해서는 대포 이외에도 선상 전투용 무기의 준비, 해안 전투를 위한 대포 및 철쇄(鐵鎖)의 설치를 제시하였다. 육전에서는 성의 중요성을 지적하고 성 쌓기가 불가능할 경우; 목책을 세워 방어시설을 만들며 해자를 많이 파서 적의 돌격에 대비해야 한다고 강조하였다. 이 외에 수군의 숫자가 매우 많으므로 이를 고려하여 군량을 계산해야 함을 당부하였다.

조선[夷方]에서 긴급함을 알렸으니 마땅히 방어를 엄밀히 해야 하기에, 한두 가지 직접 확인한 사무를 공경히 아룀으로써 채택하시는 일을 대비하고 백성이 당할 고통의 해결을 기원함으로써 안정을 도모하는 일.

천진도(天津道) 병비부사(兵備副使) 양운룡(梁雲龍)으로부터 보고를 받았는데, 그 내용은 다음과 같았습니다.

살펴보건대, 왜적들이 중국을 침입한다면 야전(野戰)에서 가

장 강력하고 수전은 그들의 장기가 아닙니다. 우리나라에서 왜
노들을 격파할 때는 수전이 유리하며 야전은 더욱더 신중해야
합니다. 이 두 가지는 잘 강구하지 않으면 안 됩니다. 무릇 수전
에서 긴급한 바는 거함(巨艦)에 있습니다. 함선이 크지 않으면 적
선과 부딪히는 것이 어려우며, 함선이 지나치게 크면 방향을 바
꾸어 이동하는 일이 불편합니다. 따라서 거함이라고 할 때는 복
선(福船)[19]을 위주로 하고 창선(倉船)[20]을 다음으로 하며 사선을
그다음으로 합니다. 최근 병부에서 절강, 남직례(南直隸) 등의 선
박을 징발해왔는데, 대부분 사선·호선(唬船)[21]이며 복선과 창선
은 없습니다.

　지금 공부(工部)로부터 파견 임무를 받들어 원외랑 장신이 천
진으로 와서 제조를 감독하며 논의하여 정하기를, 대략 복선 20
척, 창선 80척 또는 100척을 제조함으로써 진중하게 진압하는
용도로 삼고자 합니다. 사선은 남쪽에서 왔으며 절강에서 20척,
남직례에서 20척을 보내 수는 제법 많지만 마땅히 다시 50~60
척을 제조함으로써 이동하면서 적을 격살(擊殺)하는 용도로 삼

.......
19　복선(福船): 복건 연해에서 건조하여 사용되는 전선(戰船)의 총칭이다. 크기별로 구분하
　　기도 하는데, 가장 큰 크기의 배를 대복선(大福船)이라고 한다. 배의 구조는 전체적으로
　　4층 규모이고 바닥은 뾰족하며 돛은 2개이다. 수용 인원은 약 100명에 이른다. 깊은 바
　　다에서 장점을 지니며 파도에 강하다.
20　창선(倉船): 해창선(海滄船)을 가리키는 것으로 보인다. 복선의 일종으로 대복선보다 작
　　은 배이다. 배의 특징은 복선과 같으며 수용 인원은 약 50명에 이른다.
21　호선(唬船): 팔라호선(叭喇唬船)을 가리키는 것으로 보인다. 팔라호선은 원대(元代)부터
　　청대(清代)까지 사용된 전함이다. 크기가 비교적 작고 기동성이 좋아서 회전이 용이하
　　여 굽은 곳을 돌기 편하였다. 또한 항해 속도가 빨라 근해에서 전투하는 데 활용하였다.
　　군대에서뿐만 아니라 무역에도 활용되었다

아야 합니다. 정탐용으로 사용할 것은 오로지 초선(哨船)[22]뿐인데 천진에는 원래 없습니다. 근래 조사해보니 해안의 염선(鹽船)·어선(漁船) 중에서 100여 척을 얻을 수 있습니다. 염선은 원래 흑양(黑洋)[23]을 다니며 소금을 판매해왔으니, 한 달에 6척을 돌려가며 멀리 흑양을 정찰하고 5일에 한 번씩 보고하도록 합니다. 어선은 물고기를 잡아야 하니, 하루에 2척을 돌려가며 외양(外洋)으로 나가 정찰하고 하루에 한 번씩 보고하도록 합니다. 그러나 이는 임시로 정탐하는 것에 불과할 따름입니다.

지금 동원해온 호선은 절강에서 60척, 남직례에서 40척을 보냈는데, 공부에서 임무를 맡은 관원이 제조창을 열어 팔장(八樂)[24]·오장(五樂)·팔라호(叭喇唬) 등의 선박을 30~40척 건조한다면 보정과 계주의 수채(水寨)에서 정찰 용도로 충분히 쓸 수 있을 것입니다.

전함이 갖추어지면 그것을 몰고 가서 왜적을 바다에서 격파하자는 것은 누군들 듣기 좋은 말이 아니겠습니까. 그러나 이는 해상에서 적절한 상황이 또한 미묘하게 차이가 있음을 알지 못하는 것입니다. 가령 대양(大洋)에서 신속히 왕래하려면 반드시

........

22 초선(哨船): 정찰을 위해 사용된 배로 작고 가볍다.
23 흑양(黑洋): 흑수양(黑水洋)이라고도 한다. 송·원 이래 중국에서 항해하는 사람들은 지금의 황해(黃海)를 황수양(黃水洋), 청수양(靑水洋), 흑수양(黑水洋) 등으로 구별해서 불렀다. 대체로 장강(長江) 입구에서 북쪽으로 회화(淮河) 입구까지의 바다를 가리킨다. 북위 32~36도, 동경 123도 동쪽 일대의 바다가 비교적 깊어 남색을 띠기 때문에 흑수양이라고 불렀다.
24 팔장(八樂): '장'은 배의 한쪽 면에 설치하는 노의 개수를 말한다. 척계광(戚繼光)의 『기효신서(紀效新書)』에서 팔장선은 "좌우 16개의 장(樂)과 뒤의 1개의 노(櫓)로 더욱 빠르다."라고 언급하였다.

바람과 조류를 타야 합니다. 바람이 순하고 조류가 불순하면 불리하며, 조류는 순하나 바람이 불순하면 또한 불리합니다. 바람과 파도가 세차면 저들의 배만 거칠게 흔들리는 것이 아니라 우리의 배 또한 불안해지며 저들 병사들이 어지러울 뿐 아니라 우리 병사 또한 혼미하고 구토할 것이니 모두 불리합니다. 저들이 바람을 타고 오면 우리는 장차 불리해지며 저들이 조류를 잘 타고 오면 우리는 반대 방향에 있으므로 역류에 맞서야 하니 어떻게 확실히 승리할 수 있겠습니까.

이른바 해전(海戰)이라는 것은 반드시 때와 장소를 하늘이 만들어주고 땅이 베풀어줘야 하니, 본디 안문(岸門)²⁵ 같은 곳이 있습니다. 그다음은 도서(島嶼)가 중간에 우뚝 솟아난 곳, 또 그다음은 모래톱이 벽처럼 서 있는 곳인데, 이곳들은 저들의 배가 반드시 지나가는 길목이자 물을 얻는 장소이며 적이 점거하여 소굴로 삼을 만한 곳입니다. 우리는 바로 이곳에 병마를 배치하여 때로는 매복하고 때로는 습격하여 그들의 목구멍을 막고 배후를 누르며 그들의 소굴을 치고 허술한 부분을 공격해야 합니다. 가령 절강의 초산(焦山), 요동의 망해와(望海窩) 등이 바로 목적을 이룰 수 있는 곳입니다. 정박할 장소에 대해 말하자면 도서 아니면 모래톱이나 항채(港寨)²⁶에 하는데, 모두 바람과 조수를 피할 수 있는 우묵한 곳입니다. 만약 암초에 기대면 배가 부서질 수 있습니다.

........

25  안문(岸門): 지금의 하남성(河南省) 허창현(許昌縣) 하가(河街) 일대이다. 험준한 지형으로 유명하며 중국 고대의 유명한 전투가 이곳에서 여러 차례 벌어졌다.
26  항채(港寨): 군대가 주둔하기 위해 항구에 만든 군영을 말한다.

선상 기구는 야전과 다르지 않지만 두 배가 교전할 때 바람과 조수가 빠르면 저들의 장기는 왜도(倭刀)가 아니라 조총에 있게 됩니다. 우리가 그것을 막기 위해서는 반드시 배의 몸체 바깥에 대나무로 시렁을 만들고 베로 된 장막을 장애물로 삼아 몸을 숨길 곳을 만들어야 합니다. 기회를 틈타 편리한 곳을 찾아서 화약을 쓰기도 하고 활과 화살을 쓰기도 하며, 때로는 삼안창(三眼銃)·쾌창(快鎗) 혹은 불랑기(佛朗機)를 사용합니다. 그리고 또 돛대 위에서는 표창(標鎗)·비겸(飛鐮)을 사용해 그들을 찌릅니다. 그러나 호준(虎蹲)·멸로(滅虜)·대장군(大將軍) 등의 포는 매우 급한 경우가 아니면 가벼이 쓰지 않습니다. 왜 그럴까요. 포의 기세가 매우 강하므로 저들의 배를 부술 수 있지만 아마도 우리 배 또한 손상을 면할 수 없을 터이기 때문입니다. 이러한 장기는 해상에서 반드시 사용해야 하는 것들입니다. 지금 한편으로는 배를 준비하고 다른 한편으로는 물품을 준비하면서 충분히 쓸 수 있도록 해야 합니다. 이른바 수전에서 마땅히 준비해야 하는 것은 이와 같습니다.

무릇 육전에서 중요한 곳은 해안입니다. 연해의 해안은 비록 바다에 닿아 있지 않은 곳이 없지만 해안이 보인다고 어디나 육지에 오를 수 있는 것은 아닙니다. 반드시 안에 항구나 하구가 있어서 어염선이 정박할 수 있는 곳이라야 왜선이 상륙할 수 있는 장소가 됩니다. 천진 일대 중 대고의 해구는 가장 중요한 요충지입니다. 또 여구하(驢駒河)·당거하(唐巨河)·당수포(唐透舖)·정가구(鄭家溝) 등 십수 곳에는 모두 이미 병마를 배치하고 대장군, 호준, 멸로 등의 포를 안치하였습니다. 그리고 왜노는 맨발이므로 돌격을 막고 도약을 제압하는 방법으로 마름쇠와 나무말뚝 등을 더욱더 준비해야 합니다.

지금 이미 하간부(河間府)에 공문을 보내서 소속 주현(州縣)에 분배하여 명령에 따라 마름쇠·능각(菱角)[27]·큰 말뚝 꾸러미·갈대·유황(硫黃) 등의 항목을 제조하고, 일부는 천진으로, 일부는 창주(滄州)·염산(鹽山) 등으로 보내서 보관하게 하였습니다. 때가 되면 마름쇠 등을 파내서 법규대로 배치하고 매복해서 참살함으로써 왜적이 해구를 넘어 해안에 오르지 못하게 한 후에 공적으로 삼도록 합니다. 왜적이 한번 해안에 오르면 이리처럼 달리고 돼지처럼 돌격하니, 성을 만나면 성을 공격하고 마을을 만나면 마을을 공격합니다. 성을 얻어서 점거하지 못하면 반드시 큰 도시나 큰 마을을 찾아서 그곳을 점거하여 소굴로 삼고는 사방으로 나가서 분탕질할 것입니다. 그러므로 무릇 민가가 모여 있는 곳에는 성을 쌓을 수 있으면 쌓아야 합니다. 성 쌓기가 불가능하다면 목책을 다량으로 세우고 해자를 많이 파서 주위를 굴곡지게 해서 적의 돌격을 방해해야 하는데, 이는 모두 대비책 중에 그만두어서는 안 되는 것들입니다. 이제 하간부에 공문을 보내 주현을 독려하여 각각 주현 관할의 시진(市鎭)·촌락에 성이나 목책을 법식대로 세워둠으로써 유사시 백성을 거두어들여 보호하는 바탕으로 삼도록 합니다.

전투가 일어날 지역의 각 장사(將士) 및 유사(有司), 민병에게

27 능각(菱角): 원문은 능(菱)과의 열매를 가리키는 "菱角"이지만 문맥상 보행을 방해하기 위한 뾰족한 물건, 즉 "棱角"을 음차한 것으로 보인다.

공문을 보내 각 지방에 따라 협력해서 수비하도록 합니다. 혹시라도 바다나 해안에서 막지 못하면, 마땅히 각각 병마를 거두고 진과 촌락마다 험지와 요해처에 기대어 적을 막거나 치고 혹은 산발 공격을 벌이거나 야간 공격을 한다면, 왜적들이 반드시 감히 마구 날뛰지 못할 것입니다.

강남의 해안에는 높은 누각과 적대(敵臺)를 많이 건설하였는데, 유독 왜구[島奴]들만을 대비하는 것이겠습니까. 이는 또한 산적과 해적을 대비하는 것입니다. 지금 논의하건대 사안이 긴급하니, 다만 누대를 수축할 공사비를 가지고 성지(城池)를 수리하되 높고 견고하게 하며 군화(軍火) 및 장비를 다수 준비해야 합니다. 촌락의 거주민은 미리 식량·땔감과 식수를 많이 운반해서 성 안에 저장해두고 경보가 생기면 긴급히 백성을 성으로 거두어들여 보호하며 성벽을 견고히 하고 들을 불태웁니다. 국경을 지키고 백성을 보호하는 임시조치는 이와 같을 것입니다. 이른바 육전에서 마땅히 준비해야 하는 것들은 이와 같습니다.

저는 해구를 두루 지나면서 전함을 살펴보았고, 다시금 공부에서 선발하여 제조를 감독할 원외랑 장신 등과 직접 만나 논의하고 여러 차례 계획을 세웠습니다. 대소 선척의 수량과 항목, 수륙 공수(功守)의 지침은 양운룡이 논의한 바와 저희가 상의한 것이 모두 같았습니다.

살펴보건대, 바다에서 적을 공격할 때 믿을 것은 거함이며 정찰할 때 믿을 것은 초선입니다. 가령 사선·호선·팔장선·십장선(十槳船) 등은 가볍고 날래서 움직이기가 편리하니 정찰할 수 있고 또한 이동하면서 교전할 수 있습니다. 지금 동원한 절강과 남직례의 사선은 40척, 호선은 100척이므로, 공부의 위관(委官)에게 제조창을 열어 팔장선, 십장선 등 50~60척을 제조하도록 하면 충분히 쓸 수 있습니다.

이른바 거함은 먼저 복선을 말하고 다음은 창선인데, 남쪽에서 온 것 중에는 없으니 아마도 많이 제조해야 할 것입니다. 그러나 복선은 매우 크기 때문에 100명 가까이가 아니면 운항할 수 없습니다. 그리고 센 바람을 만나면 이동하기가 어려우므로 15척만 제조하고 창선은 80척을 제조하는 것이 좋겠습니다.

두 배가 교전할 때 적의 공격을 피하는 일에서는 몸을 숨기는 것이 가장 귀중한데, 베로 된 장막·대나무시렁·망루[樓櫓]를 촘촘히 늘어세우는 것은 몸을 가리기 위해서입니다. 적을 격파할 때는 반드시 날카로운 무기를 이용하는데, 강궁[勁弓]·예시(銳矢)·화약·불화살·삼안창·쾌창·조총·장창(長鎗)·비겸·표창(標鎗)·구도(鉤刀)·불랑기 등의 물건은 공격하기 위한 것입니다. 대장군·신포(神砲)·호준포·멸로포·백자총(百子銃) 등은 긴급한 상황에 쓰는 것입니다. 이러한 우리의 장기에 대해서는 미리 준비하는 데에 요체가 있습니다.

방어 준비가 두루 갖추어진 후 경보를 만나면 접전을 하되 혹은 항구 정박지에 의지하고 혹은 모래톱을 곁에 두며 혹은 도서를 근거지로 삼거나 혹은 바람과 조류를 탑니다. 혹은 적의 이동을 차단하며 혹은 적의 급수를 끊고 혹은 적의 소굴을 쓸어버립니다. 이를 통해, 우리는 유리한 데 있고 적은 불리한 데 거처하게 하고 우리는 조류를 타고 적은 조류를 거스르게 합니다. 그래서 우리는 승리에 처하고 저들은 패배에 처하도록 합니다. 훌륭한 장수는 이것을 지휘하고 운용할 따름입니다.

바다에서 격파하는 것이 상책입니다. 부득이 야전을 한다면 구안(口岸)이 또한 중요합니다. 대개 연해 지역 중에 방어하지 않아도 될 곳은 없습니다만, 항구에는 암초·진창·구덩이가 있기에 정박하거나 상륙할 수 있는 입구 또한 드뭅니다. 가령 천진 일대는 가장 중요한 요충지이며 대고구(大沽口)는 다음가는 중요한 항구입니다. 그 밖의 항구라고는 여구(驢駒)·쌍구(雙溝)·당거하·정가구 등 10여 곳이니, 연해 요충지를 알 만합니다.

우리는 지금 요해처에 병마를 배치하고 적대(敵臺)를 설치하며 대장군, 멸로포 등을 안치하고 마름쇠·못 뭉치[釘排] 등을 깔아둡니다. 그리고 항구에는 철쇄를 가로놓고 물밑에는 나무 말뚝을 설치합니다. 저들이 바야흐로 북을 두드리며 노를 저어오면 우리는 험지를 막고서 기다릴 것입니다. 저들이 파도를 거슬러오면 우리는 침착하고 배불리 먹으며 대비할 것입니다. 저들이 땅으로 치달려오면 우리는 기회를 보며 대적할 것입니다. 저들이 뛰어오르려고 하면 우리는 함정을 파놓고 기다릴 것입니다. 이렇게 하면 자연히 저 무리를 무너뜨리고 그들의 배를 전복시키며 우두머리를 섬멸할 수 있습니다.

가령 해안에 오르면 저들이 비록 노략질을 잘한다고 하더라도, 빈해에는 인가가 매우 드물기 때문에 40~50리를 가도 노략질할 곳이 없어 음식을 얻기가 어렵습니다. 이때는 갇힌 물고기나 뒤처진 여우 같은 꼴이 되므로, 우리가 성벽을 공고히 하고 들을 태워 그들을 곤란하게 하며 군대를 엄히 정돈해서 저들을 막고 용맹을 떨치며 전진해서 저들을 공격하고 날랜 기병과 강궁으로 저들을 밟아버린다면 어찌 목적을 이루지 못할 리가 있겠습니까.

거진과 큰 마을 중 인가가 많이 모여 있는 곳에는 일시에 높은 누각이나 돈대를 짓기는 어렵습니다. 그 사이에 지세가 험준해서 병사를 숨길 수 있거나 모일 수 있는 곳이 있으니, 건장한 장정을 많이 모집하고 목책을 다수 설치하며 투석을 다수 준비하고 참호를 많이 파서 협력하며 방어할 수 있도록 해야 합니다. 성곽 부근의 마을은 모두 거주민으로 하여금 식량 등을 성에다 쌓아놓도록 하였다가 급변을 당하면 성안으로 이동하도록 합니다. 왜적은 공격을 잘하지만 성곽이 공고하고 목숨을 바쳐 지키며 대병으로 포위를 무너뜨리면 또한 왜적이 날뛰지 못할 것입니다. 성을 얻어서 점거하지 못한다면 반드시 촌락을 택해서 머물 것이나, 왜적은 본성이 탐욕스러워 흩어져 나가서 노략질할 것이므로 우리가 남김없이 토벌할 수 있습니다. 저들은 약탈한 물건들을 무겁게 짊어지고 갈 것이니, 우리가 차단해서 죽일 수 있습니다. 밤이 되면 잔뜩 마시는 것을 좋아하여 대부분 취해서 쓰러질 것이니, 우리가 야습할 수 있습니다. 이른바 육전은 응당 이처럼 해야 합니다. 그렇지만 여전히 말씀드릴 것이 있습니다.

수전에서는 처음에는 배가 없는 것을 우려하였는데 지금은 병사가 없음을 걱정합니다. 병사가 아예 없는 것이 아니라 물에 익숙한 병사가 없습니다. 또 군량이 없는 것을 우려합니다. 군량이 아예 없는 것이 아니라 수전을 지속할 군량이 없음을 걱정하는 것입니다.

복선은 배 한 척마다 80명을 쓰니 15척이면 1200명을 사용합니다. 창선은 한 척마다 40명을 쓰니 80척이면 3200명입니다. 또 사호·팔장선 등은 한 척마다 20명 혹은 15~16명을 쓰니 대소 선박에 모두 병사 5400명 남짓을 씁니다. 연해 어염인들로 한 번에 어떻게 이 숫자를 채워넣겠습니까. 절강의 사호선은 1500명 남짓이고 남직례의 사호선은 900명 남짓이며, 사병(沙兵)은 7000명이고 복건(福建) 병사는 3000명이므로 수병은 이미 1만 7000명 남짓입니다. 여기에 육군을 더하면 세비(歲費)가 적지 않습니다. 이러한 군량을 지속할 수 있겠습니까. 따라서 바다를 헤아려 배를 만들고 배를 헤아려 병사를 모집하며 병사를 헤아려 군량을 지급해야 하는데, 모두 미리 계산하지 않을 수 없습니다.

육전에는 비록 다양한 방법이 있지만, 그중에서 한 번 수고해서 오래도록 평안한 방법은 해자를 파는 것만한 일이 없습니다. 천진의 연해 거처를 헤아려보면 대고구에서 정가구에 이르기까지 180리에 그칩니다만, 해안 방비 군사는 3만여 명 아래로는 내려가지 않습니다. 가령 물이 불어나는 시기가 되면 병사가 일제히 도착할 것이므로 염채(鹽菜)를 조금 더해주고 적절히 살펴서 공사를 시작합니다. 병사 1명마다 2보(步)의 땅을 맡아서 해자를 파내며 파낸 흙으로는 담장을 쌓습니다. 해자의 너비가 4장이면 담장의 너비는 2장이 되며 해자의 깊이를 1장으로 하면 담장의 높이는 2장이 되는데, 3만 명의 군사로 1개월이면 완성됩니다. 해자의 험준한 깊이는 끓는 물로 채운 못[蕩池]과 다름없으며, 담장의 가파르고 험준함은 장성(長城)과 크게 다르지 않습니다. 점차 돈대를 세우고 성가퀴를 늘리면 정찰과 파수를 할 수 있고 방어를 준비할 수 있습니다. 이른바 한 번 수고롭고 오래도록 평안해지는 바가 아니겠습니까. 다만 모래흙으로는 축조가 어렵고 조수(潮水)가 쉽게 침입하니, 감히 반드시 해야 하는 계획으로 삼을 수는 없고 내년 봄에 시험해본 후 시행할 수 있습니다.

삼가 해당 부에 칙령을 내려 논의한 바를 헤아린 후 주청하여 시행
하게 해주십시오.

## 3-11

# 산동순무 손광에게 보내는 자문

移山東孫巡撫咨 | 권3, 14a-15b

날짜 만력 20년 11월 16일(1592. 12. 19.)

발신 송응창

수신 산동순무 손광(孫鑛)

내용 천진병비도(天津兵備道)로부터 병력이 부족하다는 보고를 받고 자신이 예전에 산동순무로 있을 때 선발했던 병력의 현황을 조사해달라고 요청하는 문서이다.

성지(聖旨)에 따라 부신(部臣: 송응창)에게 전적으로 책임을 맡긴 일.

천진병비도 양운룡으로부터 보고를 받았는데, 그 내용은 다음과 같았습니다. "지금 천진병비도 소속으로는, 남쪽으로 정가구, 산동 해풍현(海豊縣) 지역에서 시작해서 북쪽으로 대고의 해구, 밀운도, 보저현(寶坻縣) 지역에 이르기까지 각 해구 중 험요한 곳에 배치한 병마가 1만 8000명 남짓과 수전할 선척이 있습니다. 이 외에 동쪽으로 접한 해풍현에서 청주(靑州) 당두채(唐頭寨)까지 100~200리에는 모두 강력한 부대가 없으니, 왜적이 가령 빈틈을 타고 들어온다면 정말로 무인지경이 됩니다. 어찌 마음이 서늘해지지 않겠습니까. 아마도 마땅히 당두채에 참장(參將) 또는 유격 1명을 설치하고 3000~4000명을 거느리게 해야 계획을 세워 호응하며 적을 차단할 수 있을 것입니다."

또 요동총병(遼東總兵) 등의 관원이 보낸 당보(塘報)를 받았는데, 그 내용은 다음과 같았습니다. "왜노들이 사료와 군량을 쌓아놓고 대마도(對馬島)에 모여서 동래(東萊) 등을 침범하려고 합니다."

살펴보건대, 왜노들이 조선을 빼앗고는 중국을 침범하겠다고 큰 소리치는데 그들의 교활한 꾀는 헤아리기 어렵습니다. 그러나 각 해구는 요동에서 산동까지 곳곳이 요충지이므로 마땅히 대비해야 합니다. 제가 예전에 산동순무를 맡았을 때 제남(濟南)·청주·등주·내주 등에 병사를 배치하였는데 4~5만 명 밑으로 내려가지 않았으니, 각각 뽑아서 수비한다면 대비하는 계책이 될 것입니다.

지금 천진도의 보고를 받아보니 "해안을 방비할 병사가 없습니다."라고 했는데, 제가 전에 설치한 군병들은 어느 곳으로 흩어져 돌아갔는지 모르겠습니다. 병법에서 말하기를, "그들이 오지 않는 것을 믿으면 안 되고 준비해서 대비하는 것을 믿어야 한다."라고 하였으니, 바로 오늘날 왜적 방어를 가리키는 것입니다.

마땅히 산동순무에게 자문을 보내니, 번거롭겠지만 제가 과거 산동순무로 있었을 때 해안 방어를 위해 배치한 각 병사가 지금 어느 곳으로 갔는지 조사해주십시오. 만일 이미 논의해서 철병했다면, 근일 왜적 경보가 빈번하여 각 해구를 엄밀히 방어하지 않을 수 없으니 어떤 병력을 나눠서 뽑을지 논의해주십시오. 만일 아직 철병하지 않았는데 혹시라도 천진도의 견문이 정확하지 않은 것이라면, 각 군적 장부에 이름이 올라와 있는 자들을 정비하고 훈련시켜서 엄밀히 방어하도록 해야 합니다. 대개 제가 지금 중병(重兵)을 요동에 모았는데 기회가 된다면 즉시 조선으로 가서 정벌과 토벌을 할 것입니다. 그러나 혹시 왜노들이 성동격서하여 등주·내주 등의 지역으로 돌입할지는 또한 명확하지 않습니다. 이는 마땅히 신속히 미리 처리해야 합니다. 자문으로 회답하여 제가 살피도록 해주십시오.

# 3-12

## 분순요해도·영전도·해개도에게 보내는 명령

檄分巡遼海海蓋三道 | 권3, 15b-16a

날짜 만력 20년 11월 16일(1592. 12. 19.)

발신 송응창

수신 분순요해도(分巡遼海道)·영전도(寧前道)·해개도(海蓋道)

내용 군량의 운반 문제로 인해 민심이 소요될 것을 우려하여 추가비용을 지급하여 소 등을 구매해서 운반하라는 명령이다. 원래 문서 제목은 檄分巡寧海海蓋三道이지만 이 중 寧海는 문서 내용을 고려할 때 遼海의 오기로 판단하여 수정하여 번역하였다.

성지에 따라 부신에게 전적으로 책임을 맡긴 일.

이미 해당 도로 패문(牌文)을 보내 마가은을 써서 속미(粟米) 3만 석을 사들이고 사료는 절반으로 줄여서 구매한 후 군마(軍馬)의 사용을 기다리도록 했다. 다만 운반할 때 백성을 소요시킬까 걱정되어 다시 각 도에 공문을 보내 은을 써서 소·나귀·노새를 구매하여 실어 나르도록 했다. 이후 연이어 영전도 및 분순요해도(分巡遼海道)의 보고를 받았는데, 쌀 3만 석을 구매 완료하였다고 하며 아울러 사료의 수량과 항목을 보내왔다.

살펴보건대 동원한 각처의 병마가 잠시 요양에 주둔하면서 사용할 군량과 사료는 미리 많이 준비해야만 그때가 되어 부족해지는 일을 면할 것이다.

패문을 보내니, 바라건대 본도(本道)의 관리들은 즉시 구매 완료한 쌀과 콩, 사료를 내가 사들이도록 한 소·나귀·노새를 써서 잇달아 실어 날라 이번 달 25일까지 요양에 도착해 넘겨주도록 하라. 이는 긴급한 군정(軍情)에 관계되므로 대수롭지 않게 여겨서 지체해서는 안 된다.

# 3-13

## 요동관량낭중 왕응림에게 보내는 명령

### 檄遼東管糧王郞中 | 권3, 16a

날짜 만력 20년 11월 17일(1592. 12. 20.)
발신 송응창
수신 요동 관량낭중 왕응림
내용 요양에 비축한 군량이 있다는 보고를 받고 수량·위치 등을 조사하라는 명령이다.

성지에 따라 부신에게 전적으로 책임을 맡긴 일.

요동 관량낭중 왕응림의 보고를 받았는데, "요양에는 요동도사에 납부한 둔량이 있고 상인이 상납한 염량(鹽糧)이 있으니, 가까운 곳에서 각 군에 바꾸어 지급할 수 있습니다."라고 하였다.

살펴보건대 요양에는 이미 요동도사(遼東都司)의 둔량과 염량, 군량 및 급여가 있으니, 그곳에서 관군에게 지급하면 가깝고 편리할 것이다. 다만 정확한 숫자를 모르니 조사를 해야 한다.

패문을 보내니, 바라건대 왕응림은 즉시 요양의 위소(衛所)를 조사하여 각각 요동의 둔량이 얼마인지, 상인이 상납한 미두가 얼마인지, 각각 몇 년도의 것인지, 현재 어느 지역에 쌓아둔 것이 관군에게 지급하기에 가까운지, 응당 어떻게 교환해야 하는지 모두 명확히 조사해서 사유를 갖추어 보고함으로써 내가 참작하여 논의한 후 시행할 수 있도록 하라.

권3

# 해개도에게 보내는 명령

**檄海蓋道** | 권3, 16b-17a

날짜 만력 20년 11월 16일(1592. 12. 19.)

발신 송응창

수신 해개도(海蓋道)

내용 앞서 관은(官銀)으로 배와 인부를 고용하라고 하였는데, 뱃삯을 싸게 지급하면 선박 주인들이 지원하지 않을 수 있으므로 적절한 가격에 고용하라는 명령이다. 아울러 운반 과정에서 관리들이 민간인을 협박하거나 민간인이 속이는 경우 처벌하겠다는 내용도 언급하였다.

성지에 따라 부신에게 전적으로 책임을 맡겨 왜로 인한 환란을 경략하는 일.

이미 해개도에 표문(票文)을 보내 사용에 문제없는 관은을 써서 해선(海船) 50척과 배를 움직일 사람을 고용하여 완전히 갖추도록 했다. 그리고 능력 있는 관원에게 총괄하도록 맡긴 후 가져다 쓰라는 명령[明文]을 기다리도록 했다.[28] 그 후 살펴보건대 본지(本地)에서 선박 주인들이 미량(米糧)을 구매하여 운송할 때 받는 뱃삯이 매

.......

28  앞의 「2-58 檄海蓋分巡二道 권2, 44a-44b」 참고.

우 비싸다고 한다. 그런데 지금 관에서 배를 찾는다는 말을 들으면 아마도 뱃삯이 깎일까 걱정하여 모집에 응하지 않으려고 배가 없다고 말할 수 있다. 앞서 내가 산동순무로 있었던 만력 18~19년에 산동의 등주·내주로 와서 미량을 구매한 사람들은 모두 금주위(錦州衛) 여순구(旅順口)의 군민(軍民)으로 각기 많은 배를 끌고 왔다는 것을 내가 잘 알고 있다.

지금 대병으로 조선을 구원하고자 군량과 급여를 운반하는데, 본래 제본을 통해 보낸 관은이 있으니 선박 주인들에게 마땅히 지급할 뱃삯을 결코 싸게 하지 말고 모두 상민(商民)과 동일하게 하라. 다만 무지하고 어리석은 백성이 갑자기 숨고 피할까 걱정되니 이 때문에 철저히 조사하라.

패문을 보내니, 바라건대 해개도 관리는 즉시 나가서 군민을 효유하여 각기 소유한 해선 내역을 3일 안에 관아에 스스로 신고하게 하라. 평소 상인들이 운반하는 뱃삯에 따라서 관은을 지급하여 고용을 합당하게 하고, 배를 움직일 인역(人役)과 선상의 기구를 모두 완전히 준비한 후 사유를 갖추어 보고하라. 산동의 등주·내주 등으로 가서 군량과 급여를 운반할 때 만일 임무를 맡은 사람이 물건이니 돈을 요구하고 협박하는 경우가 있다면 고발하는 일을 허락한다. 만일 간악한 군민이 속이거나 숨긴다면 반드시 잡아다 신문하고 해당 관할 관원은 탄핵한다. 다시는 지체하지 말라.

# 모든 장령들에게 보내는 명령

檄大小將領 | 권3, 17a-19a

날짜 만력 20년 11월 16일(1592. 12. 19.)

발신 송응창

수신 모든 장령(將領)

내용 전쟁에 관한 큰 전략과 주의할 점을 전달하는 명령이다. 첫째, 조선 및 왜적의 상황을 정확히 파악하도록 해야 한다. 둘째, 마병(馬兵)과 보병(步兵)을 적절히 배치하여 마병은 긴 무기를 사용하여 왜병의 긴 칼에 대응하며 보병의 후방에 위치하다가 적의 좌우익을 공격해야 한다. 셋째, 왜병이 강한 이유가 무기 때문이 아니라 죽기를 각오하는 정신 상태 때문이므로 아군도 그러한 정신을 갖추어야 한다는 점을 강조하고 있다.

하나. 나는 황제의 명령을 받들어 각 군대를 동원하고 신속히 도강하여 조선의 내지로 깊숙이 들어가 왜노들을 제거할 것이다. 공격 방법은 반드시 미리 마련해야 하며, 적정(敵情)의 허실은 반드시 미리 알아야 한다. 지금 먼저 주객(主客)·마보(馬步)·공전(攻戰) 세 가지 사안으로 계책을 세운다. 그대들은 여러 방면으로 계획해야 하는데, 혹시 부하 중에 지모가 있는 자가 있다면 깊이 생각하고 검토해서 상세히 처리해서 항목에 따라 보고하라. 그러나 병가의 일은 너무나 변수가 많으므로 한 가지를 고집하기는 어렵다. 가령 왜적을 격파할 기책이 위의 세 가지 외에 나온다면 모두 명확히 상의해서 정하고, 때로는 비밀리에 게첩을 보내거나 때로는 직접 아뢴 후 결정을 기다려라. 삼가 지체하거나 경솔히 하여 내가 바라는 지극한 뜻에 죄를 짓지 말라.

하나. 주객의 형세를 논의하라. 모름지기 우선 똑똑한 관리를 보내 조선의 군신과 함께 왜병의 동정은 어떠한지, 허실은 어떠한지, 어떻게 공격할지, 어떻게 전투할지를 정확히 살핀 연후에 병사를 진격시켜야 비로소 계산이 섰다고 할 수 있다.

하나. 마보의 상황을 논의하라. 왜병은 대부분 보병이고 우리는 마병이 많은데, 보병은 험한 지형에 유리하고 마병은 평지를 갈 때 유리하다. 왜병이 험지를 막으면 우리 마병과 보병은 무력을 쓸 곳이 없어진다. 전날의 공성(攻城) 전투는 바로 이 부분에 문제가 있었다. 대개 지리(地利)는 얻지 않을 수 없다. 지리를 얻으려면 반드시 향도(嚮導: 안내인)를 이용해야 하니, 병법에서 말하기를 "향도를 얻지 못하면 어둡다고 말한다."라고 하였다.[29] 그러나 조선이 바로 향도를 할 수 있으므로 걱정이 없다. 나만 험지를 만났을 때 우리가 먼저 매복을 해서 왜노들이 그곳을 차지하는 일이 없게 해야 한다. 옛 명장 중에 군진[伍陣]을 벌려놓고 20곳에 매복해서 승리를 취한 경우는 이유가 있는 것이다. 우리 병사는 말 위에 있고 왜병은 걸으면서 낮은 곳에 있으며, 우리 병사의 칼은 짧고 왜병의 칼은 기니, 싸

_____

29  향도(嚮導)를 …… 하였다: 향도의 중요성을 강조하는 말로, 『손자병법』에 "향도를 쓰지 않는 자는 지리(地利)를 얻을 수 없다[不用鄕導者 不能得地利]."라는 말이 나온다.

울 때의 형세가 조금이라도 떨어져 있게 되면 장비의 장점을 얻을 수 없다. 이는 우리 병졸을 적에게 주는 것이니, 그러므로 갑작스레 왜노와 대적하게 되면 모름지기 장창(長鎗)·대인(大紉)으로 바꿔 써야 찌르는 데 편리하다. 강남의 낭선(筤筅)·옹도(鎦刀)는 대부분 모두 긴 무기이니, 바로 이러한 의도이다. 전투 대형이 자리를 잡은 상태에서 싸움이 붙는다면, 모름지기 우리 보병이 앞에 서고 마병이 뒤를 따르다가 마병이 좌익·우익으로 나누어 공격하는 것이 바로 올바른 방법이다.

하나. 공전의 형세를 논하라. 말하는 자들이 이르기를, 왜의 조총은 우리가 엄폐하기 어렵고 왜의 날카로운 칼은 우리가 막아내기 어렵다고 한다. 그러나 우리의 쾌창, 삼안창 및 여러 신기(神器)로 어찌 조총을 당할 수 없겠는가. 왜노는 완전히 익숙하므로 예리하다고 불리고 우리는 미숙함과 익숙함이 반반이라 무디다고 하지만, 원래 화기로 대적할 수 없는 것이 아니다. 왜도가 비록 날카로워서 사람을 죽일 수 있지만 우리 칼이 조금은 그만 못하다고 해서 왜적을 죽일 수 없겠는가. 왜적이 용감히 전투할 수 있는 것은 칼 한 자루 때문이 아니다. 실제는 특히 죽을 각오로 싸우기 때문이다. 앞사람이 죽으면 뒷사람이 전진하며 조금도 물러서거나 겁먹는 경우가 없다. 오늘날 동원한 병사가 사방에서 이르러 까마귀 떼처럼 운집하였는데, 만약 병(兵)은 기율이 없고 사(士)는 서로 피차를 나눈다면 마음이 과연 견고하겠는가, 아니겠는가. 서하(西夏)의 일은 거울로 삼을 만하니, 어찌 우리의 칼로 왜적을 대적할 수 없겠는가. 어찌 왜적의 날카로운 칼을 막아낼 수 없겠는가. 절대 그렇지 않다. 우리의 마음이 실제로 왜적이 죽을 각오로 싸우는 것만 못하기 때문이다. 마땅히 용맹하고 죽기로 싸우는 자들을 골라 별도로 영(營) 하나를 만들고 또한 용장(勇將) 중 지모가 있는 자를 뽑아 통솔하게 하라. 이들을 때로는 돌격에 쓰기도 하고 때로는 매복에 쓰기도 하며, 때로는 기책에 쓰고 때로는 적의 진영을 야습하는 데 써서 다른 병사들이 하지 못하는 바를 수행하도록 하라. 옛날에 사현(謝玄)[30]과 유뢰지(劉牢之)[31]가 5000명의 병사를 이끌고 전진(前秦)의 군대를 크게 무너뜨렸으니, 진실로 사력(死力)을 얻었기 때문이다. 사람들이 또 말하기를, 조총은 능히 두 겹을 뚫을 수 있다고 한다. 나는 일찍이 그것을 시험해 보았다. 80보 밖에서 능히 젖은 전피(氈被) 두 겹을 뚫을 수 있었으며, 50보 밖에서는 세 겹, 네 겹을 뚫을 수 있었다. 논의한 여러 엄폐 사무는 또한 실제 효과를 천천히 따져야 할 것이다. 병법은 신속한 교전을 귀하게 여기므로, 엄폐할 병사가 앞에 서고 약한 병사가 뒤를 따르며 강병(强兵)이 다시 뒤를 따라서 한 곳을 타격하다가 병사를 나누어 좌우에서 공격하면 왜적은 기술을 쓸 곳이 없어진다. 이는 바로 손무자(孫武子)의 삼사(三駟)의 술(術)이며[32] 병법에 있으니, 헛소리가 아니다.

........

30  사현(謝玄): ?~?. 동진(東晉) 시대의 관리이자 장수이다. 자는 환도(幻度)이다. 전진(前秦)의 왕 부견(符堅)이 남하하여 진(晉)나라를 공격할 때에 숙부 사안(謝安)의 명을 받아 사석(謝石)과 더불어 몇 천의 군사로 백만 대군을 비수(淝水)에서 격파하였다.

31  유뢰지(劉牢之): ?~402. 동진 시대의 명장으로, 팽성군(彭城郡) 출신이다. 자는 도견(道堅)이다. 안문태수(雁門太守) 유희(劉羲)의 손자이자 정로장군(征虜將軍) 유건(劉建)의 아들이다.

32  삼사(三駟)의 술(術): 『사기』 「손자오기열전(孫子吳起列傳)」에서 유래한 고사이다. 전국 시대 전기(田忌)가 제(齊)나라의 공자들과 자주 경마를 하였는데, 그의 빈객으로 와 있던 손빈(孫臏)은 전기의 하등마를 상대의 상등마와 겨루게 하고 전기의 상등마를 상대의 중등마와, 전기의 중등마를 상대의 하등마와 겨루게 하여 2승 1패로 이기도록 하였다. 이러한 전략을 삼사의 술, 혹은 삼사법(三駟法)이라 부른다.

# 영전도·광녕도에 보내는 명령

## 檄寧前廣寧二道 | 권3, 19a-20a

날짜 만력 20년 11월 16일(1592. 12. 19.)

발신 송응창

수신 영전도·광녕도(廣寧道)

내용 요동의 군민이 곡물 값이 비싼 산해관(山海關) 서쪽으로 곡식을 가져가서 팔아 요동에 주둔한 대군에게 필요한 곡물을 구입하는 데 난항을 초래할 소지가 있으므로, 곡물 수매 가격을 올리는 한편 산해관 서쪽으로 넘어가 곡물을 판매하는 행위를 엄금할 것을 지시하는 명령이다.

산해관을 넘어가서 곡물을 판매하는 것을 엄금하고 아울러 값을 더해 곡식을 사들여 군량 조달을 돕는 일.

살피건대, 내가 지금 동원하여 집결시킨 대병이 요동 부근에 머물고 있어 군량과 급여가 이어지지 못할까 실로 걱정된다. 그렇기에 이미 영전도·해개도·분수도·분순도와 관량분사(管糧分司)에 은을 보내 곡식을 사들이도록 하였다. 그런 뒤에 근래 듣기로 해당 지역의 군민이 산해관 서쪽의 곡물 값이 비싼 것을 탐하여 남는 곡물과 콩을 연이어 싣고서 저쪽으로 넘어가 팔기에 이르렀다고 한다. 다만 민간에 쌓여 있는 곡물에는 한계가 있고 대병에게 지급하는 일은 아직 이루어지지 않았으니, 만약 엄히 금하는 한편 비싼 값으로라도 곡물을 사들이지 않다가 하루아침에 곡물이 바닥나기라도 하면 비록 사들이고자 해도 처리하기가 어렵게 될 것이다.

패문을 보내니, 바라건대 영전도·광녕도의 관리들은 즉시 고시(告示)를 내붙여 지역의 군인과 백성을 타일러라. 만약 남는 곡물과 콩이 있어서 팔고자 하는 경우에 많고 적음을 논하지 않고 다른 사람을 통해 관에 보고하는 것을 허락한다. 산해관 서쪽의 시가에 비해 특별히 값을 더 쳐서 위관이 마가은을 지출해 사들여서 거두어 쌓아두도록 하라. 그렇게 하면 민간에서는 운송비를 아끼면서 또한 값을 더 많이 받을 수 있으니, 필시 기꺼이 따를 것이다. 이전처럼 산해관 서쪽으로 넘어가서 곡물을 파는 것을 불허하며 어기는 자는 처벌할 것이다. 군사를 일으키면 군량이 따르는 것이니 그대들은 범상한 일로 보지 말고 값을 올려서 의논하여 곡물을 사들인 연유를 보고해서 조사하고 고찰할 수 있도록 하라.

# 분수요해도에게 보내는 명령

### 檄分守遼海道 | 권3, 20a-20b

날짜 만력 20년 11월 16일(1592. 12. 19.)

발신 송응창

수신 분수요해도(分守遼海道)

내용 당시 요동에 와 있던 윤근수(尹根壽)가 보고한 군량의 숫자가 확실한지 직접 조선에 관원을 보내 철저히 실사할 것을 지시하는 명령이다.

권3

변경과 해안의 군무(軍務)를 경략하는 일.

조선국의 배신(陪臣) 윤근수의 품(稟)을 받았는데, 그 내용은 다음과 같았다. "우리나라에 현재 있는 군량은 5만 병력으로 계산하면 매일 세끼를 20일 동안 공급할 수 있고, 사료는 말 2만 필에게 20일 동안 공급할 수 있습니다."[33]

살피건대, 위에 보고한 군량과 사료의 양이 허위인지 사실인지 확실하지 않으니, 마땅히 조사하여 점검해야 한다.

.......

33 조선국의 …… 있습니다: 윤근수는 10월 5일 구원군을 재촉하기 위해 요동으로 파견되었다가 11월 16일에 의주로 돌아왔다. 『선조실록』 권31, 선조 25년 10월 5일(신묘); 권32, 선조 25년 11월 16일(임신). 『선조실록』의 11월 16일 기사에는 윤근수가 송응창 등에게 올린 글이 실려 있으나 군량과 관련된 내용은 적혀 있지 않다.

패문을 보내니, 바라건대 그대는 즉시 적당한 관원을 선발하여 임무를 맡겨서 조선국에 가서 실제로 좁쌀 얼마, 쌀 얼마, 사료용 콩 얼마, 꼴 얼마가 있는지를 조사하여 점검하고 명백히 살펴서 사실대로 회보하도록 하라. 만약 위의 보고 내용이 실제 수량이라면 요동에서 운반하는 것은 마땅히 늦추어도 될 것이고, 만약 허위 보고라면 운반을 신속히 해야 할 것이다. 선발하여 보내는 관원은 방법을 강구하여 세밀히 계산해야 하며, 제대로 실사하지 않고 곡식더미를 가리켜 대충 헤아려서 군기(軍機)를 그르치는 것을 불허한다. 반드시 군법으로 다스릴 것이다. 어기거나 착오가 있어서는 안 된다.

3-18

# 요동총병 양소훈에게 보내는 명령

## 檄遼東楊總兵 | 권3, 20b-21a

날짜 만력 20년 11월 16일(1592. 12. 19.)
발신 송응창
수신 요동총병 양소훈(楊紹勳)
내용 병사들이 갖고 있는 활과 화살이 전투용으로 쓰기에 부족하므로,
요동총병으로 하여금 활과 화살을 추가로 구입하여 지급하라는 명령
이다.

**긴급한 왜정(倭情)에 관한 일.**

영병유격(領兵遊擊) 전세정(錢世楨) 등의 정문(呈文)을 받았는데,
그 내용은 다음과 같았다. "각 영의 군사들은 나머지 물건은 완전
하지만 군사마다 겨우 궁전(弓箭) 1부(副), 소궁(小弓) 1장, 활줄 1근
(根), 각각 다른 수의 화살을 갖고 있을 뿐이니, 의논하여 처리해주
시기 바랍니다."

살피건대, 활과 화살은 군대에서 반드시 써야 하는 기구이니 많
이 갖추는 것이 진실로 마땅하다. 지금 겨우 각각 1부씩 갖고 있어
서는 전투 때의 쓰임에 부족하니, 이미 전세정에게 비답을 내려 의
논해 처리하게 하였다. 다만 문서가 왕래하는 동안 질질 끌다가 일

을 그르칠까 우려되니, 마땅히 사서 갖추어야 한다.

　패문을 보내니, 바라건대 그대는 즉시 비답의 내용에 따라 군사의 수를 조사하고 군사마다 활 1장, 활줄 2근, 화살 20자루를 갖추도록 하라. 구매에 쓸 은 도합 얼마는 한편으로 사람을 선발하여 담당관에게 보내주고 한편으로는 사유를 갖추어 보고해서 이를 근거로 내가 해당 도에 비답을 내려 마가은 안에서 지급할 수 있도록 하라. 지연하여 일을 그르쳐서는 안 된다.

## 3-19

# 산해관주사 장동에게 보내는 서신

**與山海關張主政書 | 권3, 21a**

> 날짜 만력 20년 11월 16일(1592. 12. 19.)
> 발신 송응창
> 수신 산해관주사(山海關主事) 장동(張棟)[34]
> 내용 산해관에서의 만남을 회상하며 보내준 편지에 감사하고 산해관을
> 통과하는 각 부대의 이동을 독촉해준 데 대해 사의를 표하는 서신이다.

산해관 안에서 만났을 때 누차 고상한 말씀을 접하고 문하(장동)
께서 세상을 다스릴 만한 인재임을 알았습니다. 다만 요충지에 머
물면서 북문(北門)의 자물쇠가 되어 계시기에 군중에서 힘을 빌리며
전략에 도움을 받지 못하는 것이 한일 뿐입니다. 말 머리가 점차 동
쪽을 향해 가니 우러러보는 마음이 더욱 절박한데 다시 저를 생각
해주시는 편지를 받으니 감사하여 잊지 못하는 마음이 더욱 깊어집
니다. 각 진의 병마를 수고로이 재촉해주시니 더욱 사직이 의지하는
바입니다. 만약 원대한 계획에 힘입어 승전보가 산해관을 통해 들

---

34  장동(張棟): ?~?. 명나라 사람으로 계주부(蘇州府) 곤산현(崑山縣) 출신이다. 자는 백임
(伯任), 가암(可菴)이다.

권3

어가게 되면 문하의 공도 적지 않을 것입니다. 심부름꾼이 출발하는 차에 이렇게 감사 편지를 부칩니다. 이만 줄입니다.

# 요동순무 조요에게 보고하는 서신

**報遼東趙撫院書** | 권3, 21a-21b

날짜 만력 20년 11월 17일(1592. 12. 20.)

발신 송응창

수신 요동순무(遼東巡撫) 조요(趙燿)

내용 보내준 편지에 감사하고 요양에 있는 자신을 만나보고 싶다는 요동순무 조요의 요청에 대해 변경의 방어도 우려스럽고 자신의 요동 체류 중에 곧 만날 기회가 있을 것이니 멀리 나오지 말 것을 당부하는 편지이다.

보내주신 편지를 받아서 삼가 읽어보니 말뜻이 간절하여 오장(五臟)으로 느껴져 들어오는 듯합니다. 병마의 출발을 독촉하고 겸하여 대장(大將)이 요동으로 오도록 부탁하셨으며 강을 건널 것에 대한 지극한 가르침을 내려주셨습니다. 이는 모두 사직의 이익이요 저 한 사람만의 다행이 아니므로 더욱 가슴속에 간직하겠습니다.

저 또한 고산(高山: 조요)을 우러러 한번 만나 뵙고 가르침을 받들기를 간절히 바라고 있었습니다. 황상(皇上)께서 엄한 명령으로 독촉하셨기에 급히 요동으로 나아가게 되었는데, 죄송스럽게도 훌륭하신 마음을 수고롭게 하여 저를 만나기 위해 수레를 돌리고자 하셨습니다. 제가 감히 일부러 오신다는 말씀을 어겨서 스스로 귀 기울여 듣지 않으려는 것이 아닙니다. 다만 옥절(玉節: 조요)께서 막 광녕(廣寧)의 군대 통솔을 맡게 되셨는데[35] 또다시 멀리 나오시면 변 방의 경보가 매우 엄한 상황에 대비 태세에 소홀함이 생겨서 저도 허물을 벗어나기 어려울까 걱정입니다.

만약 긴요한 사안이 있으면 편지를 보내서 급히 가르침을 주셔 도 무방합니다. 하물며 제가 요동에 필시 오랫동안 머물게 될 것이 니, 직접 태광(台光: 조요)을 보게 되는 것도 진실로 기회가 있을 것 입니다. 이 서신을 가져가는 심부름꾼이 행렬을 이끄는 깃발을 멈추 시도록 간청할 것입니다. 붓으로 정을 다 펴지 못하였으니, 두루 용 서하고 살펴주시기를 바랍니다.

.......

35  다만 …… 되셨는데: 조요는 만력 20년(1592) 9월 23일에 산서안찰사(山西按察使)에서 요동순무로 승진하였다. 『명신종실록』 권252, 만력 20년 9월 23일(기묘). 따라서 빨라도 10월에야 광녕(廣寧)에 부임하였을 것으로 판단된다.

# 평왜제독 이여송에게 보내는 서신

**與平倭李提督書 | 권3, 21b-22a**

날짜 만력 20년 11월 17일(1592. 12. 20.)

발신 송응창

수신 평왜제독(平倭提督) 이여송

내용 이여송의 재능과 영하의 난을 평정한 공적을 칭송하면서 빨리 자신이 있는 요양으로 와서 일본군을 토벌하고 조선을 안정시켜주기를 바라는 서신이다.

문하(이여송)의 충성은 해와 달을 꿰뚫으며 위세는 중화와 오랑캐를 진동시키니, 진실로 매우 드문 인재입니다. 근일 서쪽에서 사변이 일어났을 때 반란을 일으킨 적들이 포악하게 굴면서 오랑캐를 끌어들여 성에 틀어박혀 섬서(陝西) 전역이 이미 거의 위급해졌습니다. 하지만 문하께서 한 번 돌아볼 것도 없이 일거에 견고한 성 아래에서 섬멸시키셨습니다.[36] 문하의 기이한 공훈은 고금에 찬란하게

........

36  하지만 …… 섬멸시키셨습니다: 영하의 난을 진압한 일을 말한다. 이여송은 만력 20년 (1592) 9월에 영하의 난 진압을 마무리한 뒤 10월 16일에 임진왜란에 투입될 명군을 지휘할 것을 명령받았다. 『명신종실록』 권253, 만력 20년 9월 23일(기묘), 10월 11일(정유), 10월 16일(임인) 참고.

빛나니, 저는 사직을 위하여 심히 다행으로 여깁니다.

지금 왜노가 다시 조선을 함락시킴에 즈음하여 또 전방에 문하의 힘을 빌려 보잘것없는 추악한 적들을 없애버리게 되었습니다. 생각건대, 하늘이 특별히 이 두 도적을[37] 빌려서 문하의 성대하고 아름다움을 빛내려고 하는 듯합니다. 저는 재주가 보잘것없어 문하의 위세와 영험함을 우러러 의지하고 있습니다. 만약 자그마한 공이라도 세운다면 사직을 위해 다행이기도 하지만 저를 위해서도 다행입니다. 저는 앞서 이미 요양으로 급히 나아가 병마를 독촉하고 전투 장비를 정비해서 대장군의 도착을 기다리고 있습니다. 심부름꾼을 멀리 마중하도록 보내니, 오로지 용의 깃발을 단 군대를 속히 출발시켜 얼른 속국(屬國)을 안정시키기를 바랍니다. 문하의 몸에 조정의 안위가 걸려 있는 것이 곽자의(郭子儀)[38]·배도(裴度)[39]와 같아 아마도 천년 동안 칭송될 것입니다. 아침저녁으로 발돋움하여 기다리고 있으니, 저의 걱정하는 마음을 위로해주시기 바랍니다. 빌고 또 바랍니다.

.......

37 두 도적[二寇]: 영하의 반란군과 조선을 침공한 일본군을 말한다.

38 곽자의(郭子儀): 697~781. 당대의 무장이다. 안록산의 난이 일어나자 관군을 지휘하면서 위구르의 원군을 얻어 장안 낙양을 수복하고 반란 진압에 결정적인 공을 세웠다. 이후 토번(티베트)의 침공으로 장안이 위태로워지자 다시 위구르를 회유하여 물리치는 데 성공하여 위태로운 당 왕조를 구해냈다. 당대 최고의 공신으로 분양왕(汾陽王)에 봉해졌다.

39 배도(裴度): 765~839. 당 중기의 재상이다. 헌종(憲宗)·목종(穆宗)·경종(敬宗)·문종(文宗)을 연이어 섬겼다. 헌종의 번진(藩鎭: 절도사) 토벌에 적극 협력하여 "원화중흥(元和中興)"이라 불리는 성과를 이루는 데 공을 세웠다.

3-22

# 계주총병 장방기에게 보내는 서신

**與薊鎭張總戎書** | 권3, 22a-22b

날짜 만력 20년 11월 17일(1592. 12. 20.)

발신 송응창

수신 계주총병(薊州總兵) 장방기(張邦奇)

내용 기패관(旗牌官) 및 재관(材官)을 보내준 데 감사하고 근거 없는 탄핵에 신경 쓰지 말고 계속 직무를 수행하여 자신을 도와줄 것을 촉구하는 서신이다.

권3

보내주신 기패(旗牌)[40] 원역(員役)을 받았습니다. 감사하고 또 감사합니다. 재관(材官)[41] 섭정록(葉廷祿)·허괴(許魁)는 이미 항상 저를 수행하고 있으니, 삼가 말씀하신 바에 따라 반을 나누어 소식을 전하고 보고하는 데 편하도록 하고 다른 진에도 뒤이어 단단히 경계시키겠습니다. 문하(장방기)의 뛰어난 재능에 변경이 의지하는 바가

.......

40 기패(旗牌): 기패관(旗牌官). 군중(軍中)의 명령을 전달하는 책임을 맡은 군리(軍吏)를 가리킨다.

41 재관(材官): 정식 관제에는 들어 있지 않지만, 순무(巡撫) 등의 상급 지휘관에 의해 채용되어 영중(營中)의 군사적 직무를 맡았던 기층 무관을 지칭하는 것으로 보인다. 이들은 기본적으로 파총(把總)보다 낮은 지위에 있었던 것으로 보이지만 필요에 따라서는 정식 장령(將領)으로 승진할 수도 있었다.

큽니다. 터무니없는 비방을 지금 북경(北京) 부근에 있는 고관으로
서 누가 면할 수 있겠습니까.[42] 왜 꼭 이것을 신경 쓰십니까. 오직 나
랏일에 마음을 다하고 신기한 계책을 자주 보내주셔서 저로 하여금
의지할 바가 있게 함으로써 속국을 안정시키고 황상의 마음을 위로
할 수 있게 해주시기를 빌고 또 바랍니다.

---

42  터무니없는 …… 있겠습니까: 『명신종실록』에 따르면 당시 계주총병 장방기는 논핵(論
劾)을 당해 사직을 요청하였고, 결국 11월 28일 산서총병(山西總兵) 왕보(王保)와 임지
를 서로 교대하였다. 『명신종실록』 권254, 만력 20년 11월 28일(갑신). 송응창 역시 「2-
12 報石司馬書 권2, 16b-17a」에서 장방기가 탄핵을 받고 있어 임지를 떠나야 하는 상황
임을 근심하였다.

## 3-23

# 조선국에서 파견한 사간원헌납 김정목에게 보내는 명령

### 檄朝鮮國差衛獻納金庭睦 | 권3, 22b-23b

날짜 만력 20년 11월 17일(1592. 12. 20.)

발신 송응창

수신 사간원헌납(司諫院獻納) 김정목(金廷睦)[43]

내용 명의 대군이 조선으로 건너갈 것에 대비하여 당장 처리가 필요한 사안들을 조선에서 파견되어온 김정목을 통해 조선국왕에게 전달하고 회답을 요구하는 명령이다. 송응창의 요구사항은 군량 확보 상황 확인, 서울과 평양까지의 지리적 정보, 군량 운송의 편의 도모, 길 안내인 제공, 조선의 병력 상황 보고 등이다.

관련자료 이 문서의 첨부 중 세 번째 항목은 『국서초록』 4a-5a, 만력 20년 11월 28일, 「요동도사가 조선국왕에게 보낸 자문」, "爲倭情事"에 인용된 송응창의 헌패(憲牌)에도 전재되어 있다. 해당 헌패는 아래의 「3-39 檄遼東都司 권3, 31b-32a」을 지칭하며, 이 문서를 통해 하달한 지시의 이행을 독촉하기 위해서 발급되었다.

.......

43  김정목(金廷睦): 1560~1612. 조선 사람으로 본관은 언양(彦陽), 자는 이경(而敬)이다. 선조 16년(1583) 정시 문과에 병과로 급제하였다. 선조 25년(1592) 호조정랑(戶曹正郎)·헌납(獻納) 등을 역임하면서 임진왜란 당시 명나라와의 교섭에 많은 일을 담당하였다.

권3

흠차경략(欽差經略) 병부우시랑(兵部右侍郎) 송응창이 왜정에 관한 일로 조선국에서 보내온[44] 헌납 김정목에게 첩(帖)으로 유시(諭示)한다. 유첩(諭帖)에 조목별로 기재한 다섯 가지 일을 살펴 조선국왕에게 아뢰어서, 조선국왕이 해당 관할 아문(衙門)에 공문을 보낸 뒤 속히 나에게 회보하도록 하라. 어기지 말라.

첨부

하나. 병력은 5만 명, 말은 그 절반을 기준으로 하여, 조선에서는 의주·평양 연도(沿途)에 실제로 있는 군량·사료가 각각 얼마이며 몇 달의 비용을 충족하는지를 써서 보고하라.

하나. 서울·평양의 크고 작은 도로를 자세하게 지도로 그리고 설명을 붙여서 볼 수 있도록 보내라.

하나. 조선의 차량·우마(牛馬) 또한 5만 병마가 날마다 쓰는 군량과 사료 등을 기준으로 삼아 적당한 관원을 선발하여 나누어 보내 관할하게 하라. 모두 의주에 머무르며 요양으로부터 군량과 사료 등을 운반해오기를 기다렸다가 연이어서 나누어 운송하여 평양 각 영의 군병들이 쓸 수 있도록 하라.

하나. 서울·평양 두 곳의 군민으로서 사부(士夫)·기로인(耆老人)을 막론하고 재능과 식견이 조금 낫고 세상일에 숙달되고 도로의 험하고 평탄함을 잘 아는 자를 각각 10명 혹은 5명씩 추천하여 나의

---

44 보내온: 『경략복국요편』 원문 및 본 문서의 제목에는 "差衛"로 되어 있으나, 『경략복국요편』, 「3-39 檄遼東都司 권3, 31b-32a」 및 『국서초록』 만력 20년 11월 28일, 「요동도사가 조선국왕에게 보낸 자문」, "爲倭情事", 4a-5a에는 "差來"로 되어 있다. 내용상으로도 보내왔다는 뜻의 "差來"가 맞는 것으로 보인다. 이는 "差委"라고 쓰려다가 원서의 출판 과정에서 발음이 같은 "差衛"로 잘못 새긴 것으로 추측된다.

군영으로 보내 쓸 수 있도록 하라.

하나. 본국 각 도·각 로(路)에서 선별하여 훈련시킨 병마에 대해 각각 부대 및 지금 통솔하는 장수의 직명(職名)을 써서 나에게 게첩으로 보고하여 파견할 수 있도록 하라.

이상 다섯 가지 일은 모두 긴요한 군무이니 사실대로 속히 보고하라. 거짓으로 속이면서 질질 끌어서 일을 그르치고 후회하도록 해서는 안 된다.

3-24

# 요동도사 장삼외에게 보내는 명령

檄遼東都司張三畏 | 권3, 23b-24a

날짜 만력 20년 11월 17일(1592. 12. 20.)

발신 송응창

수신 요동도사 장삼외(張三畏)

내용 장삼외에게 조선으로 건너가서 군량을 조사하도록 하고 명군이 조선에 건너가서 군량을 수령할 때 갖추어야 할 서류와 절차에 대해 지시하는 명령이다.

관련자료 『경략복국요편』「4-3 檄薊遼等七道及艾主事 권4, 2a-3b」과 군량 관련 지시사항이 거의 같다. 하지만 「4-3 檄薊遼等七道及艾主事 권4, 2a-3b」에는 이 문서에 언급만 되어 있는 단자(單子)의 견본 양식이 별첨되어 있다.

성지에 따라 부신에게 전적으로 책임을 맡긴 일.

분수요해도의 정문을 받았는데, 그 내용은 다음과 같았다. "현재 관둔도사(管屯都司)[45] 장삼외는 조선에 가서 군량과 사료를 조사하

.......

45  관둔도사(管屯都司): 명대 요동도사에는 책임자인 장인(掌印) 1명 아래에 첨서(僉書) 2명이 있었다. 첨서 중 1명은 관둔(管屯), 즉 둔전의 관리를 담당하였고, 다른 1명은 국포(局捕), 즉 범죄자의 체포를 담당하였다. 荷見守義, 「明代都司掌印官の基礎的考察: 遼東都司の場合」, 『人文研紀要』 85, 2016, 122~124쪽.

도록 위임할 만합니다."

비답(批答)을 내려 윤허하는 외에 마땅히 전적으로 위임해야 한다.

패문을 보내니, 바라건대 그대는 즉시 군사를 통솔하는 장관(將官)에게 공문을 보내 동원하여 도착한 관군·마필(馬匹)에게 응당 지급해야 할 부식비·행군용 군량·사료의 본색(本色)·절색(折色) 수량 중에서 다만 한 창고에서 지급받을 만큼을 매일 단자 1건에 모두 쓰도록 하라. 그대는 명백하게 조사·대조하여 중요한 수량 위에는 인신(印信: 관인)이나 관방(關防)으로 도장을 찍어서 장관에게 주어, 장관이 조선 호조(戶曹)의 군량 담당 관원에게 단자를 가지고 가서 수량에 맞게 지급받도록 하라.

한 단자에 기입된 내용으로는 다만 하루 치만 지급할 수 있고 수일 치를 연이어 지급할 수 없다. 한 창고에서 지급할 곡물은 다만 단자 1건만 써야 하고 몇 건으로 나누어 작성해서는 안 된다. 장령에게 단자가 없으면 창고에서 지급해서는 안 된다. 창고에 단자가 없으면 장부를 감사할 때 그 지출의 회계 처리를 인준하지 못한다. 만약 장령이 곡물을 지급받기 위해 멋대로 관인을 찍지 않은 작은 쪽지를 쓰거나, 단자를 신경 써서 기입하고 점검하지 않아서 하인들이 폐단을 일으키거나, 직무 해제되어 명단에서 빠져야 하는데도 중복하여 불법으로 곡물을 지급받은 자는 즉시 조사하여 다스려라. 만약 방임하면서 신고하지 않았다가 일이 적발되면 연좌할 것이다. 지급한 수량은 매일 조선의 군량 담당 관원이 단자의 내용에 따라 장부의 한 면에 기입하여 부로 보내 감사받도록 하라. 어기거나 착오가 있어서는 안 된다.

# 누대유·섭방영에게 보내는 명령

## 檄樓大有葉邦榮 | 권3, 24a-24b

날짜 만력 20년 11월 17일(1592. 12. 20.)

발신 송응창

수신 누대유(樓大有)[46]·섭방영(葉邦榮)[47]

내용 명군이 조선에 가서 민폐를 끼치는 것을 막기 위해 누대유·섭방영을 담당 위관으로 정하여 기율 위반 행위를 단속하고 보고하라는 명령이다.

성지에 따라 부신에게 전적으로 책임을 맡긴 일.

살피건대, 내가 동원하여 도착한 각 로의 병마가 곧 의주 등지로 가서 조선을 구원할 것이다. 근래 듣기로 각 군(軍)이 연도에서 시끄럽게 사건을 일으키는데도 본래의 관할 장관이 방임하면서 금지하지 않는다 하니, 마땅히 관원에게 임무를 맡겨서 단속하도록 해야

----

46 누대유(樓大有): ?~?. 명나라 사람으로 절강 의오(義烏)의 하연촌(夏演村) 출신이다. 자는 유풍(惟豊), 호는 남호(南湖)이다. 척계광(戚繼光)에게 발탁되어 무관이 되었으며 임진왜란 때 세운 공으로 훗날 절강도지휘사(浙江都指揮使)가 되었다.

47 섭방영(葉邦榮): ?~?. 명나라 사람이다. 만력 21년(1593) 마병 1500명을 통솔하였다. 그는 만력 25년(1597)에 절강 군사 1500명을 이끌고 조선에 다시 왔다가 명나라로 돌아갔다.

한다.

패문을 보내니, 바라건대 그대들은 즉시 군사를 통솔하는 장관과 함께 의주 등지로 가서 정벌하러 가는 길에 지나가거나 머무르는 곳에서 반드시 규정을 지키도록 하라. 강함을 믿고 물건을 사들이거나 남이 자는 집을 점거하거나 시끄럽게 사건을 일으키지 못하게 해야 한다. 만약 어기고 범하는 자가 있으면 그대들은 즉시 다스려 처벌하고 곧바로 이름을 기록해 종합해서 보고하여 조사 및 처벌하기를 기다리라. 만약 중대한 위반 정황이 있으면 즉시 품첩(稟帖)을 갖추어서 파발마로 나에게 신속히 보고하여 내가 이를 근거로 사람을 선발하여 잡아올 수 있게 하라. 반드시 군법으로 다스려서 결단코 가볍게 용서하지 않을 것이다. 만약 각 관원이 용납하거나 숨겼다가 일이 발각되면 함께 다스릴 것이다. 만약 그대들이 과연 원망을 두려워하지 않고 각 군을 단속하여 소요가 없게 하면 반드시 군공에 비추어 기록할 것이다. 어기거나 착오가 있어서는 안된다.

3-26

# 요동도사 장삼외에게 보내는 명령

檄都司張三畏 | 권3, 24b-25b

날짜 만력 20년 11월 18일(1592. 12. 21.)

발신 송응창

수신 요동도사 장삼외

내용 장삼외에게 조선 호조의 군량 담당관과 더불어 평양 공격 때까지 필요한 2개월 치 군량과 사료를 저축할 것과, 평양 탈환 이후에 필요한 2개월 치의 군량과 사료를 조선에서 책임지고 마련하기 위한 제반 사항을 논의하라는 명령이다. 각각 2개월 이후에는 명에서 군량을 운송해서 지급하는 것을 원칙으로 하고 있다.

흠차경략 병부우시랑 송응창이 왜정에 관한 일로 도사(都司) 장삼외에게 명령한다. 즉시 뒤에 기록한 조항에 따라 조선국 호조의 군량 담당 관원과 함께 마음을 다해 헤아려 처리하며 타당하고 명백히 하여 속히 보고하라. 어기지 말라.

**첨부**

하나. 대병이 동쪽으로 건너가는 것은 원래 조선을 회복하기 위함이다. 그러나 병가에서 싸우고 지키는 것이 느릴지 빠를지는 미리 기약하기 어렵다. 지금 병력 4만 명·말 2만 필로 각각 계산하여 조선에서 반드시 2개월 치의 군량과 사료를 마련하게 하여, 의주에서 평양 일대에 이르는 긴요한 성보에 쌓아두고 지급을 기다리도록 하라. 만약 2개월이 넘어가면 장차 중국에서 보급할 군량과 사료를 지급할 것이다. 만약 조선에서 2개월을 지급한 뒤에도 오히려 남은 것이 있는데 우리 중국에서 이어서 운송하는 것이 일시적으로 미치지 못하면, 또한 조선의 남은 군량과 사료를 이전대로 쌓아두고 옮기지 못하도록 하였다가 모두 나의 대병이 빌려서 지급할 수 있도록 한다. 일이 안정된 이후에 본색을 원하면 빌린 숫자대로 본색으로 갚고, 절색을 원하면 빌린 숫자대로 절색으로 갚을 것이다. 나는 바야흐로 대의(大義)를 밝게 펴려고 하니, 결단코 약속을 어기지 않을 것이다.

하나. 평양을 탈환한 후 왜는 반드시 서울로 도망갈 것이다. 병가에서는 신속함을 귀하게 여기니, 그때 형세상 필시 진격해 취해야만 한다. 다만 서울은 평양에서 멀고 압록강에서는 더욱 멀며 강과 산이 험하게 막고 있어 중국에서 운송하기가 더욱 어려운데, 외지에서 온 군대가 깊이 들어가면 군량과 사료 또한 반드시 지급해야 한다. 조선에서는 마땅히 미리 헤아려 평양에서 서울까지 실제 몇 리인지를 보고 조선의 군량과 사료 또한 앞의 병마 수로 계산해서[48] 반드시 2개월 동안 지급하기에 족하도록 하라. 응당 어디로 운반해야 하는지, 조선의 함락되지 않은 전라도·평안도에서 공급해야 할 것인지, 모두 어느 지역에 쌓아두어서 진격해 취하는 데 편리하게 할지

.......

48 앞의 …… 계산해서: 앞서 제시한 병력 4만 명·말 2만 필을 지칭한다.

등도 미리 정하라. 2개월 동안 지급한 뒤에는 중국에서 운송한 군량과 사료를 지급하도록 한다. 군사가 배부르고 말이 뛰도록 해서 정벌하여 싸우는 데 힘입는 바가 있도록 하라.

# 명군이 조선으로 진격할 때 조선 백성을 안심시키기 위한 포고문

## 進兵朝鮮安民示約 | 권3, 26a

**날짜** 만력 20년 11월 18일(1592. 12. 21.)

**발신** 송응창

**수신** 조선 군민

**내용** 명군이 지나가는 연로의 조선 군민에게 동요하지 말고 생업에 종사할 것과, 명군이 민폐를 끼쳤을 경우 관할 지휘관에게 아뢰면 처벌할 것임을 널리 알려 안심시키는 문서이다.

**관련자료** 이 문서는 오희문(吳希文), 『쇄미록(瑣尾錄)』 권2, 「계사일록(癸巳日錄)」에 "흠차경략병부시(欽差經略兵部示)"라는 제목으로 실려 있으며, 자구(字句)에 약간의 차이가 있다.[49] 『쇄미록』은 이 문서를 만력 20년 11월 25일에 발급된 것으로 기록하여 『경략복국요편』에 기재된 일자와 차이를 보인다.


흠차경략병부(欽差經略兵部)가 고시(告示)한다.

살피건대, 내가 남북의 수륙(水陸)·마보 대병을 동원하여 외국(外國) 조선을 회복하고 왜노를 섬멸하려 함에, 이미 각 장령 등의

---

49 오희문 저, 황교은 외 교감·표점, 『쇄미록』 7 교감·표점본 1, 국립진주박물관, 2018, 321쪽.

관원들에게 엄히 명을 내려 군사들을 단속해서 추호도 범하지 못하도록 하였다. 바라건대 연도 지역의 군인·백성은 만약 대병이 지나가거나 머무를 때에 모두 평상시처럼 각자 생업에 종사하며 놀라서 도망가느라 스스로 가업을 저버려서는 안 된다. 군사들이 만약 사건을 일으키고 어지럽게 해를 끼치는 경우가 있으면 너희들이 본래 관할 장령에게 명확히 아뢰는 것을 허락한다. 장령이 실정을 살펴서 나에게 대신 보고하여 이를 근거로 군법에 따라 처치할 수 있도록 할 것이다. 너희들도 마땅히 정벌을 수행하는 군사들의 처지를 깊이 생각하여 일부러 억지를 부려서는 안 된다. 어기는 자는 함께 다스릴 것이다.

3-28

# 명의 군민에게 교역에 관해 알리는 포고문

通諭兵民交易約 | 권3, 26a-26b

날짜 만력 20년 11월 18일(1592. 12. 21.)

발신 송응창

수신 명의 군민

내용 명의 군민에게 대군을 따라다니면서 술과 음식을 판매하려면 소재지의 관사에 신고하여 허가증을 받으라고 지시하고, 거래 과정에서 군사들이 문제를 일으키면 처벌하겠다고 밝히는 문서이다.

권3

흠차경략병부가 고시한다.

살피건대, 내가 대병을 동원하여 동쪽으로 조선국에 들어가 왜노를 섬멸하고자 한다. 만약 각 지방의 군인·백성으로서 군영을 따라가 주둔지에서 스스로 술과 음식을 마련하여 판매하기를 원하는 자가 있으면, 소재지의 관사(官司)에 품보(稟報)하기를 허락한다. 해당 관사에서는 나에게 대신 보고해서 허가증을 발급하여 군대를 따라다니며 판매할 수 있도록 조치할 것이다. 물건 값은 양쪽에 공평하게 교역하며, 군사들이 강탈하거나 억지로 사들이는 것을 절대 불허한다. 어기는 자는 너희들이 아뢰어 다스리도록 하는 것을 허락한다.[50]

.......

50  살피건대 …… 허락한다: 『쇄미록』의 「경략병부약법패문(經略兵部約法牌文)」에 실린 12
    월 15일 군령의 두 번째 조항에서는 "시민(市民)의 재물이나 술, 음식을 강제로 취하는
    자는 왼쪽 귀를 벤다[强取市民財物酒食者, 割左耳]."라고 규정하고 있다. 오희문 저, 황
    교은 외 교감·표점, 『쇄미록』7(교감·표점본 1), 국립진주박물관, 2018, 321쪽.

# 영병관 이방춘·방시휘·전세정·오유충·왕문· 왕필적 등에게 보내는 명령

檄領兵官李芳春方時暉錢世禎吳惟忠王問王必廸等 | 권3, 26b-27a

**날짜** 만력 20년 11월 18일(1592. 12. 21.)

**발신** 송응창

**수신** 이방춘(李芳春)·방시휘(方時暉)[51]·전세정·오유충(吳惟忠)·왕문(王 問)·왕필적(王必廸) 등

**내용** 병사들에게 이미 준비하도록 한 5일분의 휴대식량에 더해 볶은 쌀 가루나 밀가루 1두(斗)씩을 더 준비하여 비상시에 대비하도록 하고 위 반자를 적발하라고 지시하는 명령이다.

변경과 해안의 군무를 경략하는 일.

이미 표문을 그대들에게 보내서 각 군에 분명하게 명령하여 집 물을 사들이고 휴대식량과 볶은 쌀을 미리 준비하되 반드시 5일 치 분량을 맞추도록 하였다. 그런 뒤 지금 정벌하러 나아갈 때가 임박

........

51  방시휘(方時暉): ?~?. 명나라 사람으로 산서 울주위(蔚州衛) 출신이다. 만력 20년(1592)
    에 마병 1000명을 이끌고 조선에 왔고, 이여백(李如栢)의 표하에 소속되어 평양성을 공
    격해서 공을 세웠다. 오래도록 상주(尙州)에 주둔하다가 만력 21년(1593)에 명나라로
    돌아갔다.

하였으니, 마땅히 다시 거듭 엄히 일러두어야 한다.

패문을 보내니, 바라건대 그대들은 즉시 군병에게 분명히 명령하기를 앞서 명령한 각각 5일분의 볶은 쌀과 휴대식량 외에 마병과 보병들은 볶은 쌀가루나 볶은 밀가루 1두씩을 더 휴대하도록 해서 평시에는 예비용으로 가지고 다니다가 군량과 급여 보급이 이어지지 않으면 급한 용도에 쓰도록 하라. 만약 곡물을 사들이기가 불편하면 분수도에 가서 수령하도록 하고, 그대들이 곧바로 자세히 조사하라. 만약 휴대식량을 가지고 다니지 않으면서 거짓말을 하는 자는 즉시 중하게 처벌하라. 어기는 자는 내가 조사해낼 것이고, 군사를 통솔하는 관원 및 천총(千總)·파총(把總)·관대(管隊)·첩대(貼隊)도 모두 위반사항을 조사하여 다스려라. 한편으로 각 군에서 선봉으로 뽑은 병사를 가려내 이름을 써서 보고하여 별도로 상을 내리는 것을 기다리도록 하라. 어기거나 착오가 있어서는 안 된다.

# 산동안찰사 곽비에게 보내는 서신

## 與山東郭憲長書 | 권3, 27a-27b

날짜 만력 20년 11월 18일(1592. 12. 21.)

발신 송응창

수신 산동안찰사(山東按察使) 곽비(郭棐)

내용 산동에 위치한 세 도가 방어 및 병력에 대한 보고를 아직 올리지 않았으므로 대신 독촉하여 빨리 보고를 올릴 수 있게 해주기를 부탁하는 서신이다.

역성(歷城)에서 한 번 헤어진 뒤로 어느새 겨울이 깊어졌습니다. 그대에 대한 그리움은 가는 동안 하루라도 잊어본 적이 없습니다. 저의 재주가 천박함에도 외람되이 황상의 명령을 받들었으니, 아침저녁으로 두려워하며 무거운 임무를 위임받은 것을 헛되이 할까 걱정합니다.

무릇 방어하는 병마는 오로지 해당 도에서 조정해주는 데 의지합니다. 지금 요양에 도착하니 이곳의 각 도에서는 조치하여 모두 보고를 완료하였습니다. 다만 그대의 관할지역 중 거리가 먼 변경 해안의 세 도에서는 보고가 올라오지 않았으니, 만약 소홀함이 있으면 허물을 장차 누구에게 핑계 대겠습니까. 제가 일찍이 황송하게도

깊은 사랑을 받았기에 문하(곽비)를 번거롭게 하고자 합니다. 해당
도에 대신 전해서 동료를 귀하게 여기는 마음으로 속히 보고를 완
료하도록 하고, 반드시 지도를 그리고 설명을 붙여서 변경이 무사할
수 있도록 힘써주십시오. 제가 이에 힘입어 책임을 벗어날 뿐만 아
니라 동료를 귀하게 여기는 마음도 보답받을 수 있으니, 이는 모두
문하께서 내려주시는 것입니다.

3-31

# 평왜제독 이여송에게 보내는 서신

與平倭李提督書 | 권3, 27b

날짜 만력 20년 11월 23일(1592. 12. 26.)
발신 송응창
수신 평왜제독 이여송
내용 자신이 요양 도착 이후에 제반 준비를 진척시키면서 이여송의 도착
을 기다리고 있으니 빨리 와주기를 부탁하는 뜻을 전하는 서신이다.

권3

오시는 길에 짧은 편지를 보내드렸으니 지금쯤 읽어보셨으리라
생각됩니다. 저는 요양에 도착해서 며칠 동안 모든 장병·양식·전구
를 하나하나 정돈하도록 하였고, 오로지 대장군의 수레가 왕림하는
것을 기다려 진격하기를 도모하고자 합니다. 병부상서 석성의 편지
가 왔기에 들으니, 장군의 선봉 부대가 18일에 이미 출발하였다고
하였습니다. 다만 일의 기회를 탈 수 있다면 때를 늦추어서는 안 되
니, 엎드려 바라건대 마음을 써서 번개처럼 신속히 와주십시오. 저
는 까치발을 하고 몹시 기다리기에 여념이 없습니다.

3-32

# 병부상서 석성에게 보내는 감사 서신

謝石司馬書 | 권3, 27b-28b

날짜 만력 20년 11월 23일(1592. 12. 26.)

발신 송응창

수신 병부상서 석성

내용 보내준 편지에 감사하고, 자신이 요양에서 출진을 위한 제반 준비를 하면서 이여송을 기다리고 있으며, 자신이 대군을 거느리고 도착한다는 소문을 미리 냈더니 요동 지역에 오랑캐의 침범 소식이 없었음을 알리는 서신이다.

제가 누차 대하(석성)께서 생각해주심을 입었는데 겸하여 번거롭게도 멀리까지 후한 은혜를 내려주시니 감동하여 몸 둘 바를 모르겠습니다. 높고 두터운 은혜에 보답할 수 있는 것은 오직 제가 마음과 힘을 다하는 것뿐입니다. 지금 요양에 머물면서 장병·군량과 사료·전구를 정돈하여 하나하나 구비해놓고 오로지 제독 이여송이 이르면 곧바로 출발시키기만을 기다리고 있으니, 대개 대하의 가르침을 따른 것입니다. 서로 대하는 예는 하나같이 말씀에 따랐으며, 인하여 두 차례 편지를 보내 맞이하였습니다.[52] 조선의 일은 비록 한두 가지도 효과를 보지 못하였다고는 하나, 다만 황상의 위엄[威靈]

과 대하의 신묘한 계책에 힘입어 번거로이 동쪽을 돌아보시지 않게 할 수도 있을 것으로 생각됩니다.

지금 가장 기뻐할 만한 일은 매년 오랑캐의 침공 경보가 10월이면 반드시 들렸는데, 앞서 제가 요동총병 양소훈으로 하여금 미리 소문을 퍼뜨리게 하기를, "조정에서 경략에게 명하여 병력 수십만을 이끌고 가서 속국을 구원하도록 하였다."라고 하였더니, 지금 이제 11월이 장차 끝나려 하는데도 전혀 경보 소식이 없습니다. 요동 순안(遼東巡按) 이시자(李時孶)가 누누이 얼굴을 맞대고 칭찬하였으니, 제가 감히 속이는 것이 아닙니다. 이는 모두 대하께서 알려주신 것으로, 변경의 오랑캐가 이와 같으니 섬의 무리들도 알 만합니다. 대하께서 필시 기꺼이 들으실 내용이라 생각되므로 이렇게 언급합니다.

권3

52 두 차례 …… 맞이하였습니다: 앞의 「3-21 與平倭李提督書 권3, 21b-22a」와 「3-31 與平倭李提督書 권3, 27b」를 지칭한다.

3-33

# 병부상서 석성에게 보고하는 서신

報石司馬書 | 권3, 28b-29a

날짜 만력 20년 11월 26일(1592. 12. 29.)

발신 송응창

수신 병부상서 석성

내용 일본군이 성에 틀어박혀 굳게 지키면 장기전이 될 우려가 있으므로 공성에 효과적인 대장군포(大將軍砲)가 절실히 필요한데 당장 제작하기는 어려우니 최근 경영(京營)으로 운반된 대장군포 100위(位)를 요양까지 보내줄 것을 요청하는 서신이다.

관련자료 아래의 「3-34 移本部咨 권3, 29a-29b」와 같은 내용을 병부상서에게 서신으로 보낸 것이다.


　　왜를 토벌할 방략(方略)은 대하(석성)의 가르침에 우러러 의지하였고, 장병과 전구는 모두 이미 볼 만합니다. 하물며 제독 이여송이 대장이 되었으니, 이로써 진격하면 생각건대 이기지 못할 일은 없겠습니다. 다만 왜 가운데도 군대의 일을 잘 아는 자가 어찌 없겠습니까. 만약 우리 군대가 멀리까지 가면 주객이 바뀌게 되므로, 저들이 성에 틀어박혀 굳게 지킨다면 우리로서는 군사가 지치고 재력이 고갈됨을 면치 못할 것이니 어찌해야 할지 염려할 만합니다.

날마다 두 찬획(贊畫) 및 여러 장령들과 세세하게 의논하니 모두 말하기를, "성을 공격하는 날카로운 병기로는 오직 대장군포가 으뜸입니다."라고 하였습니다. 근래 비록 한두 개를 모았으나 여전히 쓰기에 부족합니다. 여기서 만들기는 심히 어렵고 또한 시일을 지체할 것입니다. 듣기로 진운홍(陳雲鴻)이 경영으로 대장군포 100위를 운송하였다고 합니다.

　　이에 특별히 부탁드리건대, 힘써 주장하셔서 대장군포를 잠시 저의 군중으로 보내주시되 반드시 은량(銀兩)을 빌려주어 북경에 있는 노새와 마차를 세내서 요양까지 운반을 마치도록 해야만 쓰임에 보탤 수 있게 될 것입니다. 바라건대, 대하께서 매우 유념해주셨으면 좋겠습니다. 만약 군사 문제에 혹 다른 방해가 있게 되면 간곡히 조정해주시기를 더욱 바랍니다. 지극히 빌고 또 지극히 빕니다.

권3

# 병부에 보내는 자문

移本部咨 | 권3, 29a-29b

> 날짜 만력 20년 11월 27일(1592. 12. 30.)
>
> 발신 송응창
>
> 수신 병부
>
> 내용 대장군포를 단기간에 만들기 어렵고 비용도 걱정되니 최근 병부에서 비용을 대어 제작한 경영의 대장군포 100위를 빌려주어 요양까지 운송해줄 것을 요청하는 문서이다.
>
> 관련자료 위의 「3-33 報石司馬書 권3, 28b-29a」와 같은 내용을 병부에 공문으로 보낸 것이다.

성지에 따라 부신에게 전적으로 책임을 맡긴 일.

찬획 원외랑 유황상(劉黃裳)의 정문을 받았는데, 그 내용은 다음과 같았습니다. "받든 명령에 따라 살피건대, 병부에서 마가은 1만 800여 냥을 지출하고, 계주도(薊州道)에 공문을 보내 위관을 정해서 대장군포 220위를 만들겠습니다."

감독통판(監督通判) 손흥현(孫興賢)과 진운홍의 정문을 받았는데, 그 내용은 다음과 같았습니다. "다 만든 110위 중 이미 경영으로 운송한 것이 60위, 지금 있는 것이 50위이고, 아직 다 만들지 못한 110

위는 신속히 만들겠습니다."

또 계주도의 정문을 받았는데, 그 내용은 다음과 같았습니다. "위관을 정해서 다 만든 대장군포 50위를 운송하여 오는 외에 ……."[53]

시험해보니 군영에 있는 여러 종류의 화기 가운데 오직 대장군포가 가장 뛰어나고 날카로웠습니다. 비록 이전에 만들어둔 수량이 있다고는 하나 여전히 쓰기에 부족합니다. 만약 만들고자 하면 장인들의 급료를 마련하는 것이 심히 어렵습니다. 하물며 시일에 한도가 있으니 늦어져서 일에 미치지 못할까 진실로 두려우므로 마땅히 빌려서 써야 합니다.

이 때문에 마땅히 병부에 자문을 보내니, 번거롭겠지만 경영의 대장군포 100위를 빌려주되 관은을 빌려주어 노새와 마차를 세내고 사람을 선발하여 요양의 군문으로 운송하여 쓸 수 있도록 해주시기 바랍니다. 만약 연도의 역참에 부치면 우거(牛車)가 일을 그르칠까 두렵습니다. 바라건대 사용한 은의 숫자를 적어주어서 이를 근거로 갚을 수 있게 해주십시오.

.......

53 ……: 계주도의 정문(呈文)은 원래 더 길었을 터이나, 『경략복국요편』원문에서는 이후 부분을 모두 생략하였다.

# 계요총독 학걸에게 보고하는 서신

報薊遼郝總督書 | 권3, 29b-30a

날짜 만력 20년 11월 28일(1592. 12. 31.)

발신 송응창

수신 계요총독(薊遼總督) 학걸(郝杰)

내용 겨울에 출병하는 것이 불가피한 이유를 설명하고, 경거망동하지 말기를 권고한 내각대학사 장위에게도 자신의 의향을 전해줄 것을 요청하며, 협수부총병 직임을 신규로 설치하는 데 협조해주기를 바라는 서신이다.

수고롭게도 저에게 나아가고 멈추는 방침을 어찌할지 물어봐주시니 신경 써주신 뜻에 심히 감사드립니다. 전에 대학사(大學士) 장위가 일찍이 편지를 보내어 "왜를 정벌하는 일은 가볍게 거사해서는 안 됩니다."라고 하였는데, 이는 지극한 가르침이므로 제가 이미 가슴에 새겼습니다. 이국(異國)에서 군사를 거느리는데다 날씨가 얼어붙듯이 춥고 하물며 주객이 이미 나뉘어 수고로움과 편안함도 절로 판가름 난 상황이니 병가에서 꺼리는 바가 아니겠습니까. 어떻게 감히 공을 탐내어 이와 같이 무모하게 굴겠습니까. 다만 황상의 밝은 명령이 누차 반포되어 엄하고 절박하기가 매우 심하니, 늦겨울

초봄을 틈타서 일거에 진격을 도모하지 않으면 뒷날에 어떻게 명령에 보답하겠습니까. 그러므로 오늘의 출병은 실로 매우 부득이한 것입니다. 노공조(老公祖: 학걸)께서 만약 내각대학사들께 편지를 보내게 되거든 바라건대 저의 뜻을 전해서 제가 깊이 아낌을 받고 있으나 마음으로 가장 괴로워하고 있음을 알도록 해주십시오. 그 감사함이 또 어떠하겠습니까.

그 외에 추가로 설치한 협수부총병(協守副總兵) 등의 관원은 명옹(明翁: 학걸)께서 병부에 자문을 보내서 속히 추천해주시기를 빕니다. 장수를 설치하고 병사를 모집하는 일이 뒷날 완성되어 보고하게 되면, 대하(학걸)께서 공문의 초고를 기초하면서 저의 이름도 하나 덧붙여주기를 간곡히 바랍니다. 꼭 부탁드립니다.

# 찬획 원황에게 보내는 서신

**與袁贊畫書 | 권3, 30a-30b**

날짜 만력 20년 11월 28일(1592. 12. 31.)

발신 송응창

수신 찬획 원황(袁黃)

내용 대군의 출병은 대장 이여송이 결정하기를 기다려야 하지만, 대군이 일제히 출발하면 숙소와 군량을 마련하기 어렵고 군수품을 조선에서 운송할 때 지킬 병력도 필요하므로 한두 부대를 먼저 보내기로 하였음을 설명하는 서신이다.

보내주신 편지를 받았습니다. 출병하는 일은 반드시 대장이 큰 계책을 모으기를 기다려야 한다는 말에서 또한 지극히 저를 아끼는 뜻을 볼 수 있었습니다. 다만 조만간 여러 부대가 갑자기 출발하면 숙소가 가득 차고 군량과 사료도 마련하기 어려울 것입니다. 또한 군수품을 조선 땅에서 운송할 때 지킬 병력이 부족해서는 안 됩니다. 그러므로 참작하여 한두 병마를 먼저 보내 강을 건너게 하였을 따름입니다. 만약 대병이 출발하려면 마땅히 신 앞에 맹세하고 삽혈(歃血)⁵⁴해야 하는데, 이는 반드시 제독 이여송이 도착하기를 기다려야 합니다. 삼가 편지로 답장을 대신하며 겸하여 저의 생각을 풀어

놓으니, 오직 마음으로 양해해주시기를 바랍니다. 내각대학사·병부
상서께 보내는 두 편지는 모두 올렸습니다.

.......
54  삽혈(歃血): 맹세 의식의 일환으로 피를 입술에 바르는 것을 말한다.

## 3-37

# 순천순무 이이에게 보내는 회신

答順天李撫院書 l 권3, 30b-31a

날짜 만력 20년 11월 28일(1592. 12. 31.)

발신 송응창

수신 순천순무(順天巡撫) 이이(李頤)

내용 편지를 보내어 군량 운송의 어려움 등을 근심해준 데 감사하고 조선의 험난한 지리와 군량 운송 문제에 대해 현재까지 이루어진 조치를 설명하는 서신이다.

보내주신 편지를 받들어 읽었습니다. 중간에 군량을 운송하기가 어려우며 주인은 편안하고 객(客)은 수고로울 것에 대한 염려는 지극히 심원하니, 가르쳐주신 전략을 너무나 우러르게 됩니다. 또한 태자(台慈: 이이)께서 저를 위해 계획해주신 것이 간절함에 감읍합니다. 하지만 황상의 밝은 명령이 누차 반포되어 너무나 엄하고 절박합니다. 만약 이때 토벌하지 않고 늦어져서 내년 봄에 이르면 왜노들의 숫자를 더해주어 그 기세가 더욱 성하게 될 것이니, 허물을 장차 누구에게 핑계 대겠습니까. 오늘의 출병은 늦출 수 없을 듯합니다.

앞서 조선의 도설(圖說)을 받아서 자세하게 보니 저쪽의 험한 곳

*c*

을 하나하나 가리켜 점찍어 두었으므로, 장령이 병마를 배치하면서 반드시 이로운 지역을 택할 것입니다. 군량을 지급하는 문제는 가장 긴요합니다. 앞서 다시 조선에 공문을 보냈더니 저들의 회답에 이르기를, "5만 병마에게 두 달을 충분히 지급할 수 있습니다."라고 하였습니다.[55] 그 이후에는 우리가 운송하기를 기다리면 군사들이 배부르게 먹을 수 있을 듯합니다. 은밀하게 물어보신 데 대해 감히 이로써 대답을 대신하며 모든 일에 더욱 가르침을 바랍니다. 꼭 부탁드립니다.

........

55　5만 …… 하였습니다: 『선조실록』 권31, 선조 25년 10월 26일(임자)에 따르면 평안도 지역에 수집된 쌀과 좁쌀은 5만 1488석, 콩 3만 3127석이다. 이는 명군 4만 8585명의 2개월 소요분을 초과하는 것이다. 다만 조선에서는 이 군량으로 50여 일을 지탱할 수 있을 것으로 판단하였다. 이후 조선에서는 명 측에 5만 군사의 1개월 소요분[『선조실록』 권32, 선조 25년 11월 10일(병인)], 4만 병력의 2개월 소요분[『선조실록』 권32, 선조 25년 11월 29일(을유)]을 마련하였음을 거듭 언급하였다.

# 병부상서 석성에게 보내는 회신

答石司馬書 | 권3, 31a-31b

**날짜** 만력 20년 11월 29일(1593. 1. 1.)

**발신** 송응창

**수신** 병부상서 석성

**내용** 진신(陳申)·오응렴(伍應廉)을 군영으로 보내준 데 대해 감사하고, 경거(輕車) 100량을 빌려줄 것을 청하며, 석성이 태복시(太僕寺)의 마가은이 얼마 남아 있지 않다고 알려온 데 대해 자신이 낭비하거나 비용을 더 청할까봐 걱정한 것이라면 그럴 필요가 없음을 강변하는 서신이다.

진신·오응렴을 대하(석성)께서 특별히 군영으로 보내주셔서 은밀한 쓰임에 대비하게 하셨으니, 매우 감사하고 또 감사합니다.

그 외에 왜를 정벌하는 기구로는 경거(輕車)가 가장 이로우니, 지금 경영에서 100량을 빌려서 싸우고 지키는 데 갖추고자 합니다. 바라건대 대하께서 병부에 대신 전달하여 속히 보내주시기 바라며, 아울러 청컨대 군사를 뽑아 수레를 밀도록 해주십시오. 군사들의 안가은(安家銀)·여비도 오는 군사들 편에 빌려주시면 나중에 마땅히 마가은으로 갚겠습니다.

그 외에 태복시의 마가은이 얼마 없다고 저에게 알려주신 뜻은 제가 낭비할까봐 염려하신 것인지요, 아니면 제가 다시 청할까봐 의심하신 것인지요. 제가 다른 장점은 없으나 오직 절약하는 일만은 평생 남만큼은 했다고 자신합니다. 지금 제가 외람되이 큰 권한을 잡았는데 사람들이 혹시 제가 지나치게 꽉 막혔다고 의심한다면 진실로 그러한 점이 있습니다. 북경 성문을 나선 이래 편지로 가르침을 받은 것이 여러 차례인데, 증세에 꼭 맞게 침을 놓는 것이 아님이 없었습니다만 재물을 아끼라는 가르침은 급소를 찌르는 일침이 아닌 듯합니다. 감히 스스로 자랑하는 것이 아니라 진실로 태자(台慈: 석성)께서 걱정하실까 염려되므로 언급한 것입니다. 쓸데없는 말이었다면 또한 일소에 부치십시오. 병가의 일은 미리 헤아릴 수 없으니, 만약 이후에 이 숫자가 부족하여 다시 청하는 바가 있게 된다면 그것은 제가 능히 미리 정할 수 있는 바가 아닙니다. 나머지는 감히 다 쓰지 못합니다.

## 3-39

# 요동도사에게 보내는 명령

檄遼東都司 | 권3, 31b-32a

날짜 만력 20년 11월 29일(1593. 1. 1.)

발신 송응창

수신 요동도사

내용 이전에 사간원 헌납 김정목을 통해 조선에 요구한 사항에 대한 회보가 없음을 지적하고, 그중에서도 요양에서 의주로 곡물을 운송해오면 이어서 평양 부근의 명군 진영으로 운반하여 보급할 준비를 갖출 것을 조선에 재차 촉구하라는 명령이다.

관련자료 이 문서는 「3-23 檄朝鮮國差衛獻納金庭睦 권3, 22b-23b」에서 지시한 사항의 이행을 촉구하는 문서로, 『국서초록』 4a-5a, 만력 20년 11월 28일, 「요동도사가 조선국왕에게 보낸 자문」, "爲倭情事"에 송응창의 헌패(憲牌)로 전문이 인용되어 있다. 『국서초록』의 「요동도사가 조선국왕에게 보낸 자문」은 이에 따라 조선 측에 조치를 요구하는 내용이다. 『국서초록』 5a-5b, 만력 20년 12월 7일, 「조선국왕이 요동도사에 보낸 자문」, "爲倭情事"는 이에 대한 조선의 회답 자문이다. 아울러 앞의 「3-23 檄朝鮮國差衛獻納金庭睦 권3, 22b-23b」에 대한 설명도 참고.

왜정에 관한 일.

이미 조선국에서 보내온 헌납 김정목에게 첩을 보내 조선의 차량·우마를 5만 병마가 날마다 쓰는 군량과 사료 등의 항목을 기준으로 삼아 적당한 관원을 선발해서 나누어 보내 관할하도록 하였다. 그들로 하여금 모두 의주에 머무르며 요양으로부터 군량과 사료 등의 항목을 운반해오기를 기다렸다가, 평양 각 영의 군병들에게 연이어서 나누어 운송하여 쓸 수 있게 하라고 하였다. 아울러 해당 관할 아문으로 하여금 명령의 시행 여부를 즉시 속히 회보하도록 하였다. 그런 뒤 아직 회보가 오는 것을 보지 못하였다. 살피건대 군대를 전진시킬 때가 가까워 일이 이미 급박하니, 마땅히 재촉하여야 한다.

패문을 보내니, 바라건대 요동도사의 관리들은 즉시 조선국 위관에게 공문을 보내 자루나 골풀로 엮은 바구니에 쌀이나 콩 5두를 담을 수 있도록 미리 준비하게 하라. 수레에 싣든 말이나 노새에 실어서 운반하든 사람이 메고 지든 편한 대로 하게 하라. 모두 의주[愛州]에서[56] 대기하다가 요양에서 군량과 사료를 운반해오면 곧바로 평양 부근의 병마가 머무는 곳으로 각각 운송해서 쓸 수 있게 하라. 질질 끌다가 일을 그르쳐서 불편하게 해서는 안 된다.

........

56  의주[愛州]: "愛州"는 의주(義州)의 별칭이다. 특히 중국인들은 음의 유사성 때문에 "愛州"라는 호칭을 빈번히 사용하였다. 崔世珍, 『吏文輯覽』 卷2, "艾州, 卽義州也. 艾義音相似, 故漢人或稱艾州, 又稱愛州."; 鄭太和, 『陽坡遺稿』 卷14, 「飮氷錄」, 壬寅 9월 21일, "漢人多以義州爲愛州". 송응창 역시 『경략복국요편』에서 의주를 "愛州"로 지칭한 사례들이 있다. 예를 들어 「5-61 報石司馬書 권5, 39b-40b」, 「5-63 與李提督書 권5, 41b-42b」.

# 영전병비첨사에게 보내는 명령

檄寧前兵備道 | 권3, 32a-32b

날짜 만력 20년 11월 29일(1593. 1. 1.)

발신 송응창

수신 영전병비첨사(寧前兵備僉事) 양시예(楊時譽)

내용 산동의 등주·내주로부터 요동으로 곡물을 운송하기 위해 평소 바다를 통해 잡곡을 판매하던 지마만(芝䴉灣) 등지의 상선을 고용하도록 지시하는 명령이다.

성지에 따라 부신에게 전적으로 책임을 맡긴 일.

살피건대, 지마만 등지에는 모두 상선이 있어서 바다를 통해 잡곡을 판매한다. 지금 대병이 요동에 도착하였으니 군량과 사료가 이어지지 못할까 진실로 걱정되므로, 마땅히 상선을 고용하여 운반해서 군수 공급을 도와야 한다.

패문을 보내니, 바라건대 영전병비도(寧前兵備道)의 관리들은 즉시 지마만의 선상(船商)으로서 이름이 관아에 등록된 자에게 상민(商民)이 군량을 수송하는 사례에 따라 마가은을 지출하여 운임을 지급하되 민간보다 더욱 후하게 하여 고용하라. 배를 다루는 인원과 선상(船上)의 기구를 완전히 준비시키고 사유를 갖추어 이름을 기록

해서 이 공문이 도착한 지 5일 내에 먼저 보고하라. 보고 내용을 근거로 그들에게 명문(明文)을 주어 산동 등주·내주로 보내 쌀과 콩을 운반할 수 있도록 하라. 만약 간사한 백성이 배를 숨기고 항거할 경우 이름을 지목하여 보고하면 반드시 군법으로 중하게 다스리겠다. 지연시켜서는 안 된다.

# 요동순무 조요에게 보내는 자문

移遼東撫院咨 | 권3, 32b-33a

---

날짜 만력 20년 11월 29일(1593. 1. 1.)

발신 송응창

수신 요동순무 조요

내용 산동 등주·내주의 곡물을 요동으로 운반하기 위해 금주(金州) 여순구의 선박을 소유한 자들을 불러모아 평상시보다 높은 운임을 지급해서 고용하도록 지시하는 문서이다.

---

성지에 따라 부신에게 전적으로 책임을 맡긴 일.

이미 해개도에 표문을 보내 관은을 지출하여 해선(海船) 50척을 고용하도록 하였습니다. 배를 다루는 인원을 완전히 채워서 위관이 총괄하여 관할하도록 하고, 명문이 발급되기를 기다려 산동 등주·내주로 가서 군량과 사료를 운반하게 하였습니다.

그런 뒤 살펴보니 이곳의 선박 주인들이 쌀을 운반하여 얻는 운임이 후합니다. 지금 듣기로 관에서 고용하면 운임을 깎을까 진실로 우려되어 고용되기를 원하지 않고 급히 배를 숨기고 피한다고 합니다. 앞서 저는 만력 18~19년에 산동순무를 역임하였기에[57] 산동 등주·내주에 와서 쌀을 사는 자들은 모두 금주 여순구의 군민이며 이들이 각각 많은 배를 가지고 있음을 잘 알고 있습니다. 지금 대병이 조선을 구원함에 군량과 급여를 운반하는 데는 마땅히 제본을 올려 관은을 지출할 것이며, 응당 지급해야 할 선박 주인의 운임은 모두 상민과 마찬가지로 할 것이고 절대 운임을 적게 하지 않을 것입니다. 다만 무지하고 어리석은 백성이 놀라고 의심하여 배를 숨겨서 일을 그르치고 불편을 초래할까 걱정입니다.

마땅히 자문을 보내니, 번거롭겠지만 해개도 및 금주위에 공문을 보내 배를 가지고 있는 인호(人戶)를 관아에 불러모아 평시 상민들이 운송하고 받는 운임에 비추어 더욱 후한 값을 쳐주고 마가은을 지출해 타당하게 고용하도록 하십시오. 배를 다루는 인원과 선상의 기구를 완전히 준비하게 하고 사유를 갖추어 곧바로 저에게 보고해서, 이를 근거로 공문을 발급하여 산동으로 보내 군량과 사료를 운반할 수 있도록 하십시오. 연말까지 타당하게 마련하여야 비로소 일을 처리할 수 있을 것입니다. 시행한 연유를 자문으로 알려서 살피고 고찰하게 해주시기 바랍니다.

권3

<hr />

57 앞서 …… 역임하였기에: 송응창은 만력 17년(1589) 6월 10일에 복건좌포정사(福建左布政使)에서 승진하여 산동순무로 임명되었고, 만력 20년(1592) 4월 21일에 대리시경(大理寺卿)이 되면서 산동순무에서 물러났다. 『명신종실록』 권212, 만력 17년 6월 10일(을유); 같은 자료, 권247, 만력 20년 4월 21일(경술).

# 누대유·섭방영에게 전세정·오유충 등의 군대를 감독하라는 명령

## 檄樓大有葉邦榮督吳惟忠錢世禎等兵 | 권3, 33b-34a

**날짜** 만력 20년 11월 29일(1593. 1. 1.)

**발신** 송응창

**수신** 누대유·섭방영

**내용** 누대유·섭방영에게 전세정·오유충·왕문의 진영을 감독하고 지휘관과 더불어 전술을 논의하며 군사들의 위반 사항이 있을 경우 처벌하라는 명령이다.

성지에 따라 부신에게 전적으로 책임을 맡긴 일.

살피건대, 내가 병력을 출동시켜 평양 등지로 나아가 왜노를 토벌하고 속국을 구원하려면 마땅히 위관을 정하여 진영을 감독하게 해서 나아가고 멈추는 것을 명확히 하고 상벌을 정해야 한다.

패문을 보내니, 바라건대 섭방영·누대유는 서로 만나[58] 군사를 지휘하는 장관인 전세정·오유충·왕문을 감독하고 그들과 동행하

.......

58  바라건대 …… 만나: 이 문서는 누대유·섭방영에게 각각 발급된 것으로, 같은 임무를 받은 서로를 우선 만날 것을 지시하였다.

여 의주 일대 및 평양 등지로 나아가라. 정찰을 명확히 해서 왜정을 살피고, 지리를 살펴서 매복을 수색하며, 물과 풀이 있는 곳에 영채(營寨: 진영)를 세우고, 군병을 단속하고 장비를 정비하라. 전투하지 않을 때는 먼저 장관과 더불어 다방면으로 계획해서 금일의 싸움에 기병(奇兵)이 마땅할지 아니면 정병(正兵)이 마땅할지, 보병이 알맞을지 아니면 마병이 알맞을지, 의병(疑兵: 가짜 군사)을 늘어놓아야 할지 아니면 양 측면을 나누어야 할지, 거짓으로 패배하는 척하는 데 대비해야 할지 아니면 함정을 피해야 할지, 날카로운 칼을 막아야 할지 아니면 조총을 막아야 할지, 혹 매복을 설치하여 적의 가운데를 잘라야 할지 아니면 노략질하는 병력으로 그 후미를 약탈해야 할지를 살펴라. 그리하여 반드시 먼저 우리에게 승산이 있도록 한 뒤에 교전하도록 하라.

이미 교전하였을 때는 적진으로 돌격하는 임무를 띤 자는 오로지 적진으로 돌격해서 베어 죽이게 하고, 적의 수급(首級)을 베는 임무를 띤 자는 오로지 왜의 수급을 베어서 취하게 하라. 만약 관병(官兵)으로서 평시에 거듭 밝힌 호령(號令)을 따르지 않고 멈칫멈칫 물러나 위축되어 용감히 떨쳐 일어나지 않으며 대열을 어지럽히면서 고의로 지휘를 어기는 자는 그대가 즉시 군법으로 처치하는 것을 허락한다. 화살로 꿰뚫어야 할 자는 화살로 꿰뚫고, 귀를 베어야 할 자는 귀를 베며, 목을 베어야 할 자는 기패 앞으로 끌고 가서 목을 베어 조리돌려라. 크고 작은 공적을 세우면 그때마다 기록하여 전공을 보고하고, 수급에 대해서는 정한 대로 4 대 6의 비율로 나누어 고르게 같이 상을 받게 하라.[56] 그대가 이렇게 위탁을 받았으니 장관과 같은 마음으로 협력하는 데 힘쓰고 서로 마음을 달리해서는 안 된다. 공을 세우는 날에는 반드시 우대하여 공을 평가할 것이다.

........

59  수급에 …… 하라: 송응창의 군령은 적진으로 돌격한 부대에 수급의 60%를, 돌격하지
    않은 차병(車兵) 및 보병에게 수급의 40%를 할당하는 것을 기준으로 삼고 있다. 아래의
    「3-46 軍令三十條 권3, 37b-41b」 참고.

# 내각대학사 조지고·장위에게 보고하는 서신

## 報趙張二相公書 | 권3, 34a-35b

---

**날짜** 만력 20년 11월 30일(1593. 1. 2.)

**발신** 송응창

**수신** 내각대학사 조지고·장위

**내용** 일본군을 치는 일에 신중해야 한다는 편지에 대해 감사하면서도, 자신이 경략에 임명된 이후 당장 정벌에 나설 수도 없고 그저 방어를 강화할 수도 없는 처지에서 각고의 노력 끝에 출병 준비를 마쳤음을 토로하며, 이여송이 도착하면 방책을 논의하고 최선을 다해 임무를 수행할 것임을 밝히는 서신이다.

권3

---

어제 편지를 보내 경거를 빌려달라고 간청하였는데, 생각건대 벌써 살펴보셨을 듯합니다.[60]

그 외에 왜를 정벌하는 일은 신중히 하는 것이 가장 중요하다고 수고롭게도 누차 가르침을 내려주셨으니, 저를 위해주시는 마음이 극히 깊습니다. 저도 초목(草木)이 아닌데 어떻게 명심하고 감사하

......

60  어제 …… 듯합니다: 앞의 「3-38 答石司馬書 권3, 31a-31b」를 지칭하는 것으로 보인다. 다만 경거에 대한 요청은 병부상서 석성 앞으로 보냈음에도, 송응창은 조지고·장위 역시 당연히 그 내용을 전달받았을 것으로 전제하고 있다.

지 않겠습니까. 다만 황상께서 처음에 저에게 경략을 명하셨을 때 저는 생각하기를, 항구를 순시하고 방어를 정비하면 직책은 이것으로 끝이라 여겼습니다. 뜻하지 않게도 겨우 삼하(三河)에 도착하자 정벌하라는 명령이 한 번에서 두 번, 두 번에서 세 번 내려왔습니다.

이때 나아가는 것도 물러나는 것도 모두 어려웠습니다. 왜를 정 벌하기 위한 계책을 행하자니 1명의 병사도 모이지 않았고 하나의 재물도 갖추어지지 않았으며 즉시 동원하여 파견하는 것도 여러 가지로 견제를 받았습니다. 또한 왜의 모략은 헤아릴 수 없고 조승훈 (祖承訓)의 실패한 자취도 마땅히 살펴야 했습니다. 이것이 진격하는 것의 어려움입니다.

스스로의 방어를 단단히 하는 계책을 행하자니 황상의 엄한 명령이 누차 내려왔고 속국은 급함을 고하였습니다. 순식간에 봄이 오면 왜가 장차 뜻을 얻어 섬 오랑캐의 숫자를 다시 더하여 병력을 나누어 사방으로 나올 것입니다. 요양이나 천진을 침범하거나 등주· 내주를 침범하면 복건·광동(廣東)·절강·남직례 또한 편안히 잠들기 어려울 것입니다. 큰 근심을 양성하면 그것이 누구의 책임이겠습니까. 이것이 진격하지 않을 때의 어려움입니다.

그러므로 명을 받든 이래로 밤낮으로 노심초사하며 잠드는 것과 식사를 모두 폐하였으니, 한편으로는 감히 황상께서 부탁하신 무거움을 저버릴 수 없었고 한편으로는 감히 옹대(翁臺: 조지고·장위)께서 알아주신 은혜를 저버릴 수 없었기 때문입니다. 군사를 통솔하는 것에서는 반드시 원래 관할지역의 장수를 임명하기에 주력하였고, 장비의 제조에서는 반드시 견고하고 날카롭도록 하기에 힘썼으며, 군량을 쌓아두는 것에서는 반드시 충분하고 여유롭도록 최선을 다하였습니다. 여기에 더해 사졸(士卒)을 훈련하고 장관을 살피며 모략에 뛰어난 신하를 모으고 화기를 비축하며 요해처를 살피고 정찰을 엄하게 하는 등 모든 정벌하는 사안에 지극히 작은 것까지 마음을 다해 지금은 하나하나 두서가 잡힌 듯합니다. 오로지 제독 이여송이 도착하는 날을 기다려 군사들과 더불어 맹세하고 강을 건넘으로써 이 책임을 면하기를 바라고 있습니다. 그러나 아직도 감히 우리의 군량을 믿고 진격해서 토벌할지 결의하지는 못하고 있습니다.

또한 반드시 제독 이여송을 비밀스러운 방으로 불러서 은밀한 계책을 주어야 합니다. 공격할 만하면 공격하고 화의를 맺을 만하면 화의를 맺을 것이며, 공격하고자 하면서 겉으로는 화의를 허락하거나 화의를 맺고자 하면서 겉으로는 공격할 듯이 보이기도 할 것입니다. 화의를 맺고서도 기미를 탈 만하면 맹약을 어기는 것도 돌아보지 않을 것이고, 평양을 공격하였는데 서울을 습격할 만하면 멀리 가는 것이 무엇이 어렵겠습니까. 이것은 대장이 알 만한 일이므로 거듭거듭 부탁할 필요는 없을 듯하기는 하나, 다만 큰 은혜를 갚고자 하는데 어떻게 감히 소홀할 수 있겠습니까. 이는 저의 본분에 속하는 일이므로 자질구레하게 말해서는 안 될 듯하나, 다만 먼 곳의 마음을 위로하고자 하는 데 어떻게 감히 번거로움을 꺼리겠습니까. 옹대께서 보시고 혹시라도 저의 고심을 알아주실까 할 따름입니다. 저의 마음이 송구하고 격동되는 것을 가눌 수 없습니다.

# 병부에 보내는 자문

## 移本部咨 | 권3, 35b-36b

날짜 만력 20년 11월 30일(1593. 1. 2.)

발신 송응창

수신 병부

내용 조선의 보고에 따르면 일본군의 유력 인물로 이전의 포상 규정에 실려 있지 않은 자들이 많기 때문에, 포상 규정을 개정하여 이들을 잡거나 죽인 데 대해서도 상을 주도록 함으로써 군사들의 사기를 올릴 것을 건의하는 문서이다.

관련자료 병부에서는 이 문서를 받고 포상 규정을 일부 개정하였는데, 그 내용은 『사대문궤(事大文軌)』 권3, 「요동도사가 조선국왕에게 보낸 자문(都司議增賞格)」, 만력 21년 정월 8일, 5b-9a으로 조선에 전달되었다. 해당 자문은 『선조실록』 권34, 선조 26년 정월 12일(정묘)에도 실려 있지만 문서 처리 과정이 생략되어 있다. 해당 자문의 전반부에는 송응창의 건의를 인용하고 있기 때문에 이 문서의 내용이 거의 그대로 실려 있지만 약간의 자구 차이가 있다. 『사대문궤』 권3, 「조선국왕이 요동도사에 보낸 자문(回咨)」, 만력 21년 정월 14일, 9a-9b은 해당 자문에 대한 조선의 회답이다.

포상 규정을 증액할 것을 의논하여 사기를 고무시키는 일.

살피건대, 앞서 병부에서 제본을 올려 황상의 재가를 받들어,

"능히 관백(關白) 도요토미 히데요시(豊臣秀吉)·요승(妖僧) 겐소(玄蘇)를 사로잡거나 죽이는 자가 있으면 상으로 은 1만 냥을 내리고 백(伯)으로 봉해 세습시킨다."라는 내용을 이미 반포하였습니다.[61]

그런 뒤, 근래 제가 요양에 도착해서 여러 차례 원임(原任) 동지 정문빈 등을 선발하여 조선국왕이 파견한 정탐인(偵探人) 등과 함께 왜정을 자세히 살피도록 하였습니다.

그 뒤에 각 관원이 보낸 공문을 받아보건대 조선에서 회답한 것을 받았는데, 그 내용은 다음과 같다고 하였습니다. "관백 도요토미 히데요시는 연로하고 아들이 없으며 아직 해외에서 소굴을 굳게 지키면서 여러 왜의 근본이 되고 있습니다. 그 조카 도요토미 히데쓰구(豊臣秀次)는 직위를 이어받아 군사를 거느리고 지금 대마도(對馬島)에 주둔하여 대각(大閣)[62]이라 자칭하면서 여러 왜를 응원하고 있습니다. 대장 우키타 히데이에(宇喜多秀家)는 서울 일대를 점거하고 조선의 배와 가슴을 두드리고 있으며, 비장(裨將) 도요토미 히데카쓰(豊臣秀勝)[63]는 경상도에 웅거하면서 조선의 목구멍을 움켜쥐고 있

……

61  앞의 「0-5-13 兵部一本 附, 13b-15b」을 참고.

62  대각(大閣): 태합(太閤)의 잘못으로 보인다. 태합이란 일본에서 섭정(攝政)·관백으로서 그 지위를 아들에게 물려준 뒤에도 천황에게 올라오는 문서나 천황이 재가하는 문서를 먼저 살펴보는 내람(內覽)의 권한을 인가받은 자를 지칭하는 용어이다. 다만 당시 도요토미 히데쓰구는 현직 관백이었고 도요토미 히데요시가 태합이라고 불리고 있었으므로, 도요토미 히데쓰구가 대각, 즉 태합이라고 자칭하였다는 소식은 와전된 것이다.

63  도요토미 히데카쓰(豊臣秀勝): 원문에는 "平秀忠"으로 되어 있는데, 그가 정확히 누구인지 단정하기 어렵다. 일제 강점기에 편찬된 『조선사(朝鮮史)』에서는 『선조실록』 권32, 선조 25년 11월 11일(정묘)에 경상도에 있다가 전사하였다고 기록되어 있는 "岐集宰相平秀忠"을 "岐阜宰相平秀忠(羽柴秀勝)"으로 비정하고 있다(朝鮮史編修會 編, 『朝鮮史』 第4編 第9卷, 朝鮮總督府, 1937, 637쪽). 선조 29년(1596)에도 이항복(李恒福)은 심유경(沈惟敬)에게 경상도에 있었던 자는 도요토미 히데요시의 조카 "岐阜宰相平秀忠"으로 병사하였다고 하는데 이것이 사실이냐고 질문하였다[李恒福, 『白沙集』 別集 卷6, 簡牘,

습니다. 고니시 유키나가(小西行長)·소 요시토시(宗義智)[64]·마쓰라 시
게노부(松浦鎭信)[65]는 각각 선봉이라고 일컬으면서 평양에서 서로 지
원하는 형세를 이루어 나아가 취할 것을 꾀하고 있습니다. 요숭 겐
소는 그 문도 소이쓰(宗逸)와 더불어 모두 군사(軍師)라고 칭하면서
평양에서 작전을 짜면서 원흉(元兇)을 보좌하고 있습니다."[66]

　살피건대, 왜노가 창궐하여 조선을 점거해 빼앗고 또한 중국으
로 쳐들어가겠다고 시끄럽게 떠들면서 여러 적들이 혹은 주도하고
혹은 보좌하며 혹은 장수가 되고 모사(謀士)가 되었으니, 모두 똑같
이 귀신과 사람이 함께 미워하고 천자(天子)가 토벌할 때 반드시 죽
일 바입니다. 난을 주동한 죄를 보면 애초에 경중의 의미가 없으니,

「上沈遊府書(十二月初一日)」]. 도요토미 히데요시의 조카이자 기후(岐阜)의 다이묘였던
도요토미 히데카쓰(豊臣秀勝)는 자신의 부대를 이끌고 거제도에 주둔하다가 만력 20년
(1592) 9월에 병사하였으므로, 『조선사』의 비정은 『경략복국요편』의 설명이나 앞서 소
개한 사료들과 들어맞는다. 그러나 정작 평양성 전투의 승리를 명에 보고하는 조선의 주
문(奏文)에는 "平秀忠" 등의 수급을 베었다고 기록되어 있는데[李好閔, 『五峯集』 卷12,
奏文, 「復平壤獻捷奏文(癸巳二月)」; 『선조수정실록』 권27, 선조 26년 정월 1일(병진)],
이는 경상도에서 죽은 도요토미 히데카쓰와 동일 인물일 수 없다. 따라서 본문의 "平秀
忠"이 도요토미 히데카쓰와 동일 인물인지 혹은 두 부류의 사료가 같은 이류으로 서로
다른 두 사람을 지칭하였는지는 확언할 수 없다. 여기서는 일단 기존의 비정을 따라 도
요토미 히데카쓰로 표기한다.

64 　소 요시토시(宗議智): 1568~1615. 일본 사람으로 대마도의 도주이다. 임진왜란이 일어
나자 장인이었던 고니시 유키나가 휘하의 제1진으로 침입해왔으며, 두 차례에 걸쳐 조
선 조정과의 강화를 요구하였으나 성사시키지 못하였다.

65 　마쓰라 시게노부(松浦鎭信): 1549~1614. 일본 사람으로 전국시대부터 도쿠가와 바쿠후
(幕府) 초기에 걸쳐 활동한 무장이다. 히라도(平戶) 번의 번주로 임진왜란 때 병사 3000
명을 이끌고 참전하였다.

66 　살피건대 …… 보좌하고 있습니다: 이상의 내용은 『선조실록』에 실린 조선의 정보 보
고 내용과 비교된다. 정문빈이 의주로 건너온 다음날인 11월 12일에 비변사가 조선의
정세를 조목별로 적어서 물음에 답변한 문서에는 도요토미 히데요시가 대마도에 있다
고 하였고 "평수충(平秀忠)"은 경상도에 있었으나 이미 전사하였다고 하였다. 『선조실
록』 권32, 선조 25년 11월 11일(정묘) 참고.

상을 논의하는 규정에는 높고 낮음이 없어야 합니다. 지금 왜의 두목으로서 이름이 드러난 자가 아홉이고 나머지는 더욱 많습니다. 포상 규정에 오른 자는 2명이고 남겨진 자가 오히려 일곱이나 됩니다. 이제 정벌하러 나아가야 하는 때에 마땅히 자문을 보내서 병부에 청하여 포상 규정을 참작해 정해서 사기를 고무시켜야 합니다.

이 때문에 마땅히 병부에 자문을 보내니, 번거롭겠지만 결정해서 고시(告示)하거나 혹은 제본을 올려 청해주십시오. 장차 도요토미 히데쓰구·우키타 히데이에 등 왜의 두목 일곱을 사로잡거나 목을 베면 관백·겐소를 사로잡거나 목 벤 예와 같이 할 것인지 아니면 별도로 상을 정할 것인지를 바라건대 자문으로 알려주십시오. 그리하여 각기 해당 장리(將吏)와 사졸들로 하여금 일체로 삼가 포상 규정을 받들고 고무되어 용감히 떨쳐 일어나 추한 왜를 섬멸할 수 있도록 시행해주십시오.

# 장사에게 포상을 내려준 일에 감사하는 상주

謝欽賞將士疏 | 권3, 36b-37b

날짜 만력 20년 11월 30일(1593. 1. 2.)
발신 송응창
수신 만력제
내용 만력제가 추운 겨울에 군사들이 춥고 배고플 것을 염려하여 태복시의 마가은 10만 냥을 내려준 것에 감사하는 상주이다.

크게 상을 내려주신 천자의 은혜에 공경히 감사하는 일.

올해 11월 29일에 병부의 자문을 받았는데, 그 내용은 다음과 같았습니다. "삼가 성유(聖諭: 황상의 말씀)를 받드는 일. 병부에서 제본을 올렸는데, 그 내용은 다음과 같았습니다. '직방청리사(職方淸吏司)에서 안정(案呈)을 올렸는데, 그 내용은 다음과 같았습니다. 「병부에서 보낸 문서를 받았는데, 그 내용은 다음과 같았습니다. "만력 20년 11월 18일에 사례감태감(司禮監太監) 장성(張誠) 등이 회극문(會極門)에서 성유를 받들어 전달하였습니다. '짐이 보건대 겨울에 접어든 이래로 날씨가 매우 얼어붙을 듯이 춥다. 왜를 방어하는 각 변경에 원래 소속되어 있었거나 이번에 모집된 관리와 군정(軍丁) 등은 옷이 얇고 군량이 적은데다 또한 물가에 인접하고 있으니, 그들이 춥고 굶주림을 근심할 것을 생각하면 짐은 심히 우려스럽다. 태복시로 하여금 마가은 10만 냥을 지출하도록 하니, 너희 병부는 청렴하고 능력 있는 주사(主事) 1명을 뽑아서 경략 송응창에게 운송하여 그로 하여금 관리와 군정들에게 나누어주도록 하라. 실질적인 혜택을 고루 입을 수 있도록 하기에 힘써서 짐이 노고를 불쌍히 여기는 지극한 뜻을 체득하도록 하라.' "」'"

신(臣: 송응창)이 곧바로 즉시 궁궐을 바라보며 사은(謝恩)한 외에, 신은 삼가 진실로 황공해하며 땅에 닿도록 머리를 숙여 감사를 드립니다. 엎드려 생각건대, 황상께서 천하를 다스리니 같은 글자를 함께 쓰는 다스림을 만국이 우러르고 신과 같은 위엄이 멀리 펼쳐져 멀리 떨어진 지역에서도 구이(九夷)가 정성을 바치고 있습니다. 오직 조선은 더욱 공손하고 삼가서 번국(藩國)으로 칭하는데, 일본만은 유독 남을 침범하고 악을 마음대로 행합니다. 말하자니 머리가 아프고 근심이 피부를 벗기는 듯합니다. 황상께서 배신의 요청을 들으시고 마침내 신에게 편의대로 할 권한을 빌려주셨으니, 이에 천자의 군대를 정돈하여 정벌을 펼치게 되었습니다. 재능 있는 관원들이 다 모이니 분노하는 자들이 충의로써 젓가락을 빌려서 전략을 세우고,[67] 남북에서 교대로 모집하니 강개(慷慨)하는 자들이 노를 두드리며 왔습니다.[68] 비록 추운 관문(關門)을 밤에 넘더라도 살갗이 트고

.......

67 젓가락을 …… 세우고[借箸而籌]: 남을 위해 전략을 세워준다는 뜻이다. 『사기』 「유후세가(留侯世家)」에서 유래된 말로, 한(漢) 고조(高祖) 유방(劉邦)이 식사 중에 장량(張良)이 찾아오자 역이기(酈食其)가 제안한 전략에 대해서 물으니, 장량이 유방 앞에 있던 젓가락을 빌려 산가지[籌]로 써서 전략의 문제점을 설명하였던 일화에서 나왔다. 원문은 "借著而籌"로 되어 있으나 "借箸而籌"의 잘못으로 보인다.
68 노를 …… 왔습니다[擊楫而至]: 나라를 위해 굳게 결의함을 의미한다. 노를 두드린다[擊

동상을 입는다는 탄식을 모두 잊으며, 혹시 북쪽 땅의 눈이 아침에 날려도 반초(班超)가 붓을 던지고 종군하던 뜻을 더욱 북돋웁니다.[69]

황상께서는 지극한 인(仁)으로써 하늘에서 열어준 훌륭한 지혜를 날마다 이르게 하십니다. 황상께서 무기를 짊어지고 먼 길로 정벌하러 가는 일을 깊이 생각하시어 좋은 황금을 크게 풀어서 노고에 대해 상을 주셨습니다. 황상께서 친히 글을 지으시니 황제의 은덕이 열두 빈객을 달리게 하고, 성유가 특별히 반포되니 3000명의 용사를 분기시킵니다. 은혜가 솜을 껴입은 것보다 따뜻하고,[70] 혜택이 술을 개울물에 부어 함께 마신 것에 그치겠습니까.[71] 신이 여러 장사들과 더불어 감히 미력한 힘을 다하지 않겠습니까. 삼가 두터운 은혜를 받들어 검은 구름으로 진영(陣營)을 짜서 그림자로 북해(北海)의 파도를 돌려세우고, 붉은 안개로 칼끝을 휘둘러 기운이 기자(箕子)가 봉함을 받은 나라 조선까지 뻗치도록 하겠습니다.[72] 관원이

......

楫]는 말은 『진서(晉書)』 「조적전(祖逖傳)」에서 나왔는데, 동진(東晉)의 조적이 북벌을 위해 강을 건너면서 노를 두드리며 중원(中原)을 회복하지 못하면 결코 돌아오지 않겠다고 맹세한 데서 유래한다.

69 반초(班超)가 …… 북돋웁니다[益勵超投之志]: 나라를 위해서 복무하는 것을 의미한다. 『후한서(後漢書)』 「반초전(班超傳)」에서 유래한 말이다. 반초는 젊었을 때 관청에서 글씨를 대신 써주는 것으로 어머니를 봉양하였으나, 붓을 던져버리고 탄식하며 서역으로 가서 공을 세울 뜻을 토로하고 실행에 옮겼다. 여기서 문인이 붓을 던지고 종군한다는 뜻의 투필종융(投筆從戎)이라는 고사성어가 나왔다.

70 솜을 …… 것[挾纊]: 임금의 위로를 받아 마음이 따뜻해진다는 말이다. 『좌전(左傳)』 선공(宣公) 12년조에서 유래하였는데, 날씨가 추웠으나 왕이 삼군(三軍)을 순시하며 위로하자 삼군의 군사들이 모두 솜을 껴입은 것과 같게 되었다는 고사에서 유래하였다.

71 술을 …… 것[投醪]: 군사들과 고락을 함께 한다는 뜻이다. 『여씨춘추(呂氏春秋)』 「순민(順民)」에 실린 월왕(越王) 구천(句踐)의 일화에서 나온 말이다. 월왕 구천은 술이 있으면 강에 부어 백성과 함께 마셨다[有酒流之江, 與民同之]는 뜻에서 변화하였다.

72 검은 …… 하겠습니다[玄雲結陣, 影廻北海之波, 赤暈揮鋒, 氣亘箕封之國]: 당(唐) 낙빈왕(駱賓王)의 「병부주요주도파역적낙몰농양건류노포(兵部奏姚州道破逆賊諾沒弄楊虔柳露

황상께서 내려주신 은을 운송해오는 날을 기다려서 나누어 차례대
로 거행하겠습니다. 신은 감격하면서도 두려워하는 마음을 너무나
도 가눌 수 없습니다.

........
布)」에 나오는 문장을 살짝 바꾼 것이다. 원문은 "검은 구름이 진영을 짜니 그림자가 서
쪽 교외에 가득하고, 적근산에서 나온 보검을 휘두르니 기운이 남두(南斗)를 꿰뚫는다
[玄雲結陣, 影密西郊, 赤菫揮鋒, 氣沖南斗]"이다.

3-46

# 30조의 군령

軍令三十條 | 권3, 37b-41b

날짜 만력 20년 11월 30일(1593. 1. 2.)

발신 송응창

수신 명군 장병

내용 명군 장병들에게 조선으로 출병하여 지켜야 할 30조의 군령(軍令)을 선포하는 문서이다. 전시 및 이동, 숙영 때의 규칙, 조선 민간인에 대한 대우, 상벌 규정, 무기 관리 등에 대한 자세한 규정들을 담고 있다.

관련자료 오희문, 『쇄미록』 권2, 「계사일록」의 말미에는 「경략병부약법패문(經略兵部約法牌文)」이라는 이름으로 각각 12월 15일 및 12월 5일에 발급된 군령 2건이 수록되어 있으며, 각각의 군령에는 4개 조항씩 나열되어 있다.[73] 하지만 본문의 군령 30조와 비교해보면 『쇄미록』에는 본문에 없는 규령도 실려 있으며, 본문에 있는 군령도 자구와 내용이 조금씩 다르게 기재되어 있다.

흠차경략 병부우시랑 송응창의 군령.

살피건대, 내가 명을 받들고 군사를 지휘하여 속국을 구원함에

.......

73 오희문 저, 황교은 외 교감·표점, 『쇄미록』 7(교감·표점본 1), 국립진주박물관, 2018, 321-322쪽.

모든 군령은 산하(山河)와 같고 금석(金石)과 같다. 각자 마땅히 준수하여 함께 큰 공을 세우라. 봉작과 상은 앞에 있고 군법은 뒤에 있으니, 영욕과 생사는 오직 너희 장사들이 취하는 데 달려 있다. 후회할 일을 만들지 말라.

**첨부**

하나. 남북의 장령·군관·군병으로서 능히 관백을 산 채로 사로잡거나 진짜 수급을 베어와서 바치는 자가 있으면 은 1만 냥을 상으로 내리고 백작(伯爵)에 봉하여 세습하도록 한다. 왜장 고니시 유키나가·우키타 히데이에·도요토미 히데쓰구 등이나 요승 겐소를 산 채로 사로잡거나 진짜 수급을 베어와서 바치는 자는 은 5000냥을 상으로 내리고 지휘사(指揮使)로 승진시켜 세습하도록 한다. 적의 무리로서 능히 여러 사람과 약속하여 저들을 묶어 바치는 자가 있으면 그 원래의 죄를 면해주고 예에 따라 봉작과 상을 내린다.

하나. 중군관(中軍官)·기고관(旗鼓官)에게 나의 명령을 전달하도록 지시하였는데,[74] 그들이 이로 인하여 일을 그르치면 목을 벤다.

하나. 선봉의 장령(將領)은 왜인 중 통역·유세객이 군영에 도착하였거나 적의 첩자를 붙잡았으면 즉시 나의 군문으로 압송하여 지휘와 결정을 받으라. 감히 사사로이 놓아주어 돌아가게 하거나 숨겨주고서 신고하지 않는 자가 있으면 부총병(副總兵) 이상은 군법에 따라 탄핵하여 다스리고, 참장(參將) 이하는 목을 벤다.

........

74 중군관(中軍官) …… 하였는데: 명 후기 군영의 중군관·기고관의 본래 임무는 명령의 전달 및 그와 관련된 깃발의 관리였다. 孫承宗, 『車營叩答合編』卷1,「車營總說」, "主將一員, 主全營軍務. 中軍官一員, 主全營號令. 旗鼓官一員, 司全營旗鼓."

하나. 출병한 군사가 수만 명이니 방비하는 법도가 마땅히 엄해야 한다. 각 영(營)의 장령이 병사들을 엄히 단속하지 않거나 적의 첩자를 삼가 방비하지 않아서 군사기밀을 누설하게 되었다면 참장이하는 목을 벤다.

하나. 장사들이 조선 땅을 지나가면서 반드시 닭이나 개라도 놀라지 않게 하고, 추호도 범하지 말아야 한다. 감히 멋대로 민간의 풀하나, 나무 하나라도 움직이는 자는 목을 벤다.[75]

하나. 관군으로서 조선 부녀(婦女)를 희롱하는 자는 목을 벤다.[76]

하나. 숙소에 도착하면 각 장령은 군관들을 단속하여 부대에 따라 머무르도록 해야 한다. 서로 찾아다니며 대열을 어지럽히는 것을 불허한다. 어기는 자는 결박하여 때리고 화살을 꿰어서 조리돌린다.[77]

하나. 행영(行營)에서 노숙할 때는 소리를 내지 않도록 금해야 한

.......

75 장사들이 …… 벤다:『쇄미록』의 「경략병부약법패문」에는 이 항목이 12월 5일 군령의 첫 번째 조항으로, "장령이 대병(大兵)을 통솔하여 조선을 구원함에 추호라도 감히 범하는 것이 있어서는 안 된다. 어기는 자는 목을 벤다[將領統率大兵, 救援朝鮮, 秋毫不敢有犯. 違者斬]."라고 실려 있다. 한편 12월 15일 군령의 두 번째 조항에는 "시민(市民)의 재물이나 술, 음식을 강제로 취하는 자는 왼쪽 귀를 벤다[强取市民財物酒食者, 割左耳]."로 구체화되어 있다. 오희문 저, 황교은 외 교감·표점,『쇄미록』7(교감·표점본 1), 국립진주박물관, 2018, 321쪽.

76 관군으로서 …… 벤다:『쇄미록』의 「경략병부약법패문」에는 이 항목이 12월 15일 군령의 첫 번째 조항으로, "각 관군이 민간의 부녀를 희롱하면 목을 벤다[各官軍有狎民間婦女者, 斬]."라고 실려 있다. 오희문 저, 황교은 외 교감·표점,『쇄미록』7(교감·표점본 1), 국립진주박물관, 2018, 321쪽.

77 숙소에 …… 조리돌린다: 정확하게 일치하지는 않지만,『쇄미록』「경략병부약법패문」의 12월 15일 군령 세 번째 조항에는 "마음대로 대열을 벗어나 지시를 듣지 않는 자는 밧줄로 묶어서 50대를 때린다[擅離行伍, 不聽約束者, 綑一繩, 打五十]."라고 되어 있다. 오희문 저, 황교은 외 교감·표점,『쇄미록』7(교감·표점본 1), 국립진주박물관, 2018, 321쪽.

다. 군사 가운데 자다가 가위에 눌리거나 잠꼬대를 하는 자가 있으면 같이 자는 부대의 병사들이 즉시 깨워서 큰 소리로 타일러서 깨우쳐야 한다. 무리를 놀라고 동요하게 하여 각 영에 소동을 일으키는 자는 경중을 가려서 군법에 따라 결박하여 때린다.

하나. 군관으로서 군사를 착취하거나 행군용 군량을 침탈하는 자는 군법에 따라 처리한다.

하나. 장사들은 반드시 한마음으로 힘을 다해 함께 큰 공을 이루기에 힘써야 하며, 서로 맞지 않게 행동하거나 시기해서는 안 된다. 감히 사적인 원한을 공공연히 품고 전투에 임하여 서로 보복하는 자는 군법에 따라 처리한다.[78]

하나. 천자의 군대가 원정함에 각자 충성과 용기를 떨치면 적은 자연히 기세를 잃을 것이다. 하물며 이미 여러 장수들과 더불어 삽혈고 맹세를 정해서 반드시 조선의 강토를 모두 회복하기를 기약하고 적과 더불어 살지 않기로 다짐하였음에랴. 군중에서 적의 형세를 과장하여 군사들의 마음을 현혹하는 자는 목을 벤다.

하나. 군대가 이국(異國)으로 가니 각각 마땅히 아끼고 돌봐주어야 하며, 위아래로 분수가 있어도 괴로움과 즐거움은 오로지 함께해야 한다. 각 장령이 자기만 편하려 하고 병사들을 학대하면 군법으로 다스린다.

하나. 정찰하는 사졸이 정찰을 부실하게 하거나 망보는 사졸이 망

78 장사들은 …… 처리한다:『쇄미록』의「경략병부약법패문」에는 이 항목이 12월 5일 군령의 세 번째 조항으로, "장사들은 반드시 한마음으로 힘을 다해 함께 큰 공을 이루기에 힘써야 하며, 서로 맞지 않아 시기하는 자는 군법으로 무겁게 처벌한다[將士務要同心戮力, 共成大功, 參差猜忌者, 以軍法重處]."라고 되어 있다. 오희문 저, 황교은 외 교감·표점, 『쇄미록』7(교감·표점본 1), 국립진주박물관, 2018, 321쪽.

보기를 제대로 하지 않아 그 때문에 일을 그르치는 경우 목을 벤다.

하나. 밤에 순찰하는 관군이 조심하여 순찰하지 않고 게으름을 피우다가 일을 그르치면 목을 벤다.

하나. 진영의 화기를 규칙대로 놓아두지 않아서 도화선이 물에 젖어버려 때가 되어 쏘았을 때 소리가 나지 않고 발사도 되지 않는 경우가 있으면 부대 병사들의 목을 모두 벤다. 해당 관할 장령·파총 등의 관원은 각각 군법에 따라 죄를 준다.

하나. 전투에 임하여 감히 적이 버려둔 꾸러미나 재물을 줍는 자가 있으면 목을 벤다.

하나. 두 군대가 서로 맞붙으면 귀천에 상관없이 모두 한목숨처럼 여겨야 한다. 전투에 임하여 편비(偏裨: 참모)가 주장(主將)을 호위하지 않으면 목을 벤다. 천총·파총이 편비를 호위하지 않으면 목을 벤다. 초관(哨官)이 천총·파총을 호위하지 않으면 목을 벤다. 각 부대의 병사들이 초관을 호위하지 않으면 부대 전체의 목을 모두 벤다.

하나. 전투에 임하여 적을 죽일 때는 모든 사람이 한마음이어야 한다. 나아가고 멈추며 빨리 가고 천천히 가는 것은 오로지 장수의 명령에 따라야 하며, 강하다고 먼저 가서는 안 되고 약하다고 뒤처질 수 없다. 감히 장수의 명령을 받들지 않고 먼저 나아가는 자는 목을 벤다. 머무르거나 물러나 움츠러드는 자도 목을 벤다.

하나. 장사들이 전투에 임하여 전마(戰馬)·군기(軍器)를 잃어버리면 참한다. 기고(旗鼓)를 잃어버리면 부대 전체의 목을 모두 벤다.

하나. 조선의 강역은 곧 우리의 땅이고, 조선의 백성은 즉 우리 백성이다. 장사로서 멋대로 조선의 남녀나 투항한 사람을 죽이는 자

가 있으면 목을 벤다.[79]

하나. 적진으로 돌격하는 마병과 보병은 전투에 임하여 오로지 왜적을 추격하여 죽여야 하고 왜의 수급을 베는 것을 불허한다. 말에서 내려 명령을 어기는 자는 참한다.[80]

하나. 적진으로 돌격하는 군사로서 중상을 입어 가기 어려운 자가 있으면 그곳에서 누워서 쉬는 것을 허락한다. 각 부대가 승세를 타고 곧바로 나아갈 때는 비록 아버지와 아들이라도 돌아보며 연연해서는 안 되며, 완전히 승리하여 군사를 거둔 뒤에야 비로소 찾아보고 치료하는 것을 허락한다. 명령을 어기는 자는 목을 벤다.

하나. 각 병사들이 감히 다른 병사가 베어 죽인 왜의 수급을 강탈하여 전공으로 보고하기를 도모하는 자가 있으면 목을 벤다.

하나. 참획한 왜의 수급은 많고 적음에 관계없이 한꺼번에 상을 받아 공평하게 나눈다. 10분을 기준으로 삼아 6분은 적진으로 돌격한 군정에게 주고, 4분은 차병·보병에게 준다. 승진하거나 상을 받기를 원하면 모두 근래의 예에 따라 거행하고 다투는 것을 허락하

권3

......

79  조선의 …… 벤다: 『쇄미록』의 「경략병부약법패문」에는 이 항목이 12월 5일 군령의 두 번째 조항으로, "장사들이 망령되이 조선의 남녀를 죽여서 거짓된 공을 도모하는 것을 금한다. 어기는 자는 목을 벤다[壯士不許妄殺朝鮮子女, 希圖昌(冒?)功. 違者斬]."라고 실려 있다. 오희문 저, 황교은 외 교감·표점, 『쇄미록』 7(교감·표점본 1), 국립진주박물관, 2018, 321쪽.

80  적진으로 …… 참한다: 『쇄미록』의 「경략병부약법패문」에는 이 항목과 아래의 수급 강탈 금지, 수급의 4:6 분배 항목이 12월 5일 군령의 네 번째 조항에 합쳐져 있으며, "전투 시에 적진으로 돌격하는 자는 오로지 베어 죽이는 데 힘쓰고, 수급을 베는 자는 오로지 수급을 베는 데 힘쓰라. 〈수급을〉 얻은 공은 전공을 평가할 때 4분을 나눠주어 승진시키고 상을 준다. 공을 다투어 수급을 빼앗은 자는 목을 벤다[臨陣時, 衝鋒者, 專務斫殺, 割級者, 專務割級. 得獲功次, 聽驗功時, 以四分頒給陞賞. 爭功奪級者, 斬]."라고 되어 있다. 오희문 저, 황교은 외 교감·표점, 『쇄미록』 7(교감·표점본 1), 국립진주박물관, 2018, 321쪽.

지 않는다. 어기는 자는 군법으로 다스린다.

하나. 각 영이 들에 진영을 세울 때 냇물이나 샘이 있는 곳에서는 반드시 공동으로 물을 길어 마셔야 한다. 강제로 물길을 막고서 다른 군사들이 마시지 못하게 하는 자는 관할 장령이 즉시 그를 결박하여 100대를 때리고 귀를 뚫는다.

하나. 동철(銅鐵)로 만든 대장군포·불랑기·멸로포·호준포·백자총·삼안총(三眼銃)·쾌창·조창(鳥鎗)은 모두 장관이 중군·천총·파총·백총(百總)과 함께 감독하여 하나하나 세밀하게 시험해보아야 한다. 어떤 포에 넣어야 하는 화약이 얼마이면 종이로 작은 자루를 싸거나 대나무로 통을 만들어서 매 포에 3개·5개·10개씩 화약을 자루나 통에 담아두었다가 넣어서 쏘아, 때가 되어 화약을 넣을 때 많고 적음이 균등하지 않게 되는 사태를 면하도록 하라. 내가 새로 만든 명화(明火)·독화(毒火) 등의 독화살은 각 장령이 반드시 전의 약속에 따라 군사 1명당 4~5발, 화승(火繩) 1줄을 휴대하도록 하고, 원래 수령한 화기와 함께 수습하여 때가 되어 발사하기 편하게 하라. 만약 손상되거나 젖어서 명령을 어기고 그르치는 경우가 있으면 각기 군법으로 무겁게 다스릴 것이다.

하나. 각 군사는 반드시 볶은 쌀 몇 승(升)씩을 휴대하여 굶주림에 대비하라.

하나. 차영(車營)은 반드시 삽·가마솥·도끼·가래·낫·칼을 많이 준비해서 길을 닦고 풀과 나무를 베는 데 대비하라.

하나. 차영의 관병은 각 영의 성보에 도착하면 성 밖에 진영을 세우고 차중(車中)의 군화(軍火)와 장비를 관리하라.

하나. 각 장사는 왜적을 쫓을 때 반드시 왜노의 도주로를 바짝

뒤따라감으로써 함정에 빠지는 것을 방지해야 하며 흩어져 어지럽게 해서는 안 된다.

# 經略復國要編

---

## 권4

# 호부에 보내는 자문

移戶部咨 | 권4, 1a-1b

날짜 만력(萬曆) 20년 12월 2일(1593. 1. 4.)

발신 송응창(宋應昌)

수신 호부(戶部)

내용 요동(遼東)에 집결한 군병의 수 및 소요될 군량과 급여의 수량, 향후
처리 대책을 문의한 호부의 자문에 대해, 현재 동원된 병력은 5만이며
이전에 결정된 바와 같이 임청창(臨淸倉)·덕주창(德州倉)에서 각각 5만
석씩 요동으로 운송해줄 것을 요청하는 문서이다.

선발되어 일을 마치면서 요동의 피폐함을 목격하였으니, 마땅
히 속히 바다를 운항하는 배를 만들어 군수(軍需)를 여유롭게 하고
백성의 곤란함을 경감시키는 일.

호부가 위의 일로 보낸 자문(咨文)을 받았는데, 그 내용은 다음과
같았습니다. "번거롭겠지만 지금 동원하여 요동 지방에 도착한 군
병이 얼마이고 쓰기로 한 군량과 급여가 얼마인지, 만약 다 써버리
면 또한 마땅히 어떻게 계획하여 처리할 것인지를 조사해주십시오.
그 내용을 속히 저희 호부에 회자(回咨)로 보내 군수를 정하는 데 근
거로 삼고 보내주신 자문을 공부(工部)에 전달하여 배를 만들어서

운용할 수 있도록 해주시기를 바랍니다."

이를 받고 살피건대, 이전에 제가 제본(題本)을 갖추어 올린 데 대해 호부에서 검토 제본을 올려서 황상(皇上)의 허가를 받아, 임청창·덕주창의 곡물 수만 석을 덜어내어 대병(大兵)이 쓸 용도에 갖추도록 하였습니다.[1] 그런 뒤에 이제 앞의 내용을 받고 살피건대, 왜노(倭奴)가 조선을 함락시키고 중국으로 쳐들어오겠다고 떠들어대고 있으므로, 제가 누차 황상의 엄한 명령을 받아 병부에 병력 동원을 독촉하여 기회를 살펴서 나아가 토벌하려고 하였습니다.

다만 왜노가 평양(平壤)·서울을 근거로 삼아 지키고 있어 형세가 산굽이를 등지고 있는 것과 같고 또한 기회를 살피며 우리를 기다리는 듯합니다. 돌아보건대, 양군이 보루를 마주하고 대치하고 있으면 결판이 나는 것이 늦을지 빠를지는 미리 기약하기 어렵습니다. 천 리를 와서 칼끝을 맞대는 상황에서는 군량의 운송이 가장 긴요합니다. 이제 동원하여 도착한 병마(兵馬)가 약 5만이 있으니, 지금 병력에 의거하여 군수를 정할 때 차라리 지나쳐서 남음이 있을지라도 부족해서는 안 됩니다. 응당 임청창·덕주창 두 곳의 곡물을 참작해 각 창에서 5만 석씩 발송해서 요동으로 운송하여 대군이 쓸 용도를 도와야 할 듯합니다. 만약 부족하면 제가 따로 자문을 보내어 청하겠습니다.

배를 만드는 일에 대해서는 우선 차양선(遮洋船)[2]을 써야 할지,

........

1  이전에 …… 하였습니다:『경략복국요편』권2, 「2-16 議題海防兵餉海運臨德倉糧疏 권2, 18b-20b」을 지칭한다. 이에 대한 호부의 복제(覆題) 내용은『명신종실록』권254, 만력 20년 11월 6일(임술)에 실려 있다.
2  차양선(遮洋船): 명대에 해상으로 곡물을 운반하기 위해 사용되었던 선박의 일종이다. 만력『대명회전(大明會典)』에는 대운하에서 쓰는 천선(淺船)이 경통창(京通倉)의 곡

아니면 계속하여 배를 만들기를 기다려 군량을 실어서 운송하는 데 보탬이 되도록 할지는 공부에서 헤아릴 문제이므로, 제가 멀리서 의논하기 어려울 듯합니다. 다만 봄 초에 곡물이 요동에 도착할 수 있으면 대병에 장차 도움이 될 수 있을 것입니다. 마땅히 귀부(貴部: 호부)에 자문을 보내니, 번거롭겠지만 속히 계획해 처리하여 시행해주십시오.

.......
물 370만 석을 운송한 데 비해, 계주(薊州)의 군량 24만 석과 천진창(天津倉)의 곡물 6만 석은 차양선으로 운반한다고 기록되어 있다. 『大明會典』 卷200, 河渠 5, 船隻, 「糧船」, 10b-11a.

4-2

# 요동의 분수도·분순도에게 보내는 명령

## 檄遼東分守分巡道 | 권4, 1b-2a

날짜 만력 20년 12월 2일(1593. 1. 4.)

발신 송응창

수신 분수도(分守道)·분순도(分巡道)

내용 군량 조달을 위해 요동의 분수도·분순도에게 현재 저축된 군량이 얼마나 되는지 조사하고, 등주(登州)·내주(萊州)로부터의 곡물 구입과 임청창·덕주창의 곡물 이용, 산동(山東)으로부터의 해상 운송에 관해 논의하여 보고하라는 명령이다. 송응창은 이들의 보고를 토대로 호부에 관련 사안에 대한 회답 자문을 작성하겠다고 밝히고 있다.

관련자료 앞의 「4-1 移戶部咨 권4, 1a-1b」와 연관된 문서이다.

권4

왜노를 정벌하는 데 쓸 군량과 급여를 조사하여 의논하는 일.

호부의 자문을 받았는데, 그 내용은 다음과 같았습니다. "산동청리사(山東淸吏司)에서 안정(案呈)을 올렸습니다……."[3]

이를 받고 은 5만 냥을 내어 산동 등래도(登萊道)에 공문을 보내

........

3    ……: 이후 호부 자문의 내용은 생략되어 있지만, 앞의 「4-1 移戶部咨 권4, 1a-1b」에 인용된 호부 자문을 지칭하는 것으로 보인다.

쌀과 콩을 사들이게 하였다. 그 외에 바라건대 분수도 및 분순도의 관리들은 즉시 앞에 언급된 지금 있는 본색(本色) 곡식과 사료가 족히 몇 달의 지출을 감당할 수 있는지 조사하고 등주·내주로부터의 해상 운송을 여는 일을 의논하라. 내가 지출한 은 외에 별도로 등래도가 은을 내어 쌀과 콩을 사들였는지 아닌지, 등래도에서 곡물을 구입하는 것이 편리한지 그렇지 않은지, 임청창·덕주창의 곡물을 얼마나 그대로 쓸지, 아니면 해상 운송이 더욱 편리하여 임청창·덕주창의 곡물 이용을 마땅히 정지해야 하는지의 문제를 해상 운송에 들어갈 배의 수와 더불어 각기 타당한지 상세히 의논해서 사유를 갖추어 5일 내에 나에게 보고하라. 그래서 그에 근거해 자문으로 회답할 수 있도록 시행하라.

## 4-3

# 계주·요동 등 7도 및 호부주사 애유신에게
# 보내는 명령

檄薊遼等七道及艾主事 | 권4, 2a-3b

**날짜** 만력 20년 12월 3일(1593. 1. 5.)

**발신** 송응창

**수신** 계주·요동 등 7도(道) 및 호부주사(戶部主事) 애유신(艾維新)[4]

**내용** 원정에 나선 명군과 마필(馬匹)이 먹을 군량 및 사료가 함부로 지출되는 것을 막기 위해 곡물을 수령할 때 지켜야 할 원칙을 정하고, 곡물을 받아가면서 곡물 창고에 제출해야 하는 단자(單子)의 형식을 제정하는 명령이다. 단자에는 소속 부대의 지휘관 이름, 주둔 위치, 곡물 수령을 담당한 위관(委官)의 이름, 1일당 곡물 수령액, 지급 일자, 지급 담당관의 이름 등을 기록하게 되어 있다.

**관련자료** 『경략복국요편』 권3, 「3-24 檄遼東都司張三畏 권3, 23b-24a」과 군량 지급 관련 지시사항이 거의 같다. 「3-24 檄遼東都司張三畏」가 조선에서의 군량 지급에 대한 문서이고 단자의 실제 양식이 첨부되어 있지 않은 반면, 이 문서에는 단자의 실제 양식이 첨부되어 있다는 차이가 있다.

........

4    애유신(艾維新): 1563~?. 명나라 사람으로 하남 개봉부(開封府) 난양현(蘭陽縣) 출신이다. 호는 시우(時宇)이다. 만력 21년(1593) 정월부터 임진왜란에 참전한 군대의 군량과 봉급을 관리하였다.

행군용 군량을 점검하는 일.

살피건대, 연해를 방어하고 왜노를 막기 위해 내가 동원하여 도착한 관군과 마필이 매일 지급받아야 할 행군용 군량과 사료를 받아가려면 모두 번호가 적힌 단자를 가지고 형식에 맞게 기입해야 한다. 해당 관할 장령(將領)은 직접 명확하게 점검하여 위관으로 하여금 단자를 가지고 부대가 지나갈 지방 및 정벌·방어를 위해 각각 머무를 지방으로 가게 하라. 해당 도가 단자를 명백하게 조사해서 긴요한 숫자 위에 관인을 찍으면 위관은 단자를 가지고 창고에 가서 곡물을 지급받는다. 단자 1건에 기입된 내용으로는 다만 하루 치만 지급할 수 있고 수일 치를 연이어 지급할 수 없다. 한 창고에서 지급할 곡물은 다만 단자 1건으로만 요청해야 하고 몇 건의 단자로 나누어 요청해서는 안 된다. 장령에게 단자가 없으면 창고에서 지급해서는 안 된다. 창고에 단자가 없으면 장부를 감사할 때 그 지출의 회계 처리를 인준하지 못한다. 만약 장령·관원이 곡물을 지급받기 위해 함부로 관인을 찍지 않은 작은 쪽지를 쓰거나, 단자를 신경 써서 기입하고 점검하지 않아서 하인들이 폐단을 일으키게 하거나, 직무 해제되어 명단에서 빠져야 하는데 중복하여 불법으로 곡물을 지급받은 자는 해당 도가 즉시 보고하여 규명하도록 하라.

### 첨부

어느 영(營)의 장관(將官) ○○의 휘하 천총(千總)·파총(把總) ○○ 등이 지금 ○○에 동원되어 있음.

위관 ○○이 실제로 지급받음.

원래 관할 병력 ○월 ○일, 관군 ○명, 태마(駄馬) ○필

새로 들어온 관원 O명, 군사 O명, 말 O필

직무 해제된 관원 O명, 군사 O명, 말 O필

실제 병력 O월 O일, 관군 O명, 태마(駄馬) O필.

 합계 지급액 O倉의 본색·절색(折色) 1일분

1일당 지급액 부식비[廩給] 쌀 5승(升)·식비[廩糧] 은 1전(錢) 부총병(副總兵), 참장(參將), 유격(遊擊), 도사(都司)

1일당 지급액 부식비 쌀 3승·식비 은 8푼 천총

1일당 지급액 부식비 쌀 3승·식비 은 5푼 파총

1일당 지급액 쌀 1승 5홉·소금 값 및 채소 값 은 3푼

1일당 지급액 절색 총 은 5푼 지급 관대(管隊)·첩대(貼隊)·군정(軍丁)

1일당 지급액 사료용 콩 3승·꼴[草] 1속(束) 말 O필

각 항목에서 지급하지 않는 것이 있으면 "無"자를 써넣을 것.

O년 O월 O일 지급한 관원 OO·확인한 관원 OO

4-4

# 중군 양원에게 보내는 명령

檄中軍楊元 | 권4, 3b-4a

날짜 만력 20년 12월 3일(1593. 1. 5.)

발신 송응창

수신 중군(中軍) 양원(楊元)

내용 송응창의 찬획(贊畫) 유황상(劉黃裳)·원황(袁黃)에게 필요한 공적인 비용을 한 사람당 매일 은 1냥씩 지급할 것을 중군 양원에게 지시하는 명령이다.

성지(聖旨)에 따라 부신(部臣: 송응창)에게 전적으로 책임을 맡긴 일.

살피건대, 내가 제본을 올려 황상의 명령을 받들어 원외랑(員外郎) 유황상·주사(主事) 원황 두 찬획을 대동하면서 아침저녁으로 왜노를 격파할 큰 계책을 묻고 의논하는 데 크게 도움을 받고 있다. 생각건대, 두 관원이 북경(北京)을 떠난 이래 땔감과 식수는 비록 머무르는 지방에서 공급하지만 일체의 공적인 비용은 모두 스스로 마련해야 한다. 또한 나랏일에 힘쓰면서 추운 시기에 동쪽으로 정벌하러 가는 것이니, 만약 비용을 의논해 처리하지 않으면 진실로 청렴함을 기르고 선비를 예우하는 도가 아니다.

패문(牌文)을 보내니, 바라건대 그대는 즉시 마가은(馬價銀)을 지출해서 올해 9월 26일 북경(北京)을 떠난 날부터 시작하여 한 사람에게 매일 각각 부대비용[廩銀] 은 1냥을 의논하여 지급하라. 지금 우선 은 각각 100냥을 지출해서 각자가 응당 쓰도록 봉해 보내어 내가 우대하고 예우하는 지극한 뜻을 표한다. 일이 끝나면 비용을 지출 처리하고 보고하라.

# 병부상서 석성에게 보고하는 서신

報石司馬書 | 권4, 4a-4b

날짜 만력 20년 12월 3일(1593. 1. 5.)

발신 송응창

수신 병부상서(兵部尙書) 석성(石星)

내용 일본군의 수가 적으므로 격파하기 쉽다는 논의를 반박하면서 적의 수가 많으며 상대하기도 어렵다는 사실을 명 조정의 신료들에게 알려 줄 것을 요청하는 서신이다.

지금 왜의 일을 논하는 자는 대개 말하기를, "왜는 겨우 수천여 명이니 우리 군대가 나아가 토벌하면 비록 주객(主客)의 형세가 다르다고는 하나 실제로는 중과부적이므로 격파하기가 매우 쉬울 따름이다."라고 하는데, 이는 진실로 터무니없는 말입니다. 제가 처리하여 얻은 정찰 결과가 그렇지 않음은 물론이요, 어제 조선에서 보낸 지도와 설명을 받았는데 거기에 적혀 있는 내용에, "평양에 있는 왜가 만여 명이고, 서울에 있는 왜가 2만여 명이며, 흩어져 있는 왜가 7000~8000명입니다."라고 하였습니다. 무릇 조선이 구원을 요청하는 것이 심히 급하니, 중국을 공갈하여 우리 군대를 잡아두려 하려는 것이 실로 우려됩니다. 왜노가 많은 것을 적다고 하고 약한 것으로 실제로는 강한 것을 가리는 일은 인정상 원래 그럴 수 있습니다. 지금 이렇게 운운하였으니 실제로 있는 수는 적힌 것보다 많을 것이 분명합니다. 삼가 조선의 게보(揭報)와 심유경(沈惟敬)의 품첩(稟帖)을 받아보니, 이 왜노 무리는 다만 병가(兵家)에서 약함을 과시하거나 강함을 과시하는 술책을 알고 있을 뿐만 아니라 종횡으로 간사하게 속이기까지 하여 결코 보통에 비할 바가 아니니, 막연히 쉽게 볼 수 있겠습니까.

대하(臺下: 석성)께 간절히 바라건대, 저의 글을 조정에 알려서 여러 벼슬아치들이 듣도록 해주십시오. 그리하여 여러 벼슬아치들도 왜노의 수가 많음과 속임수를 쓰는 것이 이와 같다고 여기도록 해주십시오. 그러면 각자 맹세하여 함께 적을 없애기를 기약할 것이고, 또 오늘 제가 정벌을 담당하는 것이 쉽지 않은 일임도 알게 될 것입니다. 고명(高明: 석성)께서 어떻게 생각하실지 모르겠습니다.

# 병부상서 석성에게 보고하는 서신

報石司馬書 | 권4, 4b-5a

**날짜** 만력 20년 12월 4일(1593. 1. 6.)

**발신** 송응창

**수신** 병부상서 석성

**내용** 출병이 늦어진 연유와 현재까지 출동시킨 병력의 내역을 보고하고, 임진왜란 발발 이전에 일본의 침공 위협을 명에 보고한 진신(陳申)을 당장 일본에 보내기 어려우니 일단 진영에 거두어두겠다고 알리며, 일본 내부에 변란이 생겨서 도요토미 히데요시(豐臣秀吉)가 죽었다는 소문이 있음을 보고하는 서신이다.

제가 갑옷을 수선하고 병기를 연마하며 군량을 저축하고 장비를 제작하여 일이 이루어진 지 이미 오래되었습니다. 또한 왜노는 추위를 두려워하여 감히 미친 듯이 마구 날뛰지 못합니다. 그러므로 저의 생각으로는 11월 중순에 병력을 출동시키고자 하였으나, 대장(大將)이 이르지 않아 누차 일의 기회를 잃었습니다. 이는 전날에는 병력 동원의 어려움 때문이고 지금은 장수를 기다리는 어려움 때문이니, 어찌하겠습니까. 부득이하게 이달 3일에 오유충(吳惟忠)이 이끄는 병력 3000명을 먼저 출동시키고 4일에 또 전세정(錢世禎)·왕문(王

間)이 이끄는 병력 2000명을 출동시켜 강을 건너게 하여 모두 의주(義州)·정주(定州)에 머무르도록 하였습니다. 대병은 반드시 제독(提督) 이여송(李如松)이 이르기를 기다린 연후에야 출동시킬 것입니다.

진신(陳申) 등은 일본으로 보내고자 한다고 말씀하셨습니다. 다만 요선(遼船)⁵은 바다를 건널 수 없고 조선은 전화(戰禍)를 입어 항구가 모두 단절되었으니, 일본을 왕래하도록 한다는 말은 실행하기 어려울 듯합니다. 제가 처음에는 그를 복건(福建)으로 돌려보내 돛을 한 번 올려서 일본에 도달할 수 있도록 하고자 하였으나, 지금은 형세상 미칠 수 없으니 일단 진영에 거두어두고 다른 쓰임이 있기를 기다리고자 합니다.

또한 통사(通事) 박인검(朴仁儉)⁶이 보고한 것을 받았는데, 그 내용은 다음과 같았습니다. "관백(關白: 도요토미 히데요시)이 병사를 거느리고 대마도(對馬島)에 진을 치고 있었는데 심국(深國) 사람이 틈을 타고 관백의 군대를 모두 죽여버렸습니다." 또 이르기를, "심국이란 곧 사쓰마주(薩摩州)입니다."⁷라고 하였습니다.

권4

.......

5  요선(遼船): 요동 지역에서 쓰는 배를 지칭한다.
6  박인검(朴仁儉): 1550-1631?. 조선 사람으로 본관은 예산(禮山)이다. 자는 자약(子約)이다. 한학(漢學)을 전공한 역관으로, 아버지는 내의원정 박강(朴薑)이다.
7  관백이 …… 죽여버렸습니다: 반란으로 도요토미 히데요시가 죽었다는 소문은 우메키타 잇키(梅北一揆)에 대한 전문이 와전된 것으로 추정된다. 1592년 6월 시마즈(島津) 씨의 가신 우메키타 구니카네(梅北國兼)는 조선을 향하여 출병하던 도중 가토 기요마사(加藤淸正)의 영지인 히고(肥後)에서 반란을 일으켰다. 이 반란은 도요토미 히데요시의 규슈 정복 이후 강화되어가는 다이묘 권력에 반발하여 조선에 대한 출병을 계기로 규슈 각지의 재지영주층을 규합해 도요토미 정권에 저항하려던 시도로, 단기간에 진압되기는 하였으나 규슈 전역에 큰 영향을 미쳤다.

확실히 결말이 난 것은 아닌 듯하나 보고서를 보시도록 부쳐드리니, 상공(相公: 내각대학사)께도 대신 전해주십시오. 나머지는 감히 다 쓰지 못합니다.

# 제독 이여송에게 보내는 서신

**與李提督書 | 권4, 5a-5b**

> 날짜 만력 20년 12월 5일(1593. 1. 7.)
>
> 발신 송응창
>
> 수신 평왜제독(平倭提督) 이여송
>
> 내용 이여송의 도착을 기다리는 자신의 마음을 밝히고 병력의 편성 및
> 지휘권 문제를 논의하고자 하는 뜻을 전하는 서신이다.

　　말씀하신대로 경거(輕車)가 심히 편리하기에, 제가 이미 병부에
자문을 보내고 병부에서 제본을 올려 빌렸습니다.[8] 또한 문하(門下:
이여송)께서 올리신 제본을 보니 소견이 대략 같아 참으로 마땅하지
않은 것이 없어 심히 위로가 됩니다. 요동의 군대는 모두 모인 지 오
래되어 다만 서릿발 같은 장군의 부대 깃발이 이르기만을 기다리고
있습니다. 이번 겨울에 맞춰 곧 군사들과 맹세하고 강을 건너는 것
이 가능합니다. 다만 왜를 정벌하는 것과 오랑캐를 정벌하는 것은
형세가 다릅니다. 지금 기병(騎兵)이 보병(步兵)보다 많으므로 요동

......

8　　제가 …… 빌렸습니다: 앞서 「3-38 咨石司馬書 권3, 31a-31b」에 송응창이 경거를 빌리
　　고자 병부상서 석성에게 보내는 서신이 실려 있다. 다만 병부에 보낸 자문은 『경략복국
　　요편』에 실려 있지 않다.

의 병력을 조금 덜어서 보낼 터인데, 직접 뵐 때를 기다려 의논하고
자 합니다. 제가 동원한 장병은 하나같이 장군의 지휘를 받으며 반
드시 조금이라도 피차를 나누어 권위를 둘로 만들지 않을 것입니다.
바라건대, 저의 생각을 알아주시어 속히 천자(天子)의 토벌을 펴기
를 소망합니다.

## 4-8

# 영평병비첨사 양호에게 보내는 서신

## 與永平楊兵憲書 | 권4, 5b-6a

날짜 만력 20년 12월 6일(1593. 1. 8.)

발신 송응창

수신 영평병비첨사(永平兵備僉事) 양호(楊鎬)[9]

내용 불화살·화포(火砲)의 운송을 잘 처리해준 데 감사하면서 현재 만들고 있는 화포의 제작을 독촉하는 서신이다.

불화살·화포가 군문 앞으로 도착하여 변경 지역이 이에 힘입는 바가 크니, 기쁘고 위로가 됩니다. 또한 참깨 등을 땔감으로 태운 재와 수레에 실어 나를 화포 등의 물건을 민간의 노새를 빌려 실어 보내서 이미 일정을 지체하지 않고 또한 운송비도 아꼈으니, 문하(양호)의 묘한 솜씨가 이와 같은 것은 실로 국가의 복이 아니겠습니까. 그 외에 지금 만들고 있는 화포는 더욱 재촉해주시기 바랍니다.

-------

9　양호(楊鎬):『명신종실록』권253, 만력 20년 10월 6일(임진), "調山東海防僉事楊鎬, 管永平兵備選練主兵, 兼理屯田馬政."

# 병부상서 석성에게 보고하는 서신

**報石司馬書 | 권4, 6a**

날짜 만력 20년 12월 6일(1593. 1. 8.)

발신 송응창

수신 병부상서 석성

내용 군량 및 급여를 염려하는 석성의 편지에 대해 자신이 다방면으로 조치를 취하고 있고 조선에도 2~3개월의 비축이 있으니 염려하지 않아도 된다고 안심시키는 서신이다.

어제 저의 심부름꾼이 돌아와서 말씀해주신 내용을 구두로 전하기를, 군량과 급여를 간곡히 근심하셨다고 하였습니다. 저 또한 심히 그것을 염려하고 있습니다. 산동·천진(天津)의 각 진(鎭)·도에 공문을 보내고 은을 발송해서 곡물을 저축하고 운반하도록 하는 외에, 누차 조선의 배신(陪臣)에게 이 일을 진지하게 당부하였습니다. 그가 회답하여 말하기를, "이미 5만 병마가 두 달 쓸 만큼을 갖추었습니다. 지금 병력은 단지 3만이니, 이는 3개월 쓸 비용으로 족합니다."라고 하였습니다. 저는 오히려 사실이 아닐까 걱정하여 다시 도사 장삼외(張三畏)에게 공문을 보내 실상을 조사해 회보하도록 하였는데, 지금 과연 사실이라고 합니다.

무릇 먼저 저들로부터 군량을 취하여 군사들이 충분히 배부를 수 있게 하고 이어서 우리로부터 군량을 운반해오면 일이 허둥지둥하지 않을 것이니, 이 또한 군중(軍中)의 큰 이로운 일입니다. 대하(석성)께서 마음을 쓰실까 염려되니, 회답하는 글을 보시도록 삼가 올립니다.

# 제독 이여송에게 보내는 명령

檄李提督 | 권4, 6a-11b

날짜 만력 20년 12월 8일(1593. 1. 10.)

발신 송응창

수신 평왜제독 이여송

내용 이여송에게 현재 동원된 병력 및 무기의 내역을 알리고 실전에 대비하여 이들을 어떻게 배치할 것인지 결정하여 보고하라는 명령이다. 이를 통해 당시 명군의 동원 상황 및 수, 무기의 준비 태세 등을 상세히 확인할 수 있다.

**성지에 따라 부신에게 전적으로 책임을 맡긴 일.**

살펴건대, 내가 명을 받아 연해를 방어하고 왜를 막는 일을 경략(經略)하게 되었다. 여러 차례 조선에서 보내온 배신 윤근수(尹根壽) 등이 정문으로 간절히 구원해주기를 요청하는 것을 받았는데, 그 내용이 매우 절실하였다. 또한 황상께서 밝은 명령으로 출병하기를 독촉하신 것도 매우 성대하였다. 그러므로 내가 누차 각 사(司)·도(道)·장령(將領)들과 더불어 병사들이 먹을 식량, 싸우고 지키는 일 등을 다방면으로 계획하고 조처하였다.

군량과 급여는 이미 사들여서 차량과 인부를 빌려 계속해서 의

주로 운송하여 넘겨주고, 더불어 조선국에 공문을 보내 병사 4만 명·말 2만 필로 계산하여 두 달의 비용을 미리 준비하도록 하였다.[10] 군화(軍火)와 장비, 예컨대 대장군포(大將軍砲)·멸로포(滅虜砲) 등과 불화살·마패(蔴牌) 등의 항목은 모두 각 도에서 나누어 가져다 썼다. 이에 더하여 동원한 계주·보정(保定)·선부(宣府)·대동(大同)·산서(山西)·요동 등의 병마와 모집한 가정(家丁), 본인들이 자원하여 이번에 활용하게 된 청용관역(聽用官役)[11] 및 아직 도착하지 않은 사천(四川)의 병력은 모두 왜를 정벌하는 데 응당 쓸 것이다. 지금 군대를 출발시킬 때가 가까우니 반드시 미리 배치하고 조정해야 무리를 다스리는 데 절도가 있게 될 것이므로, 마땅히 적어 보내어 알게 해야 한다.

패문을 보내니, 바라건대 평왜제독은 즉시 첨부된 단자에 적혀 있는, 동원하여 이미 도착하였거나 아직 도착하지 않은 각 장령·마보(馬步) 관군·재관(材官)·가정 등의 인원과 군화(軍火)·장비를 하나하나 명백히 조사해서 헤아려 할당하라. 어떤 장령이 용맹하여 적진으로 돌격하게 할 만하며, 어떤 장령이 지혜로워 응변(應變)하게 할 만한지, 어떤 장령이 많은 무리를 거느리게 할 만하고 어떤 장령이 적은 숫자를 이끌도록 할 만한지, 어떤 병력이 강하여 앞쪽에 둘

.......

10  군량과 …… 하였다: 앞의 「3-26 檄都司張三畏 권3, 24b-25b」 참고.
11  청용(聽用): 명 중기 이후 직위에서 해제된 원임(原任) 장령(將領)으로, 변경의 총독(總督)·순무(巡撫)가 자체적으로 자신의 군영에 받아들여 임용한 경우를 지칭한다. 이들은 스스로 장비와 가정(家丁)을 갖추어 변경에 나아가 군무에 임하였으며, 공을 세우면 이전에 직위 해제될 때의 잘못을 헤아리지 않고 현직으로 복직할 수도 있었다. 총독·순무는 자율적으로 이들을 중군 등의 직책에 임용하여 자신의 군문에서 활용하는 것이 관행이었고, 이는 명 후기에 장령의 중요 임용 방식 중 하나가 되었다.

만하며 어떤 병력을 후미에 둘 만한지, 왜를 격파하는 것은 보병이 유리하니 보병을 주력으로 삼아야 할지, 장액(張掖)에서 별동대를 내보낼 때 마땅히 마병(馬兵)을 써야 했던 것처럼[12] 마병을 써야 할지, 어떤 병력이 길을 나누어 협공하고 어떤 병력이 진영을 합하여 나란히 나아가며 어떤 병력이 매복을 전담하고 어떤 병력이 응원을 전담하며 어떤 병력이 정찰을 전담할지의 사항을 보고자 한다.

각 장사(將士)는 모두 제독의 지휘를 받도록 했으니, 마땅한 대로 동원해 보내어 쓰도록 맡긴다. 제독의 용맹과 지혜와 공적은 당대에 으뜸으로 꼽히므로, 반드시 책모(策謀)는 만전을 기하고 계책은 승리를 결정하기를 도모하라. 또한 병력과 무기 등을 나누어 보내는 연유를 보고하라.


첨부

병부의 공문으로 동원한 병마의 수, 마병과 보병이 각각 절반.

이미 도착한 병력

계주진(薊州鎭) 7500명 미병과 보병이 각각 절반

이어서 도착한 600명 보병

보정진(保定鎭) 5000명 마병과 보병이 각각 절반

.......

12 장액(張掖)에서 …… 것처럼: 전한(前漢) 무제(武帝) 때 이릉(李陵)의 일화를 지칭하는 것으로 보인다. 이릉은 천한(天漢) 2년(기원전 99) 흉노(匈奴)를 공격하는 작전에서 이사장군(貳師將軍) 이광리(李廣利)의 치중(輜重: 수송부대)을 담당하라는 명령을 받자, 스스로 한 부대를 이끌고 선우(單于)를 습격하겠다고 주장하였다. 무제는 기병이 부족하여 줄 병력이 없다고 하였지만, 이릉은 보병 5000명으로 충분하다고 하여 끝내 허락을 받았다. 이릉은 장액에서 출진하여 실제로 흉노를 습격하여 큰 전과를 올렸으나, 대군에 포위당하여 저항하다가 흉노에 항복하였다. 『한서(漢書)』 「이광전(李廣傳)」 참고.

요동진(遼東鎭) 7000명 마병

대동진(大同鎭) 5000명 마병

선부진(宣府鎭) 5000명 마병

아직 도착하지 않은 병력

계주진 2900명

산서진(山西鎭) 2000명

유정(劉綎) 5000명

양응룡(楊應龍) 5000명

연수진(延綏鎭)에서 북경 방위를 위해 파견되는 3000명

표하(標下: 직할부대)

부장(副將) 양원 및 원임(原任) 유격 척금(戚金)[13] 휘하 가정 총 682명

현임(見任) 부총병 이여백(李如栢)[14] 휘하 가정 245명

원임 부총병 조승훈(祖承訓) 휘하 가정 123명

원임 도사 누대유(樓大有) 휘하 가정 12명

도사 전세정 휘하 가정 40명

유격 심유경 휘하 가정 32명

도사 방시휘(方時暉) 휘하 가정 12명

.......

13  척금(戚金): 1556~1621. 명나라 사람으로 산동 등주위(登州衛) 출신이다. 임진왜란이 발발하자 유격장군(遊擊將軍)으로 조선에 들어와 평양성 전투에 참전하였다. 척계광(戚 繼光)의 인척으로 알려져 조선인의 관심을 받았다.

14  이여백(李如栢): 1553~1620. 명나라 사람으로 요동 철령위(鐵嶺衛) 출신이다. 이성량 (李成樑)의 둘째 아들이자 이여송의 동생이다. 임진왜란 당시 형과 함께 참전하여 평양 성을 탈환하는 데 공을 세웠다.

권4

원임 유격 진방철(陳邦哲)[15] 휘하 가정 30명

원임 노안부동지(潞安府同知) 정문빈(鄭文彬) 휘하 아들 및 가정 50명

원임 호관지현(壺關知縣) 조여매(趙汝梅)[16]·유격 조지목(趙之牧)[17]·지휘(指揮) 조여호(趙汝瑚)·천호(千戶) 조여련(趙汝璉)의 가정 80명

철령위지휘(鐵嶺衛指揮) 숙응명(宿應明) 휘하 가정 10명

기고천총(旗鼓千總) 1명 좌양(左揚)

도사 1명 오몽표(吳夢豹)[18]

영병천총(領兵千總) 4명 대주(戴柱)·고가앙(高可仰)·이고(李庫)·대화(戴禾)

교조파총(敎操把總)[19] 1명 단호(段胡)

남병교사(南兵敎師) 10명 김문성(金文盛)·하문성(何文星)·유자귀(柳子貴)·김충(金忠)·공자의(龔子義)·정언(丁言)·누호(婁虎)·하원귀(何元貴)·사기(社其)·장자룡(張子龍)

.......

15  진방철(陳邦哲): ?~?. 명나라 사람이다. 만력 20년(1592) 흠차통령산서영 원임참장(欽差統領山西營原任參將)으로 군사 1000명을 이끌고 조선에 왔다가 만력 21년(1593) 명나라로 돌아갔다.

16  조여매(趙汝梅): ?~?. 명나라 사람으로 요동 철령위 출신이다. 호는 초암(肖菴)이다. 산서 노안부(潞安府) 호관현(壺關縣)의 지현(知縣)으로 만력 20년(1592) 12월에 나와서 군량을 관리하였다. 일본군이 물러가자 이여송을 따라 서울에 들어왔다가 얼마 뒤에 송응창의 탄핵을 받고 만력 21년(1593) 9월에 돌아갔다.

17  조지목(趙之牧): ?~?. 명나라 사람이다. 임진왜란 때 우협대장 장세작(張世爵)의 통솔을 받았던 사람 중 하나이다.

18  오몽표(吳夢豹): ?~?. 명나라 사람이다. 지휘(指揮) 또는 도사(都司)라고 칭하면서 송응창 일행을 따라 조선을 내왕하였다.

19  교조파총(敎操把總): 군사들의 훈련을 담당하는 파총을 말한다.

조달하여 도착한 군화(軍火)·장비 모두 요동도사(遼東都司)에 보내

수령하여 보관함

대장군포 80위(位) 곤차(滾車)[20] 10량 현재 남아 있는 것 40위 이

어서 출발

멸로포 210문 곤차 10량

마름쇠 2만 7000개

소신포(小信砲) 1196개

쾌창(快鎗) 500자루 창이 500자루에 이름

삼안총(三眼銃) 100자루 총이 100자루에 이름, 약표(藥杓) 100개, 송곳

100개

탄환 1000근

호준포(虎蹲砲) 20위 요반(腰絆) 10개, 과정(瓜釘) 20개, 쇠망치 8개, 약

승(藥升) 8개, 화문추(火門錐) 8개, 목송자(木送子) 8개, 나무망치 8개

소포(小砲) 200개

염초 1만 6000근

유황 1만 3200근

조뇌(朝腦) 110근

반모(班毛) 3근 4냥

마해회(麻楷灰) 1300근

이상 모두 요동도사에서 수령하여 보관함

분수요해도(分守遼海道)에서 공문을 받들어서 만들어 현재 있는

병기의 수

........

20  곤차(滾車): 명대 대포를 싣던 수레의 일종이다.

낭선(筤筅) 236자루

당파(钂鈀) 200자루

죽장창(竹長鎗) 250자루

목장창(木長鎗) 250자루

일자소포(一字小砲) 532개

소신포 333개

마름쇠 4만 개

화약 3656근

불화살 7250자루

화선(火線) 1만 1200개

대철자(大鐵子) 62개

이철자(二鐵子) 542개

삼철자(三鐵子) 3868개

소철자(小鐵子) 3만 5656개

경거 88량

연차철승(聯車鐵繩)[21] 88개

마렴(麻簾) 488면(面)

전패(氈牌) 336면

멸로포 58위

호준포 9위

백자총(百子銃) 168가(架)

지금 주조하고 있는 대장군포 탄환

........

21  연차철승(聯車鐵繩): 수레를 연결하는 쇠사슬을 말한다.

무게 7근짜리 1000개

무게 3근짜리 1000개

무게 1근짜리 1000개

화약 3만 근

마패(麻牌) 2300개

철편(鐵鞭) 1500자루

연해곤(連楷棍) 1500자루

요동 각 위의 활·화살·활줄, 비율로 따져 10분의 8을 조달함

활 1237장

활줄 1237개

화살 12만 8700자루

선부진 영병관(領兵官) 주홍모(周弘謨)[22] 등의 군사들이 오면서 광녕고(廣寧庫)로 가져온 것

대소 철자(鐵子) 20만 3657개

큰 탄환 40개

보정진 영병관 양심(梁心)[23]·조문명(趙文明)[24]의 군사가 오면서 요양성(遼陽城)으로 가져온 것

........

22  주홍모(周弘謨): ?~?. 명나라 사람이다. 만력 20년(1592) 흠차통령선부영병유격장군(欽差統領宣府營兵遊擊將軍)으로 마병 1000명을 이끌고 조선에 왔다가 만력 21년(1593) 명나라로 돌아갔다. 만력 24년(1594)에 적들을 선유(宣諭)하기 위해 재차 와서 서울에 머물렀는데, 얼마 되지 않아 말에서 떨어져 병으로 죽었다.
23  양심(梁心): ?~?. 명나라 사람이다. 만력 20년(1592) 마병 1000명을 이끌고 조선에 왔다가 만력 21년(1593)에 명나라로 돌아갔다.
24  조문명(趙文明): ?~?. 명나라 사람이다. 만력 20년(1592) 흠차진정유격장군(欽差眞定遊擊將軍)으로 마병 1000명을 이끌고 조선에 왔다가 만력 21년(1593)에 명나라로 돌아갔다.

대소 탄환 4만 1886개

탄환 2만 7029개

석자(石子) 159개

대동진 영병장관(領兵將官) 임자강(任自强)[25] 등의 군사가 오면서

해주위(海州衛)로 가져온 것

철자 1만 3284개

탄환 2만 2290개

계주진 총병 장방기(張邦奇)가 운송시켜 도착한 것

노궁(弩弓) 1000장

사호약(射虎藥) 5근

동신창(銅神鎗) 1000자루

죽패(竹牌) 560개

나의 위관인 도사 유응기(劉應祺)가 장인들을 독촉하여 지금 만

들고 있는 명화(明火)·독화(毒火) 등의 화살 5만 3000자루

.......

25  임자강(任自强): ?~?. 명나라 사람으로 대동 양화위(陽和衛) 출신이다. 자는 체원(體元),
    호는 관산(冠山)이다. 임진왜란이 발발하자 선부의 병력 1000명을 이끌고 참전하였다.

권4

## 4-11

# 제독 이여송에게 보내는 명령

檄李提督 | 권4, 11b-12a

**날짜** 만력 20년 12월 8일(1593. 1. 10.)

**발신** 송응창

**수신** 평왜제독 이여송

**내용** 현재 동원된 병력의 질이 좋지 않아 가까운 요동진의 병력을 추가로 동원해야겠으니 이여송이 직접 책임지고 정예 병력을 가려 뽑으라는 명령이다.

성지에 따라 부신에게 전적으로 책임을 맡긴 일.

내가 각 진의 군병을 살펴보니, 계주진의 군병은 강약이 반반이고 진정(眞定)·보정·선부·대동의 군병은 대부분 용렬한 장사치 무리였다. 이렇게 흉포하고 많은 왜를 정벌하러 나아가야 할 때에 군병이 이와 같으니 어찌하랴. 그러한즉 지금 바라고 믿을 바는 오직 요동진의 7000명뿐이다. 계주진의 군병은 이미 출발하였고 선부·대동은 아직 도착하지 않았다. 진정·보정의 군병은 두 찬획에게 엄히 공문을 보내 하나하나 세밀하게 더 뽑아서 의논하여 처리하기 편리하도록 하였다. 이에 더해 요동진의 병마는 평소에 정예하고 강하다고 소문나 있으며 또한 이곳에 있으니, 멀리서 동원된 다른 진의 외지 병력과는 같지 않으므로 급히 가려 뽑는 것이 매우 마땅하다.

　패문을 보내니, 바라건대 평왜제독은 즉시 중군 양원·부총병 장세작(張世爵)[26]과 함께 감독하여 속히 요동진에서 응당 동원해야 할 군병을 한 명 한 명 함께 가려 뽑으라. 정예하고 용맹한 자를 뽑고 허약하여 감당해내지 못할 자는 모두 적어서 보고하며, 병사를 통솔하는 관원으로 하여금 내가 있는 곳으로 오도록 하여 이를 근거로 다시 조사하고 검열할 수 있도록 하라. 만약 도착한 병력이 부적합하다면 반드시 원래 병력을 이끌던 장관을 처벌할 것이다. 제독은 각 관원과 더불어 힘써 정벌하는 큰 계책을 생각하고 고향이 같다는 우의(友誼)로 인하여 부정하게 은폐하지 말라. 이는 군무에 관계된 것이니, 하나라도 잘못됨이 있으면 군법이 엄연히 있으므로 반드시 용서하지 않을 것이다.

권4

........

26　장세작(張世爵): ?~?. 명나라 사람으로 광동우위(廣東右衛) 출신이다. 호는 진산(鎭山)이다. 만력 20년(1592) 이여송 휘하에서 평양성 전투에 참전하였다. 평양성 전투에서 크게 활약해서 평양 수복에 주도적인 역할을 했다. 만력 21년(1593)에 이여송과 함께 명나라로 돌아갔다.

4-12

# 요동순무 조요에게 보내는 자문

**咨遼東趙撫院 | 권4, 12a-12b**

**날짜** 만력 20년 12월 10일(1593. 1. 12.)

**발신** 송응창

**수신** 요동순무(遼東巡撫) 조요(趙燿)

**내용** 이여송이 이끄는 관군에게 필요한 비용 지급을 위해 자신이 보낸 은 중 3만 냥을 이여송에게 운송할 것을 요동순무에게 지시하는 문서이다.

**관련자료** 본문에 인용된 병부의 자문은 「移本部咨 권1, 8b-9a」에도 인용되어 있지만 본문과 약간의 차이가 있다.

권4

왜정(倭情)의 간사한 짓이 날로 늘어나 세력이 더욱 창궐하는 등의 일.

앞서 병부에서 위의 일로 보낸 자문을 받았는데, 그 내용은 다음과 같았습니다. "제본을 올려서 마가은 20만 냥을 지출해서 요동순무 아문(衙門)으로 운송하여 거두어 보관하도록 하여 가정을 모집하는 데 필요한 비용으로 쓰도록 합니다."

이미 귀원(貴院: 요동순무)에게 자문을 보내 은 10만 냥을 지출해서 분수요해도에 보내 수령하여 기다리고 있도록 하였습니다. 이에 더해 지금 생각건대, 평왜제독 이여송이 이끄는 관군이 매우 많으니

咨遼東趙撫院 • 455

군대의 비용을 마땅히 지급해야 합니다.

　이에 따라 마땅히 귀원에게 자문을 보내니, 번거롭겠지만 경력 (經歷) 고태성(顧台星)이 운송하여 도착한 은 가운데 3만 냥을 지출하고 관원을 선발해서 은을 운반하도록 하여 제독 이여송이 수령하였다가 관군의 비용으로 쓸 수 있도록 하십시오. 바라건대 운송한 연유를 자문으로 보고하여 조사하고 확인할 수 있도록 하십시오.

4-13

# 내각대학사 조지고·장위에게 보고하는 서신

報趙張二相公書 | 권4, 12b-13a

날짜 만력 20년 12월 12일(1593. 1. 14.)

발신 송응창

수신 내각대학사(內閣大學士) 조지고(趙志皐)·장위(張位)

내용 이여송이 도착하였으니 12월 13일에 대군을 출진시키려 함을 알리고, 여러 지휘관들에게 필요한 직함을 더해주고자 하니 협조해줄 것을 요청하는 서신이다.

관련자료 아래의 「4-14 請加將領職銜疏 권4, 13a-14a」와 함께 발송된 편지이다.

권4

상공(내각대학사)께서 계획해주신 데 힘입어 병마와 군량 및 급여가 갖추어졌습니다. 다만 대장이 도착하지 않아서 오유충 등 장병 5000여 명을 먼저 보내 이미 조선에 도착하였음은 대좌(臺左: 조지고·장위)께 보고를 드렸습니다.[27]

8일 제독 이여송이 도착하였기에 삼가 13일을 택해 대병을 모

....

27 대좌께 …… 드렸습니다: 앞의 「4-6 報石司馬書 권4, 4b-5a」을 가리킨다. 해당 서신은 병부상서 석성 앞으로 발송되었으나, 송응창은 석성에게 자신의 보고 내용을 내각대학사들에게도 대신 전달해줄 것을 요청하였다.

두 출동시키려 합니다. 또한 여러 장령들에게 직함을 더하여 왜노가 추위를 두려워하는 때를 틈타 힘을 내어 나아가 토벌하도록 하기를 청하니, 이는 대개 감히 옹대(翁臺: 조지고·장위)께서 성공하도록 책임 지우시는 뜻을 헛되이 하지 않기 위함입니다. 저의 상주[28]를 제본으로 갖추어 이에 긴급하게 진달하니, 태자(台慈: 조지고·장위)께서 너그러이 가르쳐주시기 바랍니다.

........

28  상주: 다음의 「4-14 請加將領職銜疏 권4, 13a-14a」을 지칭한다.

# 장령들의 승진을 청하는 상주

## 請加將領職衘疏 | 권4, 13a-14a

날짜 만력 20년 12월 12일(1593. 1. 14.)

발신 송응창

수신 만력제(萬曆帝)

내용 만력제에게 지금까지의 병력 출발 상황 및 12월 13일의 출병 예정을 보고하고, 지휘체계의 조정을 위해 양원을 중부총병(中副總兵)으로, 이여백을 좌부총병(左副總兵)으로, 장세작을 우부총병(右副總兵)으로 삼아 각각 중진·좌익·우익을 이끌도록 할 것과 오몽표·방시춘(方時春)을 승진시켜줄 것을 요청하는 상주이다.

관련자료 뒤의 「4-16 報進兵日期疏 권4, 15a-18a」에는 이 문서가 작성된 날짜를 12월 11일로 기록하고 있다.

권4

장령을 나누어 배치하여 일의 권위를 중하게 하고 정벌에 편리하도록 하는 일.

삼가 생각건대 병가의 승리는 싸우기 전에 결정되는 것이고, 절도 있게 제어되는 군대는 미리 계획하는 데서 정해지는 것입니다. 신(臣: 송응창)이 매번 찬획 원외랑 유황상·주사 원황 및 각 사·도·장령 등의 관원들과 더불어 다방면으로 계획하건대, 모두 이르기를 이 겨울 달에 왜노가 추위를 두려워하고 우리 사졸(士卒)들이 이미 집결하여 용기가 바야흐로 떨쳐 있을 때를 틈타 병력을 전진시키는 것이 좋겠다고 하였습니다. 이미 이달 3일에 유격 오유충 등 5000여 명을 보내어 강을 건너 전진하도록 한 외에 8일에 제독 이여송이 이미 요양(遼陽)에 이르니, 신이 즉시 더불어 서약하기를 피차 마음을 함께하기에 힘쓰고 의심하여 마음을 달리하지 말자고 하였습니다. 또한 이달 13일에 군사를 일으켜 동쪽으로 건너가 곧바로 평양·서울 등으로 나아가서 천자의 위엄을 받들어 떨치고 외국(外國: 조선)을 회복함으로써 황상의 덕의(德意)의 만분의 일이라도 우러러 부응하고자 합니다.

다만 천 리를 달려가 싸울 때에 군대는 엄명(嚴明)함을 귀하게 여기고, 만 명의 병졸이 새로 합해졌으니 나아가고 멈춤에는 반드시 절도가 있어야 합니다. 다시 이여송과 만나서 논의하건대, 동쪽을 정벌하는 군사를 중협(中協)과 좌·우익으로 나누어 각각 군사를 잘 아는 부총병을 두어서 통솔하게 하면 체제가 엄정해지고 형세를 합치기에 편리할 것이니 만전을 기약할 수 있을 것입니다.

살피건대, 신의 중군 부총병 도독첨사(都督僉事) 양원은 재능과 모략이 탁월하고 용병하는 계책을 일찍부터 익혔으니 중진(中陣)에 둘 만합니다. 요동순무의 표하 부총병 도독첨사 이여백은 누차 강한 적과 맞선 바가 있고 모략을 겸비하였으니 좌익에 둘 만합니다. 협수요동부총병(協守遼東副總兵) 장세작은 누차 전쟁터를 거쳤으며 담력과 지략이 남보다 뛰어나니 우익으로 삼기에 마땅합니다.

비록 이미 나누어 배치하였으나 양원·이여백은 도독·부총병으로서 여러 참모들을 통솔하기에 체통이 진실로 상응하는 반면 장세작과 같은 경우는 참장으로서 부총병의 일을 관장하고 있으니,

직임은 무겁고 권위가 가벼워 경시되는 바를 면하지 못합니다. 또한 신의 표하 청용관 원임 도사 오몽표, 제독 이여송의 표하 중군 도사 방시춘[29]은 모두 지혜와 용기가 남보다 뛰어나 병력을 통솔하고 중외(中外)에 명령을 전달할 만합니다. 하지만 겨우 도사의 직임으로 삼군(三軍)을 지휘하는 데는 또한 견제당하는 바가 있을 듯하니, 모두 마땅히 제본을 올려 승진시키기를 청해야 합니다.

엎드려 바라건대, 병부에 칙서를 내려 검토하고 의논하게 하시어 양원을 중부총병으로 삼아 도독의 직함을 띠고 중진을 이끌게 하고, 이여백을 좌부총병으로 삼아 도독의 직함을 띠고 좌익을 이끌게 하며, 장세작을 우부총병으로 삼아 실제 부총병 직함을 주어서 우익을 이끌게 하되 각각 별도의 칙서를 주어서 지위의 높고 중함을 보이소서. 방시춘은 참장의 직함을 더하고 오몽표는 원직에 복직하기를 허락하거나 직함을 헤아려 더해서, 일의 권위가 한곳으로 돌아가고 좌우의 지휘가 뜻대로 되지 않음이 없도록 하소서.

권4

........

29  방시춘(方時春): ?~?. 명나라 사람이다. 이여송의 표하군에 소속되어 있었다.

# 요동도사 장삼외에게 보내는 명령

## 檄都司張三畏 | 권4, 14b-15a

날짜 만력 20년 12월 12일(1593. 1. 14.)

발신 송응창

수신 요동도사 장삼외

내용 조선에서 자문으로 보내온 각도의 군병 수가 상세하지 않으므로, 요동도사 장삼외로 하여금 조선에 다시 자문을 보내 곧 전투가 있을 평양과 서울 부근에 있는 부대의 현황을 자세히 보고하고, 동원 가능한 부대에는 조선의 관원을 보내어 감독하게 하며, 멀리 있는 부대도 활용할 수 있으면 그렇게 할 것을 촉구하는 명령이다.

관련자료 이 문서는 약간의 자구 차이는 있으나 『국서초록(國書草錄)』 만력 20년 12월 10일, 「요동도사 장삼외가 (조선국) 병조판서에게 보낸 패문」, "爲遵旨專責部臣經略倭患事", 31a-32a에 송응창의 헌패(憲牌)로 전문이 인용되어 있다. 장삼외의 패문은 송응창의 헌패 내용에 따라 병조판서에게 조치를 요구하는 공문이다. 『국서초록』 만력 20년 12월 13일, 「조선국 병조판서 이항복이 요동도사 장삼외에게 보낸 정문」, "爲經略倭患事", 32a-35a는 이에 대한 회답으로, 조선의 당시 병력 상황 및 그 배치 현황을 보다 자세히 기록하여 보고한 문서이다.

성지에 따라 부신에게 전적으로 책임을 맡긴 일.

요동도사의 정문을 받았는데, 그 내용은 다음과 같았다. "조선국왕이 자문으로 평안·황해·경기·충청·경상·전라·함경·강원 8도에 주둔하여 왜를 막는 관군·의병·승병(僧兵) 등의 군병 수를 적어 보냈습니다."

이를 받고 살피건대, 조선의 병마가 비록 사방으로 흩어져 있다고는 하나 다만 각 도의 군병으로 평양·서울에 배치된 자들은 서로 얼마나 멀리 떨어져 있는지 명확하게 기재하지 않았으니 마땅히 다시 조사해야 한다.

패문을 보내니, 바라건대 그대는 즉시 국왕에게 대신 자문을 보내 평양에 주둔한 군병이 각각 몇 명이 있고 누가 지휘하는지, 혹은 동쪽·서쪽에 있고 혹은 남쪽·북쪽에 있어 모두 몇 부대가 있는지, 각각 평양에서 몇 리 떨어져 있는지, 나의 군문에 동원하여 활용할 수 있는지를 보고하도록 하라. 서울 부근에 있는 군병으로 동원 가능한 경우도 이에 따라 적어서 보고하도록 하라. 관군·의병·승병에 관계없이 응당 동원해야 할 경우에는 조선에서 즉시 적당한 배신 몇 명을 골라서 선발하여 군진(軍陣)을 감독하도록 하라. 근일에 선발되어온 윤근수·김정목(金廷睦)·한응인(韓應寅)[30] 등의 무리는 노련하고 통달하였으니 즉시 조선의 여러 지역의 군병을 감독하도록 맡겨도 무방하다. 다른 도에 있어서 평양·서울과 거리가 비교적 멀거나 혹은 왜로 인한 환란을 입지 않은 곳에 있는 군병 중 미리 가까운 지방으로 불러와서 주둔시켜 멀리서 응원하도록 할 수 있는

─────

30  한응인(韓應寅): 1554~1614. 조선 사람으로 본관은 청주(淸州)이다. 자는 춘경(春卿), 호는 백졸재(百拙齋)·한유촌(韓柳村)이다. 선조 24년(1591) 진주사(陳奏使)로 명나라에 가서 도요토미 히데요시가 명나라를 공격하기 위해 조선에 길을 빌려달라고 한 사실을 고해 명나라의 조선에 대한 의심을 풀었다. 한어에 능하여 이여송의 접반관(接伴官)을 맡기도 하였다.

경우, 조선에서 또한 마땅히 헤아려서 계획하고 배치하여 군대의 위세를 돕도록 해야 한다. 명확히 조사하여 인신(印信: 관인)이 찍힌 공문을 갖추어 보고하되 군사기밀에 관계된 것이니 늦거나 잘못되어서는 안 된다.

# 진격 일정을 보고하는 상주

報進兵日期疏 | 권4, 15a-18a

날짜 만력 20년 12월 12일(1593. 1. 14.)

발신 송응창

수신 만력제

내용 만력제에게 지금까지 병력의 출동이 늦어진 상황을 해명하고, 중군·좌익·우익의 지휘체계와 병력 구성, 자신이 전투 준비를 위해 취하고 있는 각종 조치를 설명하며, 일본군이 평양을 명에 넘겨주겠다는 이간책을 시도한 데 대해 조선국왕에게 동요하지 말도록 안심시키는 문서를 보냈다고 보고하는 상주이다.

관련자료 『명신종실록』 권255, 만력 20년 12월 13일(기해)에 나오는 송응창의 주본(奏本)과 같은 문서였던 것으로 판단된다. 하지만 『경략복국요편』 수록 본문에는 병력 배치 관련 내용만 나오는 데 반해 실록에는 군량 관련 내용만 서술되어 있다는 차이가 있다. 원래 하나의 문서를 각각 필요한 부분만 초록한 결과로 보인다.

권4

삼가 병력을 전진시킬 날짜와 배치한 연유를 보고하고 황상께서 동쪽을 돌아보시는 근심을 풀어드리는 일.

신(송응창)이 12월 11일에 장령을 나누어 배치하고 그들이 맡은 일의 권한을 높이는 일로 상주를 갖추어 제본으로 청한 바 있습니다.[31] 이에 더하여 돌아보면 신이 요양에 도착한 것이 거의 한 달이 되어가니, 왜 군사를 신속히 진격시켜 토벌함으로써 천자의 위엄을 떨치고 속국(屬國)을 구원하려 하지 않았겠습니까. 다만 갑작스런 사이에 여러 일이 미비하였습니다. 예를 들어 한편으로는 가정을 모집하면서 동시에 마필을 교환하고, 군량과 급여를 헤아리며, 화기(火器)를 정비하고, 마패를 수선하며, 차량을 조달하였습니다. 게다가 각 지역의 군병을 징발하자니 계주진에서 오는 자가 있고 보정진에서 오는 자가 있으며 선부·대동 두 진에서 오는 자가 있으니, 가까워도 1000여 리 이하가 없고 멀면 2000여 리보다 내려가지 않아 공문도 왕복하기 어렵고 정벌하러 가는 군사들도 먼 길에 지체됩니다. 아울러 가까운 요동진에서 응당 동원해야 하는 군병은 원래 오랑캐를 방어하는 병력인데 저쪽에서 빼내어 이쪽에 보내야 하였으므로, 또한 일시에 갑자기 집결시키기 쉽지 않았습니다.

이달 초·중순에 이르러서야 각 지역의 군병이 연속해서 요양에 이르렀습니다. 우선 3일에 오유충 등의 병력 5000명을 출발시켜 나아가게 하여 한편으로는 기세를 크게 떨치고 한편으로는 국왕을 안심시키며 한편으로는 군량과 사료를 호위하게 하였습니다. 8일에 제독 이여송이 오니, 신이 즉시 요동순무 조요(趙燿)[32]·요동순안(遼東巡按) 이시자(李時孳) 및 제독 이여송·찬획 원외랑 유황상·주사 원황·관량주사(管糧主事) 애유신·요동총병(遼東總兵) 양소훈(楊紹勳)·분수요해도참의(分守遼海道參議) 형주준(荊州俊), 아울러 표하 중

<hr>

31  신(송응창)이 …… 있습니다: 앞의 「4-14 請加將領職銜疏 권4, 13a-14a」를 지칭한다.
32  조요(趙燿): "耀"로 기재되어 있으나, 『명신종실록』에 기재된 실제 인명은 "燿"이다.

군 및 각 편비(偏裨: 참모)·장령 등의 관원과 함께 서로 물어보고 계획하였습니다. 모두 말하기를 때가 한겨울이라 봄철에 강물이 불어날 때가 가까우니 마땅히 서둘러 나아가 토벌해야 한다고 하였습니다.

신이 생각건대 꾀하는 바가 이미 모두 같고 일은 마땅히 속히 시작해야겠으므로, 이에 이여송과 더불어 장차 대병을 중진과 좌우 양익으로 나누었습니다. 부총병 양원으로 하여금 중군을 나누어 통솔하게 합니다. 그의 휘하에서 원임 참장 양소선(楊紹先)[33]은 영전영(寧前營) 등의 마병 339명을 지휘합니다. 표하 도사 왕승은(王承恩)[34]은 계주진의 마병 500명을 지휘합니다. 요동진 유격 갈봉하(葛逢夏)[35]는 선봉우영(選鋒右營)의 마병 1300명을 지휘합니다. 보정 유격 양심은 마병 2500명을 지휘합니다. 대동 부총병 임자강과 유격 고승(高昇)[36]·고책(高策)은 함께 마병 5000명[37]을 지휘합니다. 표하 유격 척금은 차병(車兵) 1000명을 지휘합니다. 총 병력 1만 639명을 통솔합니다.

········

33  양소선(楊紹先): ?~?. 명나라 사람으로 전둔위(前屯衛) 출신이다. 흠차요동총병표하영령이병 원임참장(欽差遼東總兵標下營領夷兵原任參將)으로 마병 800명을 이끌고 제독을 따라 조선에 왔다가 만력 21년(1593)에 명나라로 돌아갔다.

34  왕승은(王承恩): ?~?. 명나라 사람으로 대녕전위(大寧前衛) 출신이다. 중군 소속으로 송응창을 따라 조선에 왔으나, 오래지 않아 관마(官馬)를 사사로이 팔았다는 송응창의 탄핵을 받고 파직되어 돌아갔다.

35  갈봉하(葛逢夏): ?~?. 명나라 사람으로 자는 섭명(燮明)이다. 무장으로 평양성 전투에 참여했다. 이여송 휘하에서 통령보진건준조병유격장군(統領保貞建遵調兵遊擊將軍)으로 선봉우영(先鋒右營) 마병 1300명을 통솔하였다.

36  고승(高昇): ?~?. 명나라 사람이다. 만력 20년(1592) 흠차양하유격장군(欽差陽河遊擊將軍)으로 마병 1000명을 이끌고 조선에 왔다가 만력 21년(1593)에 명나라로 돌아갔다.

37  마병 5000명: 원문에는 "五十"으로 되어 있으나, 합산한 병력 총수를 보면 "五千"의 오기로 보인다.

부총병 이여백으로 하여금 좌군(左軍)을 나누어 통솔하게 합니다. 원임 부총병 이영(李寧)[38]·유격 장응충(張應种)[39]은 요동의 정병(正兵)·친병(親兵) 총 1189명을 지휘합니다. 선부 유격 장접(章接)은 마병 2500명을 지휘합니다. 참장 이여매(李如梅)[40]는 의주영(義州營) 등의 군정 843명을 지휘합니다. 계주진 참장 이방춘(李芳春)은 마병 1000명을 지휘합니다. 계주진 원임 참장 낙상지(駱尙志)는 남병(南兵) 600명을 지휘합니다. 계주진 도사 방시휘는 마병 1000명을 지휘합니다. 계주진 도사 왕문은 차병 1000명을 지휘합니다. 선부 유격 주홍모는 마병 2500명을 지휘합니다. 총 병력 1만 632명을 통솔합니다.

부총병 장세작으로 하여금 우군(右軍)을 나누어 통솔하게 합니다. 장세작과 유격 유숭정(劉崇正)은 요양영(遼陽營)과 개원참장영(開原參將營)의 마군(馬軍) 1534명을 지휘합니다. 원임 부총병 조승훈은 해주(海州) 등의 마군 700명을 지휘합니다. 원임 부총병 손수렴(孫守廉)[41]은 심양(瀋陽) 등의 마군 702명을 지휘합니다. 원임 가함(假銜) 부총병 사대수(查大受)는 관전(寬佃) 등의 마군 590명을 지휘합니다.

........

38  이영(李寧): ?~?. 이여송의 속하에서 참장으로서 마병 1000명을 거느리고 평양성 전투에 참전하였다.

39  장응충(張應种): ?~?. 명나라 사람이다. 만력 20년(1592)에 흠차통령남북조병탁주참장(欽差統領南北調兵涿州參將)으로 마병 1500명을 이끌고 나왔다가 이듬해 돌아갔다.

40  이여매(李如梅): ?~1612. 명나라 사람으로 요동 철령위 출신이다. 자는 자청(子淸), 호는 방성(方城)이다. 이여송의 동생으로, 형을 따라 임진왜란에 참전하였다. 훗날 이여송이 사망하자 형의 관직을 승계하여 요동총병(遼東總兵)이 되어 요동을 방어하였다.

41  손수렴(孫守廉): ?~?. 명나라 사람으로 요동 철령위 출신이다. 호는 행촌(杏村)이다. 만력 20년(1592)에 마병 1000명을 이끌고 조선에 왔다. 이여송과 함께 평양성 전투에 참여하였다. 만력 21년(1593)에 명나라로 돌아갔다.

계주진 유격 오유충은 남병 3000명을 지휘합니다. 표하 도사 전세정은 계주진 마병 1000명을 지휘합니다. 진정 유격 조문명은 마병 2100명을 지휘합니다. 대동 유격 곡수(谷燧)는 마병 1000명을 지휘합니다. 총 병력 1만 626명을 통솔합니다.

　모든 군기(軍機)는 제독 이여송이 중앙에서 지휘하는 데 따르고, 찬획 유황상·원황이 군대를 수행하며 서로 계획하고 모의합니다. 그 나머지 장좌(將佐)[42] 등의 관원은 차등 있게 나누어 배치하였습니다. 모두 13일·16일·19일에 신이 직접 각각 출사(出師) 의식을 거행하고 타일러 훈계하며 각 관원에게 연회를 베풀고 상을 내린 뒤 진영을 해체하고 나란히 전진하겠습니다. 뒤이어 도착하는 계주진에서 응당 동원할 보병 2800여 명도 아울러 출발시켜 군문으로 보내 쓰도록 하겠습니다. 군중에서 정찰을 명확히 하고 화기를 정비하며, 차량을 배치하고 진영을 세우며, 부대를 나누고 합치는 것을 정하고 기병(奇兵)과 정병(正兵)을 명확히 하는 것은 각 장수들이 모두 이미 강구하였으니, 헤아리건대 잘못됨이 없지 않을까 합니다. 신이 다시 한편으로 해개도(海蓋道)·요양도(遼陽道) 등을 재촉하여 납과 철로 된 크고 작은 포탄과 명화·독화 등 독화살을 만들어 두고 속히 군중으로 보내도록 하였습니다.

　신은 직접 장사들을 이끌고 곧바로 조선에 들어가 정주에 머무르면서 대병의 출발을 독촉하여 진격해서 토벌하도록 하겠습니다. 또한 먼저 고시(告示)를 찍어내 조선에 널리 붙여서 병사와 벼슬아치들을 엄금하여 추호도 백성을 범하지 못하도록 하고, 함부로 죽이

권4

........

42　장좌(將佐): 장령 및 보좌관을 통칭한다.

지 못하게 하였으며,[43] 진영을 감독하는 관원 및 조선의 배신으로 하여금 왕래하면서 감찰하도록 하였습니다. 또한 조선국왕에게 격문을 보내 팔도(八道)의 관병·의병을 소집하여 협조하도록 하였습니다. 아울러 왜노가 평양을 중국[天朝]에 넘겨주지 조선에는 주지 않겠다고 요청하였다는 말이 있어 국왕이 의심하고 두려워할 듯하므로, 이에 대의를 명백히 말해주어 안심시켰습니다.[44] 또한 각 장령을 단단히 경계시켜 한마음으로 힘을 다해 기필코 공을 이룸으로써 우러러 황상께서 동쪽을 돌아보시는 근심을 풀어드리게 하였습니다.

........

43  또한 …… 하였으며: 송응창이 조선 백성을 대상으로 발행한 고시(告示)는 『경략복국요편』 권3, 「3-27 進兵朝鮮安民示約 권3, 26a」을 가리키는 것으로 보인다. 또한 송응창은 자신이 포고한 군령 가운데 명군에게 조선 백성을 함부로 죽이지 말 것을 경고한 바 있는데, 이는 『경략복국요편』 권3, 「3-46 軍令三十條 권3, 37b-41b」에서 확인할 수 있다. 『국서초록』 만력 20년 11월 28일, 「요동도사 장삼외가 조선국왕에게 보낸 자문」, "爲禁約事", 1a-2a에 따르면 송응창은 장삼외에게 명령을 내려 조선에 자신의 고시를 전달하고 명군이 경과하는 지역에 항상 붙여놓도록 하였다. 조선은 이를 전달받고 그에 따라 시행하겠다는 회답을 보냈다. 『국서초록』 만력 20년 12월 7일, 「조선국왕이 요동도사 장삼외에게 보낸 자문」, "爲禁約事", 2b-3b 참고. 다만 『경략복국요편』에 실린 고시의 내용과 실제 조선에 전파된 고시의 내용은 상당히 달랐던 것으로 보인다. 이에 대해서는 『경략복국요편』 「3-27 進兵朝鮮安民示約 권3, 26a」와 「3-46 軍令三十條 권3, 37b-41b」의 각주 설명을 참고.

44  이에 …… 안심시켰습니다: 바로 아래의 「4-17 移朝鮮國王咨 권4, 18a-18b」을 지칭한다.

# 조선국왕에게 보내는 자문

移朝鮮國王咨 | 권4, 18a-18b

---

날짜 만력 20년 12월 12일(1593. 1. 14.)

발신 송응창

수신 선조(宣祖)

내용 심유경이 일본군 진영을 방문하였을 때 "평양을 중국에 넘겨주지 조선에는 주지 않겠다."는 말을 듣고 온 데 대하여, 명은 조선의 영토를 넘보지 않으며 전쟁이 끝나면 철수할 것이니 유언비어에 현혹되지 말고 나라를 회복하는 데 전념할 것을 촉구하는 문서이다.

관련자료 이 문서는 『선조실록』 권33, 선조 25년 12월 17일(계묘) 및 『국서초록』 만력 20년 12월 17일, 「경략 송응창이 조선국왕에게 보낸 자문」, "爲進兵援救屬國事", 49a-49b와 동일 문서이다. 각각 글자에 약간의 차이가 있다.

---

　병력을 전진시켜 속국을 구원하는 일.

　살피건대, 조선은 우리 중국 동해의 외번(外藩)으로서 대대로 충성과 절개가 두터웠으며 조공(朝貢)하기에 오직 근실하였는데, 하루아침에 왜의 침입을 받아 함락되어 봉해진 강역을 지키지 못하고 누차 배신을 보내 구원해주기를 애걸하였습니다. 이에 황상께서 국왕의 충성을 기쁘게 생각하여 저에게 명을 내려 병력을 이끌고 나아가 토벌하도록 하셨습니다. 지금 대병이 강을 건너 평양·서울 등을 공격해 취하려고 하고 있습니다.

다만 왜노가 교활하여 반간(反間)하는 계책을 쓰려고 합니다. 예를 들어 유격 심유경이 왜의 진영으로 가니 왜가 곧 떠벌려 말하기를, "평양을 중국에 넘겨주지 조선에는 주지 않겠다."라고 하였습니다.[45] 무릇 평양은 원래 조선의 땅이니, 중국이 바야흐로 구원하면서 남의 위급함을 틈타 땅을 취하겠습니까. 결단코 이럴 이치가 없습니다. 국왕이 떠돌아다니며 피난하는 때를 당하여 실정에 맞지 않게 이간질하는 말을 듣고 의혹을 품을까 진실로 두려우니, 마땅히 알려주어야 하겠습니다.

이 때문에 국왕에게 자문을 보내니, 안심하고 나라를 다스리며 사료와 군량을 모으고 병사와 장수를 소집하여 천자의 병사를 돕고 조선을 회복하는 데 힘쓰십시오. 만약 평양 등을 회복하면 즉시 조선의 병사와 장수를 뽑아 지키도록 하십시오. 혹시 병력이 미약하여 지키기 어렵거든 자문을 보내 중국의 병마를 청해서 잠깐 돕도록 해도 됩니다. 일이 마무리되는 날에 저는 즉시 돌아갈 것입니다. 대개 중국이 바야흐로 멸망한 나라를 흥하게 하고 끊어진 왕조를 이어주려는 은혜를 떨치고 있으니, 저는 힘써 어진 마음을 보존하고 의리를 바로잡는 일을 행할 것입니다. 왕은 안심하시고 유언비어에 현혹되지 마십시오.

........

45  예를 …… 하였습니다: 이에 대해서는 『선조실록』 권33, 선조 25년 12월 3일(기축), 4일(경인) 기사를 참고.

# 분순요해도에게 보내는 명령

檄分巡遼海道 | 권4, 18b-19a

---

날짜 만력 20년 12월 13일(1593. 1. 15.)

발신 송응창

수신 분순요해도(分巡遼海道)

내용 원정군에 참가해야 하는 의주참장(義州參將) 이여매의 대리로 장응선(張應選)·진조승(陳朝陞) 중 1명을 골라 보내고 이여매를 속히 출발시키도록 분순도에게 지시하는 명령이다.

---

왜정에 관한 일.

장부를 조사해보건대, 앞서 분순요해도가 올린 정문을 받았는데, 그 내용은 다음과 같았다. "살피건대, 원임 철령유격(鐵嶺遊擊) 영원위지휘(寧遠衛指揮) 장응선·원임 우영유격(右營遊擊) 전둔위지휘(前屯衛指揮) 진조승은 모두 대리 업무를 감당할 만하니, 마땅히 둘 가운데 1명을 정해 위임하여 잠시 의주참장의 병마 사무를 대행하게 하고 이여매가 왜를 막고 돌아오는 날을 기다려 곧 교대하도록 해야 합니다."

이미 비답을 내려 총독과 순무에게 보고하여 지시가 내려오기를 기다려서 시행하도록 명령하였다. 그런 뒤 지금 제독 이여송이 올린 품(稟)을 받았는데, 그 내용은 다음과 같았다. "참장 이여매는 원래 제본을 올려 황상의 재가를 받들어 왜를 정벌하도록 한 인원인데 지금 아직 도착하지 않았으니, 재촉해주시기를 품을 올려 청합니다."

이를 받고 살피건대, 동원하여 도착한 왜를 정벌할 병마는 지금 이미 강을 건넜고 각 변경 오랑캐의 정세는 근래 조금 조용하니, 앞에 언급한 장관(이여매)은 마땅히 동원하여야 한다.

패문을 보내니, 바라건대 분순요해도의 관리들은 즉시 의주참장 이여매가 관할하던 병마 사무를 위관으로 하여금 대신 관할하게 하고, 이여매로 하여금 공문이 도착하면 그날로 출발하여 속히 와서 파견 명령을 기다리도록 하라. 분순요해도는 오랑캐의 정세를 핑계로 삼아 군기를 그르치게 해서는 안 된다. 황상의 밝은 명령이 삼엄하니 용서하지 않을 것이다.

# 분수요해도에게 보내는 명령

檄遼海道 | 권4, 19b-20a

날짜 만력 20년 12월 14일(1593. 1. 16.)

발신 송응창

수신 분수요해도

내용 요양에서 의주까지 군량과 사료를 운반하기 위해 차량의 수배나 비용 지급 등의 조치를 논의하고, 조선국왕에게 공문을 보내 의주에서 명군 진영까지 운송할 준비를 갖추도록 분수도에게 지시하는 명령이다.

성지에 따라 부신에게 전적으로 책임을 맡긴 일.

분수도의 정문을 받았는데, 그 내용은 다음과 같았다. "소를 사는 것이 심히 어렵고 사육하기도 불편하니 호차(號車)[46] 40량을 조달하고 미리 새끼줄을 준비하여 쓸 수 있도록 책임을 지워서, 곧바로 민간을 대상으로 수레를 끄는 차역(差役)에 한 차례씩 응하도록 허락해야 합니다."

비답을 내려 시행하는 외에 살피건대, 분수도가 보고한 호차는 합계 숫자가 없다. 지금 의논한 바 각 도에서 사들인 군량과 사료를

.......
46  호차(號車): 번호가 붙은 차량을 말한다.

의주로 운반하는 일은 민간의 인력과 가축을 동원하는 일이므로 인정상 순조롭고 편리할지 그렇지 않을지를 알 수 없으니, 마땅히 조사하여 의논해야 한다.

패문을 보내니, 바라건대 분수도의 관리들은 즉시 소속 위소(衞所)에 모두 호차 몇 량이 있는지, 요양에서 의주까지 운반하는 데 응당 어떻게 차역 부담을 산정해야 할지 조사하라 혹 사료와 노임을 지급해야 할 것인지 의논하여, 위로는 관을 축내지 않고 아래로는 백성에게 손해나지 않게 양쪽이 편하도록 하기에 힘쓰라. 한편으로는 조선국왕에게 공문을 보내 저쪽에 차량·소·노새를 불러 모았다가 호차가 군량과 사료를 운반하여 의주에 도착하기를 기다려 관군(官軍: 명군)이 주둔한 성보(城堡)로 이어서 운반하여 공급할 수 있도록 하라. 사유를 갖추어 보고하여 근거해 시행할 수 있도록 하라. 늦어지거나 잘못되어서는 안 된다.

권4

# 분수요해도에게 보내는 명령

檄分守道 | 권4, 20a

날짜 만력 20년 12월 15일(1593. 1. 17.)
발신 송응창
수신 분수요해도
내용 계주도(薊州道)에서 보낸 대포와 차량을 받아서 조선에 출병한 명군 진영으로 보내고, 대포 수송에 필요한 차량과 화약, 포탄을 제조하도록 분수도에게 지시하는 명령이다.

성지에 따라 부신에게 전적으로 책임을 맡긴 일.

계주도의 정문을 받았는데, 대장군포 50위(位), 멸로포 210문, 소신포 200개, 곤차 20량을 운송한다는 내용이었다. 마땅히 군영으로 보내어 수령하게 해야 한다.

표문(票文)을 보내니, 바라건대 분수도의 관리들은 즉시 앞에 언급한 포와 차량을 명백히 확인해서 수령하고 군영으로 발송하기를 기다려라. 또한 한편으로는 마가은을 지출해서 장인들에게 들어가는 급료를 마련하여, 법식에 따라 대장군포 곤차 40량과 멸로포 곤차 60량, 대포에 써야 할 화약·탄환을 제조하라. 위관이 장인들을 독촉하여 제조하되 지연되어서는 안 된다.

# 순천순무 이이에게 보내는 자문

咨順天李撫院 | 권4, 20b

> **날짜** 만력 20년 12월 15일(1593. 1. 17.)
>
> **발신** 송응창
>
> **수신** 순천순무(順天巡撫) 이이(李頤)
>
> **내용** 군영에 있는 대포에 쓸 포탄이 부족하므로 순천순무 소속 지역에 있는 포탄을 우선 빌려 쓸 수 있도록 해주면 계주도로 하여금 포탄을 만들어서 순천순무에게 갚게 하겠으니 속히 포탄을 보내줄 것을 요청하는 문서이다.

**긴급한 왜정에 관한 일.**

생각건대, 저의 군영에 있는 대장군포·멸로포에 써야 할 내소 단환이 매우 많은데 한 번에 마련할 수 없습니다. 살피건대 귀원(貴院: 이이) 소속 지역에서는 앞에 언급한 탄환을 모두 만들어두었으니, 응당 임시로 적절히 빌려서 급한 용도에 보태야 할 것 같기에 자문을 보내 청하는 것이 합당합니다.

이 때문에 마땅히 귀원에 자문을 보내니, 번거롭겠지만 소속 지역에 받아둔 대장군포용 탄환 무게 7근짜리 500개, 3근짜리 500개, 1근짜리 500개를 빌려주고 위관을 선발해서 탄환을 저에게 운송함

으로써 군영으로 보내 급한 용도에 댈 수 있도록 해주십시오. 제가
한편으로 계주도에 공문을 보내서 마가은을 지출해 탄환을 만들도
록 하여 갚겠습니다. 같은 배에 타고 함께 강을 건너는 의리를[47] 생
각해 속히 보내도록 시행해주시기를 바랍니다.

.......

47  같은 배에 …… 의리[同舟共濟]:『손자병법(孫子兵法)』구지편(九地篇)에 나오는 말로,
   비록 평소에 사이가 나쁜 경우라도 같은 배를 타고 있다가 풍랑을 만나면 서로 돕는다
   는 비유이다.

4-22

# 제독 이여송에게 보내는 서신

與李提督書 | 권4, 20b-21a

날짜 만력 20년 12월 16일(1593. 1. 18.)

발신 송응창

수신 평왜제독 이여송

내용 심유경을 이여송의 진영으로 보내 명령을 듣게 하였음을 알리며, 그의 기패관(旗牌官)도 수행하도록 할 것인지는 이여송이 알아서 하라고 전하는 서신이다.

대장이 길한 날에 출진하여 토벌하러 나아가니 큰 공을 세우는 일이 머지않겠습니다. 저는 귀를 기울여 승리 소식을 듣겠습니다. 심유경은 이미 군영으로 보내 명령을 듣게 하였으니 모름지기 독촉하여 수행하도록 하십시오. 이번에 그가 또 기패(旗牌)가 자신을 수행하도록 해주기를 청하였는데, 일을 들어줄 만한지는 오직 대장군이 참작하여 행하는 데 달려 있습니다. 선봉 부대가 이미 출발하였으니, 군중에 만약 긴급한 사안이 있을 경우 때에 구애받지 않고 부지런히 가르침을 주신다면 저는 모두 기꺼이 따르겠습니다.

# 찬획 병부주사 원황·병부원외랑 유황상에게 보내는 명령

## 檄袁劉二贊畫 | 권4, 21a-22a

날짜 만력 20년 12월 16일(1593. 1. 18.)

발신 송응창

수신 찬획 병부주사(兵部主事) 원황·병부원외랑(兵部員外郎) 유황상

내용 원황과 유황상에게 명군 진영에서 이여송을 수행하면서 일본군과의 전투에 관련된 제반 사항을 함께 의논하라는 명령이다.

성지에 따라 부신에게 전적으로 책임을 맡긴 일.

살피건대, 평왜제독 이여송은 지혜·믿음·인자함·용기·엄격함[48]의 자질을 갖고서 다스림·대비·과감·경계·요약함[49]을 행하며 병사를 써서 북쪽을 치고 서쪽을 정벌하면서 누차 뛰어난 공적을 세웠다. 이번에 다시 군대를 이끌고 동쪽을 정벌하니, 생각건대 큰 공을 세우는 일이 곧 있을 것이다. 다만 일에 임해서는 모의하기를 좋아

.......

48 지혜[智]·믿음[信]·인자함[仁]·용기[勇]·엄격함[嚴]: 『손자병법』 시계편(始計篇)에 나오는 말로, 장수가 갖추어야 할 다섯 가지 덕목을 지칭한다.

49 다스림[理]·대비[備]·과감[果]·경계[戒]·요약함[約]: 『오자(吳子)』 논장편(論將篇)에 나오는 말로, 장수가 삼가야 할 다섯 가지 항목을 지칭한다.

권4

하는 것을 피해서는 안 되며, 싸우기 전에 먼저 승리를 결정해두기를 기약해야 한다. 이렇게 여러 사람의 생각을 모아서 이익을 넓히고[50] 성심(誠心)을 열어서 공도(公道)를 펴는[51] 것은 병가에서 급하게 여기는 바이다. 지금 살피건대, 나의 두 찬획 유황상·원황은 세상을 다스리고 백성을 돕는 데 오래도록 익숙하고 군사에도 평소 능숙하니, 군대를 수행하며 모의하는 일을 감당할 수 있을 것이다.

패문을 보내니, 바라건대 두 찬획은 즉시 평왜제독과 함께 동정하는 군대가 언제 어떤 상황에서 나아가고 멈출 것인지에 대한 방침 일체를 모두 한마음으로 헤아려 의논하도록 하라. 예를 들어 두 군대가 서로 대치한 상황에서 왜가 와서 우리를 맞아 대적하면 우리의 창칼과 궁시(弓矢), 마패와 경거, 신기(神器)와 신창(神鎗),[52] 불화살과 독화살 등의 무기를 어떻게 사용하여 적이 우리를 대적할 수 없게 만들 것인가.

왜는 매복을 잘하고 거짓으로 패배한 척을 하는 데 능하며 야전을 잘하고 측면 공격에도 능하다. 왜는 땅에 엎드려 우리의 대포를 피하는 데 능하고, 호랑이나 짐승의 형상을 하거나 도깨비처럼 괴이한 모습을 하고 우리의 말을 놀라게 하는 것도 상기이다. 그렇다면 어떻게 분발해서 공격하여 적이 우리를 막을 수 없게 할 것인가.

........

50 여러 …… 넓히고[集思廣益]: 『삼국지(三國志)』 촉서(蜀書) 동화전(董和傳)에 나오는 말로, 제갈량(諸葛亮)이 촉의 승상이 된 후 부하들에게 널리 의견을 말할 것을 촉구하면서 썼다.

51 성심(誠心)을 …… 펴는[開誠布公]: 『삼국지』 촉서 제갈량전(諸葛亮傳)에 나오는 말로, 제갈량이 승상이 되어서 이룬 업적을 열거하는 부분 중 일부("開誠心, 布公道")에서 유래하였다.

52 신기(神器)와 신창(神鎗): 대포나 총 등의 화약무기를 지칭한다.

왜가 우리 군대를 대적하기 어려움을 알거나 혹 패배하게 되면 필시 성에 틀어박혀 스스로 굳게 지킬 것이고 우리는 반드시 나아가 공격해야 하니, 어떻게 계책을 세워서 지키지 못하게 할 것인가.

그 밖에도 정찰을 명확하게 하고 왜의 형세를 살피며 물과 풀이 있는 곳에 영채(營寨)를 세워야 한다. 바람에 따라 불을 놓고 지형에 따라 매복하며 인정(人情)에 따라 이간책을 시도해야 한다. 마병은 평탄한 땅에서 기동하기가 유리한데, 만약 밭 사이의 물길이라든가 골짜기와 시내와 같이 험난한 곳에서 마병이 대열을 이루기 어려운 경우에는 어떻게 배치할 것인가. 보병은 치고 찌르는 데 능한데, 만약 좌충우돌하고 달리고 쫓으면서 오가다가 흩어지기 어려운 경우 어떻게 배치할 것인가. 이러한 부류는 하나하나 열거하기 어렵다. 오직 같은 마음으로 협력하고 모의하여 정해진 계획을 장막 안에서 거두는 데 달려 있을 뿐이다.

대개 대장군은 두 사마(司馬: 참모)를 얻어서 삼군을 지휘하는 일이 더욱 여유로워졌고 두 사마는 대장군을 만나서 여러 가지 계책을 정해서 운영하는 일이 한층 더 충족되었다. 천자의 위엄을 떨치고 외국을 회복하여 천만세(千萬世) 동안 우러러보도록 하는 것은 이번 일거(一擧)에 달려 있다. 힘쓰고 또 힘쓰라.

4-24

# 모든 장령들에게 보내는 명령

**檄諸將領 | 권4, 22a-22b**

> **날짜** 만력 20년 12월 16일(1593. 1. 18.)
> **발신** 송응창
> **수신** 휘하 장령들
> **내용** 원정에 임하여 군사들의 노고를 생각해 불쌍히 여겨 은혜를 베풀고 함부로 엄한 처벌을 하는 등 괴롭히지 말 것을 지시하는 명령이다.

사졸을 위무하여 용감함을 고무시키는 일.

살펴건대, 장수의 도리는 비록 엄명함을 귀하게 여긴다고 하지만 반드시 청렴함으로써 군사들의 마음을 얻고 인자함으로써 군사들의 뜻을 결속시켜야 한다. 그러므로 병법에 이르기를, "사졸을 보기를 젖먹이나 사랑스러운 아이를 보듯이 하면 군사들은 내가 그들을 쓰고자 하는 명령에 기꺼이 따른다."[53]라고 하였다. 지금 내가 각 지역의 병사와 장수를 동원하여 추운 계절에 동쪽으로 정벌하려 하

---

53  사졸을 …… 따른다[視卒如嬰兒愛子者, 士乃樂從我用]:『손자병법』지형편(地形篇)에 나오는 말을 약간 다르게 인용한 것이다.『손자병법』원문에는 "사졸을 보기를 젖먹이처럼 하므로 함께 깊은 골짜기로 나아갈 수 있고, 사졸을 보기를 사랑스러운 아이를 보듯이 하므로 생사를 같이 할 수 있다[視卒如嬰兒故, 可與之赴深谿, 視卒如愛子故, 可與之俱死]."라고 되어 있다.

니, 평소보다 몇 배 더 불쌍히 여겨 은혜를 베풀어서 용감함을 고무시키는 것이 더욱 마땅하다.

이에 고시하니, 바라건대 각 해당 병력을 통솔하는 장령·중군·천총·파총 등의 관원은 잘 알아두도록 하라. 전투에 임하였을 때 고의로 명령을 어기는 자는 진영을 감독하는 관원과 더불어 마땅히 즉시 군법에 따라 처치하는 것을 허락하지만, 일이 없을 때 군사들이 크게 잘못을 저지른 바가 없으면 곧바로 엄한 형벌을 써서 능욕해서는 안 된다. 또한 멀리 정벌하는 노고를 생각하여 다른 항목으로 사용한다는 이유를 핑계로 멋대로 물건을 거두어서는 안 된다. 군사들 또한 불쌍히 여겨 은혜를 베푸는 것을 믿고 이에 교만해지거나 방자해져서는 안 된다. 명령을 어기는 자는 내가 조사하여 사실을 확인하고 반드시 무겁게 다스릴 것이다.

# 분수요해도에 보내는 명령

檄分守道 | 권4, 22b-23a

날짜 만력 20년 12월 17일(1593. 1. 19.)

발신 송응창

수신 분수요해도

내용 정벌에 수행하는 지휘관들에게 연회와 상을 내릴 때 현임으로 부대를 통솔하는 자에게는 규정에 따라 전수(全數) 지급하고, 원임으로서 수행은 하지만 부대를 통솔하지 않는 자에게는 50%만 지급하도록 지시하는 명령이다.

성지에 따라 부신에게 전적으로 책임을 맡긴 일.

여러 차례 제독 이여송의 정문을 받았는데, 그 내용은 응당 연회와 상을 받아야 할 정벌 수행 장관 43명의 명단이었다. 이미 비답을 내려 각 관원의 연회와 상은 분수요해도에 명령하여 전례를 조사해서 마련해 지급하도록 하고, 전에 이미 연회와 상을 준 자는 중복 수령하지 못하도록 하였다.

또 제독 이여송의 정문을 받았는데, 그 내용은 강을 건넌 문무 관원 정문빈 등 연회와 상을 받아야 하는 9명의 직명(職名)이었다. 이미 비를 내려 분수요해도가 전례에 따라 마찬가지로 연회와 상을 베풀도록 하였다.

그런 뒤 살피건대, 원임 관원이 정벌을 수행하는 경우는 현임으로 군사를 통솔하는 자와는 같지 않으니 지급해야 할 연회와 상도 마땅히 분별과 차등을 두어야 한다.

패문을 보내니, 바라건대 분수요해도의 관리들은 곧 각 관원에게 주어야 할 연회와 상에 대해 현임으로 군사를 통솔하는 자에게는 상을 주는 격식에 따라 전수 지급하라. 원임으로서 정벌을 수행하여 강을 건넜으나 군사를 통솔하지 않는 자에게는 모두 다만 10분의 5만 지급하라. 일이 마무리되면 사용한 은의 수량을 적어서 보고하여 마가은을 지출해 분수요해도에 갚기 위한 근거로 삼을 수 있도록 하라. 잘못이나 착오를 일으켜서는 안 된다.

# 내각대학사 조지고·장위에게 보고하는 서신

報趙張二相公書 | 권4, 23a-23b

날짜 만력 20년 12월 17일(1593. 1. 19.)

발신 송응창

수신 내각대학사 조지고·장위

내용 심유경을 평양으로 보내 기한을 정해서 일본군이 철퇴할 것을 요구하도록 하고, 듣지 않으면 즉시 공격하고자 한다는 자신의 의견을 보고하며, 이에 대한 조지고·장위의 의견을 묻는 서신이다.

누차 보내주신 편지를 읽고 가르침을 잘 받았습니다. 감사하고 또 감사합니다. 그 외에 심유경이 왜를 타이른 일은 진실인지 거짓인지 명확하지 않습니다. 하물며 장수를 선발하고 병사를 동원하여 한뜻으로 나아가 토벌하는 것이 저의 책무입니다. 조공하는 일을 강구하는 것은 저의 본심이 아닙니다. 앞서 저의 편지로 이미 이러한 뜻을 존대(尊臺: 조지고·장위)께 알려드렸습니다. 다만 그가 말하는 바에 따르면 아침저녁 사이에 평양을 얻을 수 있다고 합니다. 제가 또 생각하기에 한 자루의 화살도 소모하지 않고 우리에게 성 하나를 준다면 그 힘을 아껴서 서울까지 아울러 탈환할 수 있으니, 이 역시 하나의 계책이 아니라고는 할 수 없습니다.

14일에 찬획(유황상·원황) 및 제독 이여송과 함께 이 일을 논의하였습니다. 이에 심유경을 제독 이여송에게 넘겨주어 동행하게 하고 장차 평양에 근접하여 병력을 정비하고 기다리도록 할 것입니다. 그런 다음 심유경으로 하여금 왜노를 만나 하루나 이틀 기한을 정해서 저들로 하여금 성을 나가도록 하고 만약 나가지 않으면 즉시 대병을 이끌고 토벌해버리려 합니다. 만약 그렇게 한다면 저들이 우리가 약속을 어겼다고 꾸짖더라도 심유경이 이미 교섭을 행하였고 저들이 우리를 속여서 군대의 진격을 늦추고자 하더라도 대장이 이미 도착했으니, 양쪽 모두 그르치지 않을 것입니다. 이에 급히 보고드리니, 고명(조지고·장위)께서 어떻게 생각하실지 모르겠습니다. 바라건대 속히 가르침을 주십시오. 꼭 부탁드립니다.

# 제독 이여송에게 보내는 서신

**與李提督書** | 권4, 24a

---

날짜 만력 20년 12월 18일(1593. 1. 20.)

발신 송응창

수신 평왜제독 이여송

내용 송응창 자신이 직접 송별하지 못함을 사과하고, 자신 역시 열흘 사이에 정주로 나아갈 것임을 알리는 서신이다.

---

대장군께서 멀리 이국에 가서 천자의 위엄을 받들어 떨치시니, 사직이 크게 의지하고 있습니다. 행차에 임박하여 제가 직접 송별하지 못해 매우 죄송합니다. 오늘의 일은 오직 나아가 토벌하는 것뿐입니다. 바라건대 대장군께서는 크게 토벌을 행하여 조속히 뛰어난 공훈을 세우십시오. 이는 제가 아침저녁으로 까치발을 하고 몹시 기다리는 바입니다. 저도 열흘 사이에 마땅히 정주로 달려가 머무르면서 승리 소식을 기다리겠습니다. 남은 마음은 다 쓰지 못합니다.

# 제독 이여송에게 보내는 서신

**與李提督書 | 권4, 24a-24b**

---

**날짜** 만력 20년 12월 19일(1593. 1. 21.)

**발신** 송응창

**수신** 평왜제독 이여송

**내용** 일본군이 곤궁한 상태이니 빠른 토벌이 필요함을 강조하고, 물자를 최대한 빨리 발송하겠다고 알리며, 조선 병력의 정확한 수를 별지에 적어 보낸 서신이다.

**관련자료** 본문에 언급된 조선 장병의 정확한 수는『국서초록』만력 20년 12월 13일, 「조선국 병조판서 이항복이 요동도사 장삼외에게 보낸 정문」, "爲經略倭患事", 32a-35a의 내용을 지칭하는 것으로 보인다.

권4

어제 저의 편지를 대장군께 보내드렸는데, 또한 뜻을 오로지하여 나아가 토벌하고자 하는 내용이었습니다. 이번에 보내주신 편지를 받아보건대 소견이 대략 같으니, 기쁘고 위로됨을 어떻게 다할 수 있겠습니까. 왜노가 이미 군량이 다하여 서울로 도망가고자 하고 또한 조선의 관병이 포위하고 기다리고 있다 하니, 이는 하늘이 왜노를 망하게 하려는 조짐입니다. 오직 대장군께서 속히 도모하시는 데 달려 있습니다. 심유경이 비록 진심으로 일을 맡아 한다고는 하나 시일을 질질 끌고 있으니 또한 앞서의 이야기에 얽매일 필요는 없습니다. 편지에 말씀하신 왜를 격파할 계책을 보니,『육도(六韜)』[54]도 미치지 못할 것입니다. 그 대포·화약 등의 장비와 군마·군비·사료는 도착하는 대로 발송하여 반드시 지체하지 않겠습니다. 지금 급히 답장을 드리니, 이에 유의해주시기 바랍니다.

그 외에 조선 장병의 정확한 수를 따로 별지에 적어서 올립니다. 오직 대장군께서 나누어 뽑아 처리하시기에 달렸습니다. 저들의 병력이 비록 약하지만, 또한 우리의 병력에 일조가 될 만하다고 합니다.

.......

54 『육도(六韜)』: 중국 고대 주나라가 은나라를 멸망시키는 데 큰 공헌을 한 강태공(姜太公)이 지었다고 전해지는 병서이다. 원문에는 별칭인『금등표도(金滕豹韜)』로 적혀 있다.

# 영평양저낭중 진명화에게 보내는 서신

**與永平糧儲陳主政書 | 권4, 24b-25a**

날짜 만력 20년 12월 20일(1593. 1. 22.)

발신 송응창

수신 영평양저낭중(永平糧儲郞中) 진명화(陳鳴華)

내용 보내준 편지 및 선물에 감사하면서 사료와 군량을 잘 마련한 데 대해 치사하는 서신이다.

노룡(盧龍)에서 한 번 헤어졌는데 어느새 벌써 겨울의 마지막입니다. 그리워하는 마음이 간절하니, 지금은 전쟁에 나가는 군사들 가운데 종사하면서도 고현(高賢: 진명화)께 마음을 기울이지 않은 적이 없었습니다. 다만 날마다 대병을 출발시키고 곧 강을 건너려 할 시기이기에 아무것도 하지 않고 오래도록 문후를 여쭙지 못해 너무나 죄송해하고 있었습니다. 그런데 외람되게도 훌륭한 마음으로 저를 멀리 내치지 않으시고 은혜롭게도 편지를 보내주시며 겸하여 아름다운 선물을 내려주시어 성하고도 훌륭한 마음이 보통의 몇 배가 됩니다. 제가 진실로 이미 가슴에 새겨두었습니다.

사료와 군량의 일은 다행히도 고현께서 감독하여 처리해주셔서 방도에 따라 저축하고 부족하지 않게 공급해주시니 변경에서 의지하는 바가 작지 않습니다. 만약 천자의 위엄에 힘입어 일찍 승전보를 올릴 수 있게 되면 문하(진명화)께서 공적의 첫머리가 되지 않겠습니까.

내려주신 물건은 감히 사양하지 못해 삼가 심부름꾼을 마주하여 절하고 받았습니다. 요즈음 바빠 일하느라 문장을 공들여 지어서 답장을 드리지 못하니, 간략히 감사의 글을 부칩니다. 오직 문하께서 정으로 헤아려주심이 어떠할지요.

# 부총병 이여백·참장 이여매 등에게 보내는 서신

### 與副將李如栢李如梅等書 | 권4, 25a-26b

날짜 만력 20년 12월 21일(1593. 1. 23.)

발신 송응창

수신 부총병 이여백·참장 이여매 등

내용 이여백과 이여매가 심유경과 함께 평양에 가려는 것을 만류하고 평양성을 공격할 때의 전술과 평양 탈환 이후의 전략을 논하는 서신이다. 송응창은 평양성을 공격할 때 적의 퇴로를 차단하고 대포와 독화살을 적극 활용할 것을 권유하고 있으며, 평양 탈환 이후에는 사잇길로 정예 병력을 직접 서울로 보내어 습격할 것을 주장하고 있다.

문하(이여송·이여매)께서 나랏일에 부지런히 수고하여 엄동설한에 멀리 이국에 가 계시니, 저는 마음속으로 늘 생각하고 있습니다. 어제 장군께서 심유경과 더불어 함께 평양에 가고자 한다고 하였으니, 충성과 용기가 모두 드러납니다. 다만 장군은 대장군의 친동생이고 또 특별히 사랑받는 자인데, 지금 심유경이 장군을 호랑이 굴에 데리고 들어가려는 것은 명백히 장군을 마지막 판돈으로 삼아 우리 대병을 늦추고 저들의 비겁한 모략을 이루어주는 것입니다. 이미 함정에 들어가면 생사를 보장하기 어렵습니다. 이는 저와 영형(令兄: 이여송)

이 통촉하고 있는 바이며, 절대 가서는 안 되는 이유입니다.

나아가서 왜노를 토벌하는 일에는 영형과 저에게 이미 정해놓은 계획이 있습니다. 화공책은 진실로 지금 급히 써야 할 것입니다. 하물며 여러 신기(神器: 화기)가 구비되어 있지 않습니까. 앞서 직접 뵙고 이미 간절히 말씀드렸으나 번쇄함을 꺼리지 않고 여기에 다시 쓰겠습니다.

살피건대, 평양의 지세는 동서가 짧고 남북이 깁니다. 왜노로서 평양에 있는 자들이 우리 군대가 전진하였음을 들으면, 저들은 필시 성에 틀어박혀 굳게 지킬 것입니다. 우리가 대병으로 평양의 함구문(含毬門)·노문(蘆門)⁵⁵·보통문(普通門)·칠성문(七星門)·을밀대(乙密臺) 다섯 길을 에워싸는 외에, 마땅히 새롭게 논의한 대로 마름쇠를 몇 겹으로 깔아서 적들이 뛰쳐나와 죽기로 싸우려는 것을 막아야 합니다. 남면·북면·서면 및 동남·동북 두 쪽에는 각각 대장군포 10여 위를 설치해야 합니다. 포 1위마다 반드시 능숙한 화기수 20여 명을 써서 지키도록 하고, 들어서 옮기거나 점화하여 포를 쏜 뒤에는 모두 많은 병사들이 뒤따르게 하여 만일의 상황에 대비해야 합니다. 또한 문마다 용맹한 장수 1명을 배치해서 지키도록 하고, 하나라도 실수로 그르치는 일이 있으면 즉시 효수해야 합니다. 다만 동쪽 방면의 장경문(長慶門)·대동문(大同門) 두 문은 저들이 나갈 길로 삼아야 합니다.

모름지기 한밤중에 바람이 멎었을 때를 살펴 그 음기가 응결하여 불과 연기가 퍼지지 않을 시점을 틈타서 먼저 독화비전(毒火飛

55 노문(蘆門): 평양성 정양문(正陽門)의 다른 이름이다.

箭) 수천·수만 자루를 성안으로 쏘아넣어 동서남북 곳곳까지 화살을 보냅니다. 이어서 신화비전(神火飛箭) 및 대장군신포(大將軍神砲)를 쏘아 태울 것은 태우고 연기 낼 것은 연기가 나게 하며 맞출 것은 맞추도록 합니다. 철전(鐵箭)·납탄을 비처럼 밀집시키고 신화(神火)·독화로 연기를 내고 태우면 병들지 않고 도망칠 리가 만무합니다. 만약 도망친다면 반드시 대동강으로 갈 것이니, 절반 정도 건너는 것을 기다려 화기로 공격해야 합니다. 또한 정예한 병력을 강 밖 요로에 매복시켜 차단하고 죽여서 반드시 포위망을 빠져나가지 못하게 해야 합니다.

중한 상을 내걸고 죽기를 각오한 군사들을 모집하여 입에는 해독약 두 알을 머금도록 합니다. 새로 만든 자루에 쌀을 채우거나 흙을 담은 뒤 땔나무로 쓸 풀을 덮어 성 아래에 놓아두고, 자루를 밟고 담을 넘어 들어가서 과연 적들이 진짜로 병이 들었는지 여부를 보게 하십시오. 병이 들었으면 성문을 열고 병사들로 하여금 일제히 들어가게 해야 합니다. 여러 왜노의 수급과 적의 장령을 사로잡은 데는 각각 중한 상을 줍니다. 고니시 유키나가(小西行長)·겐소(玄蘇) 두 적과 같은 경우 더욱 마음을 써서 산 채로 잡아서 남겨두고 별도로 쓸 일이 있기를 기다려야 하니, 이것이 하나의 계책입니다.

평양이 일단 평정되면 곧바로 마땅히 인마(人馬)를 단속하여 크게 성세(聲勢)를 떨치고 중로(中路)로 천천히 나아가되, 또한 깊이 들어가지 말고 적들이 우리와 더불어 다만 서로 견제만 하게 해야 합니다. 만약 저 중화(中和)·봉산(鳳山)·개성(開城)에 있는 여러 적들이 서쪽으로 와서 차단하면, 즉시 정예 병력 만여 명을 뽑아 사잇길을 통해 서울에 직접 이르게 합니다. 다시 탐지해서 서울의 왜노들이 우리 군대를 두려워하여 앉아서 지키고 있다면 하나하나 평양을 화공한 방법과 똑같이 실행해야 합니다. 먼저 서울을 취해서 근본으로 삼고, 연후에 봉산 등 여러 곳은 손빈(孫臏)이 위나라에서 도망치다가 마릉(馬陵)에 매복한 계책을 써서[56] 그 허리를 끊거나 그 후미를 노략질하면서 본대와 만나 앞뒤로 협공하는 것이 또 하나의 계책입니다.

만약 서울에서 서쪽으로 와서 구원하거든 한신(韓信)이 위나라를 정벌할 때 안읍(安邑)을 습격했던 계책[57]을 써서 조선 장병과 더불어 곧바로 서울을 점거하고, 다시 정예 기병을 보내 우리 본대와 더불어 앞뒤로 호응하여 저들로 하여금 앞뒤로 적을 맞게 하는 것이 또 하나의 계책입니다.

세 계책이 만약 착실히 준행되어 어기거나 잘못되지 않는다면 이기지 못할 이치가 만무합니다. 저의 천박한 의견은 이와 같으니, 오직 장군께서 결정해주시면 크게 다행이겠습니다.

권4

........

56  손빈(孫臏)이 …… 계책[孫臏走魏伏馬陵之計]: 『사기(史記)』 「손자오기열전(孫子吳起列傳)」에 나오는 일화이다. 전국시대 위나라가 한나라를 공격하였을 때 제나라는 구원군을 보내 위나라를 습격하였다. 방연(龐涓)이 이끄는 위군은 한나라에서 회군하여 제군과 대치하였는데, 제나라 군대의 군사(軍師)였던 손빈(孫臏)은 일부러 패주하는 척하면서 위나라 군대를 마릉(馬陵)으로 유인, 그곳에 복병을 매복시켰다. 함정에 걸린 위군은 마릉까지 왔다가 매복에 걸려 대패하였다.

57  한신(韓信)이 …… 계책[韓信伐魏襲安邑之計]: 『사기』 「회음후열전(淮陰侯列傳)」에 나오는 일화이다. 한 고조 유방(劉邦)과 초 패왕 항우(項羽)가 중국의 패권을 두고 다툴 때, 유방은 항우의 편에 섰던 위나라를 치기 위해 한신(韓信)을 파견하였다. 위나라 왕 위표(魏豹)가 한나라 군대의 도하를 막기 위해 군대를 동원하여 임진(臨晉) 나루를 막자, 한신은 거짓으로 병력을 배치하는 척하고 배를 진열하여 임진 나루를 건너려는 모양새를 취하고서 몰래 하양(夏陽)으로 복병을 보내 나무통을 묶어 강을 건너 위나라 수도 안읍(安邑)을 습격해 승리하였다.

# 병부상서 석성에게 보고하는 서신

**報石司馬書** | 권4, 27a-27b

날짜 만력 20년 12월 23일(1593. 1. 25.)

발신 송응창

수신 병부상서 석성

내용 심유경이 일본군의 지연책에 속아 정벌 시기를 늦추려 하고 있으나 이 기회를 놓쳐서는 안 된다는 점을 역설하고, 자신이 동원한 병력이 일본군에 비해 적으니 아직 오지 않은 병력들까지도 빨리 보내달라고 요청하는 서신이다.

관련자료 아래의 「4-33 報石司馬書 권4, 28a-28b」과 연결되는 내용이다.

심유경의 일은 처음에 우리나라의 병마가 아직 집결하지 못하고 사료와 군량이 넉넉하지 못하며 기구(器具)가 수선되지 않았을 때 그가 평양 사이를 왕래한 데 힘입어 저들이 중국으로 들어와 침범하는 것을 늦추었으니 우리에게 심히 이로웠습니다. 지금 그가 다시 여기에 왔기에 제가 누차 그 실정을 살펴보니, 심유경 또한 왜노에게 속아서 그 역시 우리가 나아가 토벌하는 것을 늦추려 하고 있음을 깨달았습니다. 지금 대병을 이미 파견하였고 군량과 사료가 이미 넉넉한데 다시 이러한 말을 들어서 시일을 늦추게 된다면 우리 사도(師徒: 석성)께서 윤허하실 수 있겠습니까. 하물며 지금 추위를 두려워하여 물러나기라도 한다면 봄여름에 따뜻해질 때 적들이 돛을 펴고 사방으로 나올 터인데, 심유경이 과연 능히 전에 맹세한 것으로써 제지할 수 있겠습니까. 20일에 또 제독 이여송의 품보를 받았는데, 그 내용에 "왜노가 무명옷이 없는 것을 괴롭게 여깁니다."라고 하였으니, 진실로 중국의 다행입니다. 제가 제독 이여송에게 급히 글을 보내 한뜻으로 나아가 토벌하고 다시 다른 말이 없도록 하였습니다.

그 외에 왜노로서 평양에 있는 자들이 3만 명을 밑돌지 않고, 중화·황주(黃州) 등지 및 서울에 있는 자들이 또 그 두세 배입니다. 지금 제가 동원한 병마를 헤아려보면 겨우 3~4만 명뿐이고, 양문(楊文)이 이끄는 절강(浙江) 병력과 양응룡이 이끄는 사천 병력은 또한 다시 중도에 멈췄습니다. 저들은 많고 우리는 적으니 몹시 걱정됩니다. 피곤하고 약한 병졸들까지 빌려서 수를 채워 성세를 떨치고자 하는데, 어찌하여 다시 돌아가도록 하겠습니까. 모든 일을 대하(석성)께서 주도해주시기를 더욱 바라고 빕니다.

권4

# 내각대학사 장위에게 보고하는 서신

報張相公書 | 권4, 27b-28a

> 날짜 만력 20년 12월 23일(1593. 1. 25.)
>
> 발신 송응창
>
> 수신 내각대학사 장위
>
> 내용 보내준 편지에 일본군을 상대할 방책과 염려를 전해준 것 등에 감사하면서 자신은 열흘 사이에 조선에 갈 것임을 알리는 서신이다.

엎드려 밤낮으로 번갈아 적을 어지럽히라는 가르침을 보았습니다. 서쪽의 일이 이미 이롭게 되었으니 동쪽의 일도 알 만하며, 실로 왜를 섬멸할 비결이고 병가의 상책입니다. 제가 이미 보내주신 편지를 제독 이여송에게 전달하여 가르쳐주신 지시를 준행하도록 하였습니다. 또한 상공(장위)께서 편지로 그에게 부탁한 내용을 보니, 저를 위하여 염려해주신 것이 더욱 주밀합니다. 이러한 정과 덕을 어떻게 감히 잊겠습니까.

웅정동(熊正東)[58]은 이미 수레를 만드는 일을 익혔고 또 진법(陣

.......

58 웅정동(熊正東): ?~?. 명나라 사람이다. 수비(守備)로 만력 20년(1592)에 조선에 와서 부산의 왜적 진영을 왕래하다가 돌아갔다.

法)에도 익숙하니, 군중에서 이 사람을 얻으면 심히 도움되는 바가 있을 것입니다. 경영(京營)의 요청이 비록 다른 일로 저지되더라도 삼가 보내주신 격식을 따라 신속히 완성시키면 공격하여 취할 수 있으니, 이는 상공께서 내려주신 것입니다. 저는 지금 잠시 요양에 머무르면서 아직 도착하지 않은 병마와 화기를 독촉하여 모으고 있습니다. 하지만 또한 10일 내에 곧바로 조선에 가서 직접 장사들을 감독하고 천자의 토벌을 펼쳐 상공께서 정성스레 돌봐주신 은혜를 조금이나마 갚으려 할 따름입니다.

4-33

# 병부상서 석성에게 보고하는 서신

報石司馬書 | 권4, 28a-28b

날짜 만력 20년 12월 23일(1593. 1. 25.)

발신 송응창

수신 병부상서 석성

내용 동원된 병력이 명색은 7만여 명이지만 실제로 숫자만 채우고 있는
자도 많고 일본군에 비해 수가 적으니, 먼 곳에서 아직 도착하지 않은
병력도 독촉하여 오도록 해줄 것을 요청하는 서신이다.

관련자료 위의 「4-31 報石司馬書 권4, 27a-27b」과 연결되는 내용이다.

권4

　병가에서 비록 적의 모략을 격파하는 것을 귀하게 여기기는 하
나, 소수로 다수를 대적할 수는 없다는 것이 선현의 밝은 가르침입
니다. 지금 왜노가 평양을 넘겨줄 것을 강구하고 있는 것은 명백히
우리를 늦추려는 것입니다. 저는 한뜻으로 나아가 토벌하자는 것 말
고는 다른 할 말이 없습니다. 다만 일에 만전을 기하려면 반드시 병
력에 의지해야 합니다. 조선의 보고에 이르기를, "왜의 수가 많아서
헤아릴 수가 없습니다."라고 하였습니다. 대하(석성)께서 제본으로
청한 것이 비록 윤허를 받아서 명목상은 7만여 명이라고는 하나, 각
진에서 동원하여 도착한 병졸 중에는 지치고 약해서 숫자만 채우고

있는 자가 심히 많습니다. 지금의 사체(事體)를 어찌해야 할지를 알지 못하여 저는 바야흐로 절실히 근심하는 중입니다.

무릇 먼 곳에서 아직 도착하지 않은 병마는 대하께서 주관하여 오도록 독촉하셔서, 군대의 위세를 장엄하게 하고 완전한 승리를 거둠으로써 황상께서 대하께 중요한 임무를 맡겨 성공하도록 책임 지우신 뜻을 헛되이 하지 않도록 하기를 진실로 바랍니다. 절대 다시 다른 일로 저지되지 않도록 해주시면 매우 다행이겠습니다.

4-34

# 요동양저낭중 왕응림에게 보내는 서신

**與遼東糧儲王主政書** | 권4, 28b

> 날짜 만력 20년 12월 25일(1593. 1. 27.)
> 발신 송응창
> 수신 요동양저낭중(遼東糧儲郎中) 왕응림(王應霖)
> 내용 보내준 편지에 감사하고 군량을 잘 마련하여 운송해준 데 대해 사의를 표하는 서신이다.

　아름다운 서찰을 멀리서 보내주셔서 과분한 격려를 받으니, 두터운 정이 은근하여 매우 감당하기 어렵습니다. 부끄럽고 감사합니다. 저의 이번 전쟁에 삼군의 목숨은 오로지 문하(왕응림)에게 달려 있는데, 군량을 저축해두는 데 방도가 있고 급여의 운송이 끊이지 않으니 사직이 크게 의지하고 있습니다. 만약 큰 계책에 힘입어 섬 오랑캐를 조속히 섬멸하면 문하의 공도 작지 않을 것입니다. 곧바로 간략히 언 붓을 녹여서 감사 편지를 부칩니다. 다 쓰지 못합니다.

# 산동순무 손광에게 보고하는 서신

## 報山東孫撫院書 | 권4, 28b-29a

날짜 만력 20년 12월 27일(1593. 1. 29.)

발신 송응창

수신 산동순무(山東巡撫) 손광(孫鑛)

내용 보내준 편지에 일본군을 칠 계책을 적어준 것에 감사하고, 등주·내주에서 매입하여 운반할 곡물의 양을 줄여달라는 요구에 대해 5만 냥어치보다 적게 사들일 수는 없으며 해당 지역에 풍년이 든데다가 북경으로 납부해야 할 조량(漕糧)도 모두 은으로 납부하기로 변경되었으니 곡물을 많이 구입해도 문제가 없다고 설득하는 서신이다.

관련자료 아래의 「4-36 檄山東海防道 권4, 29a-29b」에 곡물 구입에 관한 더욱 자세한 내용이 있다.

보내주신 편지 두 편을 받고 큰 계책을 우러르게 되었습니다. 병가에서는 군량을 우선으로 여기는데, 산동에는 병력이 없는 걱정은 없지만 유독 군량이 없는 것이 근심입니다. 명공(明公: 손광)께서 10만을 청하셨는데 이는 근본이 되는 논의로, 헤아리건대 황상께서 윤허하지 않음이 없으실 것이니 감탄하고 또 감탄합니다. 그 외에 보내주신 왜를 정벌할 비책을 보며 신묘한 계책에 더욱 탄복하고 있습니다. 제가 감히 가르침을 따르지 않을 수 있겠습니까.

조만간 얼음이 녹습니다. 각 도에서 사들인 사료와 곡물을 여순(旅順)의 배가 수고로이 맡아서 싣고 장차 운반하여 병사들에게 보급하려 합니다. 명공께서 등주·내주 때문에 염려하시는데, 저도 이를 염려하고 있습니다. 또한 5만이라는 숫자는 줄일 수 없을 듯하니, 이국에 정벌하러 가 있는 사람이 원망하는 소리를 내지 않게 해주십시오. 또한 등주·내주는 풍년이 들어 민간에서는 곡물 값이 너무 싸서 수납하기 어려운 것을 가장 괴롭게 여깁니다. 하물며 호부상서(戶部尙書)께서 조량[59]을 다스리는 것을 귀하게 여겨 납부해야 할 곡물을 모두 절색으로 바꾸었으니, 제가 5만 냥을 지출하여 곡물을 사들이는 것은 백성의 실정을 따르는 것이지 실정을 거스르며 억지로 하는 것이 아닌 듯합니다. 감히 이렇게 번거롭게 말씀드리니, 바라건대 한결같이 주도하여 힘써주십시오.

.......

59　조량(漕糧): 명대 북경의 황실과 관료, 군인들에게 지급할 양식을 확보하기 위하여 산동(山東)·하남(河南)·호광(湖廣)·강서(江西)·절강(浙江)·남직례(南直隸)에서 징수한 세금의 일종으로, 약 400만 석에 달했다. 보통 탈곡한 미곡을 징수하여 대운하를 따라서 북경 혹은 인근 통주(通州)로 운송하였다.

# 산동해방도에게 보내는 명령

檄山東海防道 | 권4, 29a-29b

---

**날짜** 만력 20년 12월 27일(1593. 1. 29.)

**발신** 송응창

**수신** 산동해방도(山東海防道)

**내용** 등주·내주에서 은 5만 냥어치 쌀과 콩을 구입하려는 데 대해 산동해방도에서 2만 냥어치만 사들이려고 하자, 해당 지역에 풍년이 들었고 북경으로 운반하는 쌀은 모두 은으로 납부하게 되었으니 시가에 따라 사들이면 문제가 없는데도 번거로운 일을 피하기 위해 반대하는 것이라고 비난하면서 속히 은 5만 냥으로 쌀과 콩을 사들일 것을 독촉하는 명령이다.

**관련자료** 위의 「4-35 報山東孫撫院書 권4, 28b-29a)」와 연관된 문서이다.

---

성지에 따라 부신에게 전적으로 책임을 맡긴 일.

살피건대, 내가 앞서 천진도(天津道)에 공문을 보내 마가은 5만 냥을 지출하여, 관원을 선발해서 산동해방도로 은을 가져가 등주·내주 지방에서 쌀과 콩을 사들이고 완료되는 날 나에게 보고하도록 하였다. 요동 각 도에도 공문을 보내 관원을 선발하여 배를 끌고 바닷길로 운반해서 군량을 보급하도록 하고, 부(部)에 자문을 보내 대신 제본을 올리도록 하였다.

그런 뒤 근래 산동해방도에서 2만 냥어치만 사들이고자 한다고 들었다. 살피건대, 등주·내주 지방은 수확이 자못 풍성하고 북경으로 운반하는 양미(糧米)는 모두 절색으로 바꾸었다. 만약 민간의 시가에 따라 양쪽에 공평하게 사들이면 불가할 것이 없다. 산동해방도는 다름이 아니라 번거롭고 수고로운 것을 꺼려 중지하려는 것이다. 지금 요동 각 도의 창고가 이미 갖추어지고 바닷배도 모두 수배하였으니, 얼음이 녹으면 곧 가서 운반할 것이다. 만약 곡물 운송을 잇지 못하게 되면 모두 산동해방도의 책임이고 나로서는 용서하기 어려우니, 마땅히 다시 엄하게 재촉해야 한다.

패문을 보내니, 바라건대 산동해방도의 관리들은 앞서와 지금의 사리를 살펴서 즉시 원래 지출한 은 5만 냥으로 속히 쌀과 콩을 사들이기를 마치고 운반을 기다리도록 하라. 지연시키거나 잘못되어 불편하게 해서는 안 된다.

4-37

# 제독 이여송에게 보내는 서신

與李提督書 | 권4, 29b-30a

날짜 만력 20년 12월 28일(1593. 1. 30.)

발신 송응창

수신 평왜제독 이여송

내용 심유경을 잘 대우하되 그의 위험성에 대해서도 잘 방비할 것을 주문하는 서신이다.

대병이 강을 건너고 새해 초하루 또한 왔으니, 저는 마음으로 매우 절박하게 여깁니다.

그 외에 병과도급사중(兵科都給事中) 허홍강(許弘綱)의 편지가 왔는데, 심유경의 일을 논하면서 그의 속이는 짓을 몹시 비난했으니 문하(이여송) 및 저와 뜻이 서로 딱 맞습니다. 이 사람은 두 나라 사이를 오가니 모름지기 잘 대하면서도 삼가 방비해야 합니다. 문하께서 이 사람을 제어하는 데 필시 신묘한 계책이 있을 것입니다. 제가 거듭 말씀드리는 것이 쓸데없는 말 같기도 하지만, 사안이 같은 배를 타고 가는 의리와 관계되니 감히 부탁드립니다. 오직 양해하시어 힘써주십시오.

## 4-38

# 제독 이여송에게 보내는 서신

又 | 권4, 30a-30b

날짜 만력 20년 12월 29일(1593. 1. 31.)
발신 송응창
수신 평왜제독 이여송
내용 새해를 축하하며, 화기 제작 감독을 담당한 오몽표의 능력이 떨어지므로 명군 진영의 화기는 다른 사람이 담당하도록 권하는 서신이다.

새해의 기쁨이 이미 왔으니 큰 복이 끝이 없기를 빕니다. 대장군께서 크게 공훈을 세우는 것이 확실히 조만간 있을 것이므로, 제가 진실로 아침저녁으로 바라고 있습니다.

그 외에 오몽표는 비록 화기를 만드는 일을 감독하도록 맡겼습니다만, 그 사람의 외모는 수려하고 아름다운 듯하나 재능은 유약합니다. 문하(이여송)의 군영의 화구(火具)는 더욱 긴요하므로, 바라건대 별도로 재간이 있는 사람에게 맡기십시오. 저의 화구는 일단 오몽표를 남겨두어 잠시 감독하도록 하겠습니다. 이에 전달하오니 오직 관대하게 양해해주심이 어떻겠습니까.

# 인명록

가토 기요마사(加藤淸正) 1562~1611. 일본 사람이다. 도요토미 히데요시 (豊臣秀吉)와 같은 고향 출신으로 어려서부터 히데요시를 주군으로 섬기며 여러 전투에서 활약하였다. 1588년에 히고(肥後) 국의 영주가 되었다. 임진왜란이 발발하자 1만 명의 병사를 이끌고 출병하여 서울을 거쳐 함경도로 진격하여 조선의 왕자 임해군(臨海君)과 순화군(順和君)을 포로로 잡았다. 일본이 명과 강화 교섭을 시작하자 사로잡은 왕자를 돌려보냈다. 1596년에는 도요토미 히데요시로부터 귀환 명령을 받고 일본으로 돌아갔다가, 1597년 정유재란 때 왜선 300여 척을 이끌고 조선으로 다시 들어왔다. 가토 기요마사가 이끄는 부대는 울산성 전투에서 조명연합군에게 포위되어 대다수의 병사가 싸우지도 못하고 죽었고, 가토 기요마사는 구사일생으로 일본에 귀국했다. 히데요시가 사망한 이후 시치쇼(七將)의 일인으로 활동하였다. 1600년에 벌어진 세키가하라 전투에서 도쿠가와 이에야스의 동군(東軍)에 가담하여 전후에 히고 지역의 54만 석 영주가 되었다. 1611년에는 도요토미 히데요리(豊臣秀賴)를 설득하여 도쿠가와 이에야스(德川家康)와의 회담을 성사시켰다.

갈봉하(葛逢夏) ?~?. 명나라 사람으로 자는 섭명(燮明)이다. 평양성 전투에 참여하여 이여송(李如松) 휘하에서 통령보진건준조병유격장군(統領保眞建遵調兵遊擊將軍)으로 선봉우영(先鋒右營) 마병(馬兵) 1300명을 통솔하였다. 사대수(査大受)에 이어 행궁을 호위하기 위해 조선에 와서 오래도록 의주에 머물렀다. 후에 남원(南原) 원정까지 참여하였다. 만력 22년(1594)에 명나라로 돌아갔다.

게이테쓰 겐소(景轍玄蘇) 1537~1611. 일본 사람으로 가와즈(河津) 가문 출신이다. 하카다(博多) 세이후쿠사(聖福寺)에서 승려생활을 하던 중 대륙 침략의 야심을 품은 도요토미 히데요시의 부름을 받아 그 수하로 들어갔다. 1588년에 조선을 드나들며 자국의 내부 사정을 설명하고 일본과 수호 관계를 맺고 통신사를 파견하라고 요청하였다. 1590년 황윤길(黃允吉), 김성일(金誠一) 등의 통신사 일행이 일본의 실정과 히데요시의 저의를 살피기 위하여 일본으로 갈 때 동행하였으며, 이듬해 다시 입국하여 조선의 국정을 살피고 히데요시의 명나라 침공을 위한 교섭 활동을 하였다. 1592년에 임진왜란이 일어나자 고니시 유키나가(小西行長)가 이끄는 선봉군에 국사(國使)와 역관 자격으로 종군하였다. 이후 임진강을 사이에 두고 조·명 연합군과 대치할 때 일본 측 고니시의 제의로 이루어진 강화회담에 참여하는 등 일본의 전시외교 활동에 종사하였다.

고니시 유키나가(小西行長) 1555~1600. 일본 사람이다. 사카이(堺) 출신의 약재 무역상인 고니시 류우사(小西隆佐)의 아들로 그 자신도 상인이었다. 본명은 고니시 야구로(彌九郎)였으며 1559년생이라고도 한다. 오다 노부나가(織田信長)가 사망한 혼노지(本能寺)의 변란 이후로 히데요시를 섬기면서 아버지 류우사와 함께 세토나이카이(瀬戸內海)의 군수물자를 운반하는 총책임이 되었다. 1588년 히데요시의 신임을 얻어 히고 우토(宇土) 성의 영주가 되었으며, 1592년 임진왜란 때는 그의 사위인 대마도주(對馬島主)

소 요시토시(宗義智)와 함께 1만 8000명의 병력을 이끌고 제1진으로 부산진성을 공격하였다. 이후 일본군의 선봉장이 되어 대동강까지 진격하였고 6월 14일에 평양성을 함락하였다. 1597년 정유재란 때 다시 조선으로 쳐들어와 남원(南原)과 전주(全州) 일대를 장악하였다가 조명 연합군의 반격을 받고 순천왜성에 주둔하였다. 이듬해 히데요시가 사망하고 철군 명령이 내려지자 노량해전이 벌어지는 틈을 이용해서 일본으로 돌아갔다. '기리시탄 다이묘(吉利支丹大名)'로서 대표적인 천주교도 다이묘였다.

고승(高昇)  ?~?. 명나라 사람이다. 만력 20년(1592) 흠차양하유격장군(欽差陽河遊擊將軍)으로 마병 1000명을 이끌고 조선에 왔다가 만력 21년(1593)에 명나라로 돌아갔다.

고양겸(顧養謙)  1537~1604. 명나라 사람으로 남직례(南直隸) 통주(通州) 출신이다. 자는 익경(益卿)이다. 가정 44년(1565) 진사에 합격하여 공부주사(工部主事), 복건안찰첨사(福建按察僉事), 절강우참의(浙江右參議) 등을 거쳐 요동순무(遼東巡撫), 병부시랑, 계요총독 등을 역임하였다. 만력 21년(1593) 말에 송응창(宋應昌)이 탄핵되어 본국으로 소환되자 계요총독 겸 경략조선군무(薊遼總督兼經略朝鮮軍務)로 임명되어 그를 대신해 경략부를 지휘하였다. 송응창과 이여송 등이 명 조정에 거짓 보고를 하고 일본과의 강화를 추진하였던 사실 때문에 탄핵되었음에도 불구하고 그 역시 전쟁의 강화를 위해 노력하였다. 그리고 조선 조정의 반대를 무시하고 명에 대한 일본의 조공과 일본군의 전면 철수를 지속적으로 요구하였다. 특히 이 과정에서 조선 조정에 일본의 봉공(封貢)을 허락해줄 것을 요청하는 주본을 올리도록 강요해 자신의 뜻을 관철시키는 데 성공하였다. 하지만 그 역시 강화 교섭을 추진하면서 일본군의 실상을 명 조정에 숨긴 일 등이 문제가 되어 탄핵을 받았고 관직에서 물러난 후 명나라로 돌아갔다.

곡수(谷燧)  ?~?. 명나라 사람으로 대동위(大同衛) 출신이다. 만력 20년(1592)에 흠차제독표하통령대동영병유격장군(欽差提督標下統領大同營兵遊擊將軍)으로 마병 1000명을 이끌고 조선에 왔다가 만력 22년(1594)에 명나라로 돌아갔다.

곽실(郭實)  1552~?. 명나라 사람으로 직례(直隷) 고읍현(高邑顯) 출신이다. 자는 화백(華伯)이다. 만력 11년(1583)에 31살의 나이로 진사에 합격하였다. 조읍현(朝邑縣)의 지현(知縣)에 임명되었고 감찰어사(監察御史)에 선발되었다. 전쟁 초기에 송응창의 경략 임명을 반대하는 상주를 올렸다. 만력 22년(1594) 9월에는 일본과의 화친을 주장해 축출되었다. 축출된 지 15년이 지나 남경(南京) 형부주사(刑部主事)로 재기용되었고 대리우시승(大理右寺丞)으로 관직을 마쳤다.

곽재우(郭再祐)  1552~1617. 조선 사람으로 본관은 현풍(玄風)이다. 자는 계수(季綬)이고, 호는 망우당(忘憂堂)이다. 임진왜란 때 홍의장군(紅衣將軍)으로 불린 경상도 의병장이다. 선조 25년(1592) 7월 현풍(玄風), 창녕(昌寧), 영산(靈山) 등지에서 왜적을 잇달아 격파하여 낙동강(洛東江) 우변 지역을 지켰다. 그해 8월 5품직에 제수해야 한다는 비변사의 의견에 따라 선조(宣祖)는 그를 형조정랑(刑曹正郎)에 임명하였다. 그해 10월에는 진주성 전투에 참전하여 목사(牧使) 김시민(金時敏)의 관군과 힘을 합쳐 왜적을 크게 격파하였다.

권종(權悰)  ?~1592. 조선 사람으로 포천(抱川)에 거주하였다. 본관은 안동(安東)이다. 자는 희안(希顔), 시호는 충민(忠愍)이다. 선조 25년(1592) 금산군수(錦山郡守)로 부임한 지 한 달 만에 임진왜란이 일어나자 광주목사(光州牧使)로 있던 사촌 동생 권율(權慄)과 서로 연락하여 국난에 같이 대처하기로 약속하였다.

권징(權徵)  1538~1598. 조선 사람으로 본관은 안동이다. 자는 이원(而遠), 호는 송암(松菴)이고, 시호는 충정(忠定)이다. 선조 25년(1592) 임진왜란이 발발한 뒤 경기도관찰사(京畿道觀察使)에 임명되었다. 3만 병력을 이끌고 한강을 수비하였으나 의주로 몽진하는 선조를 호종하기 위해 권율에게 병력을 넘겼다. 임진강을 수호하라는 선조의 명령을 받아 패잔병을 이끌고 임진강 수호에 전력을 다했으나 실패하였다. 임진강 방어가 무너지자 삭녕(朔寧)으로 들어가 군량미 조달에 진력하였다. 권율 등과 함께 경기도·충청도·전라도의 의병을 모아 왜병과 싸웠다.

김성일(金誠一)  1538~1593. 조선 사람으로 안동 출신이다. 본관은 의성(義城)이다. 호는 학봉(鶴峰), 자는 사순(士純)이다. 선조 23년(1590) 통신사로 일본에 다녀온 후 일본이 침략하지 않을 것이라고 보고하였다가 임진왜란 발발 이후 큰 비판을 받았다. 임진왜란 때 초유사(招諭使)로 임명되었으며, 경상우도관찰사 겸 순찰사(慶尙右道觀察使巡察使)를 역임하다 선조 26년(1593) 진주성에서 병사하였다.

김수(金晬)  1547~1615. 조선 사람으로 서울에 거주하였다. 본관은 안동이다. 자는 자앙(子盎), 호는 몽촌(夢村), 시호는 소의(昭懿)이다. 선조 6년(1573) 알성 문과에 병과로 급제하였다. 선조 25년(1592) 경상도관찰사로 있을 때 임진왜란이 발발하였고, 전라도관찰사 이광(李洸)과 충청도관찰사 윤국형(尹國馨)과 함께 근왕병을 일으켰다. 선조 29년(1596) 호조판서에 임명되었고, 명나라 군사의 군량미를 충당하기 위해 전라도와 충청도에서 군량미 징수를 담당하였다.

김자귀(金子貴)  ?~?. 명나라 사람이다. 임진왜란 때 조승훈(祖承訓)이 이끄는 명나라 군대를 따라 조선에 들어온 심유경(沈惟敬)의 가정(家丁)이다.

김정목(金廷睦)  1560~1612. 조선 사람으로 본관은 언양(彦陽)이다. 자는 이경(而敬)이다. 선조 16년(1583) 정시 문과에 병과로 급제하였다. 선조 25년(1592) 호조정랑(戶曹正郞)·헌납(獻納) 등을 역임하면서 임진왜란 당시 명나라와의 교섭에 많은 일을 담당하였다.

낙상지(駱尙志)  ?~?. 명나라 사람으로 절강(浙江) 소흥부(紹興府) 여요현(餘姚縣) 출신이다. 호는 운곡(雲谷)이다. 참장(參將), 경영부총병(京營副總兵)을 지냈다. 신장이 약 2미터(7척)에 이르고 무예가 뛰어났으며 "천 근의 무게를 들 수 있는 힘을 가졌다" 하여 "낙천근(駱千斤)"이라고 불리기도 하였다. 만력 20년(1592) 흠차통령절직조병신기영좌참장(欽差統領浙直調兵神機營左參將)으로 보병 3000명을 인솔하고 조선으로 들어왔다가 만력 22년(1594)에 명나라로 돌아갔다. 평양성 전투에 참가하였다. 낙상지는 용맹함으로 잘 알려져 있었을 뿐만 아니라 청렴함으로도 이름이 높았다. 또 조선에 협조적인 인물로 선조와 신료들의 관심을 받았다. 강화 교섭이 진행되면서 명군의 잔류와 철수가 논의되었고 송응창이 조선에 머물 장수를 스스로 택하라고 하자, 선조는 유정(劉綎)·오유충(吳惟忠)과 함께 낙상지를 잔류하게 해줄 것을 명 측에 요구하였다. 조선 정조(正祖) 연간에 평안도관찰사(平安道觀察使) 홍양호(洪良浩)의 주장으로 석성(石星), 이여송 등과 함께 무열사(武烈祠)에 제향되었다.

누대유(樓大有)  ?~?. 명나라 사람으로 절강 의오(義烏)의 하연촌(夏演村) 출신이다. 자는 유풍(惟豊), 호는 남호(南湖)이다. 어렸을 때부터 병서 읽는 것을 좋아하였고 척계광(戚繼光)이 누대유에게 병사를 거느리는 재능이 있음을 보고는 지휘를 맡겼다. 임진왜란 때 세운 공으로 하남영병첨서지휘사(河南領兵僉書指揮使)로 승진하고 논공 후에 절강도지휘사(浙江都指揮使)로 승진하였다.『상촌고(象村稿)』및 중국 측 자료에서 일관되게 누대유(樓大有)로 기록되었다. 본문의 누(婁)는 오기로 보인다.

도요토미 히데요시(豊臣秀吉) 1536~1598. 일본 사람이다. 하급무사인 기노시타 야우에몬(木下彌右衛門)의 아들로 태어나 젊어서는 기노시타 도키치로(木下藤吉郎)라는 이름을 썼고, 29세 이후에는 하시바 히데요시(羽柴秀吉)라고 하였다. 1558년 이후 오다 노부나가(織田信長)의 휘하에서 점차 두각을 나타내어 중용되어오던 중 아케치 미쓰히데(明智光秀)의 모반으로 혼노지에서 죽은 오다 노부나가의 원수를 갚고 실권을 장악하였다. 이때부터 다이라(平)를 성씨로 사용하였으며, 1585년 간바쿠(關白)가 되자 후지와라(藤原)로 성씨를 다시 바꾸었다. 도요토미라는 성씨는 1586년부터 사용하였다. 도요토미 히데요시는 대마도주에게 명하여 조선에 명나라 정복을 위한 협조를 요청하였고, 교섭이 결렬되자 마침내 1592년 조선을 침공하여 임진왜란을 일으켰다. 그는 출정군을 9개 부대로 나누어 15만 여 명이 넘는 수군과 육군을 선두로 부산포를 공격하였고, 서울에서 평양까지 파죽지세로 진공하였다. 하지만 겨울이 되면서 전쟁의 어려움이 가중되어 고니시 유키나가로 하여금 명의 심유경과 평화 교섭을 추진하게 하였으나 실패하였다. 이듬해 1597년에 다시 군대를 동원하여 정유재란을 일으켰지만 고전을 거듭하여 국력만 소모하는 결과를 낳았다. 결국 그는 후시미(伏見) 성에서 질병으로 사망하였다.

동양정(佟養正) ?~1621. 명나라 사람으로 요동(遼東) 무순소(撫順所) 출신이다. 임진왜란 때 관전부총병(寬奠副總兵)을 지냈다. 이후 천명 3년(1618)에 일족을 이끌고 후금에 투항하였다. 훗날 손녀가 순치제(順治帝)의 비가 되고 그 아들이 강희제(康熙帝)로 즉위하여 효강장황후(孝康章皇后)로 추존되었다.

마쓰라 시게노부(松浦鎭信) 1549~1614. 전국시대부터 도쿠가와 바쿠후(幕府) 초기에 걸쳐 활동한 무장이다. 히라도(平戸) 번의 번주로서 1587년에 도요토미 히데요시로부터 기존 영토에 대한 지배권을 인정받았다. 1592년에는 병사 3000명을 이끌고 임진왜란에 참전하였으며, 강화 기간 중에도 조선에 주둔하고 있다가 1598년에 귀국하였다. 나중에 세키가하라 전투에서는 동군에 가담하였고, 이로 인해 도쿠가와 이에야스로부터 히젠(肥前)과 이키(壹岐) 등 1만 3200석 규모의 영지를 분봉받았다. 이후 네덜란드 선박을 히라도에 입항시켜 히라도 무역의 기초를 닦기도 하였다.

만력제(萬曆帝)  1563-1620(재위 1572-1620). 명나라 13대 황제로 묘호는 신종(神宗)이다. 즉위 초에 장거정(張居正)을 등용하여 세금 징수의 효율성을 높이고 국방체계를 정비하여 국내외적으로 '만력중흥(萬曆中興)'이라고 불리는 안정적인 상황을 형성했다. 만력 10년(1582) 장거정 사후 친정(親政)이 시작되면서 후계자를 둘러싼 갈등이 생겼고, 신료들의 반대로 원하는 후계자를 정하지 못하자 30년 가까이 정사를 보지 않는 이른바 '태정(怠政)'이 지속되었다. 또한 재위기간에 대규모 반란들이 연이었다. 만력 20년(1592) 영하(寧夏)에서 일어난 보바이(哱拜)의 난, 같은 해 조선에서 발발한 임진왜란, 만력 22년(1594) 사천(四川) 귀주(貴州)에서 발생한 양응룡의 난 등으로 인해 군사를 연이어 파견하여 명의 군력과 재정에 상당한 부담을 주었다. 이 와중에 부족한 군비의 조달 및 황실 재산의 확충을 위해 은광(銀鑛)을 열고 환관을 징세관으로 파견하였다. 무거운 세금과 가혹한 징수 과정에서 나타난 문제로 백성들의 원망이 매우 컸다. 『명사』 등 대부분의 사서(史書)에서는 만력제를 명나라 멸망의 원인을 제공한 황제로 평가한다.

박인검(朴仁儉)  1550~?. 조선 사람으로 본관은 예산(禮山)이다. 자는 자약(子約)이다. 한학(漢學)을 전공한 역관이다.

박홍(朴泓)  1534~1593. 조선 사람으로 본관은 울산(蔚山)이다. 자는 청원(淸源)이다. 경상좌도수군절도사에 임명된 이듬해 임진왜란이 발발하여 왜적과 대적하였다. 조령(鳥嶺)이 함락되었다는 소식을 듣고 급히 서울로 올라갔으나 선조는 의주로 떠나고 없었다. 행재소(行在所)를 찾아가던 길에 원수(元帥) 김명원(金命元)을 만나 좌위대장(左衛大將)에 임명되어 같이 임진강역을 수비했다. 세자를 따라 성천(成川)으로 들어가 우위대장(右衛大將)이 되었고, 또 의용도대장(義勇都大將)이 되어 평양 지대로 나가 여러 번 싸웠으나 전공을 크게 세우지는 못하였다.

방시춘(方時春)  ?~?. 명나라 사람이다. 표하중군 원임참장 도지휘첨사(標下中軍原任參將都指揮僉事)로 이여송의 표하군에 소속되어 있었다.

방시휘(方時輝)  ?~?. 명나라 사람으로 산서(山西) 울주위(蔚州衛) 출신이다. 만력 20년(1592)에 흠차통령계진유격장군(欽差統領薊鎭遊擊將軍)으로 마병 1000명을 이끌고 조선에 왔고, 이여백(李如栢)의 표하에 소속되어 평양성을 공격해서 공을 세웠다. 오래도록 상주(尙州)에 주둔하다가 만력 21년(1593)에 명나라로 돌아갔다.

보바이(哱拜)  1526~1592. 명나라 사람이다. 원래 몽골 달단부(韃靼部)의 추장이었다가 명에 투항하여 부총병(副總兵)에 임용되었다. 대대로 영하(寧夏) 지역에서 많은 전공을 쌓았다. 만력 20년(1592) 2월에 영하 순무(巡撫)와 불화가 생기자 거병하여 영하성(寧夏城)을 점거하였다. 보바이의 반란세력은 명조에 큰 위협이 되었으나, 이여송의 활약으로 같은 해 9월에 제압되었고, 결국 보바이는 자진하였다. 이 사건은 흔히 '보바이의 반란'이라 칭해지고, 이에 대한 명조의 토벌은 임진왜란 파병, 사천(四川) 지역 양응룡(楊應龍)의 반란 진압과 함께 '만력 삼대 정벌'로 거론된다.

사대수(査大受)  ?~?. 명나라 사람으로 요동 철령위(鐵嶺衛) 출신이다. 임진왜란 당시 선봉부총병(先鋒副總兵)으로 임명되어 대군의 선봉대 역할을 수행하였다. 평양성 전투에 참여하였고, 선봉대를 지휘하면서 정탐 관련 임무를 수행하는 등의 많은 전공을 세웠다. 명군의 장수들 중에서 낙상지·이방춘(李芳春)과 함께 뛰어난 무예와 용맹으로 유명하였다. 이들은 모두 요동 지역 출신으로 원래 이성량(李成梁)의 가정이었다. 이여송의 측근으로 활동하였다.

석성(石星) 1538~1599. 명나라 사람으로 대명부(大名府) 동명현(東明縣) 출신이다. 자는 공신(拱辰), 호는 동천(東泉)이다. 가정 38년(1559)에 진사가 되어 이과급사중(吏科給事中)으로 발탁되었다. 융경 연간에 직언을 올려 죄를 입었다가 만력제가 즉위한 이후 크게 기용되었고 누차 관직이 올라 태자소보(太子少保) 병부상서(兵部尙書)가 되었다. 임진왜란이 발발하여 조선이 명에 원조를 요청하자 파병을 강력히 주장하였다. 송응창과 이여송의 대군이 출병하여 평양을 수복하고 우세한 전황에서 명나라 국내의 어려운 상황을 감안하여 일본 측의 화의 요청을 받아들일 것을 건의하였다. 그러나 일본군이 재차 침입하자 조지고(趙志皐) 등이 강화 실패의 책임을 그에게 돌려 만력제에 의해 옥사당하였다.

섭방영(葉邦榮) ?~?. 명나라 사람이다. 만력 21년(1593) 통령절병유격장군(統領浙兵遊擊將軍)으로 마병 1500명을 통솔하였다. 그는 만력 25년(1597)에 절강 군사 1500명을 이끌고 조선에 다시 왔다가 명나라로 돌아갔다.

섭정국(葉靖國) ?~?. 명나라 사람이다. 천문과 지리에 능하여 송응창이 자신을 따라 종군하도록 하였다. 만력 22년(1594) 선조는 섭정국이 술수에 능통하다는 소문을 듣고 그에게 궁궐터를 비롯한 도성 안의 풍수를 물어보게 하였다. 의인왕후(懿仁王后)가 사망하자 장지(葬地)를 결정하는 일에도 참여하였다.

소 요시토시(宗義智) 1568~1615. 일본 사람이다. 1588년 대마도의 도주를 세습하여 대마도 후츄(府中) 성의 성주가 되었다. 1589년에 도요토미 히데요시의 수호(修好) 요청서를 가지고 조선에 왔다. 이를 계기로 조선에서는 1590년에 통신사 일행을 일본에 보냈다. 임진왜란이 일어나자 장인이었던 고니시 유키나가 휘하의 제1진으로 침입해왔으며, 두 차례에 걸쳐 조선 조정과의 강화를 요구하였으나 성사시키지 못하였다. 이여송의 명군에 쫓겨 평양성에 불을 지르고 남쪽으로 패주하였다. 1597년의 정유재란 때에도 조선 공격에 가담하였다. 세키가하라 전투에서는 서군(西軍)에 가담하였다가 패배하였으나 대마도주 자리는 계속 유지하였다.

손광(孫鑛)  1543~1613. 명나라 사람으로 절강 소흥부(紹興府) 여요현(餘姚縣) 출신이다. 자는 문융(文融), 호는 월봉(月峯)이다. 만력 2년(1574)에 진사로 등과하여 출사하였다. 임진왜란 발발 초기에는 순무산동도어사(巡撫山東都御史)의 관직을 맡고 있었으며 만력 22년(1594)에 병부좌시랑(兵部左侍郎)으로 재임하다가 왜군과의 강화 협상에 실패한 고양겸을 대신하여 경략이 되었다.

손수렴(孫守廉)  ?~?. 명나라 사람으로 요동 철령위 출신이다. 호는 행촌(杏村)이다. 만력 20년(1592)에 흠차진수요동동로부총병 도지휘사(欽差鎮守遼東東路副總兵都指揮使)로 마병 1000명을 이끌고 조선에 왔다. 이여송과 함께 평양성 전투에 참여하였다. 만력 21년(1593)에 명나라로 돌아갔다.

송대빈(宋大斌)  ?~?. 명나라 사람으로 광녕우위(廣寧右衛) 출신이다. 호는 양허(養虛)이다. 만력 21년(1593) 정월에 흠차통령선대입위반병유격장군(欽差統領宣大入衛班兵遊擊將軍)으로 마병 2000명을 이끌고 나왔다가 만력 22년(1594) 정월에 명나라로 돌아갔다.

송언신(宋彦愼)  1542~1612. 조선 사람으로 본관은 여산(礪山)이다. 자는 과우(寡尤), 호는 호봉(壺峰)이다. 명종 22년(1567)에 사마시에 합격하고 선조 10년(1577)에 알성 문과에 병과로 급제하여 예문관검열(藝文館檢閱)과 사간원정언(司諫院正言) 등을 지냈다. 그 뒤 평안도관찰사가 되었으나 임진왜란으로 공조참판이 되어 평안도순찰사를 겸하다가 다시 함경도순찰사를 겸하면서 군병(軍兵) 모집에 힘썼다.

송응창(宋應昌) 1536~1606. 명나라 사람으로 항주(杭州) 인화현(仁和縣) 출신이다. 호는 동강(桐岡)이다. 가정 44년(1565)에 진사가 되었다. 임진왜란 때 1차로 파병된 조승훈이 평양성 전투에서 패배하고 요동으로 돌아가자, 명나라 조정은 병부시랑(兵部侍郞) 송응창을 경략군문(經略軍門)으로, 도독동지(都督同知) 이여송을 제독군무(提督軍務)로 삼아 4만 3000명의 명군을 인솔하게 하여 조선으로 출병시켰다. 벽제관 전투에서 이여송이 일본군에 패배한 뒤, 송응창은 요동으로 돌아가 선조로 하여금 평양에 머물면서 서울을 수복하도록 자문을 보냈다. 그는 조선에 군사를 파견하거나 부상병을 돌려보내거나 군수 물자를 수송하는 등의 지원을 했다.

송응창은 벽제관 전투 후 도요토미 히데요시를 일본 국왕으로 책봉하고 영파(寧波)를 통해 조공하도록 하는 봉공안(封貢案)을 주도했다. 일본과의 강화 교섭이 진행되는 동안 일본의 무리한 강화 요구가 알려지는 것을 우려하여 조선 사신의 중국 입경을 가로막기도 했다. 명나라는 일본군의 조선 주둔 상황 등을 명백히 보고하지 않았다는 이유로 송응창을 대신하여 고양겸(顧養謙)을 경략으로 삼았다.

심대(沈岱) 1546~1592. 조선 사람으로 본관은 청송(靑松)이다. 자는 공망(公望), 호는 서돈(西墩)이고, 시호는 충장(忠壯)이다. 임진왜란이 발발하자 보덕(輔德)으로서 근왕병 모집에 힘썼다. 그 공로로 왕의 신임을 받아 우부승지·좌부승지를 지내며 승정원에서 왕을 가까이에서 호종하였다. 왜군의 기세가 심해지면서 선조를 호종하여 평양에서 다시 의주로 수행하였다. 같은 해 9월 권징의 후임으로 경기도관찰사가 되어 서울 수복작전을 계획하였다. 도성민과 내응하며 삭녕(朔寧)에서 때를 기다리던 중 왜군의 야습을 받아 전사하였다.

심유경(沈惟敬)  ?~1597. 명나라 사람으로 절강 가흥현(嘉興縣) 출신이다. 명나라에서 상인으로 활동하다가 임진왜란 때 조승훈(祖承訓)이 이끄는 명나라 군대를 따라 조선에 들어왔다. 평양성 전투 이후 일본과 화평을 꾀하는 역할을 하였다. 그러나 양측이 제시한 협상 조건은 타협이 불가능하였고, 심유경은 조건을 조작하여 명의 만력제로부터 협상을 허락받았다. 정사 양방형(楊方亨)과 함께 도요토미 히데요시에게 보내는 일본 국왕 책봉 국서를 가지고 일본으로 건너가 1596년 9월 2-3일 오사카(大阪) 성에서 그를 만났다. 그러나 국서를 받은 히데요시는 격분하였고 명나라와 일본 양국 사이에 심각한 불신만 초래하는 결과를 낳았으며 이후 정유재란이 발발하였다. 심유경은 감금되었다가 석방되었고 또다시 일본과 평화 교섭을 시도하였으나 이것마저 실패로 돌아가자 일본으로 망명을 기도하였다가 경상북도 의령(宜寧) 부근에서 명나라 장수 양원(楊元)에게 붙잡혀 처형되었다.

애유신(艾維新)  1563~?. 명나라 사람으로 하남(河南) 개봉부(開封府) 난양현(蘭陽縣) 출신이다. 호는 시우(時宇)이다. 만력 14년(1586)에 진사가 되었고, 만력 21년(1593) 정월에 흠차경리정왜양향 호부산동청리사주사(欽差經理征倭糧餉戶部山東淸吏司主事)가 되어 임진왜란에 종군하여 군대의 군량과 봉급을 관리하였다. 군량의 운송을 독촉하는 중에 조선의 관리들에게 곤장을 가해 지나가는 곳마다 무서워 떨었다고 한다. 이 해 7월에 귀국하였고, 다음 해 논공 때 원활한 군향 운송에 공이 있다 하여 포상을 받았다.

양소선(楊紹先)  ?~?. 명나라 사람으로 전둔위(前屯衛) 출신이다. 흠차요동총병표하영령이병 원임참장(欽差遼東總兵標下營領夷兵原任參將)으로 마병 800명을 이끌고 제독 이여송을 따라 조선에 왔다가 만력 21년(1593)에 명나라로 돌아갔다.

양소훈(楊紹勳)　?~?. 명나라 사람이다. 임진왜란 때 요동광녕진수총병관(遼東廣寧鎭守總兵官)으로 재직하였다.

양시예(楊時譽)　?~?. 명나라 사람으로 산서 요주부(饒州府) 파양현(鄱陽縣) 출신이다. 영전병비첨사(寧前兵備僉事)를 지냈다.

양심(梁心)　?~?. 명나라 사람이다. 만력 20년(1592) 흠차보정유격장군(欽差保定遊擊將軍)으로 마병 1000명을 이끌고 조선에 왔다가 만력 21년(1593)에 명나라로 돌아갔다.

양운룡(梁雲龍)　1528~1606. 명나라 사람으로 해남(海南) 경산현(瓊山縣) 출신이다. 자는 회가(會可), 호는 임우(霖雨)이다. 진사로 명성이 자못 높아 그의 사적이 해남의 민간에 널리 알려져 있었다고 한다. 호광순무(湖廣巡撫), 병부좌시랑(兵部左侍郞) 등의 관직을 역임하였다. 만력 20년(1592) 안찰사부사(按察使副使)로 천진(天津)을 수비하며 북경으로 향하는 관문을 지키고 있었다. 임진왜란이 발발하자 왜군이 명에 쳐들어올 것을 대비하여 단단히 방비하였다. 만력 22년(1594)에는 요동 개원(開原)에서 병사를 이끌고 여진과의 전투에서 공을 세웠다.

양원(楊元)　?~1598. 명나라 사람으로 정요좌위(定遼左衛) 출신이다. 호는 국애(菊厓)이다. 명나라 조정은 병부시랑(兵部侍郞) 송응창을 경략군문(經略軍門)으로, 도독동지(都督同知) 이여송을 제독군무(提督軍務)로 삼아 4만 3000명의 명군을 인솔하게 하여 조선으로 출병시켰다. 양원은 이때 좌협

대장으로 임명되어, 왕유정(王維禎), 이여매(李如梅), 사대수(査大受), 갈봉하(葛逢夏) 등 여러 명의 부총병과 참장, 유격 등을 인솔했다. 양원은 정유재란 당시 남원성 전투에서 패배함으로써 탄핵되어 명나라로 송환되었고, 이후 참형에 처해졌다.

양응룡(楊應龍)  1551~1600. 명나라 사람이다. 융경 6년(1572) 선위사가 되었고 만력 15년(1587)에 반감을 사서 고소되었다. 만력 22년(1594)에 그를 체포하러 온 관군을 살상해서 반란을 일으켰다. 만력 28년(1600) 중앙정부가 본격적인 토벌작전을 전개하자 자결하였다.

양호(楊鎬)  ?~1629. 명나라 사람으로 하남 귀덕부(歸德府) 상구현(商丘縣) 출신이다. 자는 경보(京甫), 호는 풍균(風筠)이다. 만력 8년(1580)에 진사가 되었다. 만력 25년(1597) 6월에 흠차경리조선군무 도찰원우첨도어사(欽差經理朝鮮軍務都察院右僉都御史)로 조선에 왔다. 울산에서 벌어진 도산성(島山城) 전투에서 크게 패하였는데, 이를 승리로 보고하였다가 들통이 나서 파면되었다.

예상충(倪尙忠)  1550~1609. 명나라 사람이다. 만력 13년(1585)에 선부서로(宣府西路)의 좌참장(左參將)이 되어 좌위·우위 및 장가구(張家口) 지역을 방어하였다. 만력 14년(1586) 선부부총병(宣府副總兵)이 되었으며, 만력 19년(1591) 정월에는 협수대동부총병(協守大同副總兵)에 임명되었다. 같은 해 10월에 진수보정총병(鎭守保定總兵)으로 승진하였다.

오몽표(吳夢豹)  ?~?. 명나라 사람이다. 지휘(指揮) 또는 도사(都司)라고 칭하면서 송응창 일행을 따라 조선을 내왕하였다.

오유충(吳惟忠)  ?~?. 명나라 사람으로 절강 금화부(金華府) 의오현(義烏縣)

출신이다. 호는 운봉(雲峯)이다. 척계광이 모집한 의오군으로 활동하며 왜
구 토벌에 공을 세웠으며 몽골 방어를 위한 계주(薊州)의 성보(城堡) 수축에
참여하였다. 만력 20년(1592)에 흠차통령절병유격장군(欽差統領浙兵遊擊將
軍)으로 보병 1500명을 이끌고 조선에 와서 평양성 전투에 참여하였고 만
력 22년(1594)에 돌아갔다. 만력 25년(1597) 흠차비왜중익부총병 원임도독
첨사(欽差備倭中翼副總兵原任都督僉事)로 보병 3990명을 이끌고 다시 조선에
와서 충주에 주둔하고 영남을 왕래하면서 일본군을 토벌하였다. 만력 27년
(1599)에 명나라로 돌아갔다.

왕견빈(王見賓)  1536~1607. 명나라 사람으로 제남(齊南) 역성(歷城) 출신
이다. 만력 2년(1574) 진사가 되었고 만력 26년(1598) 우첨도어사 순무연수
하투(右僉都御史巡撫延綏河套)에 임명되었다. 변경 지역의 통치에 유능하였
다는 평가를 받았다.

왕겸(王謙)  ?~?. 명나라 사람이다. 만력 20년 6월에 태복시소경 겸 하남도
감찰어사(太僕寺少卿兼河南道監察御史)에 임명되었다. 전쟁 비용과 관련해서
태복시의 마가은(馬價銀)이 중요하게 사용되었기 때문에 요동 경략과 관련
해 일정한 역할을 하였다.

왕문(王問)  ?~?. 명나라 사람으로 의용위(義勇衛) 출신이다. 호는 의재(義
齋)이다. 만력 14년(1586)에 무진사(武進士)가 되었다. 만력 20년(1592)에 흠
차건창유격장군(欽差建昌遊擊將軍)으로 마병 1000명을 이끌고 조선에 왔다.
만력 21년(1593) 명나라로 돌아갔다.

왕석작(王錫爵)  1534-1611. 명나라 사람이다. 직례 태창주(太倉州) 출신
으로 자는 원어(元馭), 호는 형석(荊石)이다. 명망 있는 태원(太原) 왕씨 가문
으로 가정 41년(1562)에 회시 1등, 전시 2등으로 급제하여 출사하였다. 한

림원(翰林院)을 거쳐 국자좨주(國子祭酒), 예부우시랑(禮部右侍郎) 등 여러 관
직을 역임하다가 만력 연간 초 장거정(張居正)과의 불화로 관직에서 물러
났다가 만력 12년(1584)에 예부상서 겸 문연각대학사(禮部尙書兼文淵閣大學
士)에 제수되었다. 만력 21년(1593)에는 수보대학사(首輔大學士)가 되었으나
황태자의 지명을 둘러싼 정쟁에 애매한 태도를 취하였다가 조정의 탄핵을
받고 이듬해에 관직에서 물러났다. 시호는 문숙(文肅)이다.

왕승은(王承恩)  ?~?. 명나라 사람으로 대녕전위(大寧前衛) 출신이다. 계진
동협부총병(薊鎭東協副總兵), 도독첨사(都督僉事)의 직책을 맡았다가 이후 중
군이 되어 송응창을 따라 조선에 왔으나, 오래지 않아 관마(官馬)를 사사로
이 팔았다는 송응창의 탄핵을 받고 파직되어 돌아갔다.

왕응림(王應霖)  1548~?. 명나라 사람으로 순천부(順天府) 패주(霸州) 문안
현(文安縣) 출신이다. 요동양저낭중(遼東糧儲郎中)을 지냈다.

왕필적(王必廸)  ?~?. 명나라 사람이다. 만력 20년(1592) 통령남병유격장군
(統領南兵遊擊將軍)으로 압록강을 건너 조선에 왔다. 제독 이여송이 지휘한
평양성 전투에서 보병 1500명을 통솔하였다.

우키타 히데이에(宇喜多秀家)  1573~1655. 일본 사람이다. 오다 노부나가
의 명으로 가문을 상속하였고 이후 도요토미 히데요시의 군에 편입되었다.
노부나가가 사망한 이후에는 히데요시의 신임을 얻어 유시(猶子)의 연을
맺게 되었고, 1586년에는 히데요시의 양녀를 정실로 맞이하였다. 히데요시
의 신임이 두터워 '고다이로(五大老)'가 되었다. 임진왜란과 정유재란 때는
일본군의 감군(監軍)으로 조선에 침입해왔다. 1592년에 왜군의 제8진 1만
명을 이끌고 침입하여 서울에 입성하고 왜군이 북진한 뒤의 서울 수비를
담당하였다. 이듬해 행주성 전투에서 권율에게 패배하였을 때 부상을 당하

고 철군하였다. 1597년 정유재란 때도 왜군의 제2진을 이끌고 내침하여 남원과 전주를 점령하였으나 소사평(素沙坪)·명량(鳴梁) 전투에서 일본군이 대패하자 퇴각하였다.

웅정동(熊正東)   ?~?. 명나라 사람이다. 수비(守備)로 만력 20년(1592)에 조선에 와서 부산(釜山)의 왜적 진영을 왕래하다가 돌아갔다.

원황(袁黃)   1533~1606. 명나라 사람으로 절강 가흥부(嘉興府) 가선현(嘉善縣) 출신이다. 자는 곤의(坤儀)이다. 만력 연간에 진사가 되어 보저현(寶坻縣) 지현에 임명되었다가 선정을 펼쳐 병부주사(兵部主事)로 발탁되었다. 임진왜란 때 송응창을 보좌하여 원정에 나섰으며 계책을 세우는 데 많은 역할을 하였다. 원황이 임진왜란 당시 명에서 맡았던 정식 관직은 병부의 직방청리사주사(職方淸吏司主事)였다. 임진왜란 당시 명의 정규군이 조선에 파견될 때 병부원외랑(兵部員外郞) 유황상(劉黃裳)과 함께 찬획(贊劃)으로 파견되어 참모 역할 등을 수행하였다. 특히 병참과 관련된 업무를 많이 담당해서 군량 문제 등을 조선 조정과 논의하는 경우가 많았다.

유동양(劉東暘)   ?~?. 명나라 사람이다. 만력 20년(1592) 명군 소속 가정(家丁)이었던 유동양은 영하순무 당형(黨馨)의 부당한 처우에 반발하여 반란을 일으켰고, 이후 보바이 부자가 반란에 가담하여 반란의 규모가 커졌다. 이여송에 의해 진압당하였다.

유정(劉綎)   1553~1619. 명나라 사람으로 강서(江西) 남창부(南昌府) 홍도현(洪都縣) 출신이다. 자는 자신(子紳), 호는 성오(省吾)이다. 도독(都督) 유현(劉顯)의 아들로, 음서로 지휘사(指揮使)의 관직을 받았다. 이후 누차 전공을 세우면서 사천총병(四川總兵)까지 승진하였다. 임진왜란 때에는 어왜총병관(禦倭總兵官)으로 참전하였으며 나중에 후금과의 전쟁에서 사망하였다.

유황상(劉黃裳) 1529~1595. 명나라 사람으로 하남 광주(光州) 출신이다. 자는 현자(玄子)이다. 만력 14년(1586) 진사에 올랐고 문장으로 유명하였다고 한다. 병부원외랑, 찬획경략(贊劃經略)으로 임진왜란 때 송응창의 군무를 보조하는 임무를 맡았다. 압록강을 건너 평양에 도달하여 적병을 크게 물리쳤으며 퇴각하는 적을 좇아 연승을 거두었다. 이 공을 인정받아 낭중(郎中)으로 승진하였다.

윤근수(尹根壽) 1537~1616. 조선 사람으로 본관은 해평(海平)이고, 자는 자고(子固), 호는 월정(月汀), 시호는 문정(文貞)이다. 임진왜란 때 명나라에 구원병 5만 명을 청하고 전쟁 물자를 얻는 데 결정적 역할을 한 외교관이다. 왜군이 서울 근교에 육박하자 선조는 평소 신뢰하였던 윤근수 형제를 조정으로 불러 피난길에 앞장 세웠다. 우의정 윤두수(尹斗壽)가 중국어를 잘하는 동생 예조판서 윤근수를 사신으로 명나라에 보내 조선의 위급한 상황을 알리고 구원병을 요청하게 하였다. 윤근수는 명나라 요동도사(遼東都司)와 광녕부(廣寧府)에 가서 5만 명의 구원병을 조선에 보내달라고 교섭하였다. 이에 7월 명나라 장수 조승훈(祖承訓)이 요동 군사 5000여 명을 거느리고 먼저 조선으로 들어왔다. 이어 10월에 비변사에서 윤근수를 요동에 계속 보내어 구원병을 증파힐 것을 교섭하게 하였으므로, 6개월 사이에 윤근수는 명나라 광녕부에 세 번, 요동도사에 여섯 번 왕래하면서 명나라 경략 송응창과 광녕총병관(廣寧總兵官) 양소훈 등과 교섭하였다. 그 결과 12월에는 명나라 제독 이여송이 요동 군사 4만 2000여 명을 거느리고 조선으로 들어왔다.

윤병형(尹秉衡) 1524~?. 명나라 사람으로 산동(山東) 제하현(齊河縣) 출신이다. 자는 신정(慎亭)이다. 몽골 및 왜구와의 전투에 참가하여 공적을 세웠으며, 가정 37년(1558) 화재로 소실된 자금성 전각 등을 중건하기 위한 자재를 고북구(古北口)에서 수송하려고 할 때 안정적인 운송을 위해 고북구에 파견되어 몽골 세력을 토벌하였다. 만력 18년(1590) 남부 지역에서 왜구가 기승을 부릴 때 평왜연병총병(平倭練兵總兵)에 임명되었고, 다시금 보정총병에 제수되었다가 만력 20년(1592)에 병으로 인해 사직하였다.

윤선각(尹先覺) 1543~1611. 조선 사람으로 본관은 파평(坡平)이며, 자는 수부(粹夫) 또는 수천(粹天), 호는 은성(恩省) 또는 달촌(達村)이다. 임진왜란이 발발하자 충청도관찰사였던 윤선각은 순찰사를 겸임하게 되었다. 병기를 준비하고 성지를 수축하며 전쟁에 대비하였고 장병을 지휘하며 방어에 힘썼다. 그해 8월 전라도관찰사 이광(李洸), 경상도관찰사 김수(金晬)와 함께 군사 8만 명을 거느리고 서울로 향하였으나 용인에서 왜적에게 패배하였다. 이 일로 삭탈관직되었다.

이광(李洸) 1541~1607. 조선 사람으로 본관은 덕수(德水)이며, 자는 사무(士武), 호는 우파(雨波)·우계(雨溪), 또는 우계산인(雨溪散人)이다. 선조 25년(1592) 8월 충청도관찰사 윤선각, 경상도관찰사 김수와 함께 근왕병을 일으켰으나 용인에서 왜적에 패배하였다. 이때 이광은 광주목사 권율에게 첩문을 보내 그를 전라도병마사(全羅道兵馬使)로 삼아 왜적을 막게 하였다. 또한 전라도 의병장 황진(黃進) 등을 보내 웅치(熊峙)에서 왜적을 물리쳤다. 한편 왜군이 전주성을 공격해오자 의병장 이정란(李廷鸞)으로 하여금 전주성을 지키게 하는 등 왜적의 침입으로부터 전라도를 수호하는 데 성공했다. 그는 권율, 이순신 등 명장을 발탁하여 임진왜란을 조선의 승리로 이끄는 데 기여하였다고도 알려져 있다.

이녕(李寧) ?~?. 명나라 사람으로 요동(遼東) 철령위(鐵嶺衛) 출신이다. 이성량(李成梁)의 가정(家丁) 출신이며 용력(勇力)으로 이름났다. 만력 20년(1592) 이여송 휘하에서 참장으로 친병(親兵) 1000명을 통솔하여 평양성 전투에 참전하였고 계속 공을 세워 부총병(副總兵)에 이르렀다. 만력 25년

(1597)에 흠차통령보정영병비왜부총병 서도독첨사(欽差統領保定營兵備倭副總兵署都督僉事)로 마병 2000명을 이끌고 남하하였는데 만력 26년(1598) 4월 거창(居昌) 지역에서 일본군과 전투하다 사망하였다.

이방춘(李芳春)　?~?. 명나라 사람으로 직례 대명부(大名府) 평로위(平虜衛) 출신이다. 자는 응시(應時), 호는 청강(晴岡)이다. 만력 20년(1592) 흠차통령계진준화참장(欽差統領薊鎭遵化參將)으로 마병 2000명을 이끌고 조선에 왔다. 만력 21년(1593)에 돌아갔다가 만력 25년(1597)에 총병으로 다시 왔다. 이방춘은 본래 이성량의 가정이었다. 낙상지·사대수와 함께 뛰어난 용맹으로 유명하였다. 중협대장(中協大將) 이여백의 지휘를 받아 여러 전투에 참여하였는데, 특히 평양성 전투에서 크게 활약해서 평양 수복에 중요한 역할을 하였다.

이빈(李薲)　1537~1603. 조선 사람으로 본관은 전주(全州)이며 충청도 옥천(沃川)에 거주하였다. 자는 문원(聞遠)이다. 선조 25년(1592) 2월 어머니의 상을 당하였으나, 그해 4월 임진왜란이 발발하자 조정에서는 이빈을 경상좌도병마사(慶尙左道兵馬使)에 임명하였다. 충주에서 신립을 도와 탄금대에서 배수진을 치고 왜석과 싸웠다. 왜군이 평양을 점령하고 다시 의주를 향하여 북상하자, 이빈은 평양의 서쪽 순안(順安)에서 군사를 거느리고 왜적의 북상을 굳게 차단하였다. 선조 26년(1593) 정월에 이여송이 5만여 명의 군사를 거느리고 평양을 수복할 때도 관군을 이끌고 참전하여 평양성 탈환에 일조하였다. 그해 3월 이빈은 권율과 함께 1만 명의 군사를 거느리고 행주산성에서 왜적을 격파하였다. 철수하는 왜군을 추격하여 경상도 상주와 전라도 남원 등지에서 명나라 군사와 연합전선을 펼쳐 승리하였다. 또한 운봉(雲峰)의 팔량치(八良峙)를 굳게 지켜 왜적이 전라도로 침입하는 것을 막았다.

이성량(李成梁)　1526~1615. 명나라 사람으로 요동 철령위 출신이다. 자는 여계(如契), 호는 인성(引城)이다. 고조부가 조선에서 귀부한 이래 대대로 요동 철령위의 지휘첨사(指揮僉事) 직위를 세습해왔다. 융경 4년(1570) 이후 두 차례에 걸쳐 30여 년 동안 요동총병(遼東總兵)의 지위에 있으면서 여진족을 초무하고 요동의 방위에 기여하였다. 만력 7년(1579)에 영원백(寧遠伯)으로 봉작되었다. 이여송, 이여백, 이여정(李如楨), 이여장(李如樟), 이여매(李如梅) 등 다섯 아들이 모두 무장으로 이름을 떨쳤다. 임진왜란이 발발하자 다섯 아들이 모두 전쟁에 참여하였으며 큰아들 이여송은 평왜제독(平倭提督)으로 임명되어 명군을 통솔하였다.

이여매(李如梅)　?~1612. 명나라 사람으로 요동 철령위 출신이다. 자는 자청(子清), 호는 방성(方城)이다. 이여송의 동생으로, 임진년에 흠차의주위진수참장(欽差義州衛鎮守參將)으로 마병 1000명을 이끌고 이여송을 따라 조선에 왔다가 만력 21년(1593)에 명나라로 돌아갔다. 일본과의 강화 교섭이 진행되고 전쟁이 고착화되자 이여송과 함께 요동으로 돌아갔다가 정유재란이 발발하자 다시 참전하였다. 울산성 전투에서 선봉으로 나서서 외성을 함락하는 등 큰 공헌을 하였다. 이여송이 광녕(廣寧)에서 죽자 형의 관직인 요동총병을 승계하여 요동을 방어하였다.

이여백(李如栢)　1553~1620. 명나라 사람으로 요동 철령위 출신이다. 이성량의 둘째 아들이자 이여송의 동생이다. 명나라 말기의 요동총병이다. 임진왜란 당시 총병으로 형인 제독 이여송과 함께 참전하여 평양성을 탈환하는 데 공을 세웠다. 서울을 수복한 이후 일본군을 추격하기도 하였으나 일본과의 강화 교섭이 진행되고 전쟁이 고착화되자 이여송과 함께 요동으로 돌아갔다. 평양의 무열사(武烈祠)에 석성·장세작(張世爵)·양원과 함께 배향되었다.

이여송(李如松) 1549~1598. 명나라 사람으로 요동 철령위 출신이다. 자는 자무(子茂), 호는 앙성(仰城)이다. 조선 출신인 이영(李英)의 후손이며 아버지는 이성량으로, 전공을 세워 광녕총병(廣寧總兵)이 되었다. 이여송의 동생은 이여백, 이여장, 이여매이며 모두 총병관에 임명되었다. 철령위 지휘동지(指揮同知)를 세습하다가 만력 11년(1583)에 산서총병관(山西總兵官)이되었다. 만력 20년(1592) 감숙(甘肅) 영하에서 보바이의 난이 일어나자 제독으로 토벌군을 이끌고 참전하여 동생인 이여장과 함께 반란 진압에 큰공을 세웠다. 그 공으로 도독(都督)으로 승진하였으며, 임진왜란이 일어나자 흠차제독계요보정산동등처방해어왜군무총병 중군도독부도독동지(欽差提督薊遼保定山東等處防海禦倭軍務總兵中軍都督府都督同知)로 임명되어 조선으로 파병되었다. 4만 명의 병력을 이끌고 압록강을 건넌 이여송은 만력 21년(1593) 1월 조선의 승군, 관군과 연합하여 평양성을 함락시키고 퇴각하는 일본군을 추격하며 평안도와 황해도, 개성 일대를 탈환하였지만, 서울부근 벽제관에서 일본군에 패하여 개성으로 퇴각하였다. 그 뒤에는 전투에적극적으로 나서지 않고 화의 교섭에 주력하다가 명으로 철군하였다. 조선조정에서는 그의 공적을 기려 생사당(生祠堂)을 세웠다.

이영침(李永琛) 1538~?. 조선 사람으로 본관은 경주(慶州)이며, 자는 경수(景雋)이다. 명종 23년(1567) 정묘 식년시 병과에 급제하였다.

이이(李頤) ?~1602. 명나라 사람으로 강서 여간현(餘干縣) 출신이다. 자는 유정(惟貞)이다. 융경 2년(1568)에 진사가 되어 출사하였고 만력 연간 초기에 어사로 발탁되었다. 하남우포정사(河南右布政使), 우첨도어사(右僉都御史), 순무순천(巡撫順天) 등의 관직을 역임하였다.

이평호(李平胡) ?~?. 오랑캐 지역의 사람인데 영원백 이성량이 그의 용모를 기이하게 여겨 아들로 거두었다. 임진년에 흠차통령요동조병 원임부총병 서도독동지(欽差統領遼東調兵原任副總兵署都督同知)로 마병 800명을 이끌고 제독을 따라 나왔다가 만력 21년(1593) 10월에 돌아갔다.

임자강(任自强)  ?~?. 명나라 사람으로 대동(大同) 양화위(陽和衛) 출신이다. 자는 체원(體元), 호는 관산(冠山)이다. 만력 20년(1952)에 흠차통령요동조병 원임부총병 서도독동지(欽差統領遼東調兵原任副總兵署都督同知)로 선부(宣府)의 병력 1000명을 이끌고 압록강을 건너왔다가 만력 21년(1593)에 명나라로 돌아갔다. 만력 27년(1599)에 무원(撫院)의 청용관(聽用官)으로 다시 조선에 왔다가 명나라로 돌아갔다.

장동(張棟)  ?~?. 명나라 사람으로 소주부(蘇州府) 곤산현(崑山縣) 출신이다. 자는 백임(伯任), 가암(可菴)이다. 산해관주사(山海關主事)를 지냈다.

장방기(張邦奇)  ?~?. 명나라 사람이다. 산동 연주부(兗州府) 동평주(東平州) 출신이다.

장삼외(張三畏)  ?~?. 명나라 사람으로 요동 삼만위(三萬衛) 출신이다. 만력 20년(1592)에 요동도지휘사사첨사(遼東都指揮使司僉事)로 의주에 와 머물면서 군량을 관리하였다.

장세작(張世爵)  ?~?. 명나라 사람으로 광동우위(廣東右衛) 출신이다. 호는 진산(鎭山)이다. 만력 20년(1592) 도독 이여송 예하부대에서 흠차정왜우영 부총병 도지휘사(欽差征倭右營副總兵都指揮使)로 군사 1500명을 거느리고 평양성 전투에 참전하였다. 평양성 전투에서 크게 활약해서 평양 수복에 주도적인 역할을 하였다. 만력 21년(1593)에 이여송과 함께 명나라로 돌아갔다.

장위(張位)  1534-1610. 명나라 사람이다. 강서 남창(南昌) 신건(新建) 출신이며 자는 명성(明成), 호는 홍양(洪陽)이다. 융경 2년(1568) 진사(進士)로, 만력 연간 초 수보대학사(首輔大學士) 장거정(張居正)과의 불화로 좌천되었다. 장거정 사후 복권되어 여러 관직을 역임하다 만력 19년(1591)에 동각대학사(東閣大學士)로 임명되었다. 만력 26년(1598)에 탄핵을 당하여 관직이 삭탈되었다. 훗날 천계 연간에 복권되고 태보(太保)로 추증되었다. 시호는 문장(文莊)이다.

장응충(張應种)　?~?. 명나라 사람이다. 만력 20년(1592) 12월에 흠차통령남북조병탁주참장(欽差統領南北調兵涿州參將)으로 마병 1500명을 이끌고 나왔다가 만력 21년(1593) 4월에 돌아갔다.

전세정(錢世禎)　1561~1644. 명나라 사람으로 직례 가정현(嘉定縣) 출신이다. 자는 자손(子孫), 호는 삼지(三持)이다. 만력 17년(1589) 무과 진사에 급제하여 계진참장(薊鎮參將), 소주위진무(蘇州衛鎮撫), 절강총운(浙江總運), 동정유격장군(東征遊擊將軍), 금산진삼장(金山鎮參將) 등의 관직을 역임하다가 나중에는 강서총병(江西總兵)으로 승진하였다. 임진왜란 때 유격장군(遊擊將軍)으로 승진하였다. 오유충과 함께 명나라 군대를 선봉하여 압록강을 건널 수 있게 통솔하였다. 만력 21년(1593) 정월 1일 일본 정탐 군대와의 전투에서 승리하고, 제독 이여송과 함께 평양을 점령하고 대동강으로 가서 왜노를 개성으로 추방하였으며, 왜장 1명을 참수하였다. 참수 때 왜장의 이름을 물었지만 답을 얻지 못하여 이 공로는 알려지지 않았다.

정문빈(鄭文彬)　?~?. 명나라 사람이다. 원임(原任) 하간부동지(河間府同知)로 군량을 관리하였는데, 만력 20년(1592)에 조선에 왔다가 만력 21년(1593)에 돌아갔다. 만력 25년(1597)에 다시 조선에 왔다.

정발(鄭撥)　1553~1592. 조선 사람으로 본관은 경주(慶州)이다. 자는 자고

(子固), 호는 백운(白雲)이고, 시호는 충장(忠壯)이다. 훈련원부정(訓練院副正)과 부산진첨절제사(釜山鎭僉節制使)를 지냈다. 임진왜란이 발발해 부산진성에서 조선군과 왜군의 첫 번째 전투가 벌어졌는데, 그는 군민들과 함께 치열하게 전투를 치르던 중 왜군의 탄환에 맞고 살해당하였으며 결국 부산진성도 함락되고 말았다.

정인홍(鄭仁弘)　1536~1623. 조선 사람으로 본관은 서산(瑞山)이며 합천(陜川) 출신이다. 자는 덕원(德遠), 호는 내암(來庵)이다. 선조 25년(1592) 합천에서 성주에 침입한 왜적을 격퇴하고 그해 10월 영남 의병장의 호를 받아 많은 전공을 세웠다. 선조 26년(1593) 의병 3000명을 모아 성주·합천·고령·함안 등지를 방어하였다.

조문명(趙文明)　?~?. 명나라 사람이다. 만력 20년(1592) 흠차진정유격장군(欽差眞定遊擊將軍)으로 마병 1000명을 이끌고 조선에 왔다가 만력 21년(1593)에 명나라로 돌아갔다.

조승훈(祖承訓)　?~?. 명나라 사람으로 영원위(寧遠衛) 출신이다. 호는 쌍천(雙泉)이다. 원래 이성량의 가정이었다가 부총병 우군도독부도독첨사(右軍都督府都督僉事)가 되었다. 만력 20년(1592) 7월에 유격(遊擊) 사유(史儒)와 평양성 전투에서 패해 파직되었다. 그 후 이여송의 표하관으로 기용되어 평양성 공격에 참가해 공을 세웠다. 이에 따라 요양협수(遼陽協守)에 인임되었지만 곧바로 또 죄에 걸려 파직되었다. 만력 25년(1597)에 다시 군문(軍門) 형개(邢玠)를 따라 조선에 왔다.

조여매(趙汝梅)　?~?. 명나라 사람으로 요동 철령위 출신이다. 호는 초암(肖菴)이다. 산서 노안부(潞安府) 호관현(壺關縣)의 지현으로 만력 20년(1592) 12월에 나와서 군량을 관리하였다. 적이 물러가자 이여송을 따라 서울로 들어왔다가 얼마 뒤에 송응창의 탄핵을 받고 만력 21년(1593) 9월에 돌아갔다.

조요(趙燿)  ?~1609. 명나라 사람으로 산동 액현(掖縣) 출신이다. 자는 문명(文明)이다. 융경 5년(1571) 진사가 되었다. 병부낭중(兵部郎中)에 발탁되어 산서안찰사(山西按察使)로 옮겼다. 왜군이 조선을 침략하였을 때 왜적을 방비할 열 가지 방책을 올려 화의의 해로움에 대해 주장하였다. 관직은 우첨도어사순무보정(右僉都御史巡撫保定)까지 올랐다. 임진왜란이 발발하였을 때 순무요동도어사(巡撫遼東都御史)를 맡고 있었다.

조지고(趙志皐)  1524-1601. 명나라 사람이다. 절강 금화부(金華府) 난계현(蘭溪縣) 출신으로 자는 여매(汝邁), 호는 곡양(瀷陽)이다. 융경 2년(1568), 과거에 3등으로 급제한 후 한림원(翰林院)에서 여러 관직을 역임하였다. 만력 연간 초 실세였던 장거정(張居正)을 탄핵한 일에 연루되어 좌천되었다가 장거정 사후인 만력 11년(1583)에 복권되었다. 만력 19년(1591)에는 동각대학사(東閣大學士)로 임명되었고 곧 수보대학사(首輔大學士)가 되었다. 시호는 문의(文懿)이다.

조지목(趙之牧)  ?~?. 명나라 사람이다. 임진왜란 때 우협대장 장세작의 통솔을 받았던 사람 중 하나이다. 『선조수정실록』25년(1592) 12월 1일과『선조실록』26년(1593) 1월 11일 기사에는 조지목이 통령창평우영병참장(統領昌平右營兵參將)이라고 명기되어 있다.

주균왕(朱均旺)  ?~?. 명나라 사람으로 무주(撫州) 임천(臨川) 출신의 상인이다. 만력 5년(1577) 광주(廣州)를 떠나 장사를 하다 왜구를 만나 납치당하여 규슈(九州)의 사쓰마(薩摩)에서 노비 생활을 하다 동향인 허의후(許儀後)에게 구출되어 명으로 돌아왔다. 허의후는 사쓰마에 오랫동안 머무르고 있었는데, 만력 19년(1591) 도요토미 히데요시가 장차 명을 습격하려 한다는 소문을 듣고 투서를 작성하여 주균왕을 통해 절강성에 전달하였다.

주여당(周汝塘)   1538~?. 조선 사람으로 목천(木川)에 거주하였다. 본관은 경산(慶山)이고, 자는 사온(士溫)이다. 선조 14년(1583) 계미 별시 병과에 급제하였다.

주홍모(周弘謨)   ?~?. 명나라 사람이다. 만력 20년(1592) 흠차통령선부영병유격장군(欽差統領宣府營兵遊擊將軍)으로 마병 1000명을 이끌고 조선에 왔다가 만력 21년(1593) 명나라로 돌아갔다. 만력 24년(1594)에 적들을 선유(宣諭)하기 위해 재차 와서 서울에 머물렀는데, 얼마 되지 않아 말에서 떨어져 병으로 죽었다.

진린(陳璘)   1532~1607. 명나라 사람으로 광동(廣東) 소주부(韶州府) 옹원현(翁源縣) 사람이다. 자는 조작(朝爵), 호는 용애(龍厓)이다. 가정 연간 말에 지휘첨사(指揮僉事)가 되었고, 영덕(英德)의 농민봉기를 진압한 공로로 광동수비(廣東守備)가 되었다. 광동의 군사를 이끌고 부총병으로 임진왜란에 참전하였으며, 곧 어왜총병관(禦倭總兵官)으로 승진하였다. 이후에도 귀주(貴州)와 광동에서 무관으로 활동하였다.

진명화(陳鳴華)   1561~?. 명나라 사람으로 복건(福建) 천주부(泉州府) 진강현(晉江縣) 출신이다. 영평양저낭중(永平糧儲郎中)을 지냈다.

진방철(陳邦哲)   ?~?. 명나라 사람이다. 만력 20년(1592) 흠차통령산서영원임참장(欽差統領山西營原任參將)으로 군사 1000명을 이끌고 조선에 왔다가 만력 21년(1593) 명나라로 돌아갔다.

진신(陳申)  ?~?. 명나라 사람으로 복건 동안현(同安縣) 출신이다. 금문도 (金門島)에서 상인으로 활동하였다. 만력 16년(1588) 4월 복주(福州)에서 출 항하였으나 유구(琉球)에서 배가 좌초하였다. 진신은 유구에 잔류하던 중 도요토미 히데요시의 명 공격 계획을 듣게 된다. 그는 유구의 협력을 받아 유구의 조공 사절에 동행하여 만력 19년(1591) 윤3월에 복주로 귀국해서 자신이 들은 정보를 보고하였다. 이후 만력 20년(1592) 11월에 송응창에게 파견되거나 만력 22년(1594) 마닐라로 파견되는 등 일본에 대한 명의 모략 실행에 누차 동원된 것으로 보인다.

척금(戚金)  1556~1621. 명나라 사람으로 산동 등주위(登州衛) 출신이다. 만력 21년(1593) 흠차통령가호계송조병유격장군(欽差統領嘉湖薊松調兵遊擊 將軍)이라는 직함으로 1000명의 보병을 거느리고 평양성 전투에 참가하였 다. 이때 남병(南兵)이라고도 불린 절강성(浙江省) 군사들의 전법은 조선의 관심을 불러일으켰다. 이들의 전법체계인 절강병법(浙江兵法) 혹은 척가병 법(戚家兵法)은 척계광이 창안한 '어왜법(禦倭法)'이었고, 척계광의 인척으 로 알려진 척금에 대한 관심도 높았다. 척금은 용맹함 뿐만 아니라 겸손함 으로도 알려져 있었다. 척금은 부대의 규율을 엄격히 하여 주변에 폐를 끼 치지 않았다. 정탁(鄭琢)은 그를 두고 "옛 장수의 풍모를 지닌 인물"이라고 평가하였다. 전라도 여산군(礪山郡)에는 척금의 군대가 주둔하면서 전혀 해 를 끼치지 않았던 점을 칭송하는 청덕비(淸德碑)가 백성에 의해 세워지기도 하였다. 만력 22년(1594) 명나라로 돌아갔다.

척금(戚金)  1556~1621. 명나라 사람으로 산동 등주위(登州衛) 출신이다. 만력 21년(1593) 흠차통령가호계송조병유격장군(欽差統領嘉湖薊松調兵遊擊 將軍)이라는 직함으로 1000명의 보병을 거느리고 조선에 입국하여 평양성 전투에 참가하였다. 이때 남병(南兵)이라고도 불린 절강성(浙江省) 군사들의 전법은 조선의 관심을 불러일으켰다. 이들의 전법체계인 절강병법(浙江兵

法) 혹은 척가병법(戚家兵法)은 척계광이 창안한 '어왜법(禦倭法)'이었고, 척
계광의 인척으로 알려진 척금에 대한 관심도 높았다. 척금은 용맹함 뿐만
아니라 겸손함으로도 알려져 있었다. 척금은 부대의 규율을 엄격히 하여
주변에 폐를 끼치지 않았다. 정탁(鄭琢)은 그를 두고 "옛 장수의 풍모를 지
닌 인물"이라고 평가하였다. 전라도 여산군(礪山郡)에는 척금의 군대가 주
둔하면서 전혀 해를 끼치지 않았던 점을 칭송하는 청덕비(淸德碑)가 백성에
의해 세워지기도 하였다. 만력 22년(1594) 명나라로 돌아갔다.

풍시태(馮時泰)  1551~?. 명나라 사람으로 산서 분주(汾州) 출신이다. 분순
요해참의(分巡遼海參議)를 지냈다.

학걸(郝杰)  1530~1600. 명나라 사람으로 산서 울주위(蔚州衛) 출신이다.
자는 언보(彦輔), 호는 소천(少泉)이다. 학걸은 도찰원(都察院)의 감찰어사(監
察御使)로서 평소 강직하고 일처리에 신중하였다고 한다. 만력 17년(1589)
부터 만력 20년(1592)까지 요동순무(遼東巡撫)로 재임하면서 당시 이 지역
에서 최고의 위세를 누리던 총병관(總兵官) 이성량을 조정에 직간함으로써
그를 사퇴하게 만들었다. 그 공적으로 계요총독(薊遼總督)으로 승진하였고
만력 21년(1593) 정월까지 재임하였다. 그는 군무를 감독하는 과정에서 특
히 일본의 위협에 대해 긴장을 늦추지 않았고, 당시 일본에 대한 자료를 수
집하여 만력 21년에는 『일본고(日本考)』라는 책을 편찬하기도 하였다.

한응인(韓應寅)  1554~1614. 조선 사람으로 본관은 청주(淸州)이다. 자는
춘경(春卿), 호는 백졸재(百拙齋)·한유촌(韓柳村)이다. 선조 24년(1591) 예조
판서에 승진해서 진주사(陳奏使)로 명나라에 갔다. 거기에서 도요토미 히데
요시가 명나라를 공격하기 위해 조선에 길을 빌려달라고 한 사실을 알려
명나라의 조선에 대한 의심을 풀었다. 의주의 행재소에서 공조판서(工曹判
書)에 임명된 뒤 요동으로 건너가 원병의 급속한 출병을 요구하였다. 그 해

12월 이여송이 원군을 이끌고 압록강을 건너자 중국어에 능한 그가 접반관 (接伴官)으로 이여송을 맞이하였다.

허의후(許儀後) ?~?. 명나라 사람으로 복건 출신이다. 왜구에게 잡혀 포로가 되어 일본 사쓰마주(薩摩州)에 끌려갔다. 허의후는 일본의 중국 침략에 대한 정보를 명나라 조정에 처음으로 제공한 인물로 알려져 있다. 그의 이후 행적에 관해서는 거의 알려져 있지 않지만, 『조선왕조실록』에 따르면 그는 행상과 의업에 종사하였다고 한다.

허홍강(許弘綱) 1554~1638. 명나라 사람으로 절강 황전판(黃田畈) 출신이다. 자는 장지(張之), 호는 소미(少薇)이다. 만력 8년(1580)에 진사가 되어 출사하여 순천부윤(順天府尹) 등을 거쳐 남경병부상서(南京兵部尙書)에 올랐다가 환관 위충현(魏忠賢)이 정권을 잡은 후 그와 충돌하여 낙향하였다. 임진왜란이 발발하여 조선이 명에 원군을 요청하자 간관들을 이끌고 전쟁 참여에 반대하였다. 이후 경략 송응창을 탄핵하여 송응창은 관직에서 물러나 고향으로 돌아갔다.

형주준(荊州俊) 1560~1624. 명나라 사람으로 섬서(陝西) 서안부(西安府) 경양현(涇陽縣) 출신이다. 자는 장보(章甫), 호는 유오(籲吾), 시호는 정양(貞襄)이다. 만력 11년(1583)에 진사에 급제하여 출사하였다.

홍세공(洪世恭) 1541~1598. 조선 사람으로 본관은 남양(南陽)이다. 자는 중안(仲安), 호는 봉계(鳳溪)이다. 임진왜란이 발발하자 평안도조도사(平安道調度使)가 되어 명군의 군수 조달의 책임을 지고 전쟁 상황을 왕에게 수시로 보고하였다. 이후 참의(參議)로 승진되어 조도사를 겸하였다. 이어 함경도도순찰사가 되어 영흥(永興)의 적정을 보고하여 군의 계책을 진언하고 각 지방에 남은 식량과 들판에 널려 있는 곡물을 거두어들이는 데 전력하였다. 선조 27년(1594) 전라도관찰사로 전주부윤(全州府尹)을 겸하여 곡창 지대인 호남지방의 양곡을 조도(調度)하였다.

송응창의《경략복국요편》역주

# 명나라의 임진전쟁 1 출정 전야

2020년 10월 23일 초판 1쇄 발행
2022년 10월 15일 초판 3쇄 발행

지은이　　송응창
역주　　　구범진·김슬기·김창수·박민수·서은혜·이재경·정동훈·薛戈

총괄　　　장상훈(국립진주박물관장)
북디자인　김진운

발행　　　국립진주박물관
　　　　　경상남도 진주시 남강로 626-35
　　　　　055-742-5952
출판　　　㈜사회평론아카데미
　　　　　서울특별시 마포구 월드컵북로6길 56
　　　　　02-326-1545
ISBN　　　979-11-89946-82-1  94910 / 979-11-89946-81-4(세트)